大乘起信論

대승
기신론

大乘
起信論

2

마명 지음 · 정화 풀어씀

도서 출판 법공양

대승기신론 · 1권

이웃에게 선물이 되는 삶이 되기를

1부 대승기신론

    1. 대승기신론 과목표
    2. 대승기신론

2부 대승기신론 강설

    1장. 우리 삶은 이미 만족되어 있는 대승
    2장. 대승에 대한 믿음을 일으키게 하는 법
    3장. 인연 있는 수행자들의 안목을 열고자
    4장. 뭇 생명들의 마음이 곧 대승
    5장. 마음 하나에 있는 두 가지 문
    6장. 어느 모습으로도 머묾 없는 것이 진여의 모습
    7장. 생멸하는 마음의 근거, 아려야식
    8장. 중생이 망념이 없는 것을 볼 수 있다면
    9장. 본각의 두 가지 모습

10장. 깨달음의 본디 모습

11장. 세 가지 미세한 깨닫지 못한 모습

12장. 여섯 가지 거친 깨닫지 못한 모습

13장. '깨달음'과 '깨닫지 못함'

14장. 생멸심이 있게 되는 인연

15장. 삼계는 오직 마음이 지은 것

16장. 의식이란 상속식이다

17장. 오직 부처님의 지혜만이

18장. 자성自性이 청정淸淨하다

19장. 여섯 종류의 오염된 마음과
　　　오염된 마음이 없어지는 단계

20장. 상응한다는 뜻과 상응하지 않는다는 뜻

21장. 번뇌에 의한 장애와 지혜를 가리는 장애

22장. 마음이 생겨나고 없어지는 인연의 모습

23장. 연기의 각성은 없어지지 않는다

24장. 진여의 향기가 스며 있는 삶

찾아보기

대승기신론 · 2권

25장. 삶과 죽음을 이어가는 염법의 훈습   11

26장. 삶과 죽음을 넘어서는 정법의 훈습   33

27장. 허망한 마음에 스며드는 진여의 훈습   43

28장. 부처가 부처를 보게 하는 것 _ 진여의 훈습   51

29장. 부처이면서 부처를 보지 못하는 까닭   55

30장. 부처님 법을 성취하는 인연   65

31장. 불보살님들의 훈습   71

32장. 진여가 자신의 숨이 된 단계와
      아직 숨임을 알지 못한 단계   91

33장. 정법의 훈습은 끊어지지 않는다   99

34장. 삶의 낱낱 모습이 진여의 공덕상   105

35장. 진여가 만든 빈 자리에서 드러나는 장엄   115

36장. 진여의 작용   125

37장. 외연으로 나타나는 진여의 작용 _ 응신과 보신   135

38장. 한마음인 진여가 보여 주는 생명 나눔   149

39장. 법신은 지혜의 몸   167

40장. 생멸문에서 진여문으로　177

41장. 아견이 사라지면 집착도 없어　185

42장. 오온 그 자체가 바로 열반이니 법에도 실체가 없다　205

43장. 허망한 집착을 완벽하게 떠난다는 것　213

44장. 신심이 성취된 수행자　225

45장. 믿음을 성취하기 위한 세 가지 마음　243

46장. 번뇌의 허망한 집착을 다스리는 묘술 _ 정념과 선행　249

47장. 진여의 삶을 살아가는 네 가지 방편　257

48장. 수행자의 마음에 드리운 법신의 향기 _ 원력　269

49장. 이해하고 실천하는 발심　279

50장. 증득한 발심　295

51장. 발심 공덕의 원만한 성취　309

52장. 모든 것을 통달한 지혜　315

53장. 신심을 어떻게 닦을 것인가　329

54장. 닦아야 할 네 가지 신심　333

55장. 보시·지계·인욕·정진　345

56장. 지止와 관觀은 하나의 수행문　365

57장. 지수행止修行　371

58장. 지수행으로 얻게 되는 진여삼매　385

59장. 지수행止修行시 겪게 되는 마장　391

60장. 진여삼매의 열 가지 이익　407

61장. 자비심을 기르는 관수행觀修行　423

62장. 지止와 관觀을 함께 닦아야 함　431

63장. 부처가 되는 '그리움'이 염불하는 마음　439

64장. 수행으로 얻게 되는 이익 _ 소중하고 귀한 삶　447

65장. 대승을 믿는 마음　451

66장. 부처 되는 길을 잃다　455

67장. 대승에 대한 신심을 배우고 닦기를　461

68장. 공덕을 회향하며　463

찾아보기　469

| 2부 |

대승기신론 강설

25장. 삶과 죽음을 이어가는 염법의 훈습

46 어떻게 훈습하길래 염법이 끊어지지 않고 계속해서 일어나는가? 진여법인 연기의 각성이 있기에 그것을 자각하지 못한 무명이 있고, 무명이 염법의 원인이 되어 다시 진여를 훈습한다. 이와 같은 무명의 훈습으로 인하여 허망한 마음이 있게 되고, 허망한 마음이 다시 무명을 훈습하므로 진여법을 알지 못하게 된다.

云何熏習起染法不斷 所謂以依眞如法故 有於無明 以有無明染法因故 卽熏習眞如 以熏習故 則有妄心 以有妄心 卽熏習無明 不了眞如法故

그리하여 연기각성을 자각하지 못한 망념이 일어나고, 망념에 따라 허망한 경계를 만드는 것이다. 허망한 경계가 다시 염법의 인연이 되어 허망한 마음에 훈습됨으로써 망념에 집착하게 되고 가지가지 업을 짓게 되므로 몸과 마음으로 괴로움을 받게 된다. 이것이 염법이 계속되는 까닭이다.

不覺念起現妄境界 以有妄境界染法緣故 卽熏習妄心 令其念著 造種種業 受於一切身心等苦

'허망한 경계의 훈습〔妄境界熏習〕'에도 두 가지가 있다. 첫째는 '망념을 증장시키는 훈습〔增長念熏習〕'이고, 둘째는 '집착을 증장시키는 훈습〔增長取熏習〕'이다.

此妄境界熏習義 則有二種 云何爲二 一者增長念熏習 二者增長取熏習

'허망한 마음의 훈습〔妄心熏習〕'에도 두 가지가 있다. 첫째는 '업식의 근본 훈습〔業識根本熏習〕'이다. 이 훈습에 의해서 아라한과 벽지불과 모든 보살들이 생멸의 고통을 받게 된다. 둘째는 '분별사식을 증장하는 훈습〔增長分別事識熏習〕'이다. 이 훈습에 의해서 범부들이 업에 얽혀 괴로움을 받게 된다.

妄心熏習義有二種 云何爲二 一者業識根本熏習 能受阿羅漢 辟支佛 一切菩薩生滅苦故 二者增長分別事識熏習 能受凡夫業繫苦故

'무명의 훈습〔無明熏習〕'에도 두 가지가 있다. 첫째는 '근본 훈습'이다. 이 훈습에 의해서 업식이라는 뜻을 갖게 된다. 둘째는 아견 등의 견해에 의한 '견훈습見熏習'과 욕애 등의 애착에 의한 '애훈습愛熏習'이다. 이 훈습에 의해서 분별사식이라는 뜻을 갖게 된다.

無明熏習義有二種 云何爲二 一者根本熏習 以能成就業識義故 二者所起見愛熏習 以能成就分別事識義故

습관을 넘어선 현재를 사는 것

중생이 중생인 이유는 우리네 삶이 상호 의존하는 일체 속에서 각자의 삶이 이루어지므로 개체만으로의 삶도 없고, 개체를 떠나 있는 전체도 없다는 것을 알지 못하기 때문이라고 합니다〔不了法界一相〕. 이것은 선禪에서 요구하는 '최초의 원인 그 이전은〔父母未生前〕'이라는 질문을 스스로 해 본 적이 없었기 때문일지도 모르겠습니다.

일상에서 알아차리는 감각지각과 의식의 직관이 분별과 너무나 일치하기 때문에 상호 의존하고 있는 연기의 생명법칙을 알 수 없게 된 듯합니다. 우리의 눈을 믿고 귀를 믿는 것은 단순히 믿는 것이 아니라 너무나 분명한 직접적인 지각이고 생생한 현실이기 때문에 보고 듣는 것과 다른 세계를 이야기한다는 것 자체가 오히려 이상할지 모릅니다. 우리네 경험세계에서는 상호 의존하는 관계보다는 분별된 개체가 더 진실로 여겨지기 때문이지요.

선입견을 떠나 삶을 있는 그대로 알아차리게 하는 이해와 경험만이 우리네 삶이 상호 의존하는 관계 속에서 한 생명임을 알게 할 것입니다. 선입견을 떠나는 것은 '경험이 무엇인가'라고 묻는 것입니다. 습관적인 분별을 넘어서 삶 그 자체를 볼 수 있는 바탕입니다. 습관을 넘어선 현재를 사는 것이지요. 습관적으로 사는 것은 과거를 늘 되풀이하는 것이므로 현재를 모르는 것이며, 현재를 살지 못하는 것입니다. 자신의 현재를 되묻지 않고 습관적인 이해 패턴대로 현재를 보고 있는 무명에 의해 만들어진 현재를 읽고 있는 삶입니다.

무명을 최초의 원인이라고 하지만 과거 어느 시점에서 최초라는 뜻이 아닙니다. 현재를 모르는 것이 언제나 최초의 원인으로 무명입니다. 습관으로 아는 기억이 과거를 연상하면서 과거까지를 무명화하기 때문에 기억된 과거가 시작 없는 과거가 되므로 무명이 염법을 만드는 시점으로 최초가 됩니다. 현재를 있는 그대로 자각하지 못하는 습관이 무명의 작용이면서 시공간을 무명화한다고 할 수 있습니다. 습관에 물든 인식〔染法〕이 그치지 않고 계속되고 있는 상태입니다.

이 상태를 "진여법에 의거하여 무명이 있다〔以依眞如法故 有於無明〕."라고 이야기합니다. 그러나 이 말을 진여법이 무명을 생기게 한다는 뜻으로 생각해서는 안 됩니다. 진여가 있어 무명이 의지하는 것도 아니고, 무명이 진여와 다른 것으로 있는 것도 아닙니다. 무명과 진여는 생명의 연기에서 하나의 장면입니다.

모든 것들은 자기 특성을 가지면서도 이웃과 관계없이 자기만의 특성을 갖는 존재가 아닙니다. 우주법계는 상호 의존인 연기법으로 '한 모습〔法界一相〕'의 생명활동입니다. 낱낱의 존재성은 상호 의존이라는 전체성에서만 나타나는 것입니다. 이와 같은 연기법緣起法 곧 진여를 체득하여 아는 것이 깨달음입니다. 무명이란 그것을 요달하지 못한 것입니다.

개체의 다름만을 보는 것도 무명이 되고, 다름을 잃고 전체로서 하나만을 봐도 무명이 됩니다. 하나 된 모습이란 어떤 것으로 하나의 모습이 아닙니다. 서로가 다른 모습 그대로 법계의 생명이 된 데서 하나의 모습입니다.

진여가 무명처럼 보이기에 무명의 발생을 진여에 의거한다고 했지만 깨닫지 못하면 진여는 없습니다. 자신의 내적 평안과 그것의 발현인 활발발한 생명활동이 온전히 자신이 될 때, 그 어떤 것에도 걸리지 않는 삶으로서 열반일 때 비로소 진여가 드러날 뿐입니다.

진여가 드러나지 않는 한 진여는 없는 것과 마찬가지이므로 깨닫지 못한 삶에는 진여의 세계가 없습니다. 현재는 습관의 재현으로 과거가 되고, 미래는 불확실하여 괴롭고 만족하지 못할 수밖에 없습니다. 진여에서 진여를 잃은 삶으로 '허망한 마음〔妄心〕'의 삶입니다. 경험되고 기억된 인식 패턴을 가지고 현재처럼 사는 것이므로 허망한 마음으로 사는 것입니다. 무지몽매한 무명이 우리네 삶을 전체적으로 무지하게 만들고, 그것이 본래부터 우리의 삶인 줄 알고 살게 하는 것과 같습니다.

그렇지만 무명의 세계라도 진여와 한 장면일 수밖에 없으므로 우리네 삶은 진여일 수밖에 없습니다. 우리네 삶의 바탕이 상호 의존이기 때문입니다. 상호 의존하고 있는 연기의 흐름이 생명의 드러난 표현이기에 이를 떠나서 다른 진여의 삶이 없는데도, 그 삶이 무지몽매한 삶이 되어 있으니 묘하고도 묘합니다.

인식마다 나타나는 업식의 얼굴

　진여에서 진여를 등진 허망한 마음이 무명을 더욱 두껍게 하므로 인연의 현재를 자각한다는 것이 갈수록 어렵습니다. 무명은 망심을 만들면서 무명을 표현하고, 표현된 망심으로 무명의 역할을 이어가는 것이지요. 인연의 무상無常을 자각하지 못하고 늘 항상한 것으로 자각하게 하는 망심의 습관이, 무명에 무명을 더하고 있습니다〔以有妄心 卽熏習無明〕.
　무명화된 인식 습관은 그 자체가 하나의 인식 주체로 서게 됩니다. 표현된 현재를 기억과 겹쳐 보는 망심에 의해서 동일한 나가 성립된 것입니다. 무상으로 겹쳐 있는 현재를 잊은 것이지요. 형상에서 변화를 읽고, 변화에서 정체성을 읽어, 동일성에도 머물지 않고 변화에도 머물지 않는 진여의 흐름을 등진 것입니다. 주체와 객체로 있으면서도 주체와 객체가 해체되는 자리를 분명하게 보지 못한 것입니다. 무상은 무상이라는 하나의 사건이 아닙니다. 일체가 무상 속에 겹쳐 있습니다. 사건·사물이 무상인 줄 모르는 것이 무명화된 인식 습관입니다.
　무상을 놓치고 무상하지 않는 인식 주체를 세우게 되면서 인식 내용과 객체도 그 모습으로 하나의 주체가 되고 맙니다. 무상한 인연의 변화가 마음이 되어 일체를 있는 그대로 보게 하는 줄 알지 못하고, 무상한 변화 밖에 서 있는 듯한 나를 세운 것입니다. 무명과 망심에 의해 세워진 주체로서 아상我相입니다. 인연의 흐름을 알아

차리지 못한 무명과 망심과 아상의 흔적들이 모여 있는 것이 업식業
識입니다.

업식의 두께만큼 아견我見이 굳어 갑니다. 무명이 활동[業]하는 인식[識]이며, 세워진 나의 습관대로 활동[業]하는 인식[識]입니다. 그러면서 자신과 자신의 인식 패턴에 맞는 것과 맞지 않는 것이 분명해지고, 삼독인 탐심·진심·치심의 경향성이 모든 인식에 스며들게 됩니다. 인식마다 업식의 얼굴이 나타나는 것이지요. 이미 세워진 인식 내용을 가지고 세계를 보는 것입니다.

지금 일어나고 있는 일상의 삶을 보는 것이 아니라 그렇게 볼 수밖에 없는 것을 보면서 그것을 실재라고 여기는 것입니다. 왜냐하면 인식하는 주체로서 자아가 언제나 같듯, 인식 대상이나 내용도 그렇다고 여기기 때문입니다. 지금의 현재를 읽지 못하고 과거를 현재화하거나 불확실한 미래를 그리면서 사는 것입니다. 진여를 알지 못한 삶입니다.

지금의 인연 밖에 다른 어떤 것이 인연의 총상이 될 수 있겠습니까. 인연은 순간순간 변하면서 그 변화에 모든 이웃을 담고 있는 것이기에, 이 순간을 명료하게 알아차리는 것이 진여를 아는 것입니다. 변화의 '머묾 없는 모습[無住相]'을 보지 못하면 세워진 아상我相을 넘지 못하므로 진여와 공성을 볼 수 없습니다. "진여를 요달하지 못한 것 [不了眞如法]"입니다. 진여를 요달하지 못한 현재는 늘 과거나 미래가 될 수밖에 없습니다. 현재를 인식의 총상으로 자각하지 못하기 때문에 인식 내용으로 드러나는 것은 습관화된 인식 패턴으로 과거의 그림자일 뿐입니다. 망심이 만들어 놓은 그림자입니다.

현재를 자각하지 못한 망념은 자신이 만든 그림자를 현재라고 읽고 기억하면서 대물림하는 인식 습관입니다. 허망한 경계를 실재라고 보면서 망심의 두께가 더욱 두꺼워지는 것이지요〔不了眞如法故 不覺念起 現妄境界 以有妄境界染法緣故 卽熏習妄心〕. 대물림된 망상의 두께만큼 현재를 읽지 못하고, 현재를 읽지 못한 만큼 삶이 겉돌게 됩니다. 윤회하는 삶입니다.

이와 같은 상태에서는 정말 열심히 살고 크게 욕심 부리지 않고 살면서도 개인과 시대 군중의 삶이 이런 저런 이유로 힘들어집니다. 그것은 앞서 만들어 놓은 망심의 두께를 이루고 있는 '나'와 '나의 것'이 헛것이기 때문입니다. '나'와 '나의 것'을 위해 열심히 살면서 날마다 힘들어하지만 그것은 밑 빠진 독에 물 붓기와 같습니다. 아무리 부어도 찰 수 없는 것처럼 갖가지 일을 통해 나를 행복하고 평화롭게 하고자 하여도 어느 틈에 행복하지 못하고 불편하며 불안하게 됩니다. 그것은 삶의 방향이 어긋나서 그렇습니다.

일상의 경험에서 보면 자신만의 삶이 분명하지만 경험만큼의 나는 없습니다. 경험을 모두 아우르면서도 어울림 속에 사는 '나'는 나를 비운 공간만큼 나타나며, 그곳에서 채움과 비움이 함께 갖추어져 어느 쪽으로 치우치지 않을 때 고요하고 평화로우며 진여의 법계를 살게 됩니다.

'있다고 여기는 나'가 '나'

이것과 어긋난 갖가지 일들은 열심히 한다고 하더라도 개인과 사회에는 늘 부족함만 남고, 그 부족함만큼 몸과 마음이 괴롭고 힘들어집니다. 나의 채움이 다할 수 없으니 나가 있는 것이 아니라 '있다고 여기는 나'가 '나'이기 때문이며, 이 '나'에 대한 인식의 허구가 밑 빠진 독과 같기 때문입니다. 따라서 채운다는 뜻이 성립될 수 없습니다.
나아가 법계의 본바탕에서 본다고 하여도 채움과 비움이 함께 일어나면서 하나 된 법계로 중도가 되기에 채운다고 늘어나는 것도 아니고 비운다고 줄어드는 것일 수 없습니다. 한쪽에서 보면 채움 같지만 다른 쪽에서 보면 비움이 되는 것이 법계의 인연이며, 생명의 활동입니다. 비움도 채움도 열린 생명계의 하나 된 장면의 다른 모습입니다. 비운다는 것으로도 채운다는 것으로도 법계를 온전히 볼 수가 없습니다. 단지 무엇을 가지면 행복하고 기쁠 것 같아 늘 소유하려고 하므로 비움을 강조하지만, 법계일상인 진여에서 보면 비움도 채움도 다 한 가지 모습일 뿐 어느 것이 더 중요한 것이 아닙니다.
채워 가지려는 쪽의 시선으로 사는 것도 업을 짓는 것이지만, 버린다는 것만으로 사는 것도 업을 짓는 것입니다. 한쪽은 가진 것으로 자신을 나타내는 것과 같다면, 다른 한쪽은 아무 것도 갖지 않았다는 것으로 자신을 드러내고 있는 것입니다. 두 가지가 방향은 다르지만 치우친 견해인 것에서는 다름이 없습니다. 이것이 업을 짓는 것이며 망심을 쌓고 있는 것입니다. 그 두께만큼 힘든 것이 몸과 마음에 나타나는 아픔입니다.

망심에 의해서 갖가지로 행복할 수 없는 업을 지으면서도 그 업을 갖고 있으면 행복할 것 같아 더욱 집착합니다. 우리들 마음에 새겨진 '나'와 '나의 것'이라는 언어문자에 집착하고 있는 것과 같습니다. 집착한 만큼 집착 없는 인연의 무상성과 어긋나며, 어긋난 만큼 삶의 현실이 만족스럽지 못하고 괴롭습니다. 이것이 힘들고 괴로운 일상이 그치지 않고 계속되는 이유입니다.

허망한 마음이 남긴 것

무상한 인연인 연기각성을 자각하지 못한 무명의 훈습에 의해 형성된 허망한 마음〔妄心〕이 자취를 남기니 허망한 기억〔妄念〕입니다. 허망한 기억이라고 해서 기억으로만 남는 것이 아니라, 무상한 인연을 기억에 의거하여 읽어 내면서, 무상과 어긋난 경계를 만들므로 경계마다 허망한 경계가 되고 맙니다. 허망한 마음이 남긴 것〔妄念〕이면서, 남겨진 자취가 경계로 드러나니, 허망한 마음〔妄心〕과 허망한 기억〔妄念〕과 허망한 경계〔妄界〕가 기억되어〔念〕 상속되는 것입니다.

마음도 마음으로 기억되고 경계도 경계로 기억되어 기억된 마음과 경계가 대물림되므로 마음이 경계를 만든 것 같고, 경계에 의해 마음작용이 한정되므로 경계가 마음을 만든 것 같습니다. 기억〔念〕

에 의해서 마음과 경계가 만들어졌다고 할 수 있고, 만들어진 마음과 경계를 잃지 않는 것이 기억이라고 할 수도 있습니다.

따라서 '염念'은 단순히 기억하거나 주시하는 것이 아니라 기억한 대로 주시하려 하고, 대상에 자기 색을 입혀 다시 그것을 기억하려 하는 것입니다. 보고 듣는 것이 기억을 보고 듣는 것이지요. 그러므로 보고 들리는 경계가 허망한 경계가 되고, 허망한 경계는 망념의 표상이 되며, 망념의 표상은 인연을 잘못 읽는 무명의 표현이 됩니다. 보고 듣는 경계가 있는 그대로의 경계를 보고 듣는 것이 아니라 무명을 보고 듣는 것이 되는 까닭입니다.

그래서 "망경계妄境界에 의한 훈습이 망념(念)을 증장시키고 집착(取)을 증장시킨다."고 합니다. 염과 집착이 한 끈으로 얽혀 있지요. 모든 경계가 기억과 집착이 현재화한 것이기 때문에 경계마다 동의반복적이지만 집착이 상속되며 망념의 분별이 이어집니다.

망념의 기억이 계속해서 자신을 이어가고 그 기억에 대한 집착이 사라지지 않는 한 끝없이 이어지는 분별과 망상이 현재가 될 것입니다(念著). 허망한 마음을 따르는 습관입니다. 이 습관이 집착이 되는 이유는 인연의 무상성과 어긋나기 때문입니다. 이미 변하고 지나간 인연인데도 무명의 인식이 남긴 흔적을 붙잡고 있으니 집착이며, 삶의 실상과 어긋나기 때문에 그 결과가 괴로울 수밖에 없습니다. 망념의 기억과 분별이 만들어 놓은 근원적인 집착인 자아와 자아의 소유가 있는 한 업의 과보를 피할 수 없기 때문이지요.

업이란 무명과 허망한 마음이 남긴 자취 곧 망념의 총합이라고 할 수도 있고, 남겨진 망념에 의한 인식의 습관성이라고 할 수도 있습니다. 업의 과보를 받는다는 것은 망념과 망념의 경향성이 계속해서 나와 나의 것을 기억하고 집착하면서 그것에 의해 아픈 미래를 만들어 가는 것입니다.

생각마다 자신이 만들고 있는 세계에서 자신이 매여 있는 삶입니다. 망념에 의해 허망한 경계가 끝없이 이어지고, 허망한 경계가 망념의 습관을 키우므로, 망념과 집착이 커질 수밖에 없습니다.

삶을 평온하고 아름답게 가꿔 가는 힘

기억하고 분별하지 않으면 생명활동이 계속될 수 없기 때문에 기억과 분별은 생명이 살아가는 데 있어서 무엇보다도 중요한 요소입니다. 그렇기에 기억과 분별을 망상이라고만 정의할 수 없습니다. 단지 기억과 분별의 내용을 있는 그대로 자각하지 않는 점이 문제가 됩니다. 기억이 현재화될 때 현재를 기억에 맡겨서는 안 된다는 것입니다. 기억은 현재를 다양하게 읽어내는 하나의 조건에 지나지 않는다는 전제가 언제나 필요합니다.

현재가 기억된 과거와 닮았다고 할지라도 이미 많은 다름들이 그 속에 있기 때문에, 바른 기억이 되기 위해서는 기억이 기억에 지나지 않는다는 것을 알아야 하며, 현재를 창조적으로 해석하는 바른 이해의 분별이 발휘되어야 합니다. 드러난 형상에서 시간의 무상을 읽고, 시간의 무상 속에서 정체성을 읽어야 지혜로운 기억과 분별이 됩니다.

 삶을 평온하고 아름답게 가꿔 가는 힘입니다. 기억과 분별 가운데서도 인연을 있는 그대로 자각하는 지혜입니다. 이런 뜻에서 기억과 분별은 생명활동의 좋은 바탕이며, 이웃과의 생명연대를 실천할 수 있는 근거가 됩니다.

 여기서 이야기하는 '망심훈습妄心熏習'이란 인연의 무상성을 읽지 못하고, 인연이 만든 분별을 실체를 갖는 분별로 잘못 알고 기억하며, 그것을 바탕으로 하는 인식 활동을 말합니다. 망심훈습을 두 가지로 나누어 이야기하고 있지만, 그 내용이 실체를 갖는다는 분별과 기억으로 이루어져 있으며, 그것이 나와 대상으로 나뉘어 나타나고 있다는 데서는 차이가 없습니다. 분별이 있기 때문에 삶과 죽음으로 나누어지고, 기억이 있기 때문에 시간과 공간을 사는 '나'가 존재하는 듯하여, '생사윤회하는 나'가 있는 듯한 것은 두 가지가 다 같기 때문입니다.

 보살 수행자와 이승 수행자도 분별과 기억이 남긴 생사의 아픔이 있지만, 범부의 일생은 '나와 나의 것'에 대한 분별과 기억에 매여 있는 강도가 더 강하기에 업의 과보에 따른 생사의 아픔이 더 큽니다. 범부가 받는 업의 과보와 생사의 아픔이 의식의 분별을 중심으로 지금 받고 있고 앞으로 받을 것이라고 한다면, 보살 수행자들은 의식의 근거가 되는 의意의 분별에 대해 눈뜨고 있다는 데서도 차이가 있습니다. 보살 수행자들은 처음 보살 수행을 시작한 초발의初發意 보살이라 할지라도 의意의 내용이 분별과 기억에 지나지 않는다는 것을 충분히 학습하고, 인연의 삶 곧 공성을 이해하여, 우리들의 삶이 대승이라는 것을 믿는 데서 출발하기 때문입니다.

그 차이가 작은 것 같지만 그것으로 실천되고 있는 삶의 양상에는 크나큰 차이가 있습니다. 의식의 분별에 머물고 있다고 하면, 의식되기 전의 세계가 분별을 준비하고 있는 것에 대해서도 알 수 없고, 분별된 의식이 하나 된 세계의 표현으로 그 속에 이웃 생명들의 생명 나눔이 들어와 있다는 것도 알 수 없기 때문입니다.

보살 수행자들은 의식 분별을 넘는 수행 체험을 통해서 분별된 나와 기억된 나만의 세계가 있을 수 없고, 그와 같이 느껴 아는 세계 속에 온갖 삶들의 인연이 얽혀 있다는 실상을 본 것입니다. 그러므로 필연적으로 함께 생명을 살리는 삶을 살 수밖에 없다는 것을 알고 이를 실천합니다. 여기에 범부들과 차이가 있습니다. 연기적 삶을 실천하기 위한 원력으로 생사의 아픔을 받고 있는 것입니다. 생사의 근거인 업식에 삶과 죽음을 이어가는 훈습을 하여 생사의 아픔을 스스로 받는 것입니다〔能受生滅苦〕.

의식하건 의식하지 않건 간에 '생명은 인연의 어울림을 통해서 이루어지고 있다'는 앎이 상식이 되어 있다고 하지만, 오히려 그와 같은 앎이 상식이 되지 않았던 시대가 인연의 어울림을 실천하는 삶을 살지 않았나 싶습니다. 온갖 지식과 관찰로 아는 것은 더 많아졌지만 있는 자리에서 삶의 기쁨과 평안과 행복을 느끼는 힘이 없어진 만큼 자신의 삶에서 멀어진 것이 아닌가 여겨지기 때문입니다. 아는 것이 많은 만큼 오히려 자신의 삶에서조차 더욱 멀어지고 있는 것 같으니 이웃과의 관계는 더 말할 필요가 없겠지요.

분별된 실체로서 '나'가 없는 가운데 '나'의 삶이 이루어지고 있는 생명의 신비로움을 잃어버린 대신에, 나의 소유를 쌓고서 그것으로 기뻐하고 행복하고자 하나, 그와 같은 가짐이 도리어 자신을 힘들게 하니, 죽음 앞에 남겨진 회한이 삶의 끝과 시작을 아프게 합니다〔能受凡夫業繫苦〕. 아픈만큼 우리네 삶과 인식에 망심의 마음작용이 깊게 자리잡고 있다고 할 수 있습니다.

총합의 연대 밖에서 비켜서 있는 '홀로 섬'

업식業識은 생명들이 살아 온 날들의 기억의 총합이면서 개체성을 이루고 있는 자아의 깊이이며, 자아가 갖고 있는 갖가지 생각의 흔적들입니다. 이 흔적이 지워지지 않고 남아 다음 날들을 자신의 흔적 속으로 밀어 넣고 현재를 지우고 있습니다. 한편으로 보면 생명이 제 갈 길을 만들어 가고 있는 증거가 되면서도, 다른 한편에서는 총합의 연대 밖에서 비켜서 있는 '홀로 섬'입니다.

결코 홀로 설 수 없는 곳에서 홀로 서 있는 것처럼 느껴 알고, 그리고 다시 그렇게 느껴 알도록 하는 앎의 지향성이 자아(自我)를 이루는 업식입니다. 그러므로 업식이란 활동(業)하는 앎(識)이면서 그 내용에서 보면 별로 새로울 것도 없는 앎의 작용이며, 순간순간 우리네 삶에서 이루어지고 있는 모든 앎들의 근원이면서 다시 현재가 되는 앎입니다.

현재를 읽는 앎이지만 인연의 무상을 놓친 앎이라 허망한 마음이며 앎일 수밖에 없습니다. 이 마음은 무상의 시간성과 형상의 공간성이 맞물려 무상과 형상을 넘어선 것을 읽지 못하는 마음이며, 현재에서 소외된 마음으로 '허망한 마음(妄心)'입니다. 허망한 마음은 연기를 자각하지 못한 무명을 바탕으로 한 세계 해석의 틀이라고 하겠습니다.

인연 자체가 분별될 수 있는 틀을 만들고 있으므로 무명에 의한 세계 해석이 가능하지만, 곧 인연이 제 나름대로 세계를 해석해서 보여 주지만, 다른 한편 무상한 인연이므로 인연마다 틀을 만들면서 동시에 틀을 해체하고 있다고 해야겠지요. 인연의 무분별을 틀의 해체라고 본다면 인연의 분별은 틀을 만든다고 할 수 있습니다.

그래서 틀이면서 틀일 수 없는 인연에도 깨어 있어야 하지만, 틀의 연속인 기억에도 깨어 있어야 합니다. 깨어 있는 마음이 인연을 바르게 해석하는 마음이면서도, 인연이 만들고 있는 분별에 흔들리지 않는 마음입니다. 넓고 깊은 인연의 어울림을 아는 마음, 곧 해석하는 마음이면서, 그 해석에 머물지 않으니 아무 것도 모르는 마음과 같습니다. 모르는 데서 보면 언어의 해석 너머에 인연이 있는 것 같고,

언어의 구성을 남기지 못한다고 하면 해석된 인연이라고 할 수 없으니 언어 속에 인연이 있다고 할 수 있습니다. 그래서 어떤 때는 인연이 언어에 갇히기도 하지만, 다른 순간에는 인연이 언어를 넘어서게도 하므로, 갇힌 것도 갇힌 것일 수만은 없으며, 넘어선 것도 넘어선 것만이 아니지요.

그 가운데 어느 하나로만 세상을 보는 것은 인연 밖에 서 있는 '홀로섬'이며 '외로움'입니다. 업식이 그렇지요. 해석된 언어의 틀만으로 인연을 읽어 내려는 앎이기에 갇힌 것은 갇힌 것만으로, 넘어선 것은 넘어선 것만으로 읽어 내면서 인연 속에서 인연을 등지는 앎입니다. 업식을 넘어서지 못하면 업식으로 읽고 있는 현재가 인연의 전부일 수밖에 없으니, 그것 밖에 다른 세계가 있을 수 없지요. 인연의 모습마다가 세계 해석이므로 다양한 모습과 앎들이 그 자체로 세계가 되는 것을 모르는 것입니다.

자신의 아픔이 사라진 자리에 이웃의 아픔을 담고

'다름' 하나하나가 그대로 인연의 총상이면서 별상으로 있는 모습임을 깨닫지 못한 앎입니다. 생사 속에 있는 열반을 보지 못한 것이지요. 삶이면서 죽음이며 죽음이면서 삶인 인연, 삶에서 삶을 떠나고 죽음에서 죽음을 떠나 삶과 죽음을 넘어선 열반이 앎 하나에 다 드러난 줄을 모르는 앎입니다. 분별과 무분별, 생성과 해체가 함께하는 인연이면서 열반이며, 열반이면서 생사인 것에서 보면, 삶만으로의 삶, 죽음만으로의 죽음이 있을 수 없습니다. 삶과 죽음을 함께 포섭하고 있는 인연이 언어의 해석에 갇힌 인연이 되면서 삶과 죽음이 갈라서게 되고, 비로소 삶과 죽음이 생겨났다고 하겠습니다.

생겨난 삶과 죽음으로 인연에서 인연을 비켜서 있는 '홀로 섬'으로 생사를 두려워하는 존재가 되고 만 것 같지만, 인연에 비켜선 존재란 있을 수 없습니다. 인연으로 드러난 낱낱이 그 모습 그대로 세계 해석의 표상이 되는 하나이면서 그 속에 모두를 아우르고 있는 총상을 떠난 적이 없으니 생生과 사死의 나눔이 있을 수 없습니다.

그렇기에 삶과 죽음으로 세계를 해석하고 있는 것은 망심의 헛된 인식이며, 생명의 역사만큼 오랜 시간 동안 쌓아 온 세계읽기[業識]입니다. 업식의 세상읽기는 공간 의식과 시간 의식 속에서 이루어지고 있는 분별의 인연이 시간과 공간을 넘어서 있는 인연인 줄 알지 못하니, 언제나 삶과 죽음의 분별로 남겨진 해석의 틀을 넘어설 수 없습니다. 그래서 인연에서 홀로 서 있는 듯한 외로움 속에서 만족할 수 없는 현재를 살 수밖에 없습니다.

'홀로 섬' 속에서 나와 나의 것을 세우고, '나와 나의 것을 중심으로 사물과 사건을 해석하여 아는 분별[分別事識熏習]'이 커감에 따라 불만족도 커갑니다. 분별로 세워진 나가 헛된 것이기에 결코 만족할 수 없으며, 채워도 채워질 수 없습니다. 남는 것은 채우려는 욕망과 채워지지 않는 것에 대한 분노, 그리고 나에 대한 잘못된 해석인 어리석음뿐입니다. 이러한 '탐욕·분노·어리석음〔三毒心〕'이 끊이지 않고 증장되면서 받는 괴로움이 범부凡夫의 과보입니다.

이에 반해 보살 수행자들이 받는 생멸의 고통은 '업식을 이루고 있는 근본적인 불만족한 인식〔業識根本熏習〕'의 결과입니다. 업식을 이루는 것은 인연의 각성을 알아차리지 못하고 인연의 흐름이 만들고 있는 형상 따라 마음이 움직인 결과입니다. 형상의 자취만을 좇다 흐름의 본질인 무상·무아를 놓치면서 인연의 각성과 어긋난 만큼 만족할 수 없는 마음작용의 흔적〔業識〕들이 쌓이고, 그 결과 업식에 미세한 생멸의 고통, 곧 불만족이 있습니다〔不覺故心動 動則有苦〕.

그러나 보살 수행자가 느끼는 생멸의 아픔은 실상에서 보면 보살 수행자의 아픔이라기보다는 이웃 생명들에 대한 아픔이라고 해야 합니다. 왜냐하면 그 아픔은 이웃 생명들의 아픔이 다하는 날까지 그들과 더불어 함께 생사윤회하기 위해 일부러 남겨 놓은 생사윤회의 씨앗이라고 할 수 있기 때문입니다.

아라한이나 벽지불도 생멸의 아픔이 있지만 아픔을 싫어하고 죽음을 두려워하는 인식은 없습니다. 아픔이 단지 아픔이고 죽음이 단지 죽음이면서 그것이 인연의 총상이 된다는 것을 알 뿐만 아니라 그것에 대해 어떠한 불만족도 생기지 않기 때문에 우리들이 느끼고 아는 아픔과 죽음의 괴로움과는 다릅니다.

보살 수행자가 중생들과 생사를 함께하면서 중생들을 깨닫게 하려는 동체대비同體大悲의 원력으로, 완전한 깨달음을 이루지 않고 업식에 의한 생사를 계속하는 것은 생사를 계속하게 하는 업식이 있어야 보살의 원력을 원만히 성취할 수 있기 때문입니다. 업식에 의한 생멸의 고통을 기꺼이 감수하려는 의지가 보살의 업식이라고 할 수 있겠지요.

아라한과 벽지불은 인아견人我見은 다스렸지만 법아견法我見을 다스리지 못한 수행자라고 합니다. 이 정의에 따르면 업식의 훈습에 의한 생멸의 아픔이 있다는 것이 당연한 귀결입니다. 그러나 초기 불교 시대나 상좌부 계통 등의 불교학파의 정의에 따른다면 아라한은 업식의 훈습을 넘어서 생멸의 아픔을 남김없이 다스린 수행의 완성자이므로, 보살의 원력이 없을 수는 있지만 업식에 의한 생사가 있을 수는 없습니다.

원력에 따르는 보살 수행자의 삶은 사는 날까지 자신의 아픔이 사라진 자리에 이웃의 아픔을 담고, 그 아픔을 어루만져 함께 평안하고 고요한 삶을 살려는 지혜의 활동이라고 할 수 있습니다.

무상한 인연을 좇아다니는 앎

무명이 따로 있는 것이 아닙니다. 인연이 분별로서 자신의 얼굴을 드러내므로, 분별하는 앎이 인연이 만든 앎이면서도 분별을 넘어설 수 없는 앎이 되므로 무명이라는 것입니다. 인연이 만들고 있는 생성과 소멸에 휩쓸리는 앎입니다. 인연과 앎 그 자체를 되돌아보는 자각이 없는 앎이 앎이면서 밝지 못한 앎이라는 뜻이지요. 인연을 자각하지 못한 순간 인연이 통째로 무명이 되고, 무명으로 읽는 분별이 흔적을 남기면서 분별의 경향성이 생겨납니다. 이렇게 생겨난 마음을 허망한 마음이라고도 하고 분별하는 활동〔業〕으로 아는 마음〔識〕이라고도 합니다. 무명이 된 인연에 의해 발생된 분별과 분별이 남긴 여력餘力을 업이라고 하며, 업에 따른 앎이라 업식이라고 합니다. 무명이 '근본업식根本業識'을 만들어 낸 것이지요.

무명에 의해 업식이 형성된다는 것은 무명의 속성이 앎이기 때문입니다. 무상한 인연을 좇아다니는 앎이라 알아차림의 특성인 '움직이지 않는 앎'을 놓친 앎입니다. 분별된 인연을 따라 움직이는 앎이므로 분별된 것이 인연이 줄 모르게 된 앎이며, 분별에 취착하는 앎이며, 분별을 쌓아가는 앎이며, 인연의 무상을 놓치고 취착된 분별로 인연을 결정하는 앎입니다.

일정한 경향성을 갖게 되는 앎이라는 데서 보면 인연을 업식業識으로 읽을 수밖에 없는 마음이며, 무명에 의해서 업식이 형성되지만 업식이 형성되지 않았다면 그 이전의 앎을 무명이라 할 수 없으니 업식이 무명의 얼굴이 됩니다. 그러므로 무명이 업식이며, 업식이 무명을 무명이게 하는 결과이면서 원인이 됩니다.

업식이 무명의 분별력에 의해서 형성되고, 형성된 분별력이 끊임없이 다음의 인연을 무명화시켜 가므로, 이 둘의 관계는 선후가 없습니다. 업식의 세계읽기가 무명이며, 쌓여진 세계읽기의 흔적을 업식이라고 할 뿐입니다. 그래서 무명이 망념의 근본이 되고, 망념이 형성되었기에 염법이 생겨났다고 합니다.

인연의 변화에 휩쓸려〔動心〕 인연의 각성을 자각하지 못한 마음작용〔不覺心〕인 무명이, 자기류의 세계 해석 틀인 업식을 만들고, 그 틀대로 세계를 분별하게 되므로 무명업식을 '근본훈습根本熏習'이라고 합니다. 또한 상속식인 의식意識에 무명과 업식의 훈습이 이어지고, 의식의 분별에 의해서 무명과 업식의 분별력도 증대하므로 염법이 끊어지지 않고 계속됩니다. 이것이 망념의 마음〔染法〕이 생겨나고 없어지는 인연〔生滅因緣〕입니다.

26장. 삶과 죽음을 넘어서는 정법의 훈습

47 어떻게 훈습하길래 정법淨法이 끊어지지 않고 계속되는가. 진여법이 있기 때문에 진여법이 무명을 훈습하고, 이 훈습으로 인한 인연의 힘이 허망한 마음으로 하여금 생사를 싫어하고 즐거이 열반을 추구하게 한다. '허망한 마음[妄心]'에 생겨난 생사를 싫어하고 열반을 추구하게 하는 인연이 다시 진여를 훈습하게 됨으로써, 그것에 의해서 스스로 자신의 본성을 믿게 되며, 마음이 망령되이 움직여 경계를 조작하는 것일 뿐 인식 대상이 따로 없다는 것을 알게 된다. 이와 같은 신심과 앎에 의해서 망념을 떠나는 수행을 하게 된다.

云何熏習起淨法不斷 所謂以有眞如法故 能熏習無明 以熏習因緣力故 則令妄心厭生死苦 樂求涅槃 以此妄心有厭求因緣故 卽熏習眞如 自信己性 知心妄動 無前境界 修遠離法

그리하여 참으로 인식 대상이 존재하지 않는 것을 체득하여 알게 되므로, 가지가지 방편을 써서 진여법에 수순하여 집착하지도 않고 망념도 남기지 않는 마음을 닦는다. 이와 같은 수행과 더불어

오래고 오랜 진여의 훈습에 의해서 무명이 없어지게 된다. 무명이 없어지게 되면 분별만을 따르는 허망한 마음이 일어나지 않는다. 분별만을 따라 움직이는 마음이 일어나지 않기 때문에 망심에 의해 형성된 허망한 분별 경계도 따라서 없어진다.

以如實知 無前境界故 種種方便 起隨順行 不取不念 乃至久遠熏
習力故 無明則滅 以無明滅故 心無有起 以無起故 境界隨滅

인因인 무명과 연緣인 허망 경계가 없어졌기 때문에 마음이 만든 허망한 모습이 다 사라진다. 열반을 얻은 것이며, 연기의 자연스런 활동을 성취한 것이다. 이것이 정법淨法이 계속되는 까닭이다.

以因緣俱滅故 心相皆盡 名得涅槃 成自然業

생사와 열반이 한 치의 틈도 없이 같다

온갖 무성함으로 가을을 지내고 난 겨울산은 자신의 골격을 다 드러내 힘찬 흐름을 보여 줍니다. 봄의 현란한 푸르름도 여름의 펑퍼짐한 무성함도 가을의 나른한 단풍도 없지만 겨울산은 무엇보다 듬직한 모습으로 우뚝 섰다고 할 수 있습니다. 그래서 운문선사께서는 "잎이 떨어져 시들은 나무는 어떻게 될까요?"라는 질문에 "가을바람에 자신을 전부 드러냈다〔体露金風〕."고 말씀하셨겠지요.

겨울산의 골격미를 보고서야 산의 깊이를 경험했다고 할 수 있으니 아무런 치장 없는 것이 또 다른 멋이어서 그렇습니다. 가을바람에 본바탕을 다 드러냈으니 낙엽 진 나무는 단지 벌거벗은 것만이 아닙니다. 그렇지만 겨울산만이 산은 아니지요. 봄은 봄대로 여름은 여름대로 가을은 가을대로 산을 있는 대로 다 드러내고 있습니다. 어느 때나 산이지만 늘 얼굴을 달리하니, 드러난 얼굴마다 자신을 전부 드러낸 것이겠지요.

때마다 자신을 전부 드러내는 산처럼 삶과 죽음의 전 과정이 열반을 통째로 드러냅니다. 이 밖에 다른 열반이 없지요. 그래서 "생사와 열반이 한 치의 틈도 없이 같다."고 하였겠지요.

겨울이 되면 겨울 산이요 봄이 되면 봄 산입니다. 태어나면 태어나는 것으로 죽을 때가 되면 죽는 것으로 자신을 전부 드러내니 열반이 아닌 것이 없지요. 그래서 생각 하나 돌이키면 그 자리가 극락이 되고, 마음 하나 깨치면 부처가 따로 없다고 하였습니다.

겨울의 인연에는 골격으로 산을 보고 가을의 인연에는 단풍으로 산을 삼으면 어느 산인들 산이 아니며, 어느 때인들 눈부신 아름다움이 없겠습니까. 아름다움을 보는 눈이 아름다움으로 빛나서 그렇겠지요. 그렇기는 해도 겨울을 기다리는 마음은 한없이 길기만 하고, 왔던 겨울도 어느새 지나가니 기다림만큼 짧은, 가을바람에 드러난 아름다움이 될 것입니다. 그래서 겨울을 기다릴 것이 아니라 기다림이 늘 그리움이 된다면 봄도 어느새 그때의 봄이 아닐 것이며, 겨울산도 잠깐의 아름다움으로 남지 않겠지요.

열반을 구하는 마음이 생사를 싫어하지 않는다고 하면 생사 속에서도 열반을 사는 것과 같을 것이고, 생사를 싫어한다면 하루하루가 힘든 날들이 되겠지요. 그러나 겨울을 기다리지 않는다면 드러난 산을 볼 수 없고 기다림은 늘 기다림만으로 남으리니 기다린다는 것이 아름다운 모습이 되지 못하고 아픔이 될 것이며, 기다리면서도 그 기다림이 이미 이루어진 삶이 될 때 하루하루가 완성된 삶이면서 기다리는 설렘과 기다림을 이룬 기쁨이 함께하겠지요.

아련한 그리움으로 삶을 되돌아보다

진여眞如가 하는 일이 그렇습니다. 우리네 삶을 한 치도 벗어나지 않으면서도 감추어져 있는 것처럼 있으나, 다른 한편 무엇인지 모를 아련한 그리움을 남겨 삶을 되돌아보게 하는 것 말입니다.

진여의 감싸는 마음이 없다면 생사의 아픔에서 하루도 살기 어려울 것입니다. 우리네 아픔을 감싸 드러나지 않는 가운데 열반을 경험하게 할 수밖에 없는 한계가 있지만, 기다림이 깊어지면 기다림 그것이 진여가 돼 있는 것입니다. 먼 곳 어딘가에 있는 듯한 열반을 생각하며, 생사 밖에서 열반을 찾던 마음조차 쉬게 되는 날, 기다리던 마음 작용이 열반이 되어 생사를 벗어나지 않고서도 열반인 진여의 삶을 살게 되는 것입니다. 진여가 훈습하는 마음이기에 어느 날 싫어하는 마음도 쉬고 구하는 마음도 쉬어 삶과 죽음을 넘어서지요.

진여의 훈습이 아련한 고향의 추억을 떠오르게 할지라도, 삶과 죽음 너머를 볼 수 있는 것은 삶과 죽음에 대한 사무친 아픔이 있어야 됩니다. 적당히 좋아하고 적당히 싫어해서는 결코 삶과 죽음 너머를 보려 하지 않을 것이고, 보려고 하더라도 그 정도의 그리움으로는 결코 보이지 않습니다.

삶과 죽음 너머가 사무치게 그리워야만 합니다. 그것이 생사를 싫어하는 마음입니다. 삶과 죽음이 남기는 불만족을 당연하다고 여기지 않는 마음이며, 그 끝을 보려는 의지가 불만족의 깊이보다 더 커진 마음입니다. 생사의 현재에서 어느 것 하나 만족할 수 없다는 것을 사무치게 아는 마음이며, 이 마음으로 다른 모든 생명의 아픔까지도 담아 함께 넘어서려는 의지여야 합니다. 이와 같은 마음만큼 진여가 우리 앞에 나타난다고 할 수 있습니다.

진여가 우리의 고향인 것은 사실이지만 그리움의 크기만큼만 보인다는 것입니다. 그리움의 인연이 진여의 얼굴이 돼서 진여의 활동으로 나타날 수 있기 때문입니다. 오직 생사를 넘어선 열반의 삶만이 삶의 의미가 될 때, 생사를 만들고 있는 망심과 겨뤄 볼 수 있습니다. 망심이 진여를 여읜 것은 사실이지만 그 뿌리가 인연에 깊이 박혀 있다고 할 수도 있기 때문이지요.

물론 진여의 인연이 생사와 열반을 오롯이 떠나 있다고 하는 데서 보면, 진여의 인연에는 생사의 뿌리도 열반의 뿌리도 없다고 할 수 있습니다. 그렇지만 인연의 각성에 어두우면 인연마다가 생사가 됩니다. 각성이 도리어 생사의 고향이 된 듯하며, 생사가 된 각성이 진여를 등진 것과 같지요.

늘 삶을 좋아하고 죽음을 싫어하면서 삶과 죽음이 인연의 각성으로 자신의 골격과 푸르름을 가을바람에 다 드러내고 있는 줄 모르는 것입니다. 진여에서 진여를 등지고 나니, 생사에 상대하는 진여가 잃어버린 고향이 된 것이지요. 그 때문에 고향을 그리워하는 마음이 생사 밖에서 진여를 찾아 헤맵니다. 생사 밖에 열반을 향하는 길이 있다고 여기고, 그 길을 찾아 걷는 것이 진여를 우리네 삶의 향기로 드러나게 할 수 있다고 잘못 아는 것입니다.

열반을 향한 그 마음이 열반이다

잘못 알고 있는 마음이지만 그 마음조차 진여에 뿌리를 내리고 있으므로, 밖을 향한 마음을 돌이켜 생사를 싫어하고 열반을 구하는 그 마음이 진여인 줄을 믿고 또 믿어 정진을 이어간다면, 믿는 마음이 견고해지면서 마음자리 하나에 열반이 꽃피게 됩니다. 마음이 열반으로 변하는 것이 아니라 믿는 마음이 열반의 마음이 된 것이지요. 그래서 "열반을 향한 그 마음이 열반이다〔初發心時便正覺〕."라고 하였습니다.

너무나 오랜 세월 동안 고향에서 고향을 등진 듯이 살다 보니 고향에서 고향을 찾는 격이지만, 생사의 현재가 우리의 온전한 현재이기 때문에 생사에서 생사를 떠나려는 마음이 진여를 드러나도록 합니다. 돌이켜보는 그 마음으로 자신이 서 있는 곳이 자신의 고향인 것 같다는 것을 어렴풋이 느껴 알게 되지요. 자신의 자리가 생사를 떠난 자리임을 믿게 되는 계기가 된 것입니다.

이 느낌으로 생사를 들여다보기 시작하면 생사의 흐름에 깨어 있게 되고, 깨어 있는 마음으로 생사에 흔들리지 않는다면, 생사의 경계가 허망한 줄을 알게 됩니다. 흔들림 없이 알아차리고 있는 마음은 단지 지켜보고 아는 것만이 아니라 아는 내용을 마음이 결정하고 있는 것을 봅니다. 마음이 대상을 그대로 보는 것이 아니라 자신의 인식 결과를 대상으로 삼고서 보고 있다는 것을 알아차린 것이며, 나의 것으로 인식되었기에 집착할 수밖에 없다는 것을 알아차린 것입니다. 집착이 대상에 대한 집착이 아니라 마음이 만든 영상을 붙잡고 있는 것이며, 집착하는 것이 마음의 자기 표현이라는 것이지요. 이 때문에 경계가 마음의 영상이라는 것을 알아차릴 때 허망한 경계의 실상이 보이고, 그 경계로부터 자유로운 대상보기를 할 수 있습니다.

이와 같은 자유가 '경계에 대한 집착으로부터 멀리 떨어지는 법을 닦는 것〔修遠離法〕'입니다. 업에 매여 힘들어하는 삶을 멀리 벗어난다는 뜻입니다. 업業이란 개인과 사회가 함께 이루고 있는 것이면서 동시에 우리의 미래를 만들어 가는 동력입니다. 중생 삶의 동력이지요. 단지 동력의 방향이 괴로움을 자초할 수밖에 없는 쪽을 향해 있기 때문에 중생의 삶이 힘들어집니다. 중생의 동력은 늘 좋아하고 싫어하는 분별을 향해서 자신의 미래를 만들어 가고 있기 때문입니다.

이와 같은 동력의 방향을 바꾸어 주는 것이 진여입니다. 밖을 향해 있는 눈을 안으로 향하게 하는 것이지요. 무상한 경계를 보는 것이 아니라 보고 알아차리는 마음, 곧 경계 따라 움직이지 않는 마음[不動心]을 지켜가는 힘입니다. 『법구경』에서 "사랑하는 사람도 갖지 말고 미워하는 사람도 갖지 말라."고 한 것과 같습니다.

더구나 자신만의 감정이나 의식의 분별만이 아니고 비교해서 더 사랑스러운 것, 더 좋은 것 등을 갖고 싶다는 것은 생존의 근본 욕구를 충족하는 데서 그치지 않습니다. 지나친 욕망과 성냄을 생존의 조건처럼 만들지요. 괴로운 삶이 될 수밖에 없는 현재를 함께 만들고 있다고 하겠습니다. 결코 이웃과의 비교가 끝날 수 없기 때문입니다. 많은 것을 갖고 있다고 하더라도 나이 듦을 젊음과 비교해서 견디지 못한다고 하면, 나이가 든다는 하나의 사실만으로도 삶은 결코 만족할 수 없겠지요.

오직 생명의 삶만으로 행복을 드러낼 수 있고, 적게 가지면서도 잔잔한 삶을 살며, 오동잎 하나 떨어지는 데서 가을을 아는 서정을 기쁨으로 삼는 삶이야말로 충만한 삶을 사는 모습일 것입니다.

이렇게 살 때 만들어진 경계, 경쟁이 요구하는 경계가 허상인지를 참으로 알지요[如實知無前境界]. 바람 없는 데서 이미 이루어진 충만된 삶이 무엇인지를 분명히 알면서 그렇게 실천하며 사는 것이 '참으로 아는 것[如實知]'입니다. 경계에 속지 않는 마음입니다. 인연의 어울림 속에 우리들의 미래가 여물고 있다는 것에 사무치는 고마움을 느끼고, 적게 갖는 것을 행복으로 삼고, 이웃과 나누는 것을 기쁨으로 삼으며, 생명 본연의 모습대로 살 수 있는 방편지혜가 익어진 마음입니다.

흐름에 수순하는 삶

인연법에서 보면 깨달음이란 어느 한 수행자의 완성으로 끝나는 것일 수 없습니다. 생명 하나하나는 하나만의 생명이 아니라 그 생명 그대로 법계의 생명이므로, 반드시 이웃 생명들과 어울려 그들의 안녕과 행복과 깨달음을 이루게 할 수 있는 방편지혜가 익어져야 합니다. 이와 같은 삶이 법계의 자연스런 모습이며, 스스로 법계가 되는 삶입니다.

이것을 "흐름에 수순하는 삶이다〔起隨順行〕."라고 합니다. 그래서 처음으로 '법계의 흐름에 들어가〔入流〕' 사는 분을 '성자의 삶을 시작하는 수행자〔初地〕'라고 부릅니다. 법계의 흐름과 수순하여 살 수 있는 것은 오래오래 바른 이해와 지혜로 삶과 죽음을 보는 알아차림에 있기도 하지만, 보이지 않는 곳에서 법계의 생명으로 열반을 실현하고 있는 진여의 훈습이 있기 때문이기도 합니다〔久遠熏習〕.

오랜 시간에 걸친 수행과 훈습이라고 하지만, 깊이 있는 사유와 용맹스런 정진은 만들어진 시간의 틀조차 넘어서게 되므로, 마음 하나 돌이키게 되는 순간이 무명이 사라지는 순간이 될 수 있습니다.

구원겁의 오랜 세월만큼 갈무리된 업의 깊이도 상속되는 인식이므로, 인식 그 자체를 돌이켜 알아차리는 순간의 시간이 구원겁의 오랜 세월을 넘어선다는 것입니다.

시간을 넘어선 통찰로 인연의 각성이 창조적 지혜로 작용하게 된 것입니다〔無明卽滅〕. 비로소 자신의 온전한 삶을 깨달아〔始覺〕 걸림 없는 자신으로 사는 것〔涅槃〕이며, 사는 모습마다가 자연스런 활동이 됩니다. 모든 형상과 이념의 차별이 사라진 삶입니다〔心相皆盡〕. 자기만을 알던 마음도 사라지고, 자기만이 알 수 있던 형상도 없어진 곳입니다. 비교하여 더 많이 갖고자 하는 마음이 사라진 곳, 욕망과 분노의 허상에 매이지 않는 그곳에서만 보이는 세계입니다. 허상을 좇아 허덕이는 마음을 쉬면 헛된 경계조차 사라져 이미 있던 자연이 새로운 자연이 됩니다.

마음 깊이 쌓여 있는 온갖 억울함을 다 풀어내는 울음이 솟고 솟다 바닥 드러나 울음이 멈추는 날, 드디어 고향 땅에 서 있는 스스로를 실감하고 흐르는 물처럼 그렇게 살 때, 훈습할 무명이 없어 제 역할이 끝난 진여조차 홀연히 사라지게 되니, 깨달음도 깨닫지 못함도 없는 한 세계가 언제나처럼 그렇게 있었으며, 있고, 있을 것입니다.

오! 빛나는 빛의 감탄이 법계의 법문이 되는 날, 그렇게 살게 되는 날, 열반涅槃은 자연自然이 되고 자연은 우리의 생명이 되어, 인연마다 생명의 빛으로 빛나겠지요.

27장. 허망한 마음에 스며드는 진여의 훈습

48 진여가 허망한 마음에 스며드는 훈습에 두 가지가 있다.

妄心熏習義 有二種 云何爲二

첫째는 '분별사식에 스며드는 훈습〔分別事識熏習〕'이다. 이 훈습에 의지해서 모든 범부와 성문·연각 등이 생사의 고통을 싫어하고 힘과 능력에 따라 차차 무상도無上道를 닦아 나간다.

一者分別事識熏習 依諸凡夫二乘人等 厭生死苦 隨力所能 以漸趣向無上道故

둘째는 '의에 스며드는 훈습〔意熏習〕'이다. 이 훈습으로 모든 보살들이 보리심을 내어 용맹스럽게 정진하여 속히 열반을 향해 간다.

二者意熏習 謂諸菩薩發心勇猛速趣涅槃故

자신의 삶을 있는 그 자리에서 볼 수 있는 힘

화엄에서는 생명마다 생명 그 모습 그대로 '총상으로의 우주 생명〔總相〕'과 '낱낱으로 나의 생명〔別相〕', 생명연대로서 '같음〔同相〕'과 나의 모습과 너의 모습으로 이루어지는 생명활동으로의 '다름〔異相〕', 생성이라는 '긍정〔成相〕'과 소멸이라는 '부정〔壞相〕'이 하나의 사건·사물 속에 오롯이 함께 있기에 그 가운데 어느 하나만을 가지고 삶을 볼 수 없다고 이야기합니다.

분별된 '나'와 분별될 수 없는 생명연대인 '우주'가 어울려, 분별 속에 무분별을 담고 무분별에서 분별을 만드니, 나와 너의 '다름' 속에 '같음'이 있고 같음 속에 다름이 있을 수 있습니다. 같음과 다름이 함께 있으므로 다름들의 어울림이 가능하고, 어울림에서 느끼는 평안함과 사랑, 그리고 이웃 생명들에게서 받는 생명 나눔도 이루어질 수 있습니다.

'이루어짐'과 '허물어짐'도 그 자체로 자신의 개념을 이끌어 내는 하나의 사건이라는 데서 보면 다름이 분명하지만, 이루어지는 것이 허물어짐을 동반하고 있고 허물어짐도 이루어짐을 동반하고 있기 때문에, 다름을 이루는 사건 그것이 같은 것이 되므로 개념의 다름만큼 실제의 다름일 수는 없습니다.

생성과 동시에 자신을 허무는 것으로 분별된 자신을 표현할 수밖에 없으므로 성상成相과 괴상壞相이 다른 모습으로 같으니, 생성과 소멸이라는 분별을 넘어서야만 생성과 소멸을 온전히 이해할 수 있습니다. 다름이 분명하지만 다름만이 아니고, 같음이 분명하지만 같음만이 아닌 상호 의존의 연기에서만이 생명으로 있을 수 있습니다.

분별만도 아니고 분별이 없는 것만도 아닌 세계가 무분별의 세계입니다. '분별이 없다〔無分別〕'는 말에 '분별이 없는 것도 없다〔無無分別〕'는 뜻을 내포하고 있지요. 분별된 인식 속에 언제나 무분별의 총상으로 얽힌 생명연대의 인연이 작용하고 있습니다. 개체를 부정하지 않고 그 자체로 인정할 수 있는 것도 인연의 총상이기 때문이며, 총상이라는 뜻으로 보면 하나의 모습이지만 모습마다가 총상이 되는 인연이므로, 곧 다른 모습이 되어 가는 것이 총상이라는 하나의 모습이므로 개체가 다시 부정됩니다.

'같음〔同相〕'이 다름을 통해서 같음을 나타내고, 같음이 부정되는 데서 '다름〔異相〕'이 성립되나, 다름 가운데 다름을 부정하는 같음이 있고 같음 가운데 같음을 부정하는 다름이 있기 때문에, '이루어짐〔成相〕'과 '허물어짐〔壞相〕'이 있다는 것입니다. 하나하나의 이름에서 보면 분별이 되나, 육상六相〔총상·별상·동상·이상·성상·괴상〕이 하나의 사건·사물마다 들어 있기 때문에 다시 무분별無分別이 됩니다.

분별된 다름만을 잘 기억하고 그것으로 세계 해석의 틀을 만들어 삶을 이해하는 의식, 곧 사건·사물을 분별하여 이해하는 분별사식分別事識의 인식이 법계일상法界一相인 한마음〔一心〕의 세계를 알지 못하므로, 허상이 되어 불만족을 형성합니다. 그러다가 불만족이 커지고 삶이 아플 때 삶의 내용을 반성하여 보게 되면, 다름 가운데 내재

되어 있는 모든 힘들이 서로 의존하면서 생명을 살리고 있는 것을 알아차릴 것입니다. 자각되지 않는 한마음의 세계가 아픔을 통해 자각되어 가는 것입니다. "분별사식分別事識에 훈습하고 있는 진여眞如의 기운을 자각하기 시작한다."고 할 수 있습니다.

업에 매어 힘들어하는 가운데서도 항상 작용하고 있는 인연의 각성, 곧 진여의 작용과 상응하는 길이 열려가는 것입니다. 진여의 훈습과 상응해 가기는 하지만 아직 분별을 떠나 분별과 무분별을 자유롭게 넘나들면서 육상六相의 어느 것에도 걸림이 없는 삶을 실천하고 있는 단계는 아닙니다. 다만 학습과 사유, 그리고 사유된 내용에 대한 깊이 있는 관찰수행으로 분별의 허구를 잘 이해한다고 할 수 있습니다.

분별에 대한 이해가 달라지면서 세계를 새롭게 보는 안목이 열립니다. 있는 자리를 옮기지 않았으면서도 마치 새로운 세상인 것 같은 자신의 삶을 있는 그 자리에서 볼 수 있는 힘이 생기는 것이지요. 이렇게 생긴 힘은 분별된 다름만을 인식 내용으로 하여 대물림되고 있는 의意의 습관력까지도 바꾸게 하는 기틀이 됩니다.

분별 틀인 의意가 의식意識 작용을 통해서 분별의 기억을 되살리고 의식으로 분별된 인식이 다시 의의 분별 틀에 훈습되어 분별을 상속해 가듯, 분별을 넘어선 무분별도 의와 의식에 영향을 주어 상속의 내용을 바꾸게 합니다. 분별을 넘어선 알아차림[定中意識]이 의意에 영향을 주고, 영향을 받은 의는 다음 찰나의 의식에 들뜨지 않고 알아차리는 힘을 보태, 대물림 되는 인식 틀[意]을 바꾸어 가는 것이지요.

그렇게 되기 위해서는 일상에서 부딪치는 경계를 인연으로 보는지, 마음이 만들어 놓은 집착된 영상으로 보는지를 잘 알아차려야 합니다. 집착을 떠나 있는 그대로를 보는 습관을 잘 가꾸고 지켜가는 것입니다. 수행이 익어 인식 틀 바꾸기가 힘들지 않게 된다면 그때부터는 저절로 익어가는 단계로 의意에 대한 습관력이 전체적으로 바뀌어 갑니다.

의意의 습관 내용을 다스리며

분별사식分別事識에 스며든 진여의 훈습과 상응하는 것은 분별을 이용하여 분별을 다스리고 있는 것으로 범부나 성문·연각 수행자의 수행 내용이며, 의意에 스며든 진여의 훈습과 상응하는 것은 상호의존의 생명연대가 삶의 근거임을 사무치게 아는 앎이 습관이 되어 분별 틀인 의의 상속을 다스릴 뿐만 아니라 일상의 삶에서 보살의 자비를 실천하는 보살 수행자의 수행입니다.

물론 나의 생명에서 '나'를 중시하느냐 혹은 생명연대로서 '생명'을 중시하느냐의 차이에 의해서 성문·연각과 보살로서의 수행 방향이 정해진다고는 하지만, 분별사식에서 이루어지고 있는 진여의 훈습도 의意의 습관을 다스리고 있다는 것에서 보면 수행으로 의식의 근거인 의의 상속이 바뀌어 간다는 데서는 같습니다. 진여의 훈습에 의해서 분별 습관을 바꾸고 있기 때문에 의意 훈습이 반드시 보살 수행자의 수행내용이라고 할 수만은 없습니다.

범부와 이승 수행은 자신의 번뇌 소멸을 중심으로 수행의 습관을 익혀가고 그와 같은 습관력으로 의意의 상속을 다스린다면, 보살 수행은 하나 된 생명의 인연을 생각생각으로 이어가 의意의 습관 내용을 다스리며 다스려진 것만큼 하나 된 생명의 인연을 다음 인식의 습관으로 한다는 데서 차이가 있다고 하겠습니다. '의意에 스며든 진여의 훈습'과 '분별사식分別事識에 스며든 진여의 훈습'이 다른 것은 수행자의 인식 내용에 따른 차이일 뿐 진여가 차별되게 훈습하는 것이 아닙니다. 의식의 근거인 의를 무엇으로 습관화시키느냐에 따라 보살 수행자인지 성문·연각 수행자인지가 결정됩니다.

그러므로 진여연기의 무분별에 대한 철저한 이해와 학습이 무엇보다 중요한 것이 아닐 수 없습니다. 분별을 다스릴 때 분별조차 진여인 인연의 각성에서 무분별을 바탕으로 한 분별임을 철저히 학습한 연후에 분별에 따른 집착과 번뇌를 다스려야 합니다. 집착과 번뇌의 공성을 이해하고 쓸데없이 번민에 휩싸인 스스로를 위로하고 이웃 동료의 아픔조차 껴안을 수 있는 열린 마음이 의에 훈습되어 보살의 마음이 형성되기에 보살 수행자가 됩니다.

분별사식分別事識에도 진여가 훈습하고 있는 것은 분명하지만, 분별 그 자체를 이용한 학습과 같으며, 개인에게서 발생하는 생사의 괴로움을 다스리고자 하기 때문에 보살 수행이라고 하지 않습니다. 범부와 성문·연각 등의 수행자는 자아가 없다는 것은 알지만, 분별된 개체만의 자아가 없음으로써 법계가 한 생명으로 자아가 되는 줄을 철저하게 이해하지 못하기 때문에 진여의 훈습을 받아 번뇌망상이 없는 삶을 지향하고 있다고 하더라도 온전한 법계 인연을 살기에는 부족하지요.

보살 수행자의 수행 내용도 자신의 번뇌를 다스린다는 데서 보면 분별사식이 갖고 있는 분별을 넘어선 것은 아니지만, 동체대비同体大悲로서 법계가 한 생명임을 자각하고 실천하고 있는 것이기에, 인연으로 하나 된 생명 본연의 삶을 살 수 있는 수행입니다. 의意의 분별력을 넘어서는 것을 이해한 학습과 체험이 있어야 그와 같은 생각이 익어질 수 있기에, 진여가 의에 훈습하는 '의훈습意熏習'으로 보살들이 생명 본연의 삶인 열반을 향해 용맹스럽게 정진한다고 하였습니다.

열반이 생사가 되는 열반

보살 수행을 근거로 한다면 열반涅槃이라는 개념도 상당히 달라지게 됩니다. 지계持戒와 선정禪定과 지혜智慧의 완성으로 열반을 성취한다는 것은 분명하지만, 생명연대에 대한 자각이 현재 인식의 근거가 되어야 한다고 할 때, 보살 수행자의 처지에서 보면 자신이 갖고 있는 의의 분별을 뛰어넘는 것은 일차적인 열반에 지나지 않습니다. 연기법에 대한 철저한 학습과 실천 의지가 보살의 의意가 되기에 보살 수행자의 열반은 모든 생명들의 열반이라는 연대적 생명관이 의意가 되었다고 할 수 있습니다. 열반의 완성을 생명계의 열반으로 확대하는 것이 보살의 열반입니다.

그렇기 때문에 보살이 의훈습으로 열반을 속히 이룬다는 것은 자신의 생사를 떠나기 위해서 속히 열반을 성취한다는 것이 아닙니다. 오직 이웃 생명들에 대한 방편지를 성취하여 보살행을 실천하겠다는 뜻입니다. 그래서 지장보살께서 한 중생이라도 지옥에 남아 있다면 자신도 열반을 이루지 않겠다고 맹세하면서, 의식의 근거인 의에 그와 같은 분별력을 깊게 심었겠지요.

보살 수행자들은 생사를 넘어 열반을 성취하려는 것만을 수행의 목적으로 삼지 않고, 당신의 수행 내용과 방편이 필요한 곳에 언제나 태어날 수 있는 힘을 기르는 것을 목적으로 삼습니다. 생사의 고통을 싫어하지 않고 스스로 생사의 삶을 이어가면서 이웃을 도울 수 있는 공덕을 쌓는 것입니다. 인연의 공성을 자각하지 못해 업에 매여 태어나고 죽는 분단생사分段生死와는 다릅니다. 모든 중생들의 아픔을 어루만지는 삶을 살겠다는 보살원에 따라 태어나고 죽는 변역생사變易生死입니다. 열반을 성취하지만 중생에게 생사의 고통이 남아 있는 한 열반에 머물지 않는 열반입니다. 생사를 뛰어넘는 열반이며, 열반이 생사가 되는 열반입니다.

28장. 부처가 부처를 보게 하는 것
_ 진여의 훈습

49-1 진여훈습眞如熏習에 두 가지가 있다. 첫째는 '진여 자체에 있는 정법공덕淨法功德의 훈습'인 자체상훈습自體相熏習이고, 둘째는 '불보살님의 가르침에 의한 훈습'인 용훈습用熏習이다.

眞如熏習義有二種 云何爲二 一者自體相熏習 二者用熏習

진여자체상自體相의 훈습熏習이란 진여 자체에 원래부터 갖추어져 있는 무루법無漏法과 부사의不思議한 업이 중생을 위해 경계를 짓는 특성을 말한다. 번뇌가 없는 무루법과 생각을 넘어서는 부사의한 업이 항상 훈습하는 힘이 있기 때문에 중생들이 생사를 싫어하고 즐거이 열반을 구하며, 스스로 자기의 몸에 진여법이 있는 것을 믿고 마음을 내어 수행하게 되는 것이다.

自體相熏習者 從無始世來 具無漏法 備有不思議業 作境界之性 依此二義 恒常熏習 以有力故 能令衆生厭生死苦樂求涅槃 自信己身有眞如法 發心修行

진여가 훈습하는 모습

정법淨法이 끊어지지 않고 이어지게 하는 진여의 훈습을 진여 '자체상훈습自體相熏習'과 '용훈습用熏習'으로 나누어 설명하고 있습니다.

진여의 자체상훈습自體相熏習을 부처님께서 보여 주셨던 삶을 통해서 생각해 보고자 합니다. 부처님께서도 살아가면서 누구나 겪는 즐거움과 괴로움을 경험하였고, 출가수행을 통해서 일상의 즐거움과 괴로움을 넘어선 자리에서 열반의 즐거움을 알게 되었습니다. 출가를 위해 부처님께서 버렸던 것들이 열반의 즐거움을 얻게 되는 근거를 형성했던 것입니다.

첫째는 당시 인도 사회가 가지고 있던 신분 차별에서 오는 불평등과 불만족이 허구를 바탕으로 하고 있다는 것을 수행의 완성을 통해서 보여준 것입니다.

신분의 열반을 성취한 것이지요. 신분 때문에 존경받거나 천대받는 것이 허구임이 너무나 분명했기에 승가 공동체의 구성은 처음부터 사회에서 어떤 신분을 가지고 있었던가는 아무런 문제가 되지 않았습니다. 신분의 차별에서 오는 사회적 불만족의 해결이 진여가 훈습하는 모습 가운데 하나라고 할 수 있습니다.

두 번째는 왕족으로서 누리던 호화로운 생활을 버렸다는 것입니다. 수행은 철저한 무소유를 실천하는 것입니다. 빈 마음과 빈 손이 출가의 상징이라고 할 수 있습니다. 그렇다고 지나친 고행은 생명을 위협할 뿐, 열반을 성취하는 데 도움이 되지 않습니다. 부처님께서 출가 전과 후에 경험했던 쾌락과 고행이 궁극적인 만족을 이끌어 내지 못했다는 것이 증거라고 하겠습니다. 이러한 경험을 통해서 중도의 가르침을 펼치게 됐던 것이지요.

재산을 소유하지 않고서도 충만한 삶을 살 수 있게 하는 것 또한 진여가 훈습하는 모습 가운데 하나입니다. 신분과 소유의 욕망을 완전하게 버릴 수 있게 하는 것이 진여의 훈습입니다. 차별 없는 어울림과 필요함을 넘어서지 않는 소유와 나눔으로 얻는 충만한 기쁨이 진여입니다. 아무 것도 소유하지 않지만 늘 넉넉한 웃음으로 이웃을 평안하게 대하고 사랑하는 자애로 서로에게 의지처가 되어 주는 수행자의 모습이 진여의 훈습과 상응하는 모습입니다.

신분과 재산이라는 사회적 소유는 물론이거니와 출가수행으로 얻은 열반조차 소유하지 않는 빈 마음과 빈 손이 수행자의 마음이며 승가 공동체의 마음이 되어야 하는 이유입니다. 부처님께서 그렇게 사셨기 때문입니다. 그리고 그 마음이 부처를 이루는 바탕이 됐고, 부처가 되고 나서도 그 마음 밖을 벗어나지 않았기 때문입니다.

부처가 된다는 것은 이것을 자각하는 것이지, 진여의 공덕을 만드는 것이 아니므로, 진여의 공덕상과 번뇌 없는 무루법無漏法이 뭇 생명의 본래 모습〔從無始世來 具無漏法〕이라고 하였습니다. 곧 번뇌 없는 무루법과 진여가 갖는 생각을 뛰어 넘는 작용이 생사를 싫어하고 열반을 구하는 수행을 하게 하여 무루법과 진여 공덕을 보게 하니,

부처가 부처를 보게 하는 것과 같습니다. 이것이 진여의 훈습이며, 훈습 그 자체가 진여라고 하겠습니다.

29장. 부처이면서 부처를 보지 못하는 까닭

49-2 문:그렇다면 모든 중생들이 진여의 훈습을 똑같이 받을 텐데 어찌된 까닭에 믿는 사람도 있고 믿지 않는 사람도 있는 등 여러 가지 차별이 있는가? 모두가 응당히 한시에 진여법이 있는 줄 알고 부지런히 방편을 수행하여 다 같이 열반에 들어야 하지 않겠는가?

問曰 若如是義者 一切衆生 悉有眞如 等皆熏習 云何有信無信 無量前後差別 皆應一時 自知有眞如法 勤修方便 等入涅槃

답:진여에서 보면 모든 중생들이 다 같으나 중생들마다 서로 다른 무명업식이 있고, 그와 같은 무명업식에 의해서 원래부터 모든 것들이 서로 다른 실체를 갖는다고 차별하며, 차별된 것을 향한 무명업식의 경향성에도 깊고 얕은 다름이 있기 때문이다.

答曰 眞如本一 而有無量無邊無明 從本已來 自性差別 厚薄不同故

그렇기 때문에 근본 번뇌인 무명에 의해서 갠지스 강의 모래보다 많은 갖가지 상번뇌上煩惱의 차별이 있으며, 아견 등으로 인한 견번뇌見煩惱와 욕애 등으로 인한 애번뇌愛煩惱의 차별이 있다. 모든 번뇌는 무명에 의해서 일어나나, 그 양상에는 온갖 다름이 있는데, 이것은 부처님의 경지에 이르러야만 알 수 있다.

過恒沙等 上煩惱 依無明起差別 我見愛染煩惱 依無明起差別 如是一切煩惱 依於無明 所起前後無量差別 唯如來能知故

업식의 경향성이 다르다

인연에서 보면 진여도 없고 무명도 없습니다. 법계 전체가 하나 된 무상한 흐름이면서, 변화하는 하나하나의 모습마다 그 모습 그대로 법계의 인연을 드러내는 끊임없는 흐름이 인연입니다. 모습으로 드러나면서 다시 스스로의 모습을 해체하고 있는 것이 인연의 흐름이기에, 모습만으로 또는 모습의 해체만으로 인연을 이야기할 수 없습니다. 빈 모습에도 머물지 않는 빈 모습이 인연입니다.

흐름의 무상 속에서 인연이라는 보편을 이야기하고 있을 뿐입니다. 이 밖에 다른 일이 없습니다. 진여도 이것을 벗어날 수 없습니다. 인연 밖에 진여라는 어떤 것이 있을 수 없지요. 진여眞如란 인연에서 읽혀진 보편이라는 뜻에서 앎이 되며, 제 모습만을 갖지 않는다는 데서 공성空性이 되며, 비움도 드러남도 법계 전체가 어울린 인연이라는 데서 '한 모습〔法界一相〕'이 됩니다.

따라서 분별된 다름이 인연의 무상성을 그대로 다 드러냅니다. 분별된 다름이 인연의 다름이 되어 모든 인연을 담아 다름으로 나타난 법계일상이기에 '있다'는 생각이나 '없다'는 생각을 내려놓고 흐름 그대로를 지켜보면, '있음'과 '없음' 등으로 집착하는 잘못된 판단인 무명의 분별을 넘는 바른 분별과 판단인 깨달음이 있을 수 있습니다. 삶들의 인연을 이해하고, 인연의 다름이 진여의 모습임을 이해하면서도 그 모습에 머물지 않는 지혜로운 분별과 판단입니다.

그렇기 때문에 '본래 한 모습'이라고 하는 것을 어떤 특정한 모습으로 한 모습이라고 여겨서도 안 되며, 모든 현상들이 사라지고 없는 자리를 한 모습이라고 여겨서도 안 됩니다. 다름들이 분별된 실체처럼 잘못 읽혀진다고 하더라도 그 다름도 인연이 만든 법계일상이기 때문이며, 잘못 읽고 있는 무명 밖에 진여가 따로 없기 때문입니다.

무량한 다름들이 '진여'의 작용이라는 데서는 하나의 모습이나, 온갖 모습으로 나타나는 진여의 '작용'이라는 데서는 다른 모습입니다〔自体相熏習〕. 모습으로 드러난 모든 다름들이 제 모습에 머물지 않으나〔不一〕, 제 모습으로 머물지 않는다는 데서는 하나입니다〔不異〕. 모습마다 같지도 않고 다르지도 않으면서〔不一不異〕, 인연의 무상을 연출하고 있는 하나 된 생명이라는 데서 생겨나지도 않고〔不生〕 없어지지도 않습니다〔不滅〕. 생명마다 진여이며 사건마다 진여의 작용입니다.

그런데도 진여로서 하나 된 생명계인 대승에 대해 믿기도 하고 믿지 않기도 하는 차별이 있습니다. 이유는 다음과 같습니다.

무명에 의해 형성된 업식의 경향성이 다르기 때문입니다. 무명이라는 어떤 것이 있어서 인연을 잘못 읽는 것이 아니라 인연을 잘못 읽는 것이 무명입니다. 잘못 읽는 무명과 잘못 읽었던 흔적이 만든 세계읽기의 경향성인 업식, 곧 쌓여 있는 망념의 두께가 갖는 인식의 경향성에도 차이가 있습니다. 업식을 이루는 습관의 양상에 따라 탐욕이 더 많거나 분노가 강하다는 등의 반응이 다르다는 것이지요. 다른 가운데서도 사물·사건을 분별하고, 타자와 상관없는 '나'의 존재를 세우는 것에서는 같습니다. 인연을 잘못 읽어 세워진 자아와 습관의 차이를 분명하게 드러내는 탐욕과 분노 등의 다름에 의해 업식의 개인차가 형성된다는 것입니다〔厚薄不同〕.

어리석은 인식의 대물림

개인에 따라 업식의 경향성은 다르지만 업식에 쌓여 있는 모든 번뇌는 무명에 의해 형성됩니다. 번뇌를 크게 나누면 상번뇌上煩惱와 아견我見·애염번뇌愛染煩惱가 있습니다. 근본 번뇌인 무명의 세계읽기를 바탕으로 일어나는 갖가지 미세한 번뇌를 '상번뇌上煩惱'라고 합니다. 무명에 의해서 일어나는 번뇌〔起煩惱〕라는 뜻이며, 무명에 수반하여 일어나는 번뇌라는 뜻으로 수번뇌隨煩惱라고도 합니다. '인연을 잘못 읽는 무명과 잘못 읽은 흔적이 쌓여 있는 업식과 쌓여 있는 흔적에 의한 세계읽기의 일정한 경향성'은 인연에서 인연과 어긋난 앎이므로 필연으로 번뇌가 일어나며, 일어난 번뇌를 다시 상속시켜 갑니다. 어리석은 인식의 대물림이지요. 나아가 흔적들을 총합하여 갖고 있다는 자아가 세워지고〔我見煩惱〕, 자아와 흔적들과 성격이 맞는 것에는 탐심을, 맞지 않는 것에는 진심의 두께를 더하면서〔愛染煩惱〕 무명의 인식을 계속해서 현재화합니다. 언제나 삶에 깊숙이 들어앉아 현재의 인식을 지배하고 있는 흐름입니다. 그렇기 때문에 "모든 상번뇌와 아견·애염번뇌가 무명에 의해서 일어난다〔上煩惱, 我見愛染煩惱 依無明起差別〕."고 하였습니다.

이 흐름을 거스르지 못하는 한 현재를 사는 것 같지만 언제나 과거의 이미지가 현재를 지배하는 것과 같으며, 그것이 다시 스스로의 미래를 만듭니다. 이것을 윤회라고 합니다. 윤회의 주체가 있어서 윤회하는 것이 아니라 '윤회의 주체가 있다〔我見〕'고 잘못 설정된 무명의 세계읽기가 연속되는 것입니다.

그러므로 무명이 있는 한 언제나 윤회의 주체가 있는 것과 같습니다. 왜냐하면 의식은 언제나 '나'의 존재가 타자와 다른 것으로 존재한다는 인식을 바탕으로 그 '나'와 동반해서 탐심과 진심의 두께를 만들어가고 있기 때문입니다. 인연에 의해서 만들어지고 있는 다름들이 공성임을 자각하지 못하고, 다름마다 실체가 있다고 보는 무명의 세계읽기에 의해서 진여의 무한한 공덕상이 번뇌가 된 상황입니다.

무명에 의해서 일어난 상번뇌와 아견·애염번뇌에도 가지가지 차

59

별이 있습니다. 차별된 것마다 실체를 갖는다고 아는 무명에 의해서 일어난 차별이라는 데서는 같지만, 차별하여 갖고 있는 양상은 중생마다 다르기 때문에 한량없는 무명업식이 있습니다. 상번뇌는 번뇌 가운데 미세한 번뇌를 뜻하며 무명과 미세한 번뇌를 토대로 거친 번뇌인 견·애번뇌의 갖가지 차별이 형성됩니다.

그러므로 상번뇌가 견·애번뇌의 두께를 두텁게 한다고 할 수 있고, 아견·애염번뇌 역시 차별을 심화시켜 간다는 측면에서 무명의 두께를 더하고 있기 때문에 상번뇌의 차별을 돕고 있다고 할 수 있습니다. 인연이 만든 차이가 무명에 의해서 발생한 번뇌가 번뇌라는 현상에만 그치지 않고 무명력을 증장시키는 것과 같습니다. 무명에 의해 실체로서 자성을 갖는 차이가 되고, 습관이 된 차이에 대한 기억만큼 두껍고 얕은 차별이 생기면서 번뇌에도 헤아릴 수 없는 차별이 있게 된 것입니다.

자아에 대한 견해는 연기의 생명연대에 대한 학습과 깊이 있는 비판적 사유에 의해서 부정될 수 있는 개연성이 크기는 하지만, '나'라는 의식의 상속과 습관은 학습만으로는 쉽게 사그라지지 않습니다. 수행이 깊지 않거나, 연기적 사유가 생각생각으로 지속되지 않는다면 쉽게 다스릴 수 없다는 것입니다.

그래서 의식의 분별을 살피는 것이 어느 정도 가능할지라도, 그것이 습관이 되어서 의意의 분별을 거슬러가는 힘이 축적되지 않았다면, 수행이 조금 됐다 싶어도 어느 틈에 번뇌의 일상을 살고 있는 자신을 보게 됩니다. 그러므로 수행은 세상에 대한 바른 이해가 전제되어야 하지만, 다른 한편 그와 같은 이해가 습관이 되도록 잘 보살펴야 합니다.

번뇌를 모든 견해에 의한 미혹〔見惑〕과 모든 애착에 의한 미혹, 곧 감각적이고 정에 의한 미혹인 사혹思惑〔欲愛: 욕계의 미혹, 色愛: 색계의 미혹, 無色愛: 무색계의 미혹〕, 그리고 근본 미혹인 무명혹無明惑으로 나누기도 합니다. 이와 같은 분별에서 상번뇌는 무명혹에 해당되고, 견번뇌는 견혹에, 애번뇌는 사혹에 해당됩니다.

견혹見惑에는 사제의 이치를 철견하고 무아를 체험하는 견도위 見道位에서 끊어지는 것도 있고 견도위를 지나서 끊어지는 것도 있지만, 사혹思惑은 이미 몸과 마음의 습관이 된 것이라 견해가 바뀐다고 해서 바로 끊어지지 않고 습관을 다스리는 수행 단계인 수도위修道位에서 점차 끊어지다가 아라한위阿羅漢位에 이르게 되면 완전히 끊어집니다. 견혹과 사혹이 전부 끊어지고 난 뒤 부처의 지위에 오를 때 근본 번뇌인 무명혹無明惑이 사라집니다.

망념의 업식을 넘어선 부처님의 지혜

깊은 선禪 체험으로 삼매를 경험하는 것은 세상읽기를 바꿀 수 있는 좋은 경험인 것은 분명하지만, 그때 경험된 것을 습관으로 만들지 못하면 무명화하는 습관을 이기기 어렵습니다. 수행은 무명의 습관을 거슬러 바른 견해를 습관화하는 과정이라고도 할 수 있습니다.

그렇기 때문에 중생의 업을 거슬러 시각始覺을 지나 자신의 삶이 과거 미래 할 것 없이 본래 깨달음[本覺]인 상태를 경험한 부처님만이 무명화된 삶의 흐름을 온전히 알 수 있습니다.

그것은 현재 의식으로 나타나는 정보는 우리가 갖고 있는 모든 의意에 상속된 무명화된 기억들의 5%에 지나지 않는다는 데서도 분명하게 드러납니다. 일상의 의식에서 일어나고 사라지고 있는 습관만을 다스린다고 하면, 그 힘이 의에 영향을 주는 것은 사실이지만, 드러나지 않는 다른 분별이 다시 의식의 작용이 되기 때문에 지속적인 수행 관찰로 의에 대한 전체적인 변화를 이끌어 내야 합니다.

깨달음이란 현행 의식意識과 의意만이 아니라 인연의 각성을 자각하는 데까지 이르러 무명이 사라지고[根本智의 완성], 중생의 업에 따라 방편을 쓸 수 있는 지혜가 완성[後得智의 완성]된 것을 뜻합니다. 중생의 얼굴만큼이나 다양한 각기 다른 견해와 삶의 방식을 인정하고, 그 속에서 깨달음을 이루고자 하는 신심을 북돋우고, 마침내 깨닫게 하는 인연의 한 축이 되는 것이지요.

부처님의 방편은 아는 것은 아는 것이고 모른 것은 모르는 것이며, 수행 방편을 열어 도움이 될 때는 도움이 되나 도움이 되지 않는다면 억지로 인연을 짓지 않는 것입니다. 법계의 인연이란 예측할 수 있는 장면도 많이 있겠지만 부처님의 지혜로도 다 알 수 없기 때문입니다.

어느 것도 인연이라는 총상을 벗어나지는 않지만, 총상이 낳고 있는 별상은 별상 그것으로 총상이 되어 새로운 인연의 세계가 펼쳐지므로, 모든 별상의 내용을 아는 것이 인연을 다 안다는 것이 아닙니다. 별상도 인연으로 무자성인 줄은 알지만, 흐름의 높낮이를 다 아는 것이 아니라는 뜻입니다. 그렇기 때문에 인연의 흐름을 따릅니다. 아는 것이 아니라 인연의 흐름대로 흐를 때 모든 것을 아는 것과 같기 때문입니다.

부처님의 방편은 의식으로 아는 분별을 넘어선 가운데 인연의 분별을 따르면서, 그 다름을 존중하며 이해하고 함께 어울리는 지혜라고 생각합니다. 분별이 분별된 것에만 머물지 않는 분별로 무분별이 됐다고 하겠습니다. 무명에 의한 차별을 모두 떠났기에 인연의 낱낱을 그 자체로 알 수 있게 된 것입니다. 차별 없는 인연의 공성을 아는 것〔根本智〕뿐만 아니라 공성을 획득했기에 낱낱 인연의 개체성도 아는 것〔後得智〕입니다. 이것이 의意를 이루고 있는 망념의 업식을 넘어선 부처님의 지혜입니다. 어찌 보면 의식화된 분별과 큰 차이가 없는 것 같지만, 작은 인연도 놓치지 않고 그것에 맞는 방편을 열 수 있다는 것에서 큰 차이가 있습니다.

자신만의 잣대를 가지고 어떤 것은 인정하고 어떤 것은 인정하지 않는 것이 아닙니다. 모두를 그 얼굴 그대로 인정하고 그곳에서 발생하는 아픔도 인정합니다. 그리고 그 아픔을 다스려 평안으로 이끌려는 방편이 갖가지 다른 양상의 번뇌를 아는 지혜입니다. 어떤 견해에도 매이지 않는 무자성적 사고로 만나는 인연마다 깨달음으로 인연을 열어 열린 생명의 삶터를 만드는 지혜입니다.

중생에서부터 부처까지의 삶을 모두 체험하고, 부처라는 견해조차 탈각되는 자리에서 생명의 소통이 이루어지는 것을 여실히 보셨을 것이기에, 중생의 수만큼 많은 번뇌의 차별을 알 수 있는 것이지요. 그래서 부처님의 지혜를 '모든 것을 아는 지혜'라고 합니다.

수행은 지금 가지고 있는 나의 견해로부터 자유로워지는 데서 출발합니다. 그와 같은 견해 중에서는 버리기가 쉬운 것도 있고 어려운 것도 있을 것이며, 사람에 따라 쉽고 어려운 것도 천차만별이겠지요. 이해하되 그 이해에 머물지 않고 이해하는 습관을 들이고, 이웃 삶들의 이해를 감싸안으면서 이해의 소통을 나누는 것이, 견해로부터 자유로운 것이면서 마음을 쉬는 수행입니다.

'마음 쉼'이란 마음이라는 것이 쉬는 것이 아니라 나와 나의 견해를 내려놓는 것입니다. 무명의 앎을 습관화하여 가는 것과 다른 길로 밝은 이해를 습관화하여 가는 길입니다. 한쪽은 늘 같은 모습으로 자신의 길을 만들고 있다고 하면, 다른 한편은 흐름대로 자신의 길을 가는 차이겠지요. 아는 것은 분명하지만 그것이 나만의 해석이 아니고 시대와 군중의 어울림에서 나오는 해석으로 삶의 이해를 넓힐 때 그 앎은 부처님의 앎을 닮아 가는 것이며, 나아가 모든 삶들의 아픔을 이해하는 지혜가 될 때 그 앎이 여래의 지혜가 되겠지요. 그래서 여래의 지혜를 '모든 것을 다 아는 지혜〔一切種智〕'라고 합니다.

여래의 지혜를 얻는 것이 쉬운 일은 아니겠지만, 모든 차별과 번뇌가 무명에 의해서 형성된 것인 줄 이해하고 함께 생명의 소통을 이루려고 한다면, 부처님의 가르침과 진여의 훈습이 있기에 마침내 깨닫게 될 것입니다.

30장. 부처님 법을 성취하는 인연

49-3 또한 모든 부처님의 법을 성취하는 데는 인因이 있고 연緣이 있으니, 인연이 구족해야 진여법을 알고 열반을 이룰 수 있다. 비유하자면 나무에 타는 성질이 있어 불의 원인이 되나, 사람이 그것을 모르고 불을 피우는 방편을 사용하지 않는다면 나무 스스로는 탈 수 없는 것과 같다.

又諸佛法有因有緣 因緣具足 乃得成辦 如木中火性 是火正因 若無人知 不假方便 能自燒木 無有是處

중생도 또한 그와 같다. 비록 진여법의 바른 훈습이 있다고 하더라도 여러 불보살님과 선지식의 연緣이 없이 스스로 모든 번뇌를 끊고 열반을 성취한다는 것은 옳지 않다. 또한 선지식 등의 연이 있고 스스로 갖추고 있는 진여의 청정한 법이 있다고 하더라도 훈습하는 힘이 없다면 결코 생사를 싫어하고 즐거이 열반을 구할 수 없을 것이다.

衆生亦爾 雖有正因熏習之力 若不遇諸佛菩薩善知識等 以之爲

緣 能自斷煩惱入涅槃者 則無是處 若雖有外緣之力 而內淨法 未有熏習力者 亦不能究竟厭生死苦 樂求涅槃

만약 인因과 연緣을 다 갖춘 수행자라면, 곧 안쪽으로 진여의 훈습력이 있고 밖으로 모든 부처님과 보살님 등의 자비로운 보살핌이 있는 수행자라면, 능히 생사의 괴로움을 싫어하는 마음을 내며, 열반이 있다는 것을 믿고, 깨달음의 자량이 되는 선근을 닦아 나갈 것이다. 그러다가 선근이 성숙하게 되면 외연外緣인 모든 불보살님을 만나 가르침을 듣고 불법을 닦는 데서 오는 이익과 기쁨을 알게 됨으로 열반을 향해 나갈 수 있다.

若因緣具足者 所謂自有熏習之力 又爲諸佛菩薩等 慈悲願護故 能起厭苦之心 信有涅槃 修習善根 以修善根成熟故 則値諸佛菩薩示敎利喜 乃能進趣向涅槃道

진여의 훈습[內因]과 부처님과 선지식들의 만남[外緣]

진여의 훈습이 있다고 할지라도 그것만으로는 무명의 훈습을 넘어서기가 벅찹니다. 무명이 만들어 놓은 습관의 두께가 너무나 두껍기 때문입니다. 진여의 훈습[內因]과 부처님과 선지식들의 만남[外緣]이 이루어졌을 때, 무명을 넘어 깨달음의 길에 들어설 수 있습니다. 이것을 나무가 불에 타는 것에 비유하고 있습니다. 사람이 불을 붙여야 나무가 타듯 선지식의 가르침이 있어야 한다는 것입니다.

시대마다 계셨던 스승들은 물론이거니와 그분들께서 남겨 놓은 바른 가르침도 시대마다 선지식의 역할을 합니다. 다만 어느 수행자에게는 스승의 역할을 하고 있는 가르침일지라도 다른 수행자에게는 그렇지 않을 수도 있습니다.

따라서 인류가 이뤄 놓은 많은 성취들 간의 차이를 자신만의 언어 개념을 가지고 비교하여 우열을 논하는 것은 바른 가르침조차 부족한 가르침이 되게 할 것입니다. 가르침이 수행자 자신의 삶에서 올곧게 구현되고, 그의 실천이 시대 사람들의 귀의처가 되고 아픔을 치유하는 데에 이르러야만 바른 가르침일 것입니다.

그렇기에 언어 문자와 가르침의 역사를 꿰뚫어 보는 안목이 필요하며, 상대가 펼치고 있는 수행 내용에 대해서도 편견 없이 볼 수 있는 열린 마음이 우선되어야 합니다. 또한 가르침이 나타내고 있는 언어 개념이 오늘 우리들의 이해와 반드시 맞아떨어지고 있다고 볼 수도 없습니다.

그렇기 때문에 스스로 어떤 잣대를 갖고 있는가에 대한 솔직한 자기보기가 있어야 하며, 가르침을 제대로 실천하고 있는가에 대한 진솔한 고백이 필요합니다. 솔직한 자기보기와 진실한 실천에 대한 고백이 위대한 삶을 살았던 스승들과 현재의 스승들에 대한 존경이 아닐까 합니다. 존경이 가져다주는 신뢰는 단순한 믿음을 넘어서 삶의 지평을 넓히고 새로운 세계를 보게 하는 힘이 될 것입니다.

스승의 역할이 너무나 중요하기 때문에, 선지식이라고 일컬어지고 있는 분이 진정한 선지식인지, 자신과 인연이 있는 것인지에 대해서도 제자가 되려는 분의 사려 깊은 관찰이 있어야 합니다. 선지식으로 이름은 났지만 덕이 없는 경우도 있을 수 있기 때문이며, 제자가 되려는 동기가 이름이나 특별한 능력을 좇아 그와 같이 되기를 열망하는 것일 수도 있기 때문입니다.

스승에 대한 한없는 신뢰는 자신의 삶을 진여의 삶으로 바꾸게도 하지만, 언어의 홀림에 속아서는 자신의 삶과 이웃 동료들의 삶을 힘들게 하는 경우도 있을 수 있기 때문이며, 수행 동기가 바르지 못하면 바른 가르침조차 제대로 받아들이기 어렵기 때문입니다.

특히 지금 여기에서 가르침이 실현될 수 있는 것이 아니고 죽음 이후만을 강조한다면 바른 가르침이 아닐 경우가 많으니 더욱 조심하여야 합니다.

생사윤회를 넘어서려는 의지

부처님과 동시대의 사람들, 더구나 출가 수행자들 중에서도 실제로 부처님의 가르침을 직접 듣고 그것을 한 점 의혹 없이 받아들이며 올곧게 수행에 정진했던 분만 있지 않았던 것을 보면 더욱 그렇습니다. 어떤 수행자들은 부처님의 말씀을 들으려고 하지도 않았으며, 심지어 부처님을 잔소리꾼으로 여기는 사람조차 있었다고 하니, 좋은 스승 만나기도 어렵지만, 만났다고 하더라도 그것을 자신의 삶에서 구현하고자 하는 것은 더욱 귀한 인연이 아닐 수 없습니다. 그렇기에 예나 지금이나 깨달은 분이 많지 않으며, 올곧게 수행하는 자도 드물겠지요. 업식의 파도를 넘어서려는 의지보다는 업식의 흐름에 따라 욕망을 충족하는 길이 더 익숙하니까요.

여기에서 보면 스승이라는 외연도 스승과의 만남에서 이루어지는 것이라기보다 수행자 자신의 삶의 궤적이 어떤가에 따르는 것이 아닐까 생각됩니다. 참으로 올곧게 수행하는 이는 그 인연에 의해서 좋은 스승이 보일 것이고, 허명이나 좇고 있는 욕망이 있다면 허명을 자신의 가리개로 삼는 스승을 만날 것이고, 물욕이 넘쳐나는 것이 지향점이 된다면 자신의 욕망에 속거나 재물을 축적하는 것으로 선지식을 삼을 것입니다.

자신의 삶의 내용이 자신의 길을 온전히 드러내고 있다고 보면 진여의 훈습에 대한 열망이 진여를 만나게 할 것이고, 부처님 가르침에 대한 열망이 부처님을 만나게 하는 것이 아닌지 모르겠습니다. 이 또한 부처님의 삶에서 잘 나타납니다.

불법으로 본다면, 부처님께서 처음으로 시작한 가르침이었기에 불법佛法 그 자체에 대한 가르침을 주었던 선지식을 부처님께서는 원천적으로 만날 수 없었습니다. 그럼에도 불구하고 깨달은 분이 되어 인류의 스승이 될 수 있었던 것은 깨달음에 대한 열망이 내적 진여를 깨우게 하였을 뿐만 아니라, 수행 과정에서 만났던 스승들께서 보여 준 것 너머를 볼 수 있는 수행 의지를 기를 수 있었기 때문일 것입니다.

그런가 하면 인연법에 대한 가르침을 다른 스승으로부터 직접 듣지 않고도, 인연의 공성을 깨달아 생사윤회를 끝낸 연각 수행자인 경우는 자연이 스승의 역할을 했다고 할 수 있기 때문에, 수행 원력에 따라 선지식이 보인다고도 하겠지요.

부처님 이후로는 깨달음에 대한 내용과 깨달음에 이르게 되는 수행 방법이 경론으로 남겨져 있기 때문에 수행의 외연이 옛보다 결코 나쁘다고 말할 수 없습니다. 하지만 앞선 시대와 비교해서 볼 때 적은 것에 만족하면서 살기가 조금은 어려워진 듯하니 수행 풍토가 나빠졌다고 할 수 있겠지요.

수행 풍토가 나빠졌다는 것은 개인과 사회의 불만족도 그만큼 커졌다는 것입니다. 그러므로 이에 대한 바른 이해와 근원적 해결을 위한 열망이 강해야 시대에 맞는 깨달음의 방편이 생길 것입니다.

언제나 작용하고 있는 진여眞如의 훈습과 부처님의 가르침에 대한 이해, 그리고 선지식의 도움을 받아 수행 방편을 익혀 시대의 업을 넘어설 수 있도록 정진한다면 생사의 고해를 벗어나 열반을 성취하겠지요. 생사윤회를 넘어서려는 의지가 진여를 깨우고 선지식의 가르침을 받아들이니, 인因과 연緣이 갖추어졌기 때문입니다.

수행자는 정직하고 단순하며 겸허함 속에서 언제나 진여의 훈습을 듣고, 외연이 되는 모든 불보살님들께 감사드리며, 묵묵히 깨어 있는 마음으로 걷고 있어야 합니다. 깨어 있는 마음으로 걷는 걸음은 걸음걸음마다 생사고해를 넘어가는 걸음걸이가 되면서도, 어느새 열반의 길을 걷고 있는 걸음걸이입니다.

31장. 불보살님들의 훈습

50 용훈습用熏習이란 중생들의 외연이 되는 불보살님들의 훈습을 말한다. 이와 같은 외연에도 온갖 다름이 있지만 간략히 이야기하면 두 가지가 있다. 첫째는 '차별연'이고, 둘째는 '평등연'이다.

用熏習者 卽是衆生外緣之力 如是外緣有無量義 略說二種 云何爲二 一者差別緣 二者平等緣

차별연差別緣이란 무엇인가? 수행하는 사람이 불보살님들의 가르침을 듣고 발심하여 수행을 시작하는 순간부터 부처가 되기까지 만나게 되는 온갖 인연을 말한다. 곧 수행 과정에서 만나게 되는 부모님, 친척, 일가의 권속들, 급사, 친구, 원수의 집안들도 불보살들께서 수행자를 돕기 위해 차별연으로 나타난 것이며, 사섭법四攝法을 실천해 보이기도 하는 등 헤아릴 수 없이 많은 일들도 수행자를 위해 불보살님들께서 나타내 보이는 차별연이다. 불보살님들께서 대자비로 수행자를 훈습하는 것이다. 그 결과로 중생들의 선근이 증장되고, 보고 듣는 모든 것이 수행에 이득이 된다.

差別緣者 此人依於諸佛菩薩等 從初發意始求道時 乃至得佛 於中若見若念 或爲眷屬父母諸親 或爲給使 或爲知友 或爲怨家 或起四攝 乃至一切所作 無量行緣 以起大悲熏習之力 能令衆生增長善根 若見若聞得利益故

차별연에도 두 가지가 있다. 첫째는 '가까운 연[近緣]'으로 선근이 성숙한 수행자로 하여금 수행을 빨리 성취하게 하는 것이고, 둘째는 '먼 연[遠緣]'으로 선근이 성숙하지 못한 수행자로 하여금 오랜 수행 과정을 통해 수행을 성취하게 하는 것이다.

근연과 원연에도 각각 두 가지가 있다. 첫째는 덕행을 증장하게 하는 '증장행연增長行緣'이고, 둘째는 불도를 받아들이게 하는 '수도연受道緣'이다.

此緣有二種 云何爲二 一者近緣 速得度故 二者遠緣 久遠得度故 是近遠二緣 分別復有二種 云何爲二 一者增長行緣 二者受道緣

평등연平等緣이란 무엇인가? 불보살님들께서는 다 같이 모든 중생들이 괴로움에서 벗어나 해탈하기를 원하기 때문에 당신들 스스로 훈습의 연緣이 되는 것을 쉬지 않고 계속하신다. 이는 '중생과 연기緣起로서 한 몸[同體]'임을 잘 아는 지혜의 힘[智力]으로 중생의 견문각지見聞覺知에 따르는 활동이다. 그러므로 수행자가 삼매에 들어가게 되면 누구라도 똑같이[平等] 외연으로 나타나는 불보살님을 볼 수 있다. 그렇기 때문에 평등연이라고 한다.

平等緣者 一切諸佛菩薩 皆願度脫一切衆生 自然熏習恒常不捨
以同體智力故 隨應見聞而現作業 所謂衆生依於三昧 乃得平等
見諸佛故

인연 따라 나타나는 모습마다 진여의 모습

　　진여훈습을 진여자체상훈습眞如自體相熏習과 용훈습用熏習으
로 나누어 설명하면서, 진여를 자체[體]·상相·용用으로 나누어 이야
기하고 있지만, 진여라는 어떤 것이 인연의 안쪽에 따로 없기 때문에
진여의 세 가지 모습은 인연의 세 가지 모습이라고 할 수 있습니다.
늘 말씀드렸듯이 인연이기 때문에 자성을 갖지 않고 자성을 갖지
않기 때문에 인연이므로, 진여에 해당하는 실체가 있는 것으로 진여
를 이해해서는 안 됩니다.
　　인연이 자성 없음을 '체體'로 하듯 진여 또한 자성이 없는 것이 체
가 됩니다. 빈 모습에도 머물지 않고 드러난 모습에도 머물지 않는
것을 체體라고 할 수 있습니다. 모습이 '빈 모습[無相]'을 허물고 '모습
[相]'으로 나타나듯, 모습이 자신을 허물고 빈 모습이 됩니다. 허무는
데서 보면 모습도 없고 빈 모습도 없으나, 허물어지기에 모습도 빈
모습도 그 자체로 인연의 실상이 됩니다. '인연'과 '진여'와 '모습 없음
[無相]'과 '머물지 않음[無住]'이 같은 뜻입니다.
　　인연 따라 나타나는 모습마다 진여의 모습이면서 법계의 무한한

공덕입니다. 특정한 모습을 갖지 않기에〔體〕, 모든 모습들이 진여의 모습〔相〕이 되고, 모습으로 드러난 공덕에 의해서 상호 의존하는 생명계를 이룹니다〔用〕.

생명계를 이루는 모든 인연들이 진여의 작용으로 '용훈습用熏習'이 됩니다. 부처님이나 선지식의 훈습은 말할 필요도 없고, 나뭇잎 하나 새 소리 하나도 진여의 작용이 아닌 것이 없습니다. 그렇기에 인연 따라 모든 것과 모든 곳에서 진여로 있을 수 있습니다. 진여가 깨달음의 내인이라고 해서 안쪽 어딘가에 감추어져 있는 것이 아니며, 작용으로 드러났다고 해서 형상에 머물러 있는 것도 아닙니다.

좋은 인연〔善緣〕만이 진여의 작용이 되는 것도 아니고, 나쁜 인연〔惡緣〕이라고 해서 진여의 작용이 없는 것도 아닙니다. 인연이란 선도 악도 아닙니다. 만남에서 이루어지는 중생의 인식에서 선 또는 악이 됩니다. 그러므로 수행자는 좋은 인연이라고 하여 좋아하는 마음을 가져서도 안 되고, 나쁜 인연이라고 하여 싫어하는 마음을 가져서도 안 됩니다. 인연의 자리가 자신을 해체하고 있다는 것에 투철히 깨어 있다면 선과 악에 대한 이해와 접근 방식이 다를 것입니다.

『법화경』에서 "제바달다라고 하는 선지식으로 말미암아 육바라밀을 올곧게 닦아 바른 깨달음을 이루어 널리 중생을 이롭게 할 수 있었다."라고 말씀하신 부처님의 사례가 좋은 보기라고 하겠습니다. 부처님을 해치려고 하는 제바달다와의 악연으로 말미암아 도리어 수행을 가열차게 할 수 있었다는 것입니다. 악연조차 수행을 돕는 불보살의 인연으로 해석할 수 있는 것이 쉽지는 않겠지만, 인연을 읽고 있는 눈이 어떠해야 하는지를 보여 주는 보기라고 할 수 있습니다.

인연마다 진여를 다 드러내는 것이기에, 여기에서 제대로 안목이 열리면 부처를 이루는 외연을 보는 것이지만, 선연을 탐하고 악연을 싫어한다면 외연은 늘 생멸심을 돈독히 하여 중생의 업식만을 증장시킬 것입니다.

악연이 선연이 될 수 있는 것은 사실이지만 그와 같이 인연을 읽을 수 있는 눈은, 그 자체로 선근과 수행의 힘이 있기 때문에 가능합니다. 자신의 역량을 잘 살피지 않고 인연에는 선악이 없다고 생각하고 선연·악연 가릴 것 없이 만나고 행동한다고 하면 도를 이루지 못할 것은 불 보듯 뻔합니다. 나중에는 그와 같은 것이 도인의 삶인 양 선양하는 꼴이 되어 뒷사람을 어지럽히는 행동이 될 뿐입니다.

만나는 인연마다 새로운 생명

외연에는 '차별연差別緣'과 '평등연平等緣'이 있습니다. 한 사람이 일생에서 만날 수 있는 모든 인연의 다름이 '차별연差別緣'입니다. 수행자가 됐건 일상을 사는 사람이 됐건 그 분들이 만나고 헤어지는 모든 관계가 진여인 연기의 각성 작용임은 분명하지만, 나타나고 있는 작용과 형상이 다르기 때문입니다.

어느 것 하나 같은 것이 없는 모습과 작용이 본래부터 차별연으로 작용할 수밖에 없지만, 차별된 현상들이 그 자체로 자성을 갖는 존재가 아닙니다. 만남을 통해서 존재로서 창조됩니다. 생명들의 만남으로 인연이 이루어지는 것이 아니라, 만나는 인연마다 새로운 생명이 된다는 것입니다. 인연이 생명이 된다는 데서는 늘 존재하는 생명과 같고, 새롭게 창조되는 생명이라는 데서는 존재하는 생명이 없는 것과 같습니다. 차별된 낱낱이 인연의 생명을 나타낸다는 데서는 같은 모습이고, 낱낱으로 인연이 이루어진다는 데서는 다른 모습입니다.

이것을 보는 것이 차별에서 차별을 떠나 진여의 동일성을 이해하는 것이므로, 차별에서 진여의 작용을 보는 힘은 단지 외연으로 선근을 증장시키는 것에만 그치는 것이 아닙니다. 수행의 완성을 이루고 나서 중생을 위한 방편지를 이루는 바탕이 됩니다. 모든 인연이 바로 불보살님들의 경계가 되는 것과 같으며, 그와 같은 '봄'이 익어지면서 특별한 형상과 가르침으로 불보살을 보는 안목도 없어지게 됩니다.

조건 없이 나누는 보시

보살 수행자들께서 스스로의 깨달음을 위한 수행과 중생들로 하여금 불도를 닦게 하기 위한 보살행 가운데 사섭법이 있습니다.

'사섭법四攝法'의 첫째는 '보시布施'입니다. 갖고 있는 재물·지식

·사랑 등등을 아무런 조건 없이 나누는 것입니다. 이웃을 위해 나누는 것이지만 실상에서는 자신의 욕망과 분노를 덜어 내는 쪽으로도 작용합니다. 나누면서 내적인 평화와 기쁨이 형성되지 않는다면 거래가 되겠지요.

부모가 자식에게 나누는 사랑이 더없이 넓고 커도 늘 아픔을 남기는 것은 자식에 대한 사랑 때문이기도 하지만 그것이 온전한 나눔이 아니기 때문입니다. 오히려 아무런 인척관계가 아닌 먼 이웃에게 나눔을 실천할 때 더 평온하고 기쁠지도 모릅니다. 그것은 나누는 그 사실 이외에는 자신의 마음에 아무 것도 남기지 않기 때문입니다.

'자취를 남기지 않는 나눔〔無住相布施〕'은 자신과 이웃의 수행을 완성시키기 위한 가까운 연이 될 것이며, 그렇지 않은 나눔은 먼 연이 되겠지요.

자신의 마음 가운데 쌓여 있는 갖가지 바람들을 살피고 살펴 바랄 이유가 없다는 것을 사무치게 알 때 오히려 모든 바람이 이루어집니다. 나눔은 나눔 그 자체로 자신의 마음을 편하고 기쁘게 합니다. 바람 없는 나눔은 흔적조차 남기지 않으니 무상조차 비켜 가는 고요함입니다. 무상을 그 자체로 보고 있는 각성이 빛나는 순간입니다. 나눔이 이루어지고 있는 관계가 자신의 빈 마음과 가까울수록 그것이 주는 행복한 열반이 금생에 있을 것이니 '가까운 인연'이 되고, 마음 밖을 향한 나눔은 복이 되는 것은 분명하지만 자신의 마음자리를 비우는 나눔보다는 '먼 인연'이 되므로 다음 생을 기약해야겠지요.

근연近緣과 원연遠緣에는 덕행을 실천하는 것, 곧 나누는 것 등이

복을 얻는 자리를 크게 하여 수행의 인연을 증장시킨다는 '증장행연增長行緣'이 있으며, 불도를 받아들여 지혜를 성취하게 하는 '수도연受道緣'이 있습니다.

나누는 것 등이 덕행을 증장시키기는 하지만, 덕행이 증장된 만큼 '마음 빔'이 크지 못하다면 나눔 등도 부처님과 선지식 등의 가르침을 받아들이는 훈습의 영향이 크지 않아 먼 연이 되고, 덕행을 증장시키면서도 자취조차 남기지 않는 마음 씀이 크다면 불보살님들께서 진여의 작용으로 남기는 향훈이 짙어 수행을 위한 가까운 연이 됩니다. 덕행을 증장시키는 것과 불보살님들의 가르침을 받아들이는 것에도 '마음 비움'과 '마음 나눔'의 크기에 따라 멀고 가까움의 차이가 있다는 것입니다.

'마음 빔'은 도道를 받아들이는 크기뿐만이 아니라, 마음 빔 그 자체가 도를 이룬 부처님들의 모습입니다. 보살 수행자들이 재물·지식·사랑 등등을 나누는 것은 마음 밖에 있는 어떤 것도 궁극적으로 가질 수 없다는 것을 아는 지혜를 실천하는 것이며, 열반의 삶을 사는 것입니다. 지혜와 열반의 경험이 불보살님들의 외연을 받고 있는 훈습이라고 하겠습니다.

그러므로 '도를 보는 단계〔見道位〕'를 보시바라밀이 완성되는 단계라고 합니다. 마음 안팎이 무상의 빈 모습임을 투철히 알아차리면서 넘치게 갖지 않는 삶의 실천이 복을 증장시키며, 초지의 깨달음을 이루게 합니다. 온전한 복과 지혜를 갖추어가는 삶으로 법신 보살의 삶에 들어선 것입니다.

'사랑스런 말하기〔愛語〕'

　사섭법의 두 번째는 '사랑스런 말하기〔愛語〕'입니다. 이웃과 나누는 말에 사랑을 담아 보내는 것이며, 스스로에게도 사랑스런 말을 하는 것입니다. 다른 사람에게 보여지는 나에 대한 사랑이 아니라 아무 것도 치장되지 않는 나를 있는 그대로 아끼고 사랑하며 기뻐하면서 늘 평안함을 유지하도록 자신을 사랑하는 것이 자신에 대한 애어의 실천입니다.

　그냥 그와 같은 느낌을 갖는 것이 아니라 이웃 사람들에게 자식들에게 부모에게 친구에게 했던 진실한 사랑의 말을 자신에게 하는 것입니다. 누가 인정하기에 '나가 사랑스런 것이 아니라, 나의 삶 모든 것에 사랑스러운 느낌을 갖고 그 느낌을 자신에게 다시 투사하는 마음으로 사랑스런 말을 자신에게 보내는 것입니다. 아무 것도 가진 것 없는 나일 수밖에 없는 나가 사랑스러워야 합니다.

　무엇 무엇을 가진 나, 무엇이라고 불리는 나, 이웃과 비교해서 잘난 나라는 상대가 다 떨어진 곳에 발가벗고 있는 그 나가 사랑스러워야 참으로 자신을 사랑하는 마음이며, 그 마음에서 나누는 말이 진정으로 사랑하는 말, 애어愛語입니다.

　좋은 조건이기 때문에 사랑스런 말을 하는 것도 아니고, 좋지 않은 조건이기에 더 안쓰러워 사랑하는 것도 아닙니다. 모든 조건이 다 떨어져 나간 그 자리에 서 있는 나에 대해 진정으로 사랑스런 말을 보낼 때 그 말이 사랑스런 말이라는 뜻입니다. 사랑하는 말일 뿐 아니라 사랑을 깨우는 말로 자비를 완성해 가는 말입니다. 깨달음을 위한 가장 가까운 인연입니다.

밖을 향한 사랑의 말 나누기가 평온을 가져다주는 것은 사실이지만 자신의 마음자리에서 일어나는 사랑의 힘을 일깨워 자신을 사랑하는 것만큼 도를 이루는 가까운 인연은 없습니다. 무엇을 사랑할 것이며, 어떻게 사랑할 것인지에 대한 방편이 온전히 익혀지는 것도 마음자리 하나에서 다 이루어집니다. 아무런 치장이 없는 마음자리가 주는 선물입니다.

아무런 조건 없이 행복을 나누는 말이 자신과 이웃에게 사랑이 되기 때문입니다. 사랑하는 말로 자신과 이웃을 감싸안은 애어섭愛語攝이 보살 수행의 덕목이 되는 것도 이 이유입니다.

보살 수행은 모든 이웃들의 안녕과 행복을 위한 것입니다. 하지만 이웃만으로 향하는 빛이 아닙니다. 자신의 마음자리에서 일어나는 넘치는 사랑이 이웃으로 퍼지는 데서 보살 수행이 이루어집니다.

이웃 생명들의 이익을 위하여 활동하는 이행利行

사섭법의 세 번째는 '이행利行'입니다. 이웃 생명들의 이익을 위하여 활동하는 것입니다. 여기서 말하는 이익은 자본의 증식을 말하는 것이 아닙니다. 증식된 자본을 어떻게 쓸 것인가는 또 다른 문제입니다.

사람의 사회적 인연이 다 다르기 때문에 부자도 있고 가난한 사람도 있습니다. 부자도 내일을 걱정하면서 오늘이 편안하지 않고, 가난한 사람은 내일을 걱정하는 것조차 힘겨울 정도로 오늘 하루 지내기가 어렵습니다. 잘 살고 잘 된다는 허상을 떠나서 본다면 이익을 창출하는 것이 정말 이익인지 묻지 않으면 안 될 시점까지 왔다고 여겨집니다. 자신의 자리를 진솔하게 봤을 때 아무런 근심 걱정 없이 쉴 수 있는 자리가 아닌 듯하여 그렇습니다.

'무엇이 이익인가'라고 묻지 않을 수 없습니다. 보살님들이 생각하는 이익은 오늘날의 사회에서 본다면 일차적으로 내일에 대한 걱정 없이 하루를 편히 쉬는 것이 아닐까 생각합니다. 지금과 같이 내일의 일을 위하여 쉬는 것이 아니라 쉬는 것이 그 자체로 평안하게 하는 '쉼'을 이야기합니다. 그냥 쉬는 것이 아니라 쉬는 것이 늘 새롭게 자신을 살 수 있는 쉼이 됐을 때 쉼조차 힘들지 않게 되겠지요.

요즈음은 일 없이 쉰다는 것이 소수의 사람들을 제외하고는 끔찍한 일이 됐습니다. 고액 연봉자도 마음이 늘 바쁘고 불안하여 쉬는 날조차 편히 쉬지 못하고 직장에 출근하는 사람까지 있다고 하니 쉬는 것을 잊어버린 것 같습니다.

정말 일이 없는 것이 불안하지 않고, 내일의 걱정을 해결하기 위해서가 아니라 함께 행복을 나누기 위해서 일을 하는 사회를 만드는 것이 가장 큰 이익이 아닌가 생각됩니다. 그와 같은 생각을 하며 실천을 하는 사람들이 많아진 사회가 큰 이익을 얻는 사회이며 온전한 이익이 되어, 그 안에서 사람으로서 생명의 이익을 진실하게 누릴 수 있을 것입니다.

쉬는 것이 이익이 되는 사회는 마음 가운데 있는 나만의 한정을 고집하는 세계를 다 버릴 때 완성된다고 생각됩니다. 무언가를 바라는 바가 성취동기는 될 수 있지만, 비교로써 이익을 추구한다면 끝이 없겠지요. 끝없는 이익 추구는 아무도 쉴 수 없는 불안한 내일을 만드는 것일 수밖에 없습니다.

어떻게 하면 마음을 쉬고, 일을 하면서도 쉬는 마음이 될 수 있을까 하고 연구하는 마음 씀이 이웃에게 이익을 주는 보살 행동이라고 하겠습니다. 나아가 몸과 마음의 조화, 사회구성원들 간의 상호 이해와 나눔의 실천으로 이어지면서 생명들의 평안한 삶터와 쉼터를 만들게 된다면 보살 수행의 완성이 눈앞에 있겠지요.

깨달음의 완성을 위한 보살 수행자의 원력 가운데 하나는 편안한 쉼과 일에 대한 기쁨을 성취하는 공동체를 이루는 것입니다. 그래서 그와 같은 일을 하고 있는 부자들을 대승 경전에서는 장자長者라고 하여 공경하였습니다.

지식을 나누는 것도 중요한 덕목 가운데 하나입니다. 여기서 말하는 지식이란 적게 갖는 것으로도 편하게 살고, 생명의 쉼터를 만들며, 이웃들과 바른 이익을 나누는 방법입니다. 어찌 보면 자본의 증식만이 유일한 성공의 잣대가 돼 있는 사회에서, 넘치게 갖지 않는 삶과 이웃 생명과의 연대를 실천하는 지식은 곰팡내 나는 지식일지 모릅니다. 하지만 삶을 윤택하게 하고 온전한 평화를 나눌 수 있는 지식은 개방된 지식이며, 남의 눈으로부터 편안해지는 지혜를 깨워 자신의 삶을 쉽게 만드는 힘이 있습니다.

인간의 노동이 자본 증식의 유일한 수단이 됐던 시기에는 열심히 일하는 것이 인간의 가장 큰 덕목인 것처럼 선전하여 쉬지 않고 일하는 인간을 영웅시하였습니다. 반면 '느림' 속에서 삶의 아름다움을 나누는 지식은 사장되었습니다. 지금은 인간의 노동이 기계로 대체되어 사람들이 삶에 필요한 최소한의 재화조차 구하기 어렵게 내몰리고 있습니다. 쉰다는 것이 악몽이 되어 가는 사회니 보살 수행으로 사는 장자가 더욱 중요한 시대가 아닌가 합니다.

완전한 보살의 마음이 형성된 것이 아닐지라도 사회연대와 생명연대를 실천하는 회사가 성공보다 실패하는 확률이 많다고 하니 그와 같은 마음을 내기도 어렵다고 하겠습니다. 장자의 나눔도 필요하지만 그와 같은 나눔이 생명의 근본이 된다는 이해가 더욱 필요하며, 시민 사회의 작은 바람들이 이루어지도록 지속적인 작은 보살 운동이 있어야만 몸과 마음 쉼이 쉬워질 것입니다. 불보살님들의 생명을 위한 바른 이익 실천 운동이 시대의 요청이 된다는 데서 시대의 어둠이 읽혀질 수 있으니 아이러니가 아닐 수 없습니다.

함께 동고동락하는 '동사섭同事攝'

사섭법의 네 번째는 '동사섭同事攝'입니다. 이웃에게 필요한 사람이 되어 함께 동고동락하는 것입니다.『인생수업』이란 책을 보면 "죽기 직전이라고 생각하고 '해 봤으면' 하는 일을 생각하여 지금 그 일을 하는 것이 좋다."라는 대목이 있습니다. 살아오면서 참으로 자신의 바람대로 자신과 이웃들과 동고동락하면서 살았던 날이 며칠이나 되는지 모르겠습니다.

태어나서 2~3일 지나고부터 부모와 사회가 요구한 삶을 살아야만 되도록 훈련 받게 되는 요즈음, 죽기 직전까지도 자신의 삶을 살았다고 이야기할 수 있는 날이 없다고 하여도 과언이 아닌 것 같습니다. '잘 산다'는 말이 가지고 있는 사회적 동의 자체가 힘을 가진 그룹이나 국가들에 의해서 많은 부분 왜곡되어 있어서 가짜 인생을 살면서도 자신의 삶을 사는 것처럼 생각하기 쉽기 때문입니다.

'남의 눈에 비치는 나'가 '나'가 되는 문명사회에서 성큼성큼 자신의 삶을 살아왔고 또 평안하고 후회 없이 자신의 죽음을 맞이하는 분이야말로 자신과 동고동락하였다고 할 것이며, 이 분과 관계를 맺은 이웃들도 그 기운을 받아 자신의 삶과 친해졌을 것입니다.

참으로 자신의 삶을 온전히 받아들이고 기뻐하며, 그 기쁨을 이웃과 나누는 삶을 사는 것이 동사섭의 보살 수행으로 깨달음을 실천한다고 할 수 있으니, 아직 깨닫지 못했다고 하더라도 깨달음과 이웃한 가까운 인연이 됩니다. 다른 이들의 눈에 맞추는 것으로 함께 동고동락하는 것은 복은 커질지 모르지만 깨달음을 이웃으로 하는 근연近緣이 되지 않고 깨달음과는 조금 떨어져 있는 원연遠緣이 됩니다.

복덕이 크면 수행 외연인 불보살님을 만날 수 있는 인연이 많은 것은 사실이지만 내인인 진여를 깨워야 불보살의 인연도 외연으로 작용하게 됩니다. 그러므로 안으로 자신의 진여를 깨우는 것이 깨달음을 가까이하는 근연近緣이면서 진여 자체의 덕행을 드러내니 도와 가까운 증장행연이며 수도연입니다. 자신과 이웃의 마음에서 풍겨나는 진여의 향훈을 느끼고 알아차려 하나 된 생명의 삶을 살 수 있는 토대가 되는 연이 해탈을 이루는 가까운 연이라는 것입니다. 빈 마음 가득 담겨 있는 진여의 향훈을 서로가 서로에게 스며들도록 사는 자리가 '빈' 마음이면서 빈 '마음'을 나누는 자리입니다. 이와 같은 나눔이 적다면 덕행을 증장하고 불도를 닦는 데 열심이라고 하더라도 마음과 떨어져 있는 느낌만큼 먼 곳에 해탈이 자리할 것이니 불보살님의 외연도 멀기만 하겠지요.

그렇기에 동사섭의 보살행을 이웃과 함께하는 가운데 실천하는 것도 중요하지만 언제나 자신의 진여를 깨워서 함께 해야 합니다. 자신과 동고동락하는 습관이 이웃과 동고동락하는 습관이 되어야 한다는 것입니다. 이웃의 눈으로 자신을 판단하는 오늘 우리들, 곧 상품으로 있는 우리들은 자신과 동고동락하는 시간이 거의 없이 지내왔기에 이웃과도 참으로 동고동락하기 어렵습니다. 자신을 충분히 감싸안아 편히 쉬게 하지 못했기에 이웃을 감싸안기도 벅찰 수밖에 없습니다.

여럿 속에 혼자인 듯한 자신, 자신이지만 순간순간마다 다른 자기가 되는 자신을 고향의 품처럼 보듬어 내는 힘을 키우는 것이 동사섭입니다. 마음 저 깊은 곳에 또아리를 틀고 있는 외로움을 감싸안게 될 때 그 속에 깃든 생명의 연대가 꽃처럼 피어나게 되고, 큰 울음으로 자신의 업식을 덜어낼 때 빛나는 광휘가 언제나 감싸고 있는 자신을 보게 될 것입니다.

동사섭은 함께 같은 일을 하면서 아픔과 기쁨을 나누는 것이지만 늘 다른 '나'를 보듬어 안는 것 또한 모든 이웃을 감싸는 것으로 동사섭의 바탕이 됩니다. 그 '보듬어 안음'이 자신의 업식을 덜어내고 아픔을 치유하면서 삼세를 뛰어넘는 깨달음의 바탕이 되는 근연近緣이 되어, 불보살과 같은 덕행을 기르고 도를 받아들이게 되는 인연이 될 뿐만 아니라 이웃 동료들의 증장행연과 수도연도 근연이 되게 합니다.

자신의 모든 것을 있는 그대로 아끼고 사랑하고 남과 비교하는 습관을 버리게 될 때, 이웃도 나와 비교되는 이웃으로 존재하지 않습니다. 다른 사람의 눈으로 자신을 재단하지 않듯 나의 눈으로 다른 사람을 재단하지 않는 것이지요. 그것이 보살 수행자들이 뭇 생명들의 아픔과 기쁨을 함께하면서 자신의 내밀한 업식의 불편함도 소멸시키는 비밀입니다.

일상의 삶에서 온 생명의 삶을 사는 것이 삼매

모든 다름이 본래부터 진여의 작용이 나타나는 차별이며, 비교가 떠난 곳에서 우뚝 서 있는 낱낱입니다. 높고 낮음의 어떠한 근거도 있을 수 없지요. 그렇기 때문에 진여의 작용이 주는 훈습에 '차별연差別緣'만이 있는 것이 아니라 '평등연平等緣'도 있습니다. 수행자가 만날 수 있는 모든 외연外緣의 차별 속에 궁극의 뜻으로 남아 있는 '인연으로 하나 된 모습'이 부처와 보살의 모습으로 나타난 것이어서 그렇습니다.

진여 작용이란 나타난 분별도 되지만, 나타난 분별이 무자성인 연기의 공성에서 진여가 되기 때문입니다. 진여가 차별상에서 한 발자국도 떠나지 않는다는 것은 모든 차별상이 진여일 때만 가능합니다. 그것을 '법계일상法界一相'이라고 말씀드렸습니다.

법계일상으로 보는 눈이 자신을 보는 눈이면서 '세계 전체를 하나의 꽃〔世界一花〕'으로 보는 눈입니다. 그 눈에는 차별이 높낮이의 차별로 보이지 않습니다. 각기 다른 그 모습을 공경하며 함께 나누는 생명의 연대로서 자신을 사는 것입니다. 스스로 높낮이의 허물에 떨어질 염려가 없지요.

'평등연'이란 모든 불보살님들이 우리 눈에 똑같은 공덕으로 나타난다는 뜻을 갖고 있기는 하지만, 본질에서 보면 수행자 자신이 인연의 무자성을 염념念念으로 상속하여 차별 속에서 모두를 하나 된 생명으로 보는 안목입니다. 평등하게 보는 눈이 불보살님을 보는 눈이며 세계를 부처 세계로 만드는 눈입니다. 극락세계가 된 것입니다. 그래서 극락세계를 묘사할 때 새소리 물소리 하나도 부처님의 법문이 아닌 것이 없다고 하였겠지요.

세계의 모두가 인연의 각성이 작용하는 깨달음의 합창임을 보는 눈이 '평등연'이며 삼매입니다. 물론 의식 집중의 깊이가 가져다주는 삼매도 있겠지만, 그와 같은 경험에서 체험되는 삼매의 평등연이란 너무나 당연한 사실에 지나지 않는다고 하여야 합니다. 이미 분별의 허구를 넘어선 마음의 집중은 모든 세계에 대한 일법계一法界의 체험이기 때문입니다.

삼매가 아닌 일상의 삶에서, 온 생명의 삶을 사는 것이 오히려 삼매 가운데 삼매라고 할 수 있습니다. 그래서 '화엄삼매華嚴三昧'는 '해인삼매海印三昧'라고 하여 맑은 바다에 모든 생명들의 삶이 다 삼매의 모습으로 드러나 있는 것을 가리키지요.

우리 모두의 삶을 삼매로 보는 것이 불보살님의 법을 보는 것이며 평등하게 사는 것입니다. 자신의 삶이 삼매가 된 자연스런 흐름입니다. 불보살님이 어떤 특정한 모습에 한정되어 있는 것이 아니라 주변에서 보고 만나는 차별연들의 인연이 불보살의 삶을 이루는 바탕이기에 그렇습니다.

차별연 속에서도 항상 법계의 평등한 인연이 있습니다. 평등과 차별이 명백히 구분되는 어떤 것일 수 없습니다. 모든 불보살님들께서 모든 중생들을 제도하고자 하고, 또 할 수 있는 것도 차별 속에 빛나는 인연의 각성이 평등하기 때문입니다. 인연에 대한 각성이 불보살님과의 만남이 됩니다. 불보살님과의 만남으로 다름 속에서 같음을 보게 되기에 서로 통하게 되고, 같음 속에서 다름을 인정하게 됨으로써 평등이 온 세상의 바탕이 됩니다.

'다름'이 모든 다름을 인정하는 것에서 하나의 생명이 되는 것이 '평등'이며, 다름에서 그것을 보게 될 때 삼매의 삶을 사는 불보살님이 됩니다. 삼매 속에서 불보살님의 평등을 보는 것이 아니라, 자신의 평등이 불보살님의 평등한 법문으로 드러났다고 할 수 있습니다. 진여가 온 세상의 바탕이며, 깨달음을 이루게 하는 훈습이 되는 까닭입니다.

진여가 아닌 것이 없기에 어디서나 깨달음이 가능하며 '차별'과 '평등'을 함께 열기에 어느 것이 더 자연스러운 것이 아닙니다. 진여가 깨달음으로 나타나기에 불보살님들께서 모든 중생을 제도하기 위한 훈습을 계속할 수 있고, 중생들은 눈만 돌리면 그와 같은 법문을 들을 수 있습니다.

뭇 생명 모두는 인연의 관계를 떠날 수 없기에 '한 몸〔同體〕'이며, 어울림 속에서 다른 모습으로 생명활동을 하는 것은 '지혜의 힘〔智力〕'입니다. 보살은 한 몸〔同體〕임과 동시에 다름을 보는 지혜〔智力〕가 있기 때문에 한 중생도 빠짐없이 제도하려고 하는 마음이 생깁니다. 그와 같은 마음이 형성되어야 대승 보살이라고 할 수 있고, 그 마음이 불보살을 만든다고 할 수 있습니다.

이와 같은 마음이 수행자 한 사람 한 사람의 동체지력同體智力을 깨우는 역할을 합니다. 불보살님의 가르침으로 새롭게 세계를 보는 눈이 형성된 것은 사실이지만, 그렇게 보인 세계를 불보살님이 만든 것도 아니고, 수행자의 삶 밖에 있었던 것도 아닙니다. 다른 얼굴을 하고 있는 개인들의 삶도 동체지력으로 사는 것이며, 그 마음으로 불보살님과 만나는 것입니다.

    이것이 진여가 하는 일이며, 항상 우리 곁을 떠나지 않고 있는 불보살님들의 원願입니다. 그렇기 때문에 수행자가 삼매를 체득하여 불보살님들의 평등한 인연 법문을 듣고 깨닫게 됩니다. 수행자가 불보살의 삶을 이어갈 수 있는 근거입니다.

32장. 진여가 자신의 숨이 된 단계와
아직 숨임을 알지 못한 단계

51 진여 자체상훈습과 용훈습을 나누면 두 가지가 있다. 첫째는 '아직 상응하지 않는 훈습〔未相應〕'이다. 범부와 성문·연각과 처음으로 보살 수행에 마음을 낸 수행자들이 의意와 의식意識으로 의도적으로 하는 훈습을 말한다. 신심에 의지하여 수행하기는 하나 아직 분별이 없는 마음을 얻지 못해 진여 자체와 상응하지 못한 단계며, 스스로 자재하게 수행하는 힘을 얻지 못해 외연인 용훈습과 상응하지 못한 단계를 말한다.

此體用熏習 分別復有二種 云何爲二 一者未相應 謂凡夫二乘 初發意菩薩等 以意意識熏習 依信力故而能修行 未得無分別心 與體相應故 未得自在業修行 與用相應故

둘째는 '이미 상응한 훈습〔已相應〕'이다. 초지 이상의 법신 보살을 이룬 수행 단계에서 무분별심을 얻어 모든 부처님의 지혜 작용과 상응하는 단계를 말한다. 이때는 오직 진여의 법력에 의지해서 자연적으로 수행이 이루어지고〔自體相熏習〕, 그와 같은 수행의 힘이 다시 진여를 훈습〔用熏習〕하여 무명을 없애기 때문에 '이미 상응한 훈습'이라고 한다.

二者已相應 謂法身菩薩得無分別心 與諸佛智用相應 唯依法力自然修行 熏習眞如滅無明故

우리의 마음 그 자리가 그대로 '진여의 체體'

진여의 자체상훈습과 용훈습을 다시 나누면 두 가지가 있습니다. '아직 상응하지 않는 훈습〔未相應熏習〕'과 '이미 상응한 훈습〔已相應熏習〕'입니다. 두 가지로 나누고는 있지만 진여가 두 가지로 나누어지는 것은 아닙니다. 진여를 보는 마음이 진여를 나누는 것일 뿐이지요.

일상을 사는 우리나 수행이 조금 깊어졌다고 할 수 있는 성문과 연각의 수행자, 처음으로 모든 생명들의 아픔을 담아내는 그릇이 되겠다고 다짐한 보살 수행자들의 마음은 진여를 뜻대로 쓸 수 있는 힘이 부족하기에 진여와 '상응하지 않는 훈습'이라고 합니다. 그러나 아파하는 마음으로 아픔의 내용을 되돌아보고, 되돌아보는 힘에 의해서 함께 사는 인연의 각성인 진여의 생명연대를 이해한다면, 의식意識과 의意의 흐름을 바꾸는 진여의 훈습이 짙어집니다.

아울러 진여의 훈습이 남기는 넉넉한 마음이 자신과 이웃의 아픔을 지우는 것을 조금이나마 경험하게 되면 그 힘이 근본 치유라는 것을 믿게 되지요.

　이렇게 생긴 이해와 믿음이 다시 의와 의식에 있는 진여의 기운을 더욱 짙게 하여 믿음도 커지고 이해하는 마음도 넉넉해지면서 진여의 드나듦을 경험하기도 합니다. 그러나 아직도 진여가 자신의 숨(생명)이 된다는 것을 알지 못하는 단계이므로 '상응하지 않는 단계'라고 합니다.

　마음이 구성해 놓고 그것이 마음 밖에 실재하는 것으로 알고 보는 마음은, 마음 스스로의 바탕을 볼 수 없으니, 마음의 본래 자리인 진여의 체體와 상응할 수 없겠지요. 자신의 마음이면서 그 마음을 밖으로 밀어 내놓고 그것이 마음이 아니라고 하니, 마음 하나하나가 진여를 바탕으로 하면서 모든 마음이 되는 것을 모릅니다. 진여의 체體와 상응하지 않는 마음입니다.

　진여와 상응하지 않는 삶은 열심히 살고 있으면서도 있는 그대로가 자신이 되지 못한 삶입니다. 다른 사람의 눈에 비친 나가 인식의 내용을 이루고, 그 나를 살찌우는 삶을 사는 마음으로는 있는 그대로 나타나는 모든 모습이 진여의 활동임을 볼 수 없습니다. 특별한 모습과 활동으로 진여를 이야기하고 보려 합니다.

　그러나 진여의 활동은 삼매에서나 보는 특별한 마음이 아닙니다. 인연 따라 활동하는 모든 것이 진여의 활동입니다. 모든 삶들의 모습을 볼 때 일어나는 가슴 미어지는 아픔과 사랑, 그리움이 가득한 마음이 모두 진여입니다. 우리의 마음 그 자리가 그대로 '진여의 체體'이며 마음 씀 하나하나가 '진여의 작용'입니다.

이 사실을 믿고 의지하며, 이웃 생명들에까지 그와 같은 인식의 지평을 넓혀 가는 것이 수행입니다. 다만 분별로서 진여를 이해하는 단계이기 때문에 '상응하지 못한 수행'이라고 할 뿐입니다. 선지식들의 가르침을 듣고 그에 대한 철저한 비판적 사유과정을 지나서 가르침에 대한 오롯한 믿음이 의식의 분별내용으로 자리잡고, 의식의 근거인 의意에 영향을 주고 있는 단계입니다.

머묾 없는 마음을 쓰는 삶

이와 같은 수행이 깊어지면 마침내는 분별을 떠난 자리에서 진여의 체體와 상응하고, 마음 씀 하나하나가 자재한 작용이 되어 '진여의 작용과 상응相應'합니다. 법신 보살의 삶에 들어선 것입니다.

법신法身 보살이란 우리의 몸과 마음이 인연의 각성임을 실증한 보살 수행자라는 뜻입니다. 자신의 마음이 인연의 각성과 어울려 흐르는 것을 보는 그 자리가 법신 보살이 되는 자리입니다. 우리의 몸과 마음을 떠나지 않고 법신 보살이 되는 까닭입니다. 마음이 인연을 떠나 외롭게 있는 듯한 중생을 만들기도 하지만, 마음을 보는 그 마음이 인연의 각성과 상응하여 법신 보살이 되기도 하지요.

법신 보살이 된다는 것은 인연에 따라 나타나는 온갖 다름이 법계의 인연인 줄 알고 머묾 없는 마음을 쓰는 삶입니다. 머묾 없는 마음 씀이 부처님의 지혜가 되며, 진여와 상응하는 마음이 진여가 되니, 진여가 된 마음이 이웃 부처님과 상응하는 삶이 되어, 인연의 세계가 부처님의 지혜로서 한 세계가 되는 삶입니다. 삶 그 자체가 삶의 이유가 되고, 삶들의 모습이 그 모습대로 빛나는 삶임을 느껴 아는 삶이며, 하나하나의 일들이 나의 온전한 삶이 되는 삶입니다. 법계의 법력에 따라 사는 지혜로운 삶입니다.

하려고 해서 그렇게 되는 것이 아니라 저절로 그렇게 되는 것입니다. 태어남도 그렇고 늙음도 그렇고 죽음 또한 그렇지요. 그 가운데 어느 것만이 의미 있는 것이 아닙니다. 황혼이 되어 고요히 죽음을 맞이하는 모습도 장엄하고 아름답지요.

어느 것에 더 큰 뜻이 있는 자연自然은 없습니다. 그 모두가 법신 보살로서 자신의 속내를 드러낼 듯 말 듯 하는 것 같지만, 수줍어하는 그 모습이 속내를 다 드러낸 것입니다. 감춘 것 없이 웃고 우는 그 표정 속에 속살을 다 드러내지만, 그것이 고요하고 신비하며 어렴풋하니, 이것이 삶의 깊이가 아닐런지요.

법신 보살의 얼굴은 아는 얼굴인 듯 모르는 얼굴인 듯 늘 고요 속에 온갖 표정을 담는 얼굴입니다. 어찌 법신 보살의 얼굴 표정만이 그렇겠습니까. 모든 생명들의 표정이 그렇지요. 아는 듯하였지만 어느 날 그것이 아닌 것 같고, 모르는 듯하지만 늘 익숙한 것 같은 표정들이 온갖 깊이와 넓이를 다 드러내는 것이라 그렇습니다.

그 표정이 자연이 갖는 법력法力이며, 법신이 된 보살 수행자의 얼굴입니다. 가졌다고 하지만 가질 수 없겠지요. 어렴풋한 것이 뚜렷할 때 무엇이라고 하여 갖고 있는 표정이 되겠지만, 다시 그것이 아닌 가라고 갸우뚱거릴 수밖에 없는 때가 더 많기에 그렇습니다.

그것은 무명화될 수 없는 자연의 얼굴이며 법신 보살의 삶입니다. 저절로 무명이 없어진 것과 같습니다. 진여의 훈습으로 비로소 모든 얼굴을 갖게 된 것 같지만, 원래부터 모든 얼굴이 진여였지요. 모든 얼굴이 진여가 된다는 것은 어느 얼굴만이 진여가 될 수 없다는 것입니다.

그러므로 가지려 해도 가질 수 없다는 것을 아는 것도 진여眞如의 훈습熏習이며, 어느 것으로 머물려 해도 머물 수 없다는 것을 아는 것도 진여의 훈습입니다. 형상이 되면서도 형상에 머물지 않는 생명의 힘으로 무명을 넘어서지 않은 적이 없습니다.

머묾 없다는 데서 보면 형상을 떠나 있는 듯하지만, 무상한 형상이 진여의 머묾 없는 모습입니다. 형상으로 진여를 보려 하면 볼 수 없지만, 모든 형상이 진여가 나타내는 지혜가 되니 형상을 떠난 적도 없습니다. 형상도 아니지만 형상 아닌 것도 아닙니다.

'머묾 없는 것'이 '진여의 바탕〔體〕'이며, '형상으로 드러나는 것'이 '진여의 작용'입니다. 형상이면서 형상에 머물지 않고 머물지 않으면서 형상이 되니, 체이면서 용이고 용이면서 체가 됩니다.

형상으로 나타나는 것이 체라고 하면 그 형상을 허무는 것이 용이 되고, 형상을 허무는 것이 체라고 하면 형상으로 나타나는 것이

용이 됩니다. 경계 없는 체와 용이 안팎으로 훈습하여 무명을 다스리고 있으므로 법신 보살의 수행은 언제나 인연의 각성과 상응하는 삶입니다. 무명을 다스리는 수행이면서 무명조차 없는 듯이 살 수 있는 힘을 얻은 단계로 진여의 법력에 따라 수행이 저절로 익어지고 있지요.

33장. 정법의 훈습은 끊어지지 않는다

52 망념에 물든 인식〔染法〕의 훈습은 시간이 시작되기 이전부터 계속되다가 부처가 되고 나면 끊어지나, 진여에 의한 청정한 인식〔淨法〕의 훈습은 언제까지나 계속된다.

復次 染法從無始已來 熏習不斷 乃至得佛 後則有斷 淨法熏習 則無有斷 盡於未來

정법의 훈습이 계속되는 까닭은 진여 정법이 항상 훈습하고 있기 때문이다. 곧 진여의 청정한 인식〔淨法〕에 의한 훈습으로 오염된 분별인 허망한 마음〔妄心〕이 없어지고 법신이 나타나며, 나타난 법신에 의해 용훈습이 일어나기 때문에 정법의 훈습은 끊어지지 않는다.

此義云何 以眞如法常熏習故 妄心則滅 法身顯現 起用熏習 故無有斷

무상을 보는 마음이 부처

호기심이 사라진 자리에 아는 것만 많이 담고 있다면, 그것은 많이 아는 것이 아니라 많은 짐을 지고 있는 것과 같은 것이 아닌지 모르겠습니다. 들여다보면 이것저것 자랑할 거리가 많지만 한 번 보고 나서 별 감응을 남기지 못한 앎이라면 새로운 자랑거리로 그곳을 채워야만 되겠지요.

반면 가진 것은 없지만 보는 사람의 호기심과 신비로움을 담아낼 수만 있다면 자랑거리가 무궁무진할 것입니다. 무엇을 보게 하는 것이 아니라, 보려는 마음이 무엇으로 나타나는 그 신비를 스스로 느껴 알게 할 수 있기 때문입니다. 이것이 빈 마음의 묘용妙用입니다. 빈 마음에 가득한 신비로움이 맑고 깨끗한 법法입니다. 이미 채워진 앎과 소유로는 결코 살려내기 어려운 것입니다.

그리움과 신비로움으로 가득 찬 '빈 곳'은 넉넉한 공간도 되지만 다른 생명이 들어와야만 나의 생명이 될 수 있는 곳입니다. 서로가 서로의 빈 공간을 찾아 서로의 생명을 빛나게 합니다. '나'가 되면서 '나'를 비우는 것으로 하나 된 생명계가 사는 모습입니다.

이와 같은 생명 나눔이 청정한 법이며, 끊이지 않는 흐름입니다. 어떤 모습으로도 머물지 않는 자리이면서 모든 생명들의 생명을 살리는 자리입니다. 이것이 진여의 근본이며 진여의 작용입니다. 어느 날 곳간에 쌓여진 것들의 덧없음이 주는 충격으로 몸살을 앓고 난 연후에야 보이는 자리입니다. 더 이상 덧없는 자랑거리에 속지 않지요. 그것들에 의해 웃고 울던 마음이 쉬던 날, '너 없이는 살 수 없는 나'임을 알고 함께 생명을 나누고 있음을 보게 됩니다.

자신의 자리를 옮기지 않고도 부처가 되서 무명無明의 훈습이 더 이상 작용하지 않습니다. 오염된 인식〔染法〕의 훈습이 끊긴 것이지요. 무명과 염법도 인연을 떠나지 않기 때문에 끊어질 수 없을 것 같지만, 기억들이 만들어 낸 '나의 허상'을 알게 되던 날 우리네 삶을 오염시키고 있는 무명과 염법은 홀연히 사라집니다.

기억된 대로 보고 듣다가, 어느 날 그것들이 마음이 만들고 있는 허상인 줄 알게 되면서 스스로 속지 않게 된 것이지요. 갖고 있을 수 없으며, 갖고 있는 '나도 없다는 것을 아는 마음이 진여의 작용이 되서 염법인 망심의 작용이 일어나지 않게 된 것입니다. 그래서 "부처가 된 연후에는 '오염된 인식'이 끊어진다〔及至得佛 後則有斷〕."고 하였습니다.

부처가 되는 길이 '무상을 놓치지 않고 알아차려 머묾 없는 삶을 살며, 망념의 기억을 만들지도 않는 것'이라고 본다면, 무상을 보는 마음이 부처라고 할 수 있습니다. 망념이 다 사라지지 않는 데서 보면 온전한 부처는 아니지만 무상을 보는 그 상태는 부처와 같기 때문입니다.

의식의 근거인 의意의 오염된 분별력을 다 없애지 못했다는 데서는 중생이지만, 흔들림 없이 알아차리는 마음은 무명을 이어가지 않는 마음으로 진여의 작용이 드러난 것입니다. 그것이 부처를 이루는 근본이기 때문에 알아차리고 있는 그 상태에서는 망심이 없어지고 법신이 나타난 것과 같습니다.

머묾 없는 자유로운 삶〔無相無念〕

　마음 하나 알아차리는 것이 법신 보살을 드러내는 것이므로, 알아차림이 익어진다는 것은 부처의 삶을 살게 하는 훈습이 짙어지는 것입니다.
　실상에서 보면 부처의 삶이 아닌 적이 없습니다. 망심은 물 위에 떠 있는 기름처럼 우리네 삶과 본래부터 융화할 수 없으므로 근본에서는 언제나 부처입니다. 단지 그 상태를 자각한 적이 없기에 수행이 필요합니다. 수행으로 부처를 자각하는 습관이 길러지면 저절로 망심의 훈습이 엷어집니다. 그러다가 망심의 습관이 다하고 부처의 자각이 온 삶이 된다면 수행이 완성됩니다.
　수행의 완성으로 삶의 자리가 바뀐 것 같기는 해도 생명의 연대는 언제나처럼 그렇게 있으므로 바뀐 것이 아닙니다. 그래서 '본래 깨달음〔本覺〕'입니다. 그런 뜻에서 진여의 작용인 본각은 깨닫지 못한 상태에서는 모든 작용에 숨어 있는 영향력이라고 할 수 있습니다. 언제나 현상으로 드러나면서도 숨어 있기 때문에 없는 것과 같지만, 본각이 아니라면 인연의 각성도 있을 수 없고, 인연의 각성이 작용하지 않는다면 법신도 나타나지 않습니다. '법신法身'이란 모든 인연들의 깨어 있는 활동이기 때문입니다.

모든 사물과 사건의 일어나고 사라지는 모습이 인연의 각성을 근거로 하여 나타난 법신입니다. 인연으로 하나 된 생명활동인 법신의 작용과 뭇 생명의 안녕과 행복을 염원하는 보살 수행자의 원력은 같다고 할 수 있습니다. 그러므로 초지初地 이상을 성취한 보살 수행자를 법신 보살이라고 합니다.

마음 씀씀이에 따라 법신 보살의 삶과 중생의 삶이 갈라집니다. 마음의 표상 이미지만을 보고 있다면 중생의 앎이 되고, 그것이 무상한 인연으로 허상임을 보는 것은 보살의 앎이 됩니다. 앎의 내용에 따라 중생도 되고 부처도 됩니다.

'부처이면서 부처가 아닌 것'에 대한 이해와 신뢰가 깊고 수행 의지도 강하며 집중과 주시가 뛰어나다면, 진여의 훈습이 끊어지지 않고 있는 것을 언제나 볼 것입니다.

진여를 보고 나서도〔見道位〕 법신 보살의 삶이 익어져야 합니다〔修道位〕. 무아의 인연을 깨닫고 나서 깨달음인 '자성 없는 인식' 곧 '머묾 없는 자유로운 삶〔無相無念〕'을 습관으로 살 수 있도록 하는 것〔修習〕입니다. 한 번 우리들의 본 모습을 보게 되는 것만으로도 무상과 무아에 대한 이해가 증득된 이해로 바뀌게 되지만, 증득된 이해의 힘이 아직 충만하지 않기 때문입니다.

우리의 본래 모습이 본각本覺이라고 하더라도 그것을 자각한 기운이 넘쳐나지 못할 때는, 몸과 마음에 남아 있는 미세망상의 여력 곧 업력의 작용이 남아 있으므로 머묾 없는 알아차림으로 중생의 업력을 남김없이 덜어가야 합니다. 중생으로서 보고 듣던 경향성이 남겨 놓은 미세망상의 습관까지 완전히 없어져야 온전한 법신 보살을 이루고 부처가 됩니다.

언제나 진여의 훈습이 있기 때문에 가능한 것이며, 수행자를 위한 방편으로 진여의 작용이 계속되기에 진여의 훈습은 끝이 없으며, 생명 본연의 모습이기에 끝이 없습니다. 그래서 망심을 만들어 내는 무명의 훈습은 끝이 있으나 진여의 훈습은 끝이 없다고 합니다.

34장. 삶의 낱낱 모습이 진여의 공덕상

53-1 '진여 자체가 구족하고 있는 공덕의 모습〔德相〕'은 모든 범부와 성문·연각과 불보살님에 이르기까지 늘어남도 없고 줄어듦도 없으며, 앞선 때에 생겨난 것도 아니고 뒤에 없어지는 것도 아니며, 절대적으로 항상한다. 원래부터 진여 본성이 모든 공덕을 만족하고 있는 것이다.

復次 眞如自體相者 一切凡夫聲聞緣覺菩薩諸佛 無有增減 非前際生 非後際滅 畢竟常恒 從本已來 自性滿足 一切功德

그러므로 진여 자체에 크나큰 지혜광명이 있다는 뜻이 있으며, 온 세상을 다 비춘다는 뜻이 있으며, 참되게 알아차린다는 뜻이 있으며, 자성이 청정한 마음이라는 뜻이 있으며, 상락아정常樂我淨이라는 뜻이 있으며, 청량하고 변하지 않는다는 뜻이 있다고 한다.

所謂 自體有大智慧光明義故 遍照法界義故 眞實識知義故 自性淸淨心義故 常樂我淨義故 淸凉不變自在義故

진여 자체가 구족한 이와 같은 공덕, 곧 갠지스 강의 모래보다 많은 공덕이 진여 자체를 떠나 있는 것도 아니고, 진여 자체와 단절되는 것도 아니며, 진여 자체와 다른 것도 아니며, 언어 표현을 넘어선 부사의한 것이며, 부처님의 가르침이다. 그 밖에도 진여 자체가 모든 공덕을 만족하게 갖추고 있으므로 하나라도 부족한 것이 없다. 이런 뜻에서 진여 자체의 덕상을 여래장如來藏이라고 하며 여래법신如來法身이라고 한다.

具足如是過於恒沙不離不斷不異不思議佛法 乃至滿足無有所少義故 名爲如來藏 亦名如來法身

마음 그 자체가 연기로서 한 세계

대승大乘이란 생명의 상호 의존성인 연기緣起를 가리키는 말 가운데 하나입니다. 『대승기신론』에서는 대승을 총괄하여 나타내는 것이 중생의 마음이라고 이야기하고 있습니다. 대승의 연기적 상호 의존성이 마음 하나에서 다 드러나고 있다는 것입니다.

대승이란 '마음[法]이 크다[義]'는 것을 상징하는 말입니다. 마음이 결정된 성性과 상相을 갖는 것이 아니므로 모든 것들이 마음이 될 수 있어, 모든 것을 싣는 '큰 수레[大乘]'와 같다는 것입니다.

해석분의 앞부분에서는 대승을 뜻하는 '마음[法]이 크다[義]'는 것 가운데 '법法'인 마음을 진여문眞如門과 생멸문生滅門으로 나누어 설명하였고, 이제부터는 '의義'인 '크다'는 것에 대한 설명을 하고 있습니다.

입의분에서 마음이 큰 이유로 "첫째, 모든 것〔마음〕은 진여를 바탕〔體〕으로 한 데서 평등할 뿐만 아니라 진여란 연기법계의 근본이므로 마음 씀에 따라 늘어나거나 줄어들 수 없기 때문이며〔體大〕, 둘째, 깨닫지 못한 상태에서도 인연을 있는 그대로 알아차리는 지혜인 여래장에 인연의 흐름에 따라 생명〔性〕을 이루는 모든 공덕〔相〕을 갖추고 있기 때문이며〔相大〕, 셋째, 세간과 출세간에서 서로의 생명을 살리는 마음 비움과 마음 나눔인 좋은 인과의 작용〔用〕이 있기 때문이다〔用大〕."라고 하였습니다.

세간과 출세간의 모든 것을 포섭하고 있는 뭇 생명의 마음은 하나하나가 연기의 상호 의존 관계를 있는 그대로 드러낸다는 데서 평등하며, 연기법계의 총상이 하나의 마음이 된다는 데서 늘어나는 것도 아니며 줄어드는 것도 아닙니다. 그러므로 '근본 바탕이 크다〔體大〕'라고 합니다.

마음 그 자체가 연기로서 한 세계가 되며 모든 생명의 바탕이라는 데서 '크다'는 것이지요. 마음마다 진여를 바탕으로 하므로 범부에서 부처님에 이르기까지 차별이 없으니〔平等〕, 범부의 마음 씀이라고 하여 줄어든 것도 아니고 부처의 마음 씀이라고 하여 늘어난 것도 아닙니다. 범부와 부처가 진여인 연기법에서 한 세계며 하나 된 생명입니다. 어느 것 하나라도 포섭하지 못한 것이 없으므로 한없이 큰 생명이지만, 큰 생명계가 하나의 마음마다 다 들어 있기에 작은 것도 없습니다. 크고 작은 것이 마음으로 나타나는 법계 그대로이며 알아차리는 마음작용마다 법계를 창조하는 앎이면서 마음입니다.

비교로서 크고 작음을 떠난 '큼'인 진여, 곧 연기의 관계에서 범부와 부처님의 생명활동과 앎이 있습니다. 연기의 생명계는 범부와 부처, 생물과 무생물로도 나눌 수 없는 한 세계이면서 뭇 생명의 마음입니다. 그래서 '마음이 크다'고 합니다.

이와 같은 생명계를 깨달아 부처님이 됐기에 중생 세계가 없어지고 부처 세계가 새로 생겨난 것이 아니며, 깨닫지 못했다고 하여 부처 세계가 없어지고 중생 세계가 새로 생겨난 것도 아닙니다. 연기의 큰 법계를 바탕으로 하여 각자의 창조적 세계를 연출하며 살고 있는 것입니다. 생명계 전체가 마음이라는 데서는 누구나 같지만, '누구'라는 데서의 작용은 누구나 다르기 때문입니다. 마음이라는 이름에서는 하나이지만, 마음이 작용하고 있는 양상 자체가 마음이므로 사람마다 다르고 한 사람에서도 다 다른 마음입니다. 양상마다 미묘한 차이가 있기 때문에 연기의 생명계가 마음 하나마다 다른 모습으로 자신의 세계를 표현한다고 할 수 있습니다.

그러므로 마음작용 하나하나가 그 순간 온전한 자신의 세계를 나타내며, 연기의 모든 관계가 그 마음으로 나타납니다. 생겨난 것 같지만 그것이 연기라는 생명계를 생기게 하는 것이 아니며, 사라지는 것 같지만 그것은 새로운 관계의 장을 여는 것입니다. 모두가 생명의 연대를 전체적으로 드러내고 있기 때문에 상대적 비교를 가지고 재는 크고 작음을 떠나 있습니다.

크나큰 지혜광명[大智慧光明]

　이렇기 때문에 진여 자체를 '크다'고 합니다. 진여 자체가 크므로 공덕상도 크고 작용도 클 수밖에 없지만, 실상에서 보면 진여를 자체[體]와 모습[相]과 작용[用]으로 나눌 수 없습니다. 다만 마음 하나를 어떤 측면에서 보고 있는가의 차이에 지나지 않습니다. '마음'이라는 하나의 인연에 담겨 있는 갖가지 양상을 강조하였다고 생각됩니다.

　상相이 크므로 진여 자체와 용이 크다고 할 수 있고, 용이 크므로 체와 상이 크다고 할 수 있습니다. 곧 비움을 특성으로 하는 체體이기에 비운 자리에 온갖 공덕이 자리할 수 있으므로 상相이 큰 것이면서 체도 크고 용도 큽니다.

　바꿔 말하면 온갖 공덕이 자리하고 있기에 체의 자리가 크면서 공덕의 작용도 한없이 크다는 것입니다. 또한 마음작용 하나하나가 진여의 상이 되어 큰 것이니 사소한 마음 씀이 없습니다. 사소한 마음 씀 같지만 그 마음도 법계가 마음으로 나타난 앎으로 큰 것입니다. 사소하다고 여길 것이 없듯 위대하다고 할 것도 따로 없습니다.

　날마다 쓰고 있는 마음 하나하나가 자신의 온 삶이며, 법계의 생명을 다 드러내는 일상으로 자신을 표현하고 있는 큰 삶입니다. 그래서 자체에 '크나큰 지혜광명[大智慧光明]'이 있다고 하였습니다. 크나큰 지혜광명이 사소한 일상 너머에 있는 것이 아니라는 뜻에서 크나큰 지혜광명입니다. 드러나는 하나하나의 마음마다 법계의 앎이며 분별이기에, 마음 씀을 있는 그대로 알아차리면 알아차리는 마음이 크나큰 지혜광명이 됩니다.

　비교하여 사소하다고 여기는 마음이 무명이며, 크나큰 지혜광명을 볼 수 없도록 합니다. 사소한 일상의 마음 씀을 떠나 어떤 것이 큰마음 씀일까요? 다른 마음이 없습니다. 사소하다고 여기는 마음을 내려놓고 보면 사소한 마음이 법계의 생명을 나타내는 위대한 법문이며 광명입니다.

　마음 하나 일어나고 사라지는 그 작용이 진여의 다른 모습입니다. 사라지는 것 같은 마음도 사라짐으로 진여를 드러내는 것이며, 사소한 것 같은 마음 씀도 진여를 드러내는 것입니다. 그래서 진여 자체는 생겨나지도 않고 없어지지도 않는 항상恒常한 것이라고 합니다. 마음마다 진여가 나타내는 공덕功德의 모습입니다.

　진여는 생멸하는 것이 아닙니다. 생겨난 것처럼 소멸한 것처럼 보일 뿐입니다. 그렇기에 드러난 모습에서도 드러나지 않는 모습에서도 진여를 이야기할 수 있습니다. 진여에 의지해서 생멸하는 모습들이 있기 때문입니다.

　생겨난 것 같지만 새로 생겨난 것이 아니고 없어진 것 같지만 완전히 없어진 것이 아닌 그 모습이 법계를 다 비추고 있는 진여眞如 공덕功德입니다. 생겨난 것만 비추는 것도 아니고 없어진 것만 비추는 것도 아닙니다. 사소한 것에 집착하고 있는 그 마음도 큰 것으로 진여의 비춤이 있습니다. 사소한 것도 우리가 만들어 낸 것이 아닙니다.

사소하다고 아는 그 마음이 대승의 모든 공덕을 담아서 그렇게 아는 것이지요.

　화엄에서 말하는 해인삼매海印三昧가 그렇습니다. 삼매의 바다에 비치는 것 가운데는 크고 작은 것이 없습니다. 모든 것이 제 모습대로 법계를 다 드러내는 해인삼매입니다. 해인삼매 가운데 하나하나이면서, 하나하나마다 해인삼매가 되므로 크고 작은 것 같지만 크고 작은 것이 아닙니다. 지혜광명인 법계의 얇은 형상에 구애받는 것이 아니며〔無相〕, 형상으로 잡을 수 있는 것도 아니며〔無住〕, 집착된 마음 또한 아닙니다〔無念〕.

　그렇기에 아는 것 하나하나가 진여의 진실한 모습으로 허망하지 않습니다. '사소하다'는 인식이 허망한 것이지 사소한 것 같은 앎에 자신의 온 삶을 살고 있는 그 자체는 결코 사소한 것이 아닌 진실입니다. 물론 '위대하다'라는 인식도 허망한 것이지요. '어느 것 하나 위대하지 않는 삶이 없다'라고 보는 것이 진실일 것입니다.

　비교해서 어느 것이 더 위대하다고 하는 것은 바르게 아는 것이 아닙니다. 작은 것처럼 보이는 것도 그것이 어떤 큰 것보다 작은 것이 아니며, 크게 보이는 것도 어떤 작은 것보다 크지 않지요. 작은 것도 큰 것도 그대로 연기법계가 됩니다. 서로가 서로를 위해 자신을 비운 데서 보면 자신이 없는 것 같고, 자신이 없기에 어울리는 자리마다 자신을 드러낼 수 있습니다.

　어느 것과 비교해서 크고 작은 것이 있을 수 있지만, 보이는 형상만으로 생명계가 있는 것이 아니기 때문에 크고 작은 그곳에서 크고 작은 것을 떠나 있다고 봐야 합니다.

'나' 하나에 모든 생명이 꽃 피우는 것

청정淸淨한 세계가 우리들 삶의 바탕이며 자성입니다. 모든 차별을 떠난 무자성無自性으로 자성自性을 삼기에 무자성은 모든 차이들을 위대한 삶으로 만듭니다. 차별하는 마음으로는 결코 볼 수 없습니다. 차별을 떠난 마음은 언제나 있는 그 자리가 법계의 온 삶이 되도록 하여 있는 곳마다 하는 일마다 생명을 다 나타내게 하니 생명의 항상함이 있을 수 있고, 그곳에서 이루어지고 있는 연대된 생명들은 늘 기쁘고 즐겁고 호기심 가득한 삶의 찬가를 노래하니 '나' 하나하나가 법계를 창조하고 있는 실상이 됩니다. 마음자리 하나에 모든 법이 다 들어와 있듯 '나' 하나에 모든 생명이 꽃 피우는 것입니다. 어디 나의 마음과 나의 나만 그렇겠습니까. 너의 마음과 너의 너 또한 그렇습니다.

이와 같이 다름으로 나타나는 '나와 너', '나의 마음'과 '너의 마음'이 하나의 생명처럼 소통된 연기의 어울림이 청정淸淨한 세계입니다. 가로막는 어떤 것도 없습니다. 나도 있고 너도 있으며, 나의 마음도 있고 너의 마음도 있습니다. 그러나 나만의 '나'도 없고, 너만의 '너'도 없으며, 나의 마음만으로의 '나의 마음'도 없고, 너의 마음만으로의 '너의 마음'도 없습니다.

　인연의 소통이 생명이 되는 그곳에서 '나'와 '너', '나의 마음'과 '너의 마음'이 막힘없는 어울림으로 생명계를 창조합니다. 이와 같은 소통이 청정淸淨입니다. 자성 없는 우리의 자성이 생명들의 청정한 소통이 되어 자성청정自性淸淨한 삶이 이루어집니다.

　이러한 삶을 사는 이에게는 내일의 죽음이 오늘의 삶에 그림자를 드리우지 않습니다. 내일이 그에게는 또 다른 인연으로 새로운 세상이 되는 날입니다. 오늘을 온전히 사는 사람이지요. 그에게는 삶을 떠난 적도 없지만 죽음을 떠난 적도 없습니다. 삶과 죽음의 갈림이 없다는 뜻입니다.

　어느 곳에서나 자재한 삶으로 생사를 넘어서서 청량한 오늘만을 온 힘을 다해 살지요. 마치 내일이 없는 듯이. 할일을 다 하면서도 그것이 내일을 준비하는 것이 아닙니다. 언제나 오늘 속에서, 내일도 이미 오늘이 돼 있는 삶을 살지요. 자재自在한 삶으로 걸림 없는 오늘이며 내일입니다.

　이러한 삶이 진여를 온통 드러내 살고 있는 삶입니다. 내가 그렇게 사는 것처럼 보이지만 진여의 소통으로 이루어지는 매임 없는 청정한 이웃들이 오늘과 내일도 하나의 이웃이 되어 자재한 삶을 살게 하는 것입니다.

　언제나 오늘을 살지만 언제나 완벽히 준비된 내일을 사는 것과 같아 죽음도 슬픔으로 맞는 죽음이 아닙니다. 생사 속에서 생사를 이미 벗어난 것입니다. 삶의 낱낱 모습이 진여의 공덕상이어서 그렇습니다.

갠지스 강의 모래알보다 더 많은 진여의 공덕상이 이미 우리의 삶이 되어 있습니다. 하지만 보이는 사람에게만 보이기에 감추어진 것〔藏〕과 같습니다. 진여가 함장하고 있는〔藏〕 덕상이 감추어진〔藏〕 덕상이 되고 말았지요.

'여래장如來藏'이란 '감추어진 여래의 덕상德相'이라는 뜻도 되고 '여래가 언제나 갖추고 있는 덕상德相'이라는 뜻도 됩니다. 중생의 처지에서 보면 감추어져 있는 것 같지만 법계는 인연 따라 그와 같은 덕상을 감추지 않고 표현하고 있습니다.

표현하는 인연이 법法이 되고 표현된 인연이 몸〔身〕이 되니, 인연으로 어울리는 모두가 법신이면서 그것들의 다름 다름이 진여의 공덕상이 됩니다. 나타난 것으로 보면 하나의 공덕 같지만, 그것이 다른 모든 공덕을 공덕 되게 하는 것에서 보면, 낱낱 공덕이 곧 모든 공덕을 나타내는 것으로 한없는 공덕의 모습이 됩니다.

진여가 어떤 것만으로 진여가 아니듯 공덕상도 그렇습니다. 낱낱 생명들의 사소한 일상이 그대로 진여의 공덕이 되니 공덕의 모습이 클 수밖에 없겠지요. 그래서 '상이 크다〔相大〕'고 합니다.

35장. 진여가 만든 빈 자리에서
　　　드러나는 장엄

53-2 문: 앞에서는 진여의 체體는 평등하여 모든 모습(相)을 떠났다고 했는데, 어찌 진여의 체에 이와 같은 갖가지 공덕이 있다고 하는가?
問曰 上說眞如其體平等 離一切相 云何復說 體有如是種種功德

답: 실제로 이와 같은 공덕이 있다고 할지라도 차별을 갖는 모습이 아니다. 모두 평등하여 같은 맛이며, 오직 진여일 뿐이다. 이것은 분별이 없다는 것이며, 분별되는 모습을 떠났기에 둘이 아니다는 뜻이다.

答曰 雖實有此諸功德義 而無差別之相 等同一味 唯一眞如 此義云何 以無分別 離分別相 是故無二

그렇다면 무슨 뜻으로 거듭 차별을 이야기하는가? 그것은 업식에 의지해서 생멸하는 모습을 설명하는 것이다. 업식에 의해서

115

차별이 보인다는 것은 무슨 뜻인가? 모든 것(法)이 본래부터 마음뿐이므로, 실재로는 망념이 있을 수 없다. 그러나 인연이 만든 경계를 좇아 움직이는 허망한 마음(妄心)이 일어나고, 허망한 마음이 인연의 무자성을 자각하지 못하므로 인연이 만든 경계를 분별하여 기억하는 망념이 있게 되며, 그에 따라 가지가지 자성을 갖는 차별 경계를 보기 때문에 경계를 분별하여 보는 것을 무명이라고 한다.

復以何義得說差別 以依業識生滅相示 此云何示 以一切法本來唯心 實無於念 而有妄心 不覺起念 見諸境界 故說無明

그러나 연기의 각성인 마음의 본성은 망념을 일으키지 않는다. 그 자체가 온 삶을 지혜광명으로 밝게 아는 것이기 때문이다. 만약 마음에 '본다'는 분별이 일어나게 되면, 그것은 '보지 않는다'는 것과 상대하는 것이 된다. 그러므로 마음의 본성이 '본다는 사실을 떠나 있다는 것'이 온 세상을 두루 밝게 비춘다는 뜻이 된다.

心性不起 卽是大智慧光明義故 若心起見 則有不見之相 心性離見 卽是遍照法界義故

그렇지만 마음이 평화롭지 못하고 들뜨게 되면 삶을 제대로 알 수 없어, 원래 들뜨지 않는 평정한 상태인 자신의 본성은 없는 것과 같다. 그렇게 되면 항상하지도 않고 즐겁지도 않으며, 자신의 정체성도 없고, 맑은 삶도 되지 못한다. 이에 따라 번뇌의 속박 속에서

늙어 가니 자재하지 못한 삶이다. 나아가 고요하고 맑은 삶에 헤아릴 수 없이 많은 번뇌의 자국이 남게 된다.

若心有動 非眞識知 無有自性 非常非樂非我非淨 熱惱衰變 則不自在 乃至具有過恒沙等妄染之義

이것과 상대한 고요하고 맑은 마음의 본성은 인연의 경계에 흔들리지 않고 들뜨지 않는다. 지혜로운 상태로 갠지스 강의 모래알보다 많은 청정한 공덕을 갖고 있으면서, 인연에 따라 그 공덕을 나타낸다. 만약 마음이 들떠 움직임이 일어나면 그에 따라 마음의 대상도 생겨나면서 한정된 마음의 소유물이 생기게 된다.

對此義故 心性無動 則有過恒沙等諸淨功德相義示現 若心有起 更見前法可念者 則有所少

그것에 비해 들뜨지 않는 청정한 마음은 자신의 한정이 없으므로 공덕도 한이 없으며, 마음 하나에 다 갖추어져 있으니 다시 바랄 것이 없다. 이런 까닭에 모든 공덕을 만족하게 갖추고 있다고 한다. 이것을 법신여래가 갖추고 있는 공덕이라고 한다.

如是淨法無量功德 卽是一心 更無所念 是故滿足 名爲法身如來之藏

제 빛으로 빛나는 아름다움

진여의 공덕상은 진여가 갖는 공덕이 아닙니다. 진여는 언제나 모든 상相들이 자신의 상을 드러낼 수 있도록 자리를 비워 두는 것으로 자신을 삼습니다. 누구라도 어떤 모습이라도 행여 다칠세라 깃털보다 더 가볍게 쉴 수 있도록 하는 것을 자신의 일로 삼지요.

그러므로 세상 모두가 진여의 자리에서 자신의 바쁜 일상을 쉬면서 고요한 침묵 속에 하나도 감춤 없는 자신을 드러낼 수 있으며, 제 빛으로 빛날 수 있습니다. 제 빛으로 빛나는 아름다움이 서로에게 선물이 되는 것입니다. 진여가 만든 빈 자리에서 드러난 장엄입니다.

모든 것이 진여의 자리에 있으니 무엇이든 진실로 소중한 것이 됩니다. 말이나 생각으로 그리기 이전에 어느 것이든 진여의 자리에서 펼쳐진 것들입니다. 그래서 진여는 언설상言說相과 심연상心緣相을 떠나 있다고 하였습니다. 말과 생각을 말과 생각이 되도록 만드는 자리라 말과 생각을 떠난 자리가 된 것이지요.

마음 비움과 마음 나눔이 말과 생각을 떠나, 모습에 매이지 않는 진여를 드러내는 마음입니다. 이 마음으로 하는 말과 생각은 모습을 갖는 말과 생각이면서도 모습에 얽매이지 않기에 진여를 온통 드러내는 말과 생각이 됩니다. 말에서 말을 떠나고 생각에서 생각을 떠난 마음이 진여의 자리에 앉는 마음이지요. 진여의 자리란 아무런 빛깔도 형상도 갖지 않는 자리이기에, 어떤 것에도 얽매이지 않는 마음과 상응하는 자리며, 그 자리에 상응해야만 온전히 쉴 수 있지요.

진여는 빈 마음으로 자신의 자리에 앉는 사람과 더불어 그 사람으로 자신을 삼습니다. 어느 것도 차별하지 않지만, 어느 사람도 독차지 할 수 없습니다. 그래서 모든 차별을 떠난 자리가 되면서도 누구라도 제 빛으로 빛나는 차별을 만드는 자리입니다. 이것이 진여가 갖는 공덕입니다. 진여의 차별 없는 공덕이 모든 형상과 언어와 마음 씀을 공덕으로 만드는 것입니다. 그래서 '같은 맛〔等同一味〕'이라고 하였습니다.

빈 마음으로 앉지만 공덕이 가득한 자리에 앉기에 진여의 자리에 앉아 있을 때만이 꾸밈없는 자기로 살 수 있으며, 꾸밈없고 가짐 없는 이웃들을 감사한 마음으로 대할 수 있습니다. 아무런 조건 없이 그렇게 있는 그들이 그 자체로 서로에게 행복을 주고받는 이웃이 되는 것입니다. 이보다 더한 충만한 삶이 있을 수 있겠습니까? 그래서 그와 같은 삶만이 '유일한 진실〔唯一眞如〕'이라고 이야기합니다.

분별하고 차별하는 마음까지에도 생명의 숨이 깃들게 하는 것이 진여의 모습입니다. 분별상을 떠나 나와 남을 차별하는 자리에서도 진여는 그 둘을 나누지 않고 감싸안고 있지요〔離分別相是故無二〕. 진여가 우리들의 쉼터가 됐기 때문입니다. 비교와 분별 속에서도 끊임없이 생명의 쉼터로 작용하고 있는 진여야말로 뭇 생명들의 진실한 생명활동입니다.

침묵 속에서 묵묵히 듣고 있는 그것

진여의 흐름은 잠시도 머묾 없는 무상 가운데 인연의 총상을 다 드러내기 때문에 기억된 대로 읽혀질 수 없습니다. 흐름을 이해하고 다음을 준비하는 기억은 생명이 살아가는 데는 너무나 중요한 요소였기에 대물림되었겠지만, 기억만으로 현재를 읽는 순간 현재의 무상과 어긋나므로 기억이 망념妄念이 됩니다. 무상한 연기를 새롭게 읽어내지 못하게 하는 기억들의 집합인 업식과 그 활동이 망심이 되는 까닭입니다.

기억은 언어로 된 분별을 집착하는 것과 같습니다. 하나의 단어는 다른 것과 상관없이 그 자체가 하나의 이미지나 형상과 상응한다고 여기면서, 그 이미지와 형상을 붙잡고 있는 것이지요. 그렇기 때문에 망념의 기억은 실재라는 이미지를 갖는 기억입니다. 이러한 기억들의 모임이 스스로를 하나의 단일체로 여기면서, 알고 기억하는 주체로서 '나'를 세우고, 그 나를 다시 기억하고 대물림합니다. 업식의 활동과 기억에 일정한 패턴을 갖는 흐름이 형성된 것입니다. 이것을 '생겨났다'고 합니다.

그러다가 인연이 달라짐에 따라 기억의 패턴과 행동 양상이 달라진다면 그때까지 갖고 있는 기억과 업식의 흐름이 달라지게 됩니다. 이것을 '없어졌다'고 합니다. 생겨난 것은 기억하여 갖고 있는 것이며, 없어진 것은 기억이 바뀐 것에 지나지 않는 것이니, 실제로 생겨나거나 없어진 것이라고 이야기할 수 없습니다.

마음의 본바탕은 연기의 총상에서 밝은 앎으로 인연의 어울림을 그대로 알아차리는 것입니다. 기억된 망념을 떠올려 알아차리는 것이 아닙니다. 마음의 본래 자리는 망념이 없습니다. 진여인 마음은 모든 것을 그 모습 그대로 다 드러내는 밝은 광명과 같습니다. 대지혜광명大知慧光明의 공덕상功德相입니다.

그렇다고 인연으로 나타난 어떤 것을 취해서 그것을 자신의 '봄〔見〕'으로 삼는 것이 아닙니다. 무상한 인연의 흐름과 무아의 상호의존성이 진여의 본질이기 때문에 무엇으로 자신의 얼굴을 삼고 그것을 보여 주는 것이 아닙니다. 자신의 견해가 없기 때문에 누구의 이야기도 다 들어줄 수 있습니다. 침묵 속에서 묵묵히 듣고 있는 그것이 모든 도道의 본질을 여지없이 드러냅니다.

여기에 관한 옛 선사의 고사가 전해집니다. 그 선사는 제자가 차를 줄 때는 차를 마시고, 물을 줄 때는 물을 마시기만 할 뿐이었습니다. 그러던 어느 날 제자가 "왜 스님께서는 저에게 부처님의 가르침에 대해서 한 마디 말씀도 하지 않으십니까?"라고 물었습니다. 그러자 스님께서는 "무슨 말이냐. 자네가 차를 줄 때는 차를 마시고 물을 줄 때는 물을 마시지 않았느냐. 그것보다 더한 이야기가 있을 수 있겠는가?"라고 대답하였습니다. 그 말씀에 제자는 깨달았다고 합니다.

오면 오는 대로 알고 가면 가는 대로 알 뿐

마음을 보되, 그것을 갖고 있지 않기에 '봄〔見〕'이 생겨난 것도 아니고 없어지는 것도 아닙니다. 그렇기 때문에 보지 않는 것도 없습니다. 있는 자리에서 보면 언제나 한 가지 '봄'이겠지만 그것에 머물지 않는 '봄〔見〕'이라 자리를 옮기지도 않고 온갖 '봄'이 다 이루어지고 있다고 할 수 있습니다.

보지 않는〔無見〕 공덕이 가장 큰 공덕으로 마음이 갖는 '상의 큼〔相大〕'을 나타낸다고 할 수 있습니다. 앎으로 자신을 알리는 마음은 보려는 의지로 아는 것이 아닙니다. 파랑이 오면 파랑으로 알고 빨강이 오면 빨강으로 알고, 파랑이 가면 가는 것으로 알고 빨강이 사라지면 사라지는 것으로 알지요. 파랑을 따라가는 것도 아니고 빨강을 따라가는 것도 아닙니다.

오면 오는 대로 알고 가면 가는 대로 알 뿐, 대상에 현혹되어 그것으로 알고자 하는 것이 아닙니다. 대상이 앎을 그것으로 알게 하는 것 같아 앎이 대상 따라 빨강 또는 파랑으로 아는 것 같지만 그냥 알 뿐, 빨강도 아니고 파랑도 아닙니다.

빨강일 때는 그것이 전부인 양 알고 파랑일 때도 그것이 전부인 양 알며, 아무런 대상이 없을 때는 침묵이 전부인 양 그렇게 있지요. 어느 것도 다 비추지만 어느 것에도 따르지 않는 것이 진여인 마음의 작용입니다. 자신이 색깔을 갖지 않기에 머물지도 않습니다.

앎에서 보면 빨강이 생겨난 것 같지만 빨강이라는 앎은 생겨나는 것이 아니며, 파랑이 오면 빨강이 사라진 것 같지만 사라진 그 자리가 파랑이 되니 앎이 사라진 것도 아닙니다. 침묵의 앎은 모든 색이 사라진 것 같지만 앎이되 침묵으로 있는 것입니다. 그래서 앎은 한 번도 움직이지 않고서도 다 안다고 하였지요. 진여의 지혜를.

진여의 자리, 곧 '자성 없는 마음의 앎'을 제대로 자각한다면, 마음은 움직이지 않고도 삼계를 다 비추고, 알려 하지 않아도 저절로 알아차리게 되니, 갖가지 망념의 번뇌가 있을 수 없습니다. '취함이 없는 앎'이야말로 모든 것과 어울린 무아로서 만나는 인연마다 청정한 공덕이 드러난 흐름입니다. 인연마다 공덕이 되므로 진여의 흐름은 갠지스 강의 모래보다 많은 청정한 공덕을 갖춘 흐름입니다. 그래서 진여 자리가 갖는 공덕상을 '크다〔相大〕'고 합니다.

마음이 주의를 기울여 무언가를 알아차리는 것이 분명하지만, 탐욕과 성냄 등의 내용을 갖고서 주의를 기울인다면 탐욕과 성냄으로 앎이 정해진 것과 같으며, 앎의 과정이 모두 탐심貪心과 진심嗔心의 궤적이 될 것입니다. 그렇기에 무엇을 아는 것이 분명하기는 하지만 결과는 늘 탐심과 진심을 남기는 것일 수밖에 없겠지요.

또는 탐심과 진심의 경향성이 너무나 강하기에 처음에는 있는 그대로를 봤다고 하더라도 곧 탐심과 진심과 어울려 마음의 방향이 탐심과 진심을 따라가겠지요. 아는 것이 아니라 탐심으로 아는 것이며, 진심으로 알 수밖에 없는 것이니 안다고 할 수도 없습니다.

이렇게 아는 마음이 '움직이는 마음'이며, '생겨난 마음'입니다.

그렇게 되면 아는 것은 있는 그대로를 아는 것이 아닙니다. 늘 자신의 성향에 따라 그렇게밖에 알 수 없는 것을 아는 것입니다. 보이고 들리는 것 하나하나가 갖고 있는 생명의 신비를 놓치고, 지극히 한정되고 좁은 삶을 사는 것과 다름이 없습니다.

가진 것이 많다고 하여도 가난할 수밖에 없습니다. 늘 채우려는 앎의 경향성은 자신을 가난하게 만들어, 보이고 들리는 것을 욕심내게 하면서 지친 삶을 살게 하지요. 너무나 답답한 부자가 되었습니다〔則有所少〕.

그러나 어울리는 마음은 자신의 울타리를 치우니 삶이 넓어지고, 이웃 생명들이 베푸는 것으로 자신이 살아가는 것을 분명히 아니 많은 것을 갖지 않아도 부자가 된 것과 같습니다. 이웃과 어울려 하나 된 마음으로 자신의 연기緣起를 각성한 것입니다. 부족함이 없는 것이 자신의 본질임을 알아, 언제나 만족된 삶을 사니 부처님의 삶입니다. 감추어진 법신여래法身如來가 드러난 것이며, 한없는 공덕을 갖고 있는 법신여래가 본래부터 자신의 모습임을 아는 것입니다. 이처럼 마음〔體〕이 한없는 공덕〔相〕을 다 갖추고 있기에 '크다〔大〕'고 합니다.

36장. 진여의 작용

54 진여의 작용이란 무엇인가? 모든 부처님들께서는 수행하실 때 항상 크나큰 자비심을 가지고 육바라밀을 닦으셨고, 중생들을 교화하여 그들 모두가 열반의 삶을 살 수 있도록 하겠다고 서원하셨다. 특정한 중생계가 대상이 되는 것이 아니라 모든 중생계를 다 껴안고자 하였으며, 세월을 한정하지 않고 모든 중생이 해탈될 때까지 교화하고자 하였다. 그것은 모든 중생이 연기로서 당신 몸과 한 몸이라 여기며, 중생 각자가 각기 다른 실체가 있다는 생각을 갖지 않기 때문이다. 어떻게 그렇게 할 수 있는가? 모든 중생이 부처님의 몸과 연기각성에서 평등하며 차별이 없다는 것을 여실히 알기 때문이다.

復次 眞如用者 所謂諸佛如來 本在因地 發大慈悲 修諸波羅蜜 攝化衆生 立大誓願 盡欲度脫等衆生界 亦不限劫數 盡於未來 以取一切衆生如己身故 而亦不取衆生相 此以何義 謂如實知一切衆生及與己身 眞如平等無別異故

중생을 교화하기 위한 광대한 방편과 지혜로써 무명을 없애고 본래의 법신을 보게 되므로 자연히 '생각을 넘어서는 활동〔不思議業〕'으로 갖가지 작용을 할 수 있다.

以有如是大方便智 除滅無明 見本法身 自然而有不思議業 種種之用

이와 같은 작용은 진여가 모든 곳에 평등하게 있는 것과 같이 어느 곳에서든지 이루어진다. 그렇다고 진여의 작용이라고 집착할 특정한 모습〔相〕은 없다. 왜냐하면 모든 부처님과 여래는 오직 연기법신인 법계의 몸이며 연기각성인 지혜의 몸이기 때문이며, 차별을 떠난 하나 된 진리에 따른 것으로 세간의 차별 경계가 없기 때문이며, 베푼다는 생각을 떠나 오직 중생들이 보고 듣는 것에 따라 이익을 얻게 하기 때문이다. 이것을 진여의 작용이라고 한다.

卽與眞如等 遍一切處 又亦無有用相可得 何以故 謂諸佛如來 唯是法身智相之身 第一義諦 無有世諦境界 離於施作 但隨衆生見聞得益 故說爲用

'나 없음〔無我〕'에 대한 바른 이해

보살 수행자는 수행을 시작하면서부터 대자비大慈悲로 모든 중생을 자기 몸처럼 여기며, 그들 모두가 반드시 모든 고난을 떠나 열반의 삶을 살게 하겠다는 원력을 갖고 바라밀수행을 합니다.

왜냐하면 뭇 생명 모두는 연기로서 한 몸이며, 개체로서의 실체를 갖지 않는다는 것을 너무나 잘 알고 있기 때문입니다. 또 강보에 싸인 갓난아이의 표정 하나에도 가슴이 철렁하기도 하고, 더할 수 없이 행복하기도 하는 어머니의 심정으로 모든 생명들을 대할 수 있는 토대를 갖추고서 하는 수행이 언제 어디서나 자신의 삶에 이익이 된다는 것을 너무나 잘 이해했기 때문입니다. 이러한 수행 원력으로 보살 수행자는 부처님이 되며, 모든 중생들의 외연外緣도 될 수 있습니다.

이웃 생명들을 이롭게 하는 것이 진정한 자기 이익이 된다는 것을 알고, 그와 같은 실천을 자신의 삶으로 삼는 것이 '나 없음〔無我〕'에 대한 바른 이해입니다. 따라서 무아에 대한 체험은 자신의 한계를 넘어설 때 보이는 생명연대의 실증이라고 할 수 있습니다. 연기緣起의 삶을 살 수 있는 몸과 마음의 변화가 확실하게 이루어진 것입니다. 연기이기 때문에 무아無我이지만, 무아이기 때문에 생명계 전체가 하나의 생명연대일 수밖에 없는 것을 경험한 것입니다.

자비란 누가 누구에게 베푼다는 뜻이 아닙니다. 무아를 이해하고 연기로서 한 생명처럼 사는 마음과 실천이 자비慈悲입니다. 다른 생명들을 이롭게 하는 이타적인 삶의 실천이야말로 진정으로 스스로를 이롭게 합니다. 이타利他의 실천에서만 자신이 이로운 줄을 사무치게 알고, 그렇게 사는 보살 수행자라야 부처님이 될 수 있습니다. 수행이 자신의 아픔을 덜어 내고 없앨 수 있었지만, 그것만으로는 온전한 생명을 전체적으로 드러내는 데에는 아직 부족하다는 것을 깊게 이해하고, 나의 성취를 너의 아픔이 덜어지는 곳에 두었다고 할 수 있습니다. 모든 부처님들께서도 그렇게 하셨겠지요.

대승 수행자인 보살 수행자가 완성해야 할 덕목인 육바라밀의 첫 번째를 보시의 완성으로 정한 것이 이 뜻을 잘 드러냅니다. 언제 어디서나 그렇게 되도록 생각생각을 이어가, 마음 하나에 모든 중생들의 마음을 담는다면, 그 마음으로 깨닫게 됩니다. 생명들의 마음마음이 모두 연기법계의 생명을 담는 마음으로 같다는 것을 보는 것이지요.

이는 모든 생명들의 마음자리에서 진여의 청정한 활동이 끊이지 않고 작용하고 있는 내인內因의 청정한 훈습이 열매를 맺은 것입니다. 진여의 내훈內熏이 수행자의 원력이 되어 모든 이들의 아픔을 감싸안고자 하는 것입니다.

이 마음이 '중생상衆生相'을 취하지 않는 마음입니다. 취할 수 있는 중생상이 없기 때문입니다. 모든 중생과의 생명연대에서 나일 수밖에 없기 때문에 중생상으로 취착할 수 있는 중생상衆生相만이 없는 것이 아니라 아상我相·인상人相·수자상壽者相 등의 사상四相이 없습니다.

만일 중생상을 취착한다면 그것은 아상을 취하는 것입니다. 그와 같은 상相이 있는 한 결코 해탈과 성불을 바라볼 수 없습니다. 존재로서의 상이 원래부터 있을 수 없기 때문입니다. 상이란 의식의 한정이 만들어 놓은 허상으로 실재가 아닙니다. 이것을 알 때 비로소 허상인

상相으로부터 벗어날 수 있는 기틀이 마련됩니다.

그렇기에 모든 사물·사건의 무상성을 잘 보고 기억하며 걸음걸음마다 새겨야 합니다. 무상無常이라는 것도 무상이라는 상을 가지고 있는 것은 사실이지만, 무상을 사유의 중심에 놓고 사유할 때 현상으로 나타나는 모든 사물·사건들의 실상을 볼 수 있습니다.

이 또한 무상이라는 개념 틀을 만드는 것은 틀림없지만, 무상 그 자체가 자신의 상을 허무는 역할도 함께 하고 있기 때문에 존재적 실체로서 상相의 이미지를 허무는 힘을 갖게 됩니다. 그렇기에 생각 생각에 무상을 떠올리게 되면, 의식의 대상이며 실체로서 개념화된 법法들에 집착하는 힘이 줄어들다, 마침내 집착으로부터 완전히 벗어나 해탈을 이룹니다.

같음과 다름이 하나 된 생명의 표현

수행 깊은 법신 보살님들께서는 금생에 완벽한 해탈을 이룰 수도 있지만 일부러 이루지 않고, 다음다음 생애에도 중생들의 아픔을 껴안고 함께 고통의 바다를 벗어날 때까지 삼계 중생들과 삶을 함께할 수 있는 힘을 남겨 둔다고 합니다. 원력으로 변역생사變易生死를 계속하는 것입니다.

보살 수행자의 수행[因地]은 처음부터 그와 같은 원력을 담고 있기에, 그와 같은 원력이 없는 성문·연각 등의 이승 수행자와는 수행에서는 차이가 없는 것 같아도 원력에서 보면 전혀 다릅니다.

보살 수행자의 원력은 이념과 형상과 종교 등의 차이를 뛰어넘어 생명으로서의 실존을 깨닫게 합니다. 그 밖에 다른 것은 오직 만들어진 것으로 상相에 지나지 않는다는 것을 너무나 잘 알기에 상相에 집착하지 않습니다.

인간의 사유가 만들어 놓은 상이 허망한 것이라는 것을 체험한 것입니다. 그래서 상에 매어 허덕거리고 있는 중생의 아픔이 더욱 가슴아팠겠지요. 전혀 아파해야 할 어떤 근거가 없는데도 불구하고 스스로가 만들어 놓은 굴레에서 개인과 사회 군중이 함께 힘들어하는 것이 너무나 가슴아팠을 것입니다. 또한 그들의 아픔을 만들고 있는 것이 허상이기에 어루만져 줄 수 있어 어느 곳 어느 때를 가리지 않고 원력으로 보살행을 실천하게 되었겠지요.

생명 그 자체는 개체에 소속되는 어떤 것만이 아니라 생명계 전체의 인연에서 개체의 생명이 되는 것을 아셨기 때문이겠지요. 당신의 생명조차 당신만의 생명이 아니라 모든 인연들이 당신의 생명이 되고, 당신도 모든 인연의 생명 속에 깃들어 하나의 생명계를 이루고 있는 것을 체험하여 아셨던 것입니다.

그래서 "모든 중생과 보살 수행자가 진여에서 보면 평등하여 다름이 없는 것을 여실히 아셨기 때문이다〔如實知 一切衆生 及與己身 眞如平等 無別異故〕."라고 이야기하고 있습니다.

더구나 진여를 체體에서 보면 자신의 모든 것을 인연 따라 드러내기도 하고 허물기도 하기 때문에 어느 것으로도 자신의 근본을 삼을 수 없지만[空], 그렇기 때문에 인연의 어울림을 나타낼 수 있어 모양과 모양 없는 모든 것이 진여의 공덕상이 되며[不空], 생명계를 여는 작용을 하기에 평등한 법계로서 하나의 생명활동이 됩니다[一法界].

전체가 하나 된 생명계로서 하나의 법계이면서, 모든 다름이 그 자체로 하나 된 생명을 나타내는 하나의 법계입니다. 하나이면서 전체가 되는 데서 보면 같은 것 같고[不異], 전체로서 하나라고 하지만 하나가 온갖 다름으로 나타난다는 데서는 같지도 않지요[不一].

같음과 다름이 하나 된 생명의 표현인 것을 제대로 알고 나서야 함께 어울리는 방편의 지혜가 완성됩니다. 아픈 곳을 제대로 처방할 수 있는 지혜가 생긴 것입니다. 무명이 만들어 놓은 허구의 상相을 허물 수 있는 지혜가 발현된 것입니다.

무명無明의 허구가 허물어지면 그 자리에 본각本覺이 작용하는 법신法身이 모습을 드러냅니다. 보고 듣는 모든 활동이 법신이 됩니다. 왜냐하면 본래 우리의 모습인 법신을 보게 되면, 보는 그 자리가 그대로 법신이 되기에, 봤다고 할 수도 있지만, 보는 대상으로 법신이 있을 수 없기 때문입니다.

'법신法身'이란 법의 몸입니다. 제 모습을 어느 것으로도 갖지 않는 공성空性이 법法이므로, 공성을 보는 것이 법신을 보는 것입니다. 공성을 보는 것은 상의 인연을 잘 헤아려 인연에서 상相도 되고 인연에서 무상無相도 됨을 아는 것입니다. 보는 것 어느 것으로도 상을 만들어 갖지 않는 것입니다. 모양으로 그리지 않으면 앎이 형성될 수 없어 보지 않는 것과 다름없고, 모양으로만 보게 되면 법신을 무명화하는 것으로 공성인 법의 특성을 어기는 것이니, 모양에도 걸리지 않고 모양 없음에도 걸리지 않아야 법신을 본 것이며 보는 것이 법신이 됩니다.

공성空性이라는 특성은 '형상'과 '형상 없음' 모두가 자신의 특성을 갖지 않는다는 뜻입니다. 공성을 형상과 상대한 개념으로 이해하는 것은 공성이라는 상〔空相〕에 집착하는 것입니다. 공성空性에 집착하게 되면 불보살의 위신력으로도 다스리기 어려운 상을 만들고 맙니다. 그러므로 제대로 사유할 수 있는 힘을 갖추어야 된다고 강조합니다.

언어 개념이나 형상의 분별에만 갇혀 있는 것은 상〔有相〕에 머무는 것이며, 개념 지을 수 없고 형상할 수 없다는 것은 무상無相에 머무는 것입니다. 그러므로 마음을 연 수행자는 '상〔有相〕'과 '상 없음〔無相〕', 어느 한쪽에도 머물지 않으면서, 다시 인연 따라 상과 무상을 볼 수 있어야 합니다.

그것이 일상이며 깨달음이며 중생이며 불보살의 진여입니다. 그렇기 때문에 다 같이 평등합니다. 진여의 작용은 머물지 않는다는 데서 같습니다. 그러므로 무명이 없어져 법신을 보게 됐다는 것은 상 또는 무상을 만들어 그것을 실재로 여기는 앎에 머물러 있는 허구가 사라졌다는 뜻입니다.

어떤 상으로도 머물지 않는 진여의 본성

　보고 듣는 것 일체가 상〔有相〕과 무상無相을 넘나들면서 상에도 무상에도 걸리지 않아야 법신을 본 것이며, 보고 듣는 것이 법신의 작용이 됩니다. 그때에야 비로소 자연스럽게 인연에 따라 생각을 넘어서는 법신의 작용이 드러납니다. 무명화된 생각이 만들어 놓은 언어와 형상의 틀을 벗어날 때 모든 중생을 보는 눈이 자신을 보는 눈이 되고, 그때에야 제대로 중생의 아픔을 껴안고 다스릴 수 있는 방편지혜方便智慧가 법신의 작용으로 나타납니다.
　법신의 작용이 언어와 형상으로 표현되지만 그것에만 매여 있지 않기에 아무런 언어 표상과 형상을 갖지 않는 것과 같고, 어느 곳에서든지 생명의 실상으로 작용하기에 중생의 아픔을 치유하는 방편이 될 수 있습니다. 언어와 형상에 머물지 않지만 언어와 형상으로 자신의 작용을 드러내기 때문에 하나의 모습으로 그릴 수 없습니다. 깨달아 알 수는 있지만 개념이나 형상으로 나타낼 수 없기에 진여가 작용하는 모습을 잡을 수 없다고 하였습니다〔無有用相可得〕.
　중생의 깨달음을 얻게 하는 이익으로 작용하는 데서 보면 틀림없이 있는 것 같지만, 어떤 상으로도 머물지 않는 진여의 본성에 비추어 본다면 무엇으로 있다고 하기도 어렵습니다. 끊임없이 변하는 인연 따라 진여가 드러나 특별한 무엇으로 작용하는 것이 아니기 때문입니다.
　모든 부처님과 여래의 지혜란 인연을 전체로 자각하면서 어떤 개념이나 형상에만 머물지 않는 작용입니다. 법신인 연기의 각성 그 자체가 중생이라든가 불보살이라든가 하는 경계를 떠나 있습니다.

경계가 해체된 앎의 연기적 각성을 하나 된 법계의 진리라는 뜻으로 '제일의제第一義諦'라고 합니다. 세간의 지혜 또는 불보살의 지혜 등등의 경계 나눔이 사라진 것입니다. 불보살님께서 중생들의 아픔을 치유하는 방편을 펼치더라도, 그 방편은 중생에게 베푼다는 경계가 아니므로 진여의 작용이 됩니다. 모두가 진여의 삶이며 작용이기 때문에 진여에서 보면 불보살님의 진여, 중생의 진여라고 나눌 수 없습니다.

법계의 중첩된 인연은 온갖 마음들이 하나처럼 있으면서도 각기 다른 마음을 잃지 않습니다. 중첩된 하나의 인연에서는 제 모습이 없는 것 같고, 개체로서 작용할 때는 제 모습만을 갖는 것 같을 뿐입니다. 인연의 공성을 그대로 알아차리지 못한다면 아는 것 같지만 모든 것을 아는 것일 수 없습니다. 유마의 침묵이 침묵을 넘어 지혜로 작용하는 이유입니다.

37장. 외연으로 나타나는 진여의 작용
_ 응신과 보신

55-1 외연으로 나타나는 진여의 작용에 두 종류가 있다.

첫째는 분별사식分別事識 곧 의식에 상대하는 작용이다. 범부와 성문·연각 수행자의 마음에 나타나는 부처님으로 '응신應身'이다. 범부 등은 의식으로 아는 모든 경계가 업식을 이루고 있는 망념이 전식에 의해서 경계[現識]로 나타난 줄을 모르기 때문에 밖으로부터 왔다고 보며, 형색의 차별을 취착함으로 모든 경계가 공空한 줄을 모른다. 이와 같은 범부 등의 근기에 응應해서 몸[身]을 나타내기 때문에 응신應身이라고 한다.

此用有二種 云何爲二 一者依分別事識 凡夫二乘心所見者 名爲應身 以不知轉識現故 見從外來 取色分齊 不能盡知故

두 번째는 업식業識에 상대하는 작용이다. 모든 보살 수행자 곧 처음 보살 수행에 마음을 낸 수행자와 보살 구경지에 이른 수행자의 마음에 나타나는 부처님으로 '보신報身'이다.

二者依於業識 謂諸菩薩從初發意 乃至菩薩究竟地心所見者 名爲報身

보신에는 한량없는 형색이 있고, 형색마다 갖가지 모양이 있으며, 모양마다 보기 좋은 온갖 특징이 있다. 또한 '보신이 사는 국토〔報土〕'도 온갖 장엄을 갖추고서 수행자의 마음에 따라 갖가지로 나타나 보이는데 끝도 없고 다함도 없으며 한계를 떠나 있다. 보신과 보토가 수행자의 마음 따라 항상 그렇게 있으면서 훼손되거나 소실되지 않는다.

身有無量色 色有無量相 相有無量好 所住依果亦有無量種種莊嚴 隨所示現 卽無有邊 不可窮盡 離分齊相 隨其所應 常能住持 不毀不失

이와 같은 보신과 국토의 공덕은 육바라밀 등을 닦아 번뇌가 없어진 수행의 훈습과, 그리고 진여의 내훈과 부처님께서 베푼 외훈인 생각을 넘어선 훈습에 의해서 성취된 것으로 헤아릴 수 없는 즐거움을 갖추고 받기 때문에 보신·보토라고 한다.

如是功德 皆因諸波羅蜜等無漏行熏 及不思議熏之所成就 具足無量樂相故 說爲報身

마음 상태가 대상이 된 것

진여의 작용에 두 가지가 있습니다. 첫 번째는 범부와 이승 수행자의 외연으로 나타난 '응신應身'입니다. 수행의 외연이 되는 불보살님들이 범부와 이승의 마음에 응해서 나타난 몸입니다. 마음에 응해서 나타난 것이라고 할 수 있지만, 마음이 대상을 부르는 것과 같으니 마음 상태가 대상이 된 것이라고 할 수 있습니다.

원하는 것도, 원치 않는 것도, 대상에 그와 같은 특징이 있는 것이 아니라 그렇게 나누는 마음에 의해서 대상이 그렇게 존재합니다. 범부나 이승 수행자는 나타난 대상이 스스로의 마음이 분별한 것이며, 분별된 마음을 대상으로 보고 있는 줄을 모릅니다. 마음과 상관없이 마음의 대상으로 사건·사물이 실재한다고 여기고, 사물·사건의 다름을 분별하여 아는 인식, 곧 분별사식分別事識에 의한 판단입니다. 범부와 이승 수행자가 대상을 인식하는 의식의 인식 습관입니다.

일상은 말할 것도 없고 삼매체험에서 경험되는 불보살님과의 만남도 범부나 이승 수행자의 선정의식이 만든 대상입니다. 이 사실을 알지 못하므로 분별된 대상이 마음 밖에 실재한다고 여길 뿐입니다. 불보살님들이 수행자의 마음에 응해 나타난 것은 사실이지만 응신으로 보는 것이든 응신으로 보지 못하는 것이든, 그 모두가 수행자의 마음에 달려 있습니다.

그러므로 범부와 이승의 마음 상태에 응應해서 나타난 몸[身]인 응신應身을 봤다고 해서 부처님의 몸을 참으로 본 것이 아닙니다.

모든 경계가 마음이 가지고 있는 형상이 현행하여 나타난 줄 알아야 하고, 스스로의 원願에 따라 나타난 것인 줄 알아야 합니다. 그래야 범부와 이승의 경계를 넘어설 수 있습니다.

마음이 인연 따라 보고 들리는 경계를 만들어 내는 것을 모르고, 밖에 있는 경계가 불보살의 모습이나 법문인 줄 아는 것〔取色分齊〕은 자신과 불보살님에 대해서 제대로 아는 것이 아닙니다〔不能盡知〕. 마음이 만들어 내는 줄을 알아야 모든 것이 공성인 줄 알 수 있습니다. 마음이 어떤 형상에도 머물지 않는 것을 보는 것이 공성을 보는 것이며, 모든 형상이 마음이 만든 줄을 알 때 법계의 모든 것을 다 아는 것〔盡知〕입니다. 대상은 물론이고 마음에도 속지 않아야 합니다.

여기에 많은 수행자들이 속고 맙니다. 선정 의식에서 보는 부처님과 보살님, 그리고 극락세계 등도 수행자의 마음이 만듭니다. 일상과 다른 선정 세계의 일상을 살짝 경험한 줄을 모르고, 실재를 경험한 양 여기는 것이 속은 것입니다.

특별한 경계를 본 것으로 뛰어난 체험을 한 것인 양 뽐내는 것은 범부 가운데 범부라고 할 수 있습니다. 그와 같은 것을 경험하지 못했다고 해서 기죽을 필요도 없습니다. 실재를 경험했다고 여기는 그 마음이 마구니에게 속은 마음이며, 자칫 이웃까지를 속일 수 있는 경험이기에 더욱 조심해야 합니다. 일상의 경험과는 다른 특별한 경험이고, 수행의 집중과 기도의 원력에 의해서 나타난 것은 분명하지만, 의식의 분별을 넘어선 것이라고는 할 수 없습니다.

모든 경계를 마음이 만든 줄 알고, 경계마다 인연에 따라 나타난 마음인 줄 알면, 일상의 의식 경계든 선정의 의식 경계든 모두 응신일 수 있습니다. 어떤 것이든 스스로의 마음에 응해서 나타난 것이라고 보면 응신 아닌 것이 없습니다. 불보살님의 외연을 응신應身이라고 하지만, 마음마다 법신부처님을 떠날 수 없다는 데서 보면 불보살님으로 나타나지 않는 응신이 없습니다.

마음이 응신을 보기도 하고 만들기도 합니다. 그러므로 중생의 마음에 따라 나타난 불보살님이 응신으로서 외연이 되기도 하지만, 응신을 원하는 마음이 응신이 되어 나타난 것이라고 할 수도 있습니다.

모두를 불보살님으로 보는 마음

두 번째는 '보신報身'으로 나타난 진여의 작용입니다. 보살의 몸은 수행 공덕으로 이루어진 몸입니다. 보살 수행을 하기로 마음먹은 초보 수행자부터 보살 수행이 완성되는 순간까지의 몸입니다. 이 또한 스스로의 마음이 만든 것이 확실합니다.

분별사식이 마음 밖에 대상이 실재한다는 것을 전제로 보는 것과 달리, 대상이 스스로의 마음에 의해서 그렇게 보인다는 것을 알고 보살의 덕상을 이루어 가는 마음이 만든 몸입니다. 마음에 대해 잘 살필 뿐만 아니라 보살의 덕상이 마음이 되도록 하는 것입니다. 보고 들는 것마다 육바라밀 수행 덕목이 실현되도록 하는 마음입니다.

마음이 대상이 되기도 하고 대상이 마음이 되기도 하므로 대상을 불보살님의 덕상으로 보는 마음이 대상들을 불보살님으로 만드는 것과 같습니다. 모두를 불보살님으로 보는 마음은 스스로의 마음이 이미 불보살님의 마음이 된 것이며, 완성된 충만으로 바람이 없는 마음일지니 자유로운 마음이겠지요. 그러나 불보살님이 돼서 자유로운 마음 쓰기를 바라는 그 마음은 아직 자유로운 마음이 아니므로, 바라는 마음을 내려놓고 지그시 지켜보아야 합니다.

무엇이 되고자 하는 마음조차 내려놓은 빈 마음입니다. 빈 마음으로 지켜보는 마음에 나타난 모든 모습들은, 모습마다 빈 마음의 공덕과 어울린 빛나는 몸이 됩니다. 마음마다 한량없는 색깔로 빛나는 몸이 되는 것이지요. 원하는 색으로 보는 것이 아닙니다. 원하는 색조차 없을 때 모든 색이 그 자체로 빛나는 마음이면서 몸이 됩니다. 마음이지만 동시에 경계가 되어 마음을 마음이게 하므로, 마음도 없고 경계도 없는 어울림에서 제 빛으로 빛나는 몸이며 마음입니다. 빛나는 몸과 마음을 보는 봄은 마음이면서 대상이면서 보는 봄입니다. 무엇 하나 무엇만으로는 없다는 것을 보는 봄입니다.

보살의 마음 씀이 대상을 자신의 마음이라고 보는 것이지만, 동시에 나도 없다는 것을 아는 마음 씀입니다. 너의 모습이 아닌 줄 알 때 나의 것도 없어집니다.

마음에도 걸리지 않고, 경계에도 매이지 않는 자유로운 마음일 때가 밖을 향해 구하지 않는 마음이며, 자신이 자신을 보는 보살 수행입니다. 만나는 것마다 마음이면서 보신이 되니, 보신에 한량없는 형색이 있고, 형색마다 갖가지 다른 모양이 있고, 모양마다 보기 좋은 온갖 특징이 있는 줄 알게 됩니다. 비운 마음자리에 드나드는 모든 모습들 자체가 생명의 신비를 담아내기에 그렇습니다.

모든 모습들이 갖는 생명의 신비로움에 감탄하는 마음이 보살을 보는 마음이며 보신이 되는 마음이니 이 마음이 살아난다면 어찌 기쁘지 않겠습니까. 그래서 욕계를 넘어선 색계초선色界初禪의 선정체험에서 빈 마음의 알아차림과 가슴 벅찬 기쁨을 경험합니다. 마음 쉰 그 자리, 곧 욕심과 성냄을 쉰 그 자리가 분명한 알아차림과 벅찬 감동으로 드러나는 것입니다.

아직 함께 사는 모든 이들에게 기쁘고 평화로운 기운을 보낼 수 있는 힘은 약하지만 스스로의 마음자리는 기쁨으로 가득합니다. 마음 집중이 가져다주는 선물입니다. 선물을 받은 마음이 만나는 것마다 기쁨을 주는 마음이 될 것이며, 만나는 것마다 그 자체로 기쁨을 주는 아름다움과 생명의 빛으로 가득한 고귀한 모습임을 볼 것입니다.

있는 그대로의 꾸미지 않는 모습이 늘 부처님의 모습처럼 그렇게 있는 것을 보는 것입니다. 나아가 아름답게 보이는 대상이 많은 것, 그리고 그것에 대해 집착이 없는 마음이 기쁨으로부터도 평안해지고 고요해진 마음으로 더욱 깊은 선정을 체험하게 합니다. 깊은 선정은 고요한 마음과 편안해진 마음이 습관이 되어 모두를 아름다운 모습으로 볼 수 있는 힘이 증장된 마음이니, 만나는 것마다 아름다운 모습이 됩니다.

마음이 대상을 그렇게 만든 것과 같습니다. 욕심나는 대상도 성나게 하는 대상도 없어진 마음이 있는 그대로가 충만된 것임을 아는 마음이라, 공덕을 성취한 보살의 마음과 보살의 몸과 보살의 세계를 이루어 가는 마음입니다. 그러면서 지금까지 보이지 않던 것이 보이고 들리지 않던 것이 들립니다. 마음이 평안하고 만족할 때만 나타나는 것입니다. 그러나 없던 것이 새로 생겨난 것이 아닙니다. 살고 있는 모든 자리가 장엄으로 있는 것이 보이고 들리는 것입니다.

한 발자국도 옮기지 않고 마음자리 하나 지켜보는 데서 열리는 장엄입니다. 밖을 향한 분별을 쉰 그 자리에서 자신의 업식이 녹고, 업식이 만든 세계가 녹아나는 그 자리에서 열리는 보신의 세계입니다. 사는 세계가 온갖 장엄으로 가득한 세계지요. 자신의 업식의 흐름을 지켜보는 그 마음에서 나타나는 자신의 세계입니다.

만족한 마음으로 사는 것이 수행의 완성

마음을 보는 것이며 마음이 나타내는 것이므로 한계가 있을 수 없습니다. 마음마다 새로운 세계며, 호기심으로 가득한 세계며, 충만된 기쁨으로 즐거운 세계입니다. 스스로 만들고 스스로 기뻐하는 세계입니다. 누가 만들어 주는 것이 아닙니다. 마음 하나 지켜보는 데서 나타나는 자기 세계입니다.

의식이 밖을 향해 아름다운 세계를 구할 때는 구하는 것에 의해서 세계가 그렇게 있는 줄 알지 못합니다. 보고 싶고 듣고 싶은 것이 밖에 있는 한 의식의 한계가 세계의 한정이 됩니다. 반면 마음을 들여다보고 마음이 세계를 만드는 것을 분명히 알아차리게 되면 의식의 한정을 벗어납니다. 세계의 한계도 사라지지요. 마음마다 온 세계가 됩니다〔離分齊相〕.

마음의 작용이 끝이 없는 것처럼 끝이 없는 세계가 마음 따라 펼쳐지는 것과 같지요. 마음마다 하나의 세계가 생기는 것입니다. 마음의 그림에 따라 항상 나타나는 세계입니다. 다가가 잡으려 하지 않아도 언제나 그 자리에 그렇게 있으면서 환한 기쁨을 나누는 세계입니다. 마음이 환해진 사람에게는 대지가 그냥 대지가 아니지요. 장엄된 법계이며 하나 된 생명의 세계이며, 이웃과 즐거움을 나누는 세계입니다. 항상 그렇게 있으면서〔住持〕 훼손되거나 없어지지 않습니다.

마음의 공덕이 법계의 공덕이 되므로 온갖 공덕을 빠짐없이 갖는 것과 같으며, 내 것으로 하지 않기에 잃은 적도 없습니다. 내 것으로 하지 않는 자리에 충만한 법계의 지혜가 자리잡고, 장엄한 대지의 빛이 공덕으로 나타납니다. 가지려고 하는 자리는 늘 부족함이 보이고, 있는 공덕이 그 틈새로 빠져 나가고 말지요. 실상에서 보면 틈새도 없고 빠져나가는 공덕도 없겠지만, 가지려는 마음이 부족함이라는 틈새를 만들고, 그곳으로 공덕은 새 나가고 탐욕과 분노가 들어오는 것입니다.

보살은 압니다. 틈새를 만드는 마음을 다스리는 것을. 그저 가지려 하지 않고 나누는 것으로 기쁨을 삼을 때 그 틈새는 공덕만이 들고 나가는 자리가 되면서 어느새 탐욕과 성냄이 사라지고 없다는 것을. 그래서 보살의 나눔을 '샘이 없는 공덕〔無漏功德〕'이라고 하며, 보살을 '완성된 삶을 사는 사람'이라고 합니다.

바라밀 수행은 만족한 삶을 살게 하는 수행 방편이지만, 수행은 시작부터 만족한 삶처럼 사는 것이어야 합니다. 수행이 완성되어야 삶이 만족하게 되는 것이 아니라, 만족한 마음으로 사는 것이 수행을 완성하게 합니다. 만족하는 마음이 바라밀 수행의 처음과 끝입니다. 바라밀 수행이 보살 수행자의 마음을 이루고, 보살 수행자여야 바라밀 수행을 완성할 수 있는 까닭입니다. 그 마음에는 모든 것이 자신의 삶을 만족케 하는 것으로 존재합니다.

생각조차 놓은 날 홀연히 그렇게 있는 몸

어느 것은 보신報身의 공덕을 나타내는 것이고, 다른 것은 그렇지 못하다고 하면 아직 보신을 경험한 것이 아닙니다. 잠깐 그 맛을 본 적이 있더라도, 그것이 그리움으로 남아 있다면 이미 있는 만족도 잃고 말지요. 법계의 만족을 느껴 알고 보는 수행자가 진정한 보신을 보는 것입니다. 수행자의 만족한 마음이 법계를 공덕이 가득한 보신으로 만들었다고 할 수 있지요.

  법계를 보신으로 보는 보살 수행자의 마음이 법계의 장엄이면서, 그것으로 다른 수행자의 보신을 깨웁니다. 수행자의 보신을 깨우는 방편을 완성한 보살의 몸, 곧 수행 공덕으로 장엄된 보신은 생각으로 이루어진 몸이 아닙니다. 생각조차 놓은 날 홀연히 그렇게 있는 몸입니다. 모든 공덕을 다 갖추고서 생각 너머에 고스란히도 있었지요. 무엇 하나 빼놓지 않고 다 갖추었으면서도 겸손하게 생각을 지켜보고 있었지요. 생각이 쉰 틈새로 공덕의 몸인 보신을 조금씩 보이다가 수행자의 생각까지도 보배로 가득하게 하지요.

  모든 것이 공덕이 되게 하는 보살의 마음은 생각조차 넘어선 생각이라고 할 수 있으나, 실상에서 보면 생각 너머에 무엇이 있는 것이 아니지요. 하나하나의 생각들이 중생의 삶을 이루는 전부이니 생각 너머에 무엇이 따로 있겠습니까. 단지 생각이 스스로를 부족하다고 여기기에 생각 너머에 점잖게 있었던 것입니다. 온갖 공덕을 다 갖춘 보신으로.

  하나의 생각도 법신의 얼굴을 한 보신의 공덕이며, 공덕을 갖춘 보신이 인연 있는 중생에게는 응신도 되는 것입니다. 보살의 수행에서 중생의 삶을 빼놓을 수 없는 까닭입니다. 중생계를 떠나서 완성된 보살의 공덕이 없기 때문입니다.

  주의를 기울여 지켜보되 밖을 향해 구하는 마음을 쉴 때 업식의 자기 변화를 보게 되고, 업식이 작용하는 인연을 보게 되면서 업식을 넘어섭니다. 업식으로 남아 있는 망심의 기억들이 허구의 세계를 만드는 것임을 알게 되고, 하나의 생각에 담겨 있는 수많은 인연을 보게 되므로 하나의 생각이 단지 하나만의 생각이 아닌 줄 압니다.

법신法身과 보신報身과 응신應身으로 나누어 이야기하지만 마음 하나(一心)를 그렇게 나누어 부르는 것입니다. 마음이 법신法身을 근거로 하여 인연의 공덕을 보신報身으로 드러내고, 보신의 공덕이 화신化身으로 나타나 생각이 되니, 마음작용 하나에 '삼신三身'이 다 갖추어져 있습니다. 그래서 "마음(法)이 크다(大)."고 합니다.

작은 마음인 것 같지만 그 속에 모두를 담아서 작은 모습으로 드러난 것이므로 마음마다 법계의 공덕이 됩니다. 이와 같은 공덕을 보는 마음이 보신을 보는 마음입니다. 생명을 함께 이루는 이웃의 덕에 대한 고마움이 보신이 되는 마음입니다. 마음이 보살 수행자의 마음도 되고, 보신을 보는 마음도 되고, 보신도 됩니다. 나아가 보신이 된 마음에 의해서 법계 모두가 보신으로 될 때, 보살 구경지에 이르러 한없는 공덕을 갖춘 몸이 됩니다.

그러므로 보살 수행의 시작은 형상과 언어에 매이지 않고, 모든 것을 마음이 만든 줄 생각생각 기억하고 알아차리면서, 마음의 흐름을 지켜가는 것입니다.

알아차리고 지켜가는 마음집중이 의식의 한정을 넘어서면 마음 마음이 생각을 넘어선 불가사의한 진여의 훈습을 받게 되고, 불보살님의 훈습도 받게 되어, 마침내 업식을 이루는 망념의 흔적조차 사라지게 합니다. 무명업식이 사라져 인연의 각성을 자각한 그 마음이 인연마다 마음 씀이 되니 마음마음마다 '샘이 없는 공덕상〔無漏功德相〕'으로 가득합니다.

분별사식이 보는 응신이 분별사식이 만든 불보살의 외연이듯, 보신이 업식으로 보는 불보살의 외연이지만, 업식을 다스릴 수 있는 마음이 보신이 되어 외연으로 나타났다고 해야겠지요. 응신과 보신을 보는 마음이 수행이 익어가는 마음이면서 수행자 자신의 응신과 보신을 만들어 가고 있는 마음이라고 할 수 있습니다. 응신의 마음이 된 분별사식이 응신을 보고, 보신의 마음이 된 업식이 보신을 봅니다. 곧 응신을 보면서 분별사식의 허구를 다스리고, 보신을 보면서 업식의 망념을 다스려 법계일상인 연기의 각성을 자각〔始覺〕하게 되면서, 각성도 비로소 각성이 되어〔本覺〕 중생계가 부처님의 세계〔佛界〕를 이룬다고 하겠습니다.

38장. 한마음인 진여가 보여 주는 생명 나눔

55-2 범부들의 외연이 된다는 것은 형색이 분명해야 하며, 육도의 중생들마다 보는 바가 같지 않으므로 갖가지 다른 모습으로 나타나야 하며, 아파하는 중생들을 위해서 즐거워하는 모습만도 아니어야 한다. 오직 중생들의 근기에 응해 외연으로 나타나야 하므로 응신應身이라 한다.

又爲凡夫所見者 是其麤色 隨於六道各見不同 種種異類 非受樂相 故說爲應身

처음 보살 수행에 마음을 낸 수행자들로부터 보살구경지에 이른 수행자들까지가 보는 것은 보신報身이다. 초발의보살初發意菩薩들은 진여법에 대한 깊은 믿음이 있기에 수행에 따라 조금이나마 보신을 보며 부처님 몸의 장엄 등을 알아보고, 여래란 오고감이 없으며 한계를 떠난 것으로 모든 것은 마음이 나타난 것일 뿐이며 진여를 떠난 것이 아님을 안다.

復次 初發意菩薩等所見者 以深信眞如法故 少分而見 知彼色相

莊嚴等事 無來無去 離於分齊 唯依心現 不離眞如

그러나 이와 같은 보살 수행자도 아직은 스스로 분별하고 있다. 왜냐하면 초지 이상인 법신 보살의 지위에 들지 못했기 때문이다. 만약 초지인 정심지淨心地에 이르게 되면 보는 것이 미묘하고 그 작용도 갈수록 수승하게 되다가, 보살지菩薩地를 완성하고 나면 보는 것도 완성된다. 그리하여 업식이 없어지면 본다는 것조차 없다. 왜냐하면 모든 부처님의 법신은 나와 너를 가르는 형색을 가지고 서로의 모습을 보는 것이 아니기 때문이다.

然此菩薩猶自分別 以未入法身位故 若得淨心 所見微妙 其用轉勝 乃至菩薩地盡 見之究竟 若離業識 卽無見相 以諸佛法身 無有彼此色相迭相見故

우주 법계가 그대로 마음 하나

'마음이 크다'는 것은 다른 것과 상대하여 비교적 '크다'는 뜻이 아니라 비교의 경계가 사라진 것을 '크다'라고 합니다. 이 경우는 우주 법계가 그대로 마음 하나여야만 합니다. 마음을 상대한 것으로 마음 아닌 것이 있어서는 비교를 떠난 '큼'이 되지 못하고, '오직 마음뿐이다'라고 말할 수도 없습니다.

현상으로 나타나는 갖가지 경계가 마음의 변화일 뿐이므로 경계가 마음 밖의 경계가 될 수 없습니다. 마음이 각기 다른 모습으로 나타난 것입니다. 나타난 모든 것들을 다름에서 보면 다른 것으로 있는 것 같지만, 그 모두가 마음이 변한 것이라고 하면 경계 지을 수 있는 다른 것만도 아니니, 같다고도 할 수 없고 다르다고도 할 수 없겠지요. 또한 모든 것이 마음이 변한 모습이므로, 마음도 하나의 마음이 아닙니다. 마음이라는 '것'이 있고 그것이 변한다고 생각되지만, 변화된 모든 것이 마음이라면 마음이라는 것이 변했다고 할 수도 없습니다.

전체 인연인 총상에서 보면 하나의 마음 같지만 낱낱의 다름인 별상에서 보면 천만 가지 마음이 됩니다. 그렇다고 하나의 마음이 천만 가지 마음과 온전히 다른 것일 수 없고, 천만 가지 마음이 마음 하나로 같을 수도 없습니다. 하나라고 하여 같은 것도 아니고, 하나가 아니라고 하여 다른 것도 아닙니다. 이것이 '한마음〔一心〕'이며, '큰 마음'입니다. 경계로 나타나고 있지만 경계 안팎이 다름만으로 구별될 수 없다는 뜻입니다.

인연으로 하나 된 얽힘에서 다름을 읽고 있는 것이며, 다름마다 법계의 생명으로 한 세계를 이룰 수 있는 앎이 되는 것입니다. 법계의 생명으로 하나인 인연도 모든 다름의 생명활동에서 법계의 생명을 나타내고 있습니다. 다름이 없으면 같음도 없습니다. 그렇기 때문에 다름 그 자체를 있는 그대로 알아차리는 것이 무엇보다 중요한 수행의 내용이 됩니다.

무엇을 보는 것이 비록 자신이 가지고 있는 습관적인 인식을 벗어나지 못한다 할지라도, 알아차림 그 자체는 인연의 장에서 공성空性으로 작용하고 있습니다. 알아차리는 마음은 모든 인연들의 다름이 자리할 수 있는 빈 자리입니다.

'깨어 있음'은 자신의 모습을 갖지 않습니다. 깨어 있는 마음의 빈 자리를 보게 되면 '빔'과 어울린 인연들의 하나 된 총상을 보게 됩니다. 모든 어울림이 그대로 '빔'이 되니, '빔'이 어울린 인연의 나타남입니다. '빔'이면서 '가득 참'이며 가득 참이면서 빔이 됩니다〔空則是色 色則是空〕. 깨어 있는 마음은 아는 마음이라기보다는 머물지 않는 마음이라고 할 수밖에 없습니다.

그렇게 알아차린다는 것은 대상을 분명히 알고 있지만 그 대상에 자신의 색깔을 입히지 않는 것입니다. 그냥 지켜보게 되면 마음이 평화롭게 됩니다. 그렇게 평화로운 마음에 비친 대상 모두는 다시 자신에게 좋고 싫음 등의 경계를 만들지 않아, 보는 마음과 보여지는 마음의 경계도 차츰 사라집니다. 경계가 분명하지만 그것이 하나의 마음에서 일어나고 있는 인연의 다름으로 현재가 되어 가는 알아차림입니다.

삶의 매순간 자신의 전체를 다 드러내고 있으므로 성공한 삶도 실패한 삶도 없습니다. 현재에 깨어 있는 삶은 성공과 실패의 경계가 없습니다. 전체로 자신을 사는 것은 성공과 실패의 기준이 사라지는 것이며, 늘 평화롭게 사는 것입니다.

경계 너머를 보는 것은 현재를 기쁜 마음으로 평화롭게 하는 마음입니다. 따라서 자신의 삶을 스스로 또는 사회적 동의에 의해서 만들어진 성공에 둘 것이 아닙니다. 순간의 경험에서 평화롭고 기뻐할 곳에 두어야 합니다. 이것이 있는 그대로를 아는 것이면서 법계의 생명을 사는 것입니다.

모든 경계는 마음이 나타내는 응신

범부의 삶을 떠나 깨달음이 있는 것이 아니며, 범부가 차츰차츰 변해 깨달음이 되는 것도 아닙니다. 지금 일어나고 있는 순수 현재의 경험 그 자체가 범부인지 부처인지를 결정합니다. 범부의 눈으로 보고 있으면 범부의 삶이 되고 부처의 눈으로 보고 있으면 부처의 삶이 됩니다.

범부의 눈으로 본다는 것은 성공과 실패를 가르고, 삶을 장식하려는 생각으로 현재를 사는 것입니다. 장식된 현재를 자신이라고 보는 것이지요. 그리고 모든 대상에 자신이 세운 장식의 색깔을 덧씌워서 보는 습관을 놓지 않는 것입니다.

뚜렷한 자기 색깔을 갖고 세상보기를 하고 있는 범부의 지견에 나타난 인식 내용은 그 경계가 분명할 수밖에 없습니다. 사는 곳마다 뚜렷한 경계 나눔으로 세상읽기를 하여 '다름'만을 봅니다. 인연의 다름이 아니라 인연의 무상과 상관없이 존재하는 다름으로 세상을 읽고 있습니다. 고정된 다름만의 이미지로 세상을 읽는 것은 인연의 무상과 어긋나 삶의 실상을 등지게 됩니다. 고요하고 평화로운 마음과도 멀어집니다. 멀어진 만큼 아픔이 있고 아픈 만큼 고요하고 평화로운 삶을 찾게 됩니다.

그때 만나는 불보살의 외연을 응신應身이라고 합니다. 범부가 찾는 마음에 따라 나타나는 진여의 작용입니다. 따라서 불보살님들의 외연을 보는 것도 불보살 됨을 보는 것이 아닙니다. 자신이 만든 불보살님의 이미지를 보는 것입니다. 불보살님께서 범부의 외연이 된다고 하지만 불보살조차 스스로의 의지로 범부의 외연이 될 수 없습니다. 불보살님께서는 있는 그대로를 삽니다. 그렇기 때문에 범부들이 자신의 응신을 만든다고 할 수 있습니다.

범부의 마음마다 다른 응신이 있으므로 천차만별의 응신이 있습니다. 마음에 따라 나타나는 응신이지만 범부는 그것이 응신일 줄 모를 뿐만 아니라 마음이 나타내는 줄도 모릅니다.

모든 경계가 마음이 나타내는 응신인 줄 알게 되는 것이 수행입니다. 아픈 마음을 내려놓고 있는 그대로를 받아들이는 마음이 되면, 하나하나의 인식 내용이 인연을 나타내는 앎인 줄 보게 됩니다.

아는 것도 인연의 앎이며, 알려지는 것도 인연입니다. 인연 짓는 모든 것이 앎이면서 앎이 인연을 만드니, 범부의 앎에 응하여 나타나는 몸이 따로 있는 것이 아니라 앎마다 응신이 됩니다.

응신인 줄 아는 진여의 공성이 번뇌의 일상을 지우는 역할을 하므로 알아차림 그 자체가 깨달음이 됩니다. 그러나 '응신應身'을 보는 것은 알아차림과 그것에 의해 알려진 인식 내용이 마음인 줄 모르는 수행 단계입니다. 마음이 만들고 마음이 보고 있는 줄 아는 단계가 되면 범부의 지견을 넘어섭니다. 범부의 지견과 보살 수행자의 지견이 갈리는 경계는 마음이 만드는 줄 아는가 모르는가에 달려 있습니다.

마음을 알아차린다는 것은 마음을 지켜보는 것입니다. 마음 지켜보기가 익숙해지면, 마음이 이미 있는 대상을 보는 것이 아니라 대상을 재구성해서 보고 있는 것도 보이고, 없는 영상을 만드는 것도 보입니다. 마음의 조건 따라 마음 스스로가 온갖 대상으로 나타나는 것을 본 것입니다. 보는 마음도 보이는 마음도 인연인 줄 알면 자아의식도 엷어집니다. 엷어진 자아의식만큼 마음 지켜보기도 수월해집니다.

번뇌를 만들던 인식도 더 이상 번뇌를 만들지 않고 일어났다 사라져 가는 하나의 현상으로 읽습니다. 마음의 평화가 조금씩 보이는 것이지요. 어떤 인식 내용은 오랫동안 습관이 돼 있기 때문에 쉽게 그 생각으로부터 평안해지기 어려울 수 있습니다. 그러나 번뇌를 만드는 생각도 하나의 습관이 굳게 익어져 된 것이므로, 지켜보는 마음빔의 습관이 익어지면 큰 힘을 갖는 번뇌도 다스려 갈 수 있습니다. 번뇌로부터 평화로운 마음자리가 커진 만큼 지켜보는 마음이 더 크게 드러납니다.

지켜보는 마음이 공성으로 있는 것이 이해되고 보일 때, 생각이 만들어진 세계 너머를 보는 것이면서, 생각 그 자체가 인연임을 보게 됩니다. 생각 너머를 보는 것은 생각에 들어 있는 빈 자리 곧 인연들을 보는 것입니다. 생각이 자리한 하나의 사건에서 공성과 세계를 보는 눈과 이해가 커진 것입니다. 이것이 진여를 보는 계기가 됩니다.

생각생각마다가 그 자체로 인연을 다 드러내고 있는 빛이며 향기입니다. 빛과 향기가 지켜보는 마음의 차분함에 의해서 드러납니다. 마음의 빈 모습에서 모든 것이 인연을 이룬 것을 보고 믿게 됩니다. 진여가 조금씩 자신의 현재가 되어 갑니다. 보살 수행의 기틀이 마련된 것이지요. 생각 하나가 단지 생각 하나가 아니라 그곳에 일체의 삶들이 녹아 있다는 것을 조금씩 맛보고 알아차린 것입니다. 자신의 현재를 제대로 살게 되는 순간, 진여법에 대한 깊은 믿음이 자리잡게 되면서 약간이나마 연기의 각성을 봅니다〔以深信眞如法故 少分而見〕.

지켜보는 마음에 의해서 나타난 모든 경계들로부터 평안해지는 경험으로 '생각'과 '나'의 동일시에서 벗어나게 하는 지혜가 익어갑니다. 과거의 생각에 의해서 현재가 지배받지 않게 돼 가는 것이지요. 칭찬에도 흔들리지 않고 비난에도 아파하지 않습니다. 칭찬이 비난의 곳간이며 비난이 칭찬의 자식인 줄 압니다. 늘 칭찬이 있으면 될 것 아닌가 하지만, 칭찬과 비난은 늘 어떤 조건을 전제하고 있지요. 나중에는 칭찬도 심리적 압박을 만드는 주범으로 변하고 맙니다.

욕망과 성냄이 사라진 마음 또한 법계의 장엄

"진여법을 믿는다〔信眞如法〕."는 것은 지켜보는 마음에 의해서 칭찬과 비난이라는 개념지를 넘어 그저 하나의 사건으로 읽는 마음이 커진 것입니다. 그것이 무상성인 줄 알고, 평안한 마음으로 지켜볼 수 있는 힘이 커진 것입니다. 그렇게 되면서 칭찬과 비난, 성공과 실패가 없어진 것과 같이 되어 가겠지요. 진여법에 대한 믿음이 점점 커지고 일체의 사건과 현상들이 마음이 만들어 내고 있는 법계의 인연임을 더욱 뚜렷이 아는 것입니다.

부질없는 욕망과 성냄이 그쳐 가는 것일 뿐만 아니라 함께 사는 모든 이웃들에게 편안함을 나눌 수 있는 힘이 커져 갑니다. 어울린 이웃들이 제 얼굴을 잃지 않으면서 함께 어울려 제 빛으로 빛나는 이웃이 됩니다. 선명하고 밝은 빛으로 빛나면서도 평온한 마음으로 함께 있습니다. 법신의 빛이 법계의 장엄으로 나타나고 있는 것을 보는 순간일 것입니다. 욕심도 없고 성냄도 없으면서 함께 어울린 넉넉한 마음이 계속된다면 깨달음을 이룬 부처라고 하겠지요.

어느 날 홀연히 마음이 쉬어지고 알아차림이 분명해질 때 마음 쏨 하나하나가 법신法身이 됩니다. 마음 쉬는 곳에서 오롯한 '지켜봄'의 빛이 온 세상의 장엄인 법신의 모습을 드러나게 한 것입니다. 어디에서 오는 것도 아니며, 어디로 사라지는 것도 아닙니다. 있는 그 자리에서 깨달음이 일어날 때 법계의 장엄이 나타나지요. 있는 자리를 한 치도 옮기지 않고도 그 자리가 그대로 법신의 자리가 됩니다.

지켜보는 마음의 힘이 약해질 때 다시 몸과 마음은 법신의 자리에서 한 치도 옮기지 않고 다시 욕망의 세계를 만들고 맙니다. 마음자리 하나의 변화가 장엄된 법계의 법신을 드러내기도 하고 삼계를 만들기도 하는 것을 너무나 분명하게 경험한 것입니다. 삼매에서 마음 쉼의 특별한 경험이 있어야만 마음이 법계인 줄 경험한 것이기는 하지만, 일상의 삶에서 욕망과 성냄이 사라진 마음 또한 법계의 장엄이라고 할 수 있습니다.

법계의 장엄은 마음의 특별한 상태에서만이 경험되는 것이 아니라, 일상의 모든 어울림이 '나'인 줄 알고 그 '나'가 바로 법신인 줄 아는 데 있습니다. '나' 뿐만 아니라 어울린 모두의 지금이 바로 법신이 장엄으로 나타난 세계인 줄을 자나 깨나 사무칠 때가 바로 완성된 깨달음이지요.

'나'가 따로 있으면서도 '나'만이라고 할 수 있는 것이 없다는 것을 여실히 알며, 생명의 어울림이 늘 절대 현재인 지금 여기에서만 이루어지고 있다는 것을 알고 그렇게 사는 것입니다. 마음으로 기억하고 추상하는 그것조차 현재의 어울림에서만 과거와 미래가 될 때 삼세를 넘어서 삼세를 사는 것입니다.

이때를 절대 현재라고 부르지만 그것은 현재조차 아니지요. 과거와 미래에 상대하는 현재가 없기 때문입니다. 이렇게 사는 일상이 바로 오지도 않고 가지도 않는 온전히 지금 여기에서 발현되고 있는 법계의 장엄입니다.

물론 삼세의 현재를 뛰어넘는 경험으로 법계의 빛과 장엄을 체험하는 것이 너무나 중요하지만, 그와 같은 경험을 기억으로 갖는 것이 아니라 기억으로부터 자유로운 삼매의 마음, 곧 깨어 있는 마음으로 지금 여기를 있는 그대로 알아차려야 합니다.

꿈인 줄을 사무치게 알 때가 깨달음

이미 있는 법계의 장엄을 경험하는 것이 아니라 마음이 법계의 장엄으로 나타난 줄 알아야 합니다. 이미 있는 법계를 보는 것은 일상에서 마음 밖의 대상에 마음을 빼앗기는 것과 다름이 없습니다. 일상만이 꿈과 같고 물거품 같은 것이 아닙니다. 마음 쉰 상태에서 경험하는 신비적 직관 또한 꿈과 같고 물거품과 같습니다. 일상을 넘어선 신비 속에 살고자 하는 것은 잘못된 판단인 어리석음에 근거하고 있습니다.

일상과 다른 체험이 있는 것은 분명하지만 일상이 꿈인 것처럼 그 또한 꿈일 뿐입니다. 꿈인 줄을 사무치게 알 때가 깨달음이며, 꿈이 아닌 것처럼 알아차리는 모든 인식 내용이 사라진 것이 깨달음을 체득하는 것입니다. 무엇을 경험하고 그것을 깨달음의 실재라고 갖고 있는 것이 아닙니다. 모든 것이 꿈인 줄 알고, 꿈 아닌 것처럼 생각하고 있는 사유의 근거가 쏙 빠진 상태에서 이웃 생명과의 어울린 인연으로 법계의 장엄을 함께 이루어 갈 뿐입니다.

그러므로 장엄莊嚴이 존재하는 어떤 것을 아름답게 꾸민다는 뜻일 수 없습니다. 꿈인 줄 알아 허상의 욕망을 쉬는 그 자리에서 일어나고 사라지는 모든 현재의 흐름이 그대로 법계의 장엄입니다. 무엇 하나 더하지도 않고 어느 것 하나 빼지도 않습니다. 더할 것도 없고 뺄 것도 없지요. 모두가 인연으로 하나 된 마음일 뿐이니, 마음 밖에 다른 곳이 있을 수 없기 때문입니다.

삼계三界가 오직 마음이며, 모든 것을 인식이 만들고 있다는 것을 사무치게 알게 되면, 마음 밖에 실체가 있다고 여기는 허구가 사라지면서 마음조차 어떤 것으로 실체가 아님을 알게 됩니다. 모든 것은 꿈과 같으나 마음만이 실체라는 뜻으로 삼계가 오직 마음이라고 이야기하는 것이 아닙니다.

마음도 인연의 흐름에서 앎으로 고요한 현재를 지켜보는 것입니다. 그렇다고 지켜보는 그 마음만을 흐름에서 떼어 내어 마음이라고 할 수 있는 것으로의 마음은 없습니다. 흐름에서만 마음처럼 있을 뿐입니다.

물론 마음의 확장을 경험하여 삼계가 마음만으로 있는 것처럼 경험됐다고 하더라도, 그것이 마음의 실재를 경험한 것이 아닙니다. 모든 것이 꿈이라고 할 때 그 모든 것 속에는 마음도 들어 있습니다. 마음 또한 꿈입니다. 마음이 꿈을 꾸는 것이 아닙니다. 꿈꾸는 마음이면서 꿈이 마음이며 마음이 꿈이지요.

마음 쉰 자리란 마음조차 아닌 자리가 되고, 그러므로 그 자리에 다시 모든 것이 장엄으로 나타납니다. 진여의 일심一心으로 작용하고 있는 마음입니다. 마음 하나에서 모든 세계가 형성되고 있으면서 동시에 허물어지고 있는 무상한 흐름입니다.

마음에 의해서 나타난 것이 장엄인 줄 알아차렸다고 하더라도 마음 깊숙이 남아 있는 기억된 분별들이 다 사라지지 않았다면 온전한 부처님으로서 법신의 자리를 산다고 할 수 없습니다. 남아 있는 분별의 기억이 일어나고 사라지는 현상이 있는 것입니다. 마음 지켜보는 힘이 커졌다는 것은 그와 같은 분별이 일어난다고 하더라도 그 분별이 허상인 줄 알아 그것에 의해서 현존의 마음이 욕망과 성냄으로 흐르지 않을 수 있다는 것입니다. 지켜보고 분별을 있는 그대로 흐를 수 있게 하는 힘이 있기 때문에 분별에 일상이 먹히지 않습니다. 그렇더라도 아직까지는 분별된 기억이 인연 따라 불쑥 일어나고 있는 것은 사실입니다. 그래서 보살지菩薩地가 완성되기 전까지는 법신의 삶에 온전히 들어가지 못했다고 합니다.

나의 삶 속에 들어 있는 너를 본 만큼이 보신

초지인 정심지淨心地에 이르러 아집을 여의고 분별된 법의 성품이 공空함을 직접 보아 법신 보살의 지위를 획득했다고 하더라도 완전한 법신 보살은 아닙니다. 마음이 허상을 만들어 내고 있는 것을 알기는 하지만, 아직 마음에 쌓여 있는 업식의 흔적을 다 지우지 못했기 때문입니다.

그러므로 정심지 이후로도 자아를 바탕으로 쌓여진 습관의 기운들을 다스려 가는 수행을 계속해야 합니다. 이미 이루어진 수행의 힘이 있기 때문에 일어나고 사라지는 마음을 지켜보는 힘이 덜 들고 집중의 강도가 높아진 상태에서 분별된 법의 흔적들을 다스려 갑니다.

'청정淸淨한 마음'이란 일심一心인 법계의 인연을 저절로 알아차리고 보살의 대비大悲를 실천하는 단계입니다. 아직 업식의 미세망념의 흔적이 남아 있기는 하지만, 법계일상法界一相인 인연을 투철하게 보았을 뿐만 아니라 아상我相이 사라져, 나눔을 실천할 수 있는 힘을 얻은 것입니다.

이 단계에서는 나의 것을 쌓으려는 욕망이 있을 수 없습니다. 저절로 나눔의 완성인 보시가 이루어지고 있는 수행 단계이기에 '정심지淨心地'라고 합니다. 나와 남을 비교해서 더 낫다고 여기는 마음이 사라진 곳에서 진실한 생명의 기쁨을 맛보게 되기에 '환희지歡喜地'라고도 합니다.

기쁨과 현재일념現在一念의 깨어 있는 앎을 놓치지 않습니다. 몸과 마음으로 기쁨을 느끼는 것뿐만 아니라 그 상태에서도 삶이 흐름에 온전히 깨어 있으면서 흔들리지 않는 마음 상태가 된 것입니다. 기쁨과 평정한 마음이 함께하는 가운데 깨어 있음으로써 업식에 남아 있는 망념의 흔적을 지우는 단계에 들어갔습니다.

법신 보살의 지위에 들어선 수행자는 미묘한 보신報身을 봅니다.

미묘微妙하다고 하는 것은 형상으로 나타나면서도 형상에 매이지 않는 법계의 마음인 진여의 흐름을 뜻합니다. 아직 생멸의 인연이 끝나지는 않았지만 생멸심의 흐름 하나하나가 보신의 미묘한 형상을 이루면서 수행자의 마음이 된 것입니다.

스스로 보신이 된 마음만큼만 법계의 보신이 보입니다. 그래서 마음이 만든다고 하였습니다. 마음 밖에 보신이 있는 것을 보는 것이 아니라 나의 삶 속에 들어 있는 너를 본 만큼이 보신입니다. 나의 빈 자리가 커지면서 그 자리만큼 많은 보신들이 자리합니다. 나무도 옆에 있고 개울물도 옆에 있고, 그리운 사람도 옆에 있지요. 마음이 비어가는 자리에. 이미 있는 이웃 생명이 나의 생명이 되어 있는 것을 보는 자리에.

법신의 크기가 커져 가는 단계란 껴안을 수 있는 팔과 마음이 커져 가는 크기만큼입니다. 아상도 사라지고 나의 견해에 대한 집착도 사라진 자리가 너의 자리가 된 만큼, 너의 의견이 존중되는 자리만큼이 수행의 크기입니다. 가지려 애쓸 때는 하나 둘 사라져 어느 누구도 옆에 있지 못할 듯했다가, 버리고 비우고 나니 가지려 했던 것들이 욕심 없는 자리에 이미 가득 차 있으니 정말 미묘합니다. 미묘한 생명 나눔의 자리가 커지고, 나·남이 없이 함께 앉아 어울림을 노래하며, 이룸이 없이도 이루어지니, 수승한 경지며 뛰어난 삶입니다.

보살의 삶이 완성되어 갑니다. 보살의 원력이 완성되어 갑니다. 특별한 형상으로 보이던 보신이 다 사라진 자리에 도리어 모든 모습들이 나의 마음도 되고 너의 마음도 되어 하나의 마음을 이루면서 마음마음이 보신이 된 자리까지 왔습니다. 와서 보니 본래 그 자리, 잃었던 고향이라고 해도 틀림없습니다. 그래서 마음마음이 보신이 되면, 그곳에 있는 모든 마음, 곧 나의 마음에 들어 있는 모든 이웃 생명들이 다 불보살이 되지요.

보신을 보는 것이 아니라 보는 것마다 보신이 되는 것이 보살의 '구경지究竟地'입니다. 한 치를 이동하지 않고도 있는 그 자리에서 불보살의 완성을 이루니 미묘하기 짝이 없지요.

이때가 되면 나의 것으로 남겨 놓은 모든 분별의 흔적인 업식이 사라집니다. 업식이란 나의 자리만을 고집하는 것과 같은 것. 그러나 그런 자리는 없지요. 나의 자리에 온갖 이웃이 함께할 때만이 그것이 도리어 나의 자리가 됩니다. 나의 자리가 없는 곳이 너의 자리이면서 나의 자리로 하나의 인연이면서 마음을 나누는 자리는 업식으로 헤아릴 수 있는 것이 아니지요.

업식이 다할 때만이 덩그러니 드러나는 자리이니, 그때는 업식도 없고 진여도 없다고 해도 맞지 않습니다. 모든 집착이 떨어진 자리는 주체로서 나가 없고 나의 견해도 없고 보는 나도 없습니다. '나가 없으니 무엇을 진여라고 이름할 수 있겠습니까. 모든 견해와 집착이 사라진 곳을 할 수 없이 진여라고 하였겠지요. 그래서 법신은 자신의 형상만을 갖고 서로를 보는 것이 아니라고 하였습니다〔無有彼此色相迭相見故〕.

형상으로 부처님이 나타난 것이지만 그 형상에 온갖 이웃이 다 들어 있으니 어디까지만이 나의 형상 또는 너의 형상이라고 할 수가 없지요. 특별한 형상만으로 부처가 아니라 모든 형상이 부처의 형상이니, 부처란 형상이면서 동시에 형상을 떠난 자리이며, 이웃 생명 모두를 그 모습 그대로 공경하고 나누는 자리가 바로 부처가 되는 자리입니다.

모든 차별을 떠나 있지만 차별을 떠난 것으로 어떤 것이 있는 것도 아닙니다. 모든 차별들이 부처로서 긍정되는 것이 차별을 떠난 자리입니다. 그래서 모두를 깨닫게 하겠다는 보살 수행자들의 원력이 성립될 수 있습니다. 보살들이 다른 이웃들을 보살로 만드는 것이 아니라 이웃들의 부처를 드러내 자신의 눈으로 자신의 부처 됨을 보게 하는 것이 보살의 원력이므로 모두를 부처의 삶으로 살게 하겠다는 원願을 세울 수 있다는 것입니다.

또한 그것만이 보살 수행자의 수행 내용이 될 수밖에 없기도 합니다. 생명들의 생명활동은 그 자체가 이미 보살의 생명 나눔으로 존재하기 때문입니다. 그래서 형색形色으로 보신을 보지 않는 자리가 마음의 빈 자리가 되면서도 그 자리에 모든 이웃들이 함께 앉아 있는 자리가 됩니다. 한마음인 진여가 모두에게 보여 주는 생명 나눔이 보신의 활동입니다.

39장. 법신은 지혜의 몸

55-3 문:모든 부처님의 법신에 색상이 없다고 하면 어떻게 색상을 나타낼 수 있는가?

問曰 若諸佛法身 離於色相者 云何能現色相

답:법신 그 자체가 색의 바탕〔體〕이기 때문에 색상〔相〕을 나타낼 수 있는 것이다. 그러므로 원래부터 색과 마음은 둘이 아니라고 하며, 색의 본성이 곧 지혜이기 때문에 색의 바탕은 형상이 있을 수 없어 법신을 '지혜의 몸〔智身〕'이라고 하며, 지혜의 본성이 곧 색이기 때문에 법신은 어느 곳에나 있다고 한다.

答曰 卽此法身是色體故 能現於色 所謂從本已來 色心不二 以色性卽智故 色體無形 說名智身 以智性卽色故 說名法身遍一切處

법신이 나타내는 색에 한계가 없으므로 마음에 따라 시방세계 어느 곳에서나 무량한 보살 수행자들에게 한없는 보신과 온갖 장엄을 각각 다르게 나타낼지라도 나타난 모습 모두가 경계 지어 나누어짐이 없다. 그러므로 함께 있더라도 서로에게 방해되지 않는다.

所現之色 無有分齊 隨心能示十方世界無量菩薩 無量報身 無量莊嚴 各各差別 皆無分齊 而不相妨

이것은 진여가 자재하게 작용하는 모습으로 범부의 마음과 인식으로는 분별하여 알 수 없다.

此非心識分別能知 以眞如自在用義故

법신부처님은 연기법

법신부처님이란 모든 생명들의 생명활동을 가능하게 하는 관계의 그물망인 연기법입니다. 온 우주 법계 전체가 하나의 생명으로 있으면서도 법신부처님이라는 자신만의 형색을 갖는 것이 아니라, 모든 생명들이 나타내고 있는 형색으로 자신의 형색을 삼습니다. 어떤 것이나 법신부처님의 모습을 한 어떤 것이 됩니다. 그러다 보니 법신부처님은 형색이 없는 것과 같게 됐습니다. 관계를 이루는 모든 형상들과 그 관계성이 그대로 법신부처님이기에, 관계성에서 보면 어떤 형색으로도 법신부처님의 형색을 이야기할 수 없고, 관계를 이루는 형상에서 보면 모두가 법신부처님이기에 그렇습니다.

법신부처님을 우주 법계의 생명이라고 이야기하더라도 옳지 못합니다. 우주 법계도 낱낱 생명과의 관계에서만 우주 법계가 되기 때문입니다. 보이는 모두가 법신이면서도 자신의 모습을 고집하지 않고 생명 나눔을 이루고 있는 데서 법신의 작용이 드러납니다. 모습에 머물지 않기에, 곧 집착이 없기에 '모습 있음'이 법신이 됩니다.

법신은 '있음'과 '없음'을 관통하는 것으로 있음도 되고 없음도 되면서도, 있음과 없음을 아우르는 하나의 세계도 됩니다. '있다고 하여도 있는 것이 아니고 '없다고 하여도 없는 것이 아닙니다. 관계란 드러난 이것과 저것의 관계이지만, '이것이 해체되는 이것의 없음'과 '저것이 해체되는 저것의 없음'이 관계를 잇는 사다리가 되기에, 있음에 들어 있는 없음들이 다시 관계를 이루면서 있음으로 드러난 데서 무엇이라고 말할 수 없는 것이 법신입니다.

그러므로 형색이 있는 자리에도 법신이 있고, 형색이 없는 자리에도 법신이 있습니다. 법신이야말로 생명의 근원입니다. 근원인 체성이 형상을 떠나 있는 것일 수 없지만 형상으로만 드러나지 않는다는 면에서 근본이라고 합니다. 죽음으로 사라지는 것이 아니고 태어났다고 하여 새로 생겨나는 것도 아닙니다. 우주 법계를 그 몸으로 하고 있는 법신은 모양을 달리하는 것은 있을 수 있지만 생겨나거나 사라질 수 있는 것이 아닙니다. 이것이 우리들의 근본이며 마음자리입니다.

마음에서 일어나는 생각들의 다름과 그 생각에 기뻐하거나 속상해 하는 것만으로는 마음자리를 제대로 볼 수 없습니다. "'나'는 왜 이런지 모르겠어."라고 할 때의 '나'는 생각하는 나를 '나'라고 여기는 것일 것입니다. 그러나 '생각하는 나'로서 동일시하고 있는 '나'는 본래 생명으로서 마음이 아닙니다. 나타난 형상과 기억된 분별이 만들어 낸 매어 있는 '나'입니다. 그것에서도 법신이 떠나 있는 것이 아니기 때문에 법신을 볼 수 없는 것은 아니지만 그렇게 생각하는 생각은 법신에서 법신을 떠나 있는 것과 같습니다.

법신은 한계와 한계 너머를 자유롭게 넘나드는 것으로 어떤 색상으로도 나타나지만 그곳에서만 머무는 것이 아닙니다. 형색에도 머물지 않는 어떤 것이 있는 것이 아니라, 형색으로 드러남과 동시에 형색을 허물고 있는 관계의 그물망으로, 형색으로 나타난 것과 형색으로 나타나지 않는 것들의 본체입니다.

그러므로 본체란 형상을 떠난 어떤 것이라고 이야기할 수 없습니다. 모든 형상 그대로가 본체이면서, 형상에 머물지 않는 것, 곧 형상을 허무는 것 또한 본체입니다. 형상도 따로 없고 형상을 허무는 것도 따로 없습니다. 형상을 만들면서 형상을 허물고 있는 전체가 본체입니다. 형색의 경계가 뚜렷하게 보이지만 형색 그 자체도 실상에서 보면 결코 자신의 경계에 갇혀 있는 것이 아닙니다.

형색으로 나타난 몸의 보이지 않는 생명활동은 우주적 생명활동입니다. 그래서 유식唯識에서는 우주적 존재로서 몸과 마음의 활동을 의식意識으로는 알 수 없다고 하였습니다. 의식은 의식의 한계 너머를 볼 수 없습니다. 너무 커도 너무 작아도 볼 수도 알 수도 없습니다. 의식意識은 의意의 기억이 만들어 놓은 분별과 현재의 인식이 합쳐지는 데서 일어나는 인식이므로 의意의 분별이 의식의 한계가 됩니다.

그래서 마음을 쉬라고 하였습니다. 망념의 기억을 내려놓으라는 뜻입니다. 쉰다는 것은 몸과 마음의 흐름을 지켜보면서 지성智性이 활동하도록 하는 것입니다. 지켜보고 알아차리는 지성이 망념의 분별 경계를 보게 될 때 조금씩 마음자리를 보고 법신인 연기법을 이해하게 됩니다.

지켜보고 알아차리는 것이 근본 체성인 마음의 생명활동을 보는 것이며, 생명을 살아 있게 하는 것입니다. 형색이 형색에 머물지 않고 생명을 나타내는 관계임을 보는 것입니다. 형색이 '마음의 무상성'과 '우주적 관계에서의 변화인 무상성'을 떠나 있는 것이 아니며, 형색 그 자체로서 자신의 체성을 따로 갖는 것이 아님을 알아차리는 것입니다. 무상의 관계성에서 보면 법신의 작용이지만 형색에서 보면 개체의 삶이므로, 무상無常만을 보아서도 안 되고 형상形相만을 보아서도 안 됩니다.

마음자리가 원래부터 자신의 형상을 갖지 않고 비어 있으므로 모든 형상이 자리잡을 수 있는 바탕이 됩니다.

'형색'과 '형색 없음'의 바탕을 이루는 공空에 의해서 모든 생명이 살 수 있습니다. '산다'는 것이 단지 형색을 유지하고 있는 것만이 아닙니다. 법신에서 보면 몸이 있고 없음만으로 삶과 죽음을 나눌 수 없습니다. 형색에 걸리지 않는 법신의 마음이 인연 따라 형색으로 나타난 것입니다. 제 빛깔을 고집하지 않는 마음의 빈 모습이, 빈 모습에만 머물지 않으므로 형색으로 나타날 수 있습니다. 형색 없음도 마음이며, 형색도 마음입니다.

스스로 그렇게 아는 것 자체가 법신 보살의 진여 작용

　법신이 형상과 형상 너머를 인연 따라 나타내고 있습니다. 법신과 마음과 몸은 애초부터 나눌 수 없는 한 몸입니다. 그렇기에 인연으로 드러나는 앎이 관계의 그물망에서 깨어 있는 작용을 하게 됩니다. 형색으로 드러나는 관계가 '마음'이면서 '지성智性'이 되는 것입니다. 몸도 마음도 세상도 모두 법신인 연기의 각성 곧 지성이 작용하는 것으로 하나입니다. 무엇이 아는 것이 아니라 '아는 것'이 전부입니다.
　법신法身을 '지혜의 몸(智身)'이라고 할 수 있는 것도 이 때문입니다. 그래서 색의 본성을 지혜(色性卽智)라고 하였습니다. 인연에 따라 색성色性이 색상色相으로 나타나니 나타난 색상이 그대로 지혜가 됩니다. 인연을 아는 듯한 것에서 보면 색성이고, 형상으로 나타난 것에서 보면 색상입니다.
　성性과 상相은 언어의 편의상 나눈 분별일 뿐 그 경계가 분명한 것은 아닙니다. 법계는 경계가 없습니다. 모두가 하나에서 다른 무엇으로 있습니다. 다름들이 자신의 경계를 갖지 않는 것이 법계가 되므로 경계를 허문 데서 체성을 이야기하고 있으며, 법계가 모든 경계를 이루고 있다는 것에서 형상을 이야기하고 있습니다.

체성體性과 형상形相으로 나누어 이야기할 수는 있으나, 형상만으로나 체성만으로는 어느 것도 없습니다[色體無形]. 어떠한 형상도 없는 본바탕[體性]이 지성智性이 되어 인연 따라 형상으로 나타나는 것이므로 형상 또한 형상으로서 본체가 있을 수 없습니다. 형상에도 머물지 않는 형상이 지성이 되니, 형상마다 모두가 지혜의 몸입니다.

형상과 체성에 걸리지 않는 마음이 '지혜의 몸[智身]'을 만드는 것 같고, 지혜의 몸이 형상과 체성에 걸리지 않는 마음을 쓰게 하는 듯합니다. 걸림 없는 지혜의 몸과 마음이 온 세상의 인연을 이루면서 지성이 되고 색상이 되니 법신이 없는 곳이 없습니다.

형색으로 보면 한계가 분명하여 자신의 자리를 굳건히 지키고 있는 것 같지만, 모든 형색들이 도리어 빈 자리를 깨워 내는 지성의 역할을 하고, 그것에 의해 자신의 한계를 벗어나게 되므로 경계 속에 살면서도 경계를 벗어날 수 있습니다.

경계를 넘어서 보면 보이는 것마다 보신報身이요, 들리는 것마다 법문입니다. 보이고 들리는 것이 형상 너머의 지성智性을 깨워 한계에 걸리지 않는 색상의 본질을 보이는 것입니다. 한계가 한계 속에서 자신의 법신을 드러내며, 법신과 법신으로 만나 한계 너머를 보이고 있습니다. 곧 '색상'과 '색상 없음'의 경계가 사라진 것입니다. 그러면서도 자신의 색상을 잃지 않으니 잃은 것도 아니고 잃지 않은 것도 아닙니다. 그것을 일러 나타난 색상마다 그 모습 그대로 경계 너머를 보이고 있으며, 그 모습으로 지성을 깨워 인연을 노래하고 있다고 합니다.

마음마다 보신의 경계로 장엄된 법계의 소식입니다. 다름 속에 경계 허물어짐이 보이고, 다름이 보신의 경계며 법신의 장엄임이 보이니, 어찌 다름이 다른 다름의 생명을 장애하는 것이 될 수 있겠습니까.

마음으로 아는 것이 아니라 마음이 쉬는 것이 저절로 아는 것입니다. 그것을 마음이라 할 수 없어 진여眞如라고 하였지만 진여도 마음 밖에 있는 것이 아닙니다. 마음이 진여를 잃었다고도 할 수 없고, 마음이 진여라고도 할 수 없고, 마음이 진여가 아니라고도 할 수 없는 상태에서 우리들의 생멸하는 마음이 진여를 품어 안고 있는 것과 같습니다.

마음 너머를 보아야 진여를 보지만 마음 너머가 마음까지를 안고 있으므로, 마음을 넘어설 때는 마음까지도 진여가 됩니다. 마음 쉰 자리가 마음 쓰는 자리가 되고 마음 쓰기를 멈추지 않으면서도 마음 쉰 자리가 되는 것이 진여의 자재한 작용입니다.

생멸하는 마음이 마음의 생멸이 아니라 진여가 자재하게 작용하는 법계 인연인 법신의 나타남이 되고, 그곳에서 편히 쉬는 것이 도리어 새롭게 세상을 보는 것으로 법계를 창조하는 인연이 됩니다. 마음의 분별을 넘어선 곳에서 진여의 작용에 의해 법계의 보신이 마음 따라 나타난 것이 보입니다. 보살 수행자는 모든 것이 마음에 의해서 만들어진 것임을 사무치게 알고 수행을 시작하기 때문에 보신도 마음이 만든 것임을 알 뿐만 아니라, 그것을 만들고 있는 진여의 작용도 보이는 것입니다.

　마음을 보는 것은 마음을 보는 것이 아닙니다. 나타난 마음마다가 무엇을 아는 마음으로 있는 것 같지만, 스스로 그렇게 아는 것 자체가 법신 보살의 진여 작용입니다. 마음마다 법신 보살이 되어 새롭게 새롭게 세계를 창조하고 있는 것이 진여의 자재한 작용으로 보신報身입니다.

40장. 생멸문에서 진여문으로

56 생멸문으로부터 진여문으로 들어가는 것을 총괄하여 설명하겠다. 오음인 색과 마음, 그리고 육진 경계를 이리저리 온갖 방법으로 추구해 보아도 필경 망념은 없다. 왜냐하면 마음에는 형상이 없어 아무리 구하려 해도 결국 얻을 수 없기 때문이다.

復次 顯示從生滅門卽入眞如門 所謂 推求五陰色之與心 六塵境界 畢竟無念 以心無形相 十方求之從不可得

비유컨대 사람이 길을 잃어 동쪽을 서쪽이라고 하더라도 실제로 방향 자체가 바뀌지 않는 것과 같다. 중생도 그와 같다. 무명에 의해서 연기각성을 자각하지 못했기 때문에 마음이 망념이 됐으나, 마음 그 자체는 언제나 앎으로 있으면서 들뜬 것이 아니다.

如人迷故 謂東爲西 方實不轉 衆生亦爾 無明迷故 謂心爲念 心實不動

만약 이와 같은 것을 관찰하여 마음에 망념이 없다는 것을 알 수 있다면 곧바로 진여문에 들어간다.

若能觀察知心無念 卽得隨順入眞如門故

대상의 흐름을 있는 그대로 지켜본다

'생멸문生滅門' 가운데 불가로 작용하는 '움직이는 마음〔動心〕'이란 대상에 마음을 빼앗긴다는 뜻이며, 지성으로 작용하는 '움직이지 않는 마음〔不動心〕'이란 대상의 흐름을 있는 그대로 지켜본다는 뜻입니다. 같은 일이 일어나고 사라지고 있다고 하더라도 대상에 심어진 마음의 상想을 좇게 되면, 그 이미지가 주는 좋고 나쁜 결과에 따라 마음이 흔들리기에 지켜보는 앎의 자성인 지혜의 성품이 잊혀지게 됩니다. 그러나 마음의 이미지가 만들어 놓은 대상의 좋고 나쁨에 흔들리지 않고 마음 상태를 있는 그대로 지켜보게 된다면, 탐욕과 성냄으로 마음이 흔들리지 않으면서 흐름을 그대로 볼 수 있습니다.

일은 일어나고 사라지는 것이 제 본성이며, 마음 또한 마찬가지입니다. 마음도 스스로 일을 만들면서 흐르고 있습니다. 이때 마음이 만들어 놓은 일이 심상心想이 되고, 법法이 되어 의식의 대상이 됩니다. 자신이 만들어 놓은 이미지를 다시 자신이 보는 것입니다.

앎이 있다는 것에서는 생멸문이나 진여문이나 마찬가지입니다. 단지 지켜보는 그 마음을 잘 지키고 있으면 진여의 작용이면서 깨달은 마음이 되나, 마음이 만들어 놓은 대상 이미지에 함몰되면 깨닫지 못한 마음이 됩니다. 그래서 한 가지 마음이면서 두 개의 다른 문, 곧 마음작용의 다른 길이 있습니다. 마음의 내용이 다른 것이 된 것과 같아 한마음[一心]에 '진여문眞如門'와 '생멸문生滅門'이 있으며, 생멸문에 '깨닫지 못한 삶의 흐름[不覺]'과 '깨닫게 되는 삶의 흐름[始覺]'이 있습니다.

그러나 어느 쪽도 마음 밖에 있는 것이 아닙니다. 단지 우리네 일상의 앎이 늘 밖의 대상을 좇아 욕망을 실현하려다 보니 정작 욕망이라든가 욕망하고 있는 나에 대해서 너무나 어두울 뿐입니다.

그렇기에 자유롭게 삶의 흐름에 깨어 있으면서 매순간을 새롭게 사는 분이 드물었겠지요. 제 삶을 온전하게 사는 분들은 모두 자신에 대해서, 자신의 삶에 대해서 묻고 대답하며 실천하는 분들이었을 것입니다. 물음이 시작되는 곳에서부터 생멸의 망념에 맺혀 있던 삶에서 고요하고 평화로운 삶을 사는 길이 열립니다. 여기서 말하고 있는 '추구推求'가 그것입니다.

삶의 유일한 의무와 권리가 '행복'이라고 말했던 헤르만 헤세의 말과 같이 삶을 총체적으로 평화롭게 살려고 하면 어떻게 할 것인가에 대한 투철한 자기 이해와 실천이 있어야 합니다. 어찌 사는 것이 행복이며 평안이며 들뜨지 않는 고요함인가에 대한 자기 살핌은 삶을 그렇게 만드는 가장 요긴한 일입니다.

마음을 추구推求해 보면 현재의 마음이란 기억된 마음이면서 무상을 보는 마음이며, 무상한 변화를 있는 그대로 알아차리고 있는 변하지 않는 것 같은 마음임을 알 수 있습니다.

알아차림이 분명해지면 기억도 무상한 현재와 더불어 새로운 인식이 됩니다. 새로운 알아차림은 망념을 만들지 않으므로 과거의 기억이 현재를 지배하지 않는 알아차림입니다. 이와 같은 앎을 '무념無念'이라고 합니다. 무념을 추구推求하는 것이 행복과 평화를 이끌어 냅니다.

오온五蘊 가운데 수受·상想·행行·식識도 알아차림으로 작용하고 있으면서 기억을 만들고, 만들어진 기억으로 현재를 재구성하면서 다시 기억합니다. 감각지각을 깨워 대상을 받아들이는 수受, 그것의 이미지를 그리는 상想, 수와 상의 지각을 이어가면서 차이를 형성하여 알게 하는 행行, 앎인 식識, 이 모두에 깨어 있음과 습관적인 인식이 함께 있다는 것입니다. 진여와 생멸이 함께 있는 것이지요.

감각지각이 깨어날 때의 깨어남은 새로운 알아차림의 전조이지만[正念], 그것의 반응 양상이 습관이 되면서 과거의 기억을 재구성하는 것이 되므로 현재에 깨어 있지 못한 마음이 되고 맙니다[妄念]. 상想과 행行 그리고 식識도 마찬가지입니다. 알아차림에서 보면 깨어 있는 정념으로 진여심인 듯하지만, 습관적인 반응이 될 때는 깨어 있지 못한 것과 같기 때문에 망념을 만드는 '생멸심生滅心'이라고 합니다.

'깨어 있음'을 보게 되면 습관화된 기억이 도리어 깨어 있는 현재의 마음이 되고, 기억이 갖고 있는 과거가 현재를 지배할 수 없게 됩니다. 무상無常이 살아난 것입니다. 기억과 분별이 바른 기억과 판단이 된 것입니다.

기억에서 현재의 무상을 읽고 몸의 변화에서 편안해지면 몸과 마음이 존재로서 실체가 아닌 줄 알게 됩니다. 집착의 대상이 사라진 것입니다. 몸과 마음과 밖의 모든 대상들의 무상성을 분명하게 자각하면서 깨어 있는 바른 기억과 주시〔正念〕에 의해서 안팎으로 편안해지므로 언제나 행복한 삶입니다. 현재를 바로 보는 것이 행복한 현재를 사는 것입니다.

생멸에 진여가 따른다

온전한 알아차림에서 망념이 없어지고, 망념이 없어진 알아차림은 무엇으로도 형상화할 수 없는 언제나 지금 여기일 뿐이니, 보이는 형상마다 마음이요 사라지는 것 또한 마음이 됩니다. '마음의 형상 없음'을 아는 것은 어떤 상태의 마음을 아는 것이 아닙니다. 현재의 모든 알아차림이 그대로 깨어 있는 마음입니다. 알아차림이 있을 때는 있는 것 같고, 그렇지 않을 때는 없는 것 같을 뿐입니다. 있는 것도 아니고 없는 것도 아닙니다. 그러므로 "마음은 형상이 없기에 결코 구할 수 없다〔以心無形相 十方求之終不可得〕."라고 하였습니다.

이것을 비유를 들어 이야기합니다. 산길을 가다 방향을 잃어버리면 동쪽인지 서쪽인지를 구별하지 못하여 동쪽을 서쪽으로 착각할 수 있지만, 동쪽이 서쪽이 될 수 없는 것과 같다는 것입니다.

알아차리는 마음에서 보면 물든 것도 물들지 않는 것도 없습니다. 이것이 오면 이것으로 알고 저것이 오면 저것으로 압니다. 욕심내고 성내게 하는 것이 알아차림 그 자체에 있는 것이 아닙니다. 그저 알아차림뿐이며, 알아차림으로 온 세상과 소통하고 있을 뿐입니다. 알아차림이 세상을 벗어나서 있는 것도 아니고 세상의 색깔에 물든 것도 아닙니다. 막힘없는 인연으로 소통하고 있습니다. 이 상태를 '청정淸淨한 마음'이라고 합니다. 있는 그대로의 세계를 사는 진여의 마음이며, 진여가 세상과 소통하는 문〔眞如門〕입니다.

청정한 알아차림에서 보면 마음은 대상도 되고 분별도 되므로, 마음과 분별 그리고 대상이 실체로서 다른 것일 수 없습니다. 마음과 대상이 하나 되어 청정한 소통을 이루고 있는 데서 진여의 마음 씀이 바른 판단인 지혜가 됩니다. 기억만으로 세상을 이해하려는 무명의 잘못된 이해가 없습니다. 자신의 바람에 의해서 일어나는 기쁨과 슬픔으로 들뜬 마음작용이 사라진 것입니다. 오는 대로 담담히 지켜보면서 그 흐름에 흐뭇해하는 고요한 작용이 있을 뿐입니다.

그 모습 밖에 다시 진여가 없습니다. 생멸인 듯 보이는 모든 삶의 표현들이 그대로 진여가 되므로 진여도 없고 생멸도 없습니다. 생멸문生滅門에서 진여문眞如門에 들어서게 된다는 것에서 보면 생멸문이 사라지고 진여문이 드러난 것과 같지만, 생멸로 나타나는 삶의 표현들이 그대로 진여가 되는 한마음의 세계이므로 생멸에 진여가 따른다고 해도 됩니다. 진여란 생멸이 사라지고 난 뒤에 남는 어떤 것이 아닙니다. 생각으로 나타나는 인식 내용을 갖고 세상을 보고 분별하면서 자아를 세우고 있는 현재를 놓는 순간, 있는 그 자리를 떠나지 않고 삼계를 벗어나고, 삼계 속에서 진여 열반을 산다고 하겠습니다.

41장. 아견이 사라지면 집착도 없어

57 잘못된 집착을 다스린다는 것은 아견我見을 다스리는 것이다. 모든 잘못된 집착은 '무상하지 않는 실체가 있다는 아견에 의해서 생긴다. 그러므로 아견이 사라진다면 잘못된 집착도 없어진다.

對治邪執者 一切邪執皆依我見 若離於我則無邪執

58 아견我見에 두 가지가 있다.
첫째는 인아견人我見이고, 둘째는 법아견法我見이다.

是我見有二種 云何爲二 一者人我見 二者法我見

59 법신·여래장을 개체의 실체로 여기는 잘못된 견해인 인아견人我見은 모든 범부들이 갖고 있는 견해로 다섯 종류가 있다.
첫째는 경전에서 "여래의 법신은 절대적으로 적막하여 허공과 같다"라고 하는 뜻이 집착을 버리게 하려는 데 있는 줄 알지 못하고 허공이 여래의 본성이라는 견해를 갖는 것이다.

人我見者 依諸凡夫說有五種 云何爲五 一者 聞修多羅說 如來法

身 畢竟寂寞 猶如虛空 以不知爲破著故 卽謂虛空 是如來性

이와 같은 아견은 어떻게 다스려야 하는가? 허공의 모습이란 것 자체가 허망한 것으로 바탕이 없으며 실재하지 않는 것임을 밝혀 다스려야 한다. 형색에 상대한 대상으로 허공이라는 모습이 있고, 그 모습에 집착하여 마음에 허공이라는 생각이 일어나고 사라지는〔生滅〕것이다. 그러나 모든 색법은 본래 마음이 만든 것으로 마음 밖에 색으로 실재하는 것이 없다. 만약 밖에 색법이 없는 줄 안다면 허공의 모습도 없는 줄 알 것이다.

云何對治 明虛空相是其妄法 體無不實 以對色故有是可見相 令心生滅 以一切色法本來是心 實無外色 若無外色者 則無虛空之相

그렇기 때문에 모든 경계가 오직 허망하게 들뜬 마음 때문에 있는 것이지 허망하게 들뜬 마음이 사라진다면 모든 경계도 없어지며, 오직 연기의 각성으로 하나인 참된 마음이 어느 곳에서나 작용할 뿐이라고 이야기하는 것이다. 여래의 본성이 한없이 크고 지혜가 완성된 것을 허공에 비유하는 것일 뿐, 허공을 여래의 모습으로 취하는 것이 아니다.

所謂一切境界 唯心妄起故有 若心離於妄動 則一切境界滅 唯一眞心無所不遍 此謂如來廣大性智究竟之義 非如虛空相故

둘째는 경전에서 "세간의 모든 법은 궁극적으로 그 바탕이 공하며, 열반과 진여법조차도 완전히 공하다. 원래부터 스스로 공空하여 모든 모양을 떠났다."라고 하는 것이 상相에 대한 집착을 없애기 위한 것인 줄 모르고, '진여와 열반의 본성도 공이다'라는 견해를 갖는 것이다.

二者 聞修多羅說 世間諸法畢竟體空 乃至涅槃眞如之法亦畢竟空 從本已來自空 離一切相 以不知爲破著故 卽謂眞如涅槃之性 唯是其空

이와 같은 아견은 어떻게 다스려야 하는가? 진여법신의 바탕은 공空하지 않고 한량없는 공덕을 본래부터[性] 갖추고 있다는 것을 밝혀서 다스린다.

云何對治 明眞如法身自體不空 具足無量性功德故

셋째는 경전에서 "여래장은 늘어남도 없고 줄어듦도 없으며, 바탕에 모든 공덕을 갖추고 있다."라고 하는 가르침을 듣고, 그 뜻을 제대로 알지 못하고 '여래장에 색법과 심법이 있으며, 그 모습에 차별이 있다'라는 견해를 갖는 것이다.

三者 聞修多羅說 如來之藏無有增減 體備一切功德之法 以不解故 卽謂如來之藏 有色心法自相差別

이와 같은 아견은 어떻게 다스려야 하는가? 오직 진여 그 자체가 무량한 공덕을 갖고 있다는 뜻으로 그렇게 이야기하는 것뿐이며, 생멸하는 물든 법을 상대해서 청정한 여래 공덕이라고 차별하여 이야기하고 있을 뿐임을 밝혀서 다스린다.

云何對治 以唯依眞如義說故 因生滅染義示現說差別故

넷째는 경전에서 "모든 세간의 생사윤회하게 하는 번뇌에 물든 법도 다 여래장에 의지해서 있으며, 어떤 것[法]도 진여를 벗어나지 않는다."라고 설명하는 것을 듣고 그 뜻을 제대로 알지 못하고, '여래장 자체에 모든 세간의 생사윤회하게 하는 번뇌에 물든 법을 갖추고 있다'라는 견해를 갖는 것이다.

四者 聞修多羅說 一切世間生死染法 皆依如來藏而有 一切諸法 不離眞如 以不解故 謂如來藏自體 具有一切世間生死等法

이와 같은 아견은 어떻게 다스려야 하는가? "여래장은 본래부터 갠지스 강의 모래보다 많은 청정한 공덕을 갖추고 있으며, 그 공덕이 진여를 벗어나지도 않고 진여와 단절되지도 않으며 진여와 다른 것도 아니다."라고 밝혀서 다스려야 한다. 왜냐하면 갠지스 강의 모래보다 많은 번뇌에 물든 법은 오직 허망한 마음에 의해서 있을 뿐, 여래 본성에서 보면 있을 수 없으며, 원래부터 번뇌에 물든 법은 여래장과 상응한 적이 없기 때문이다. 만약 여래장 자체에 허망한 번뇌법이 있다면 수행을 통해 열반을 증득할 때 망법妄法

이 영원히 종식된다고 하는 것은 옳지 않게 된다.

云何對治 以如來藏從本已來 唯有過恒沙等 諸淨功德 不離不斷 不異眞如義故 以過恒沙等煩惱染法 唯是妄有 性自本無 從無始世來未曾與如來藏相應故 若如來藏體有妄法 而使證會永息妄者 則無是處故

다섯째는 경전에서 "여래장에 의지해서 생사가 있고, 여래장에 의지해서 열반을 얻는다."라고 하는 말을 듣고, 그 뜻을 제대로 알지 못하고 '중생의 시작이 있다'라고 여기며, 나아가 중생의 시작이 있기 때문에 '여래께서 열반을 성취하더라도 열반이 끝날 때 다시 중생이 된다'라는 견해를 갖는 것이다.

五者 聞修多羅說 依如來藏故有生死 依如來藏故得涅槃 以不解故 謂衆生有始 以見始故 復謂如來 所得涅槃 有其終盡 還作衆生

이와 같은 아견은 어떻게 다스려야 하는가? 여래장인 연기의 각성이란 과거의 어느 시점에서 시작된 것이 아니므로, 무명의 작용도 또한 시작이 없다. 무명의 시작이 없으므로 중생의 시작도 있을 수 없다. 만약 삼계 밖에 중생의 시작이 있다고 하면 그것은 불교의 가르침이 아니다. 또한 여래장인 연기각성은 미래의 어느 시기에 끝나는 것이 아니다. 모든 부처님께서 증득하신 열반도 여래장과 상응하므로 열반이 끝나는 미래도 없다. 이와 같이 밝혀서 다스려야 한다.

云何對治 以如來藏 無前際故 無明之相 亦無有始 若說三界外
更有衆生始起者 卽是外道經說 又如來藏 無有後際 諸佛所得涅
槃 與之相應 則無後際故

허공 같은 여래법신

잘못된 집착은 아견我見을 바탕으로 하므로, 아견이 사라진다면 잘못된 집착도 있을 수 없습니다. 아견에는 '인아견人我見'과 '법아견法我見'이 있습니다. 잘못된 집착이라고 하였지만 집착은 다 잘못된 것이지요. 나에 대한 집착, 나의 것에 대한 집착, 나의 생각에 대한 집착, 이 모든 것이 아견我見의 다른 모습입니다.

아견이 곧 집착이며, 집착이 아견입니다. 아견이란 생각을 넘어서지 못한 자리를 사는 것이며, 부처나 조사의 권위에 기대어 사는 것이며, 교조의 우산 아래 있는 것이며, 민족에 묻혀 사는 것이며, 종교를 앞세우며 사는 것이며, 인종을 드러내며 우쭐거리며 사는 것이며, 많이 가진 것을 자랑하며 사는 것 등등 헤아릴 수 없이 많은 허상들입니다.

그렇게 그려진 아견我見 가운데 동일한 주체적 자아로서 그려진 것[人我見]에 다섯 가지가 있습니다. 어찌 다섯 가지 뿐이겠습니까. 사람마다 그리는 자아의 상相이 다 다르다고 보면 사람의 수만큼 많은 다른 자아관념이 있을 것입니다. 또한 그 관념의 보편성이 자기를 내세우는 것이라고 보면 하나라고 할 수 있겠지요.

첫째는 경전에서 여래법신如來法身이 궁극적으로 적막하여 허공과 같다는 가르침을 듣고, 일상의 삶 이면에 허공과 같은 법신이 있다고 생각하는 것입니다. 여래법신如來法身이란 여래라는 특정한 분에게만 있는 것이 아니라 모든 생명의 궁극적인 몸을 말합니다. 뭇 생명 모두가 법신의 몸을 갖는다는 것은 특정한 모습을 갖는 것일 수 없다는 것입니다. 모습을 갖지 않는 것이 허공과 같다는 것이지요. 그런데 이것을 잘못 이해하여 허공虛空과 같은 법신이 나의 법신이라고 착각하는 것입니다.

경전에서 말하는 뜻은 삶의 궁극적인 모습은 허공과 같아 어떤 모습으로도 그리거나 생각해 볼 수 없다는 것입니다. 언어 표현과 마음으로 그릴 수 있는 것은 우리의 실상을 담는 것이 될 수 없다는 뜻이지요. 이 비유가 주는 가르침은 생각이 허상을 그리는 데서 보면 실상과 어긋나지만 실상이 다시 허상이라는 데서 보면 어느 것이나 실상이 된다고 보아야 한다는 것입니다.

허공이라는 이미지에 매어 있는 것은 자신의 허물이며, 권위가 주는 이미지에 매인 꼴입니다. 권위가 주는 교훈이나 가르침은 실상을 가리키기도 하지만 실상을 가리기도 합니다. 스스로의 생각이 실상이 되기도 하고 허상이 되기도 하는 것과 같습니다. 권위로부터 자유로운 동시에 나로부터도 자유로움이 담보되어야 합니다.

나의 그림이 다 사라지는 곳에 이르러야 법신이 드러납니다. 그곳은 '나'라고 특정하여 이름 붙일 수 있는 나가 없어지는 곳입니다. '나'가 없어진 곳에서 모든 삶들이 도리어 법신으로 자유로운 나가 됩니다.

형색을 통해서 볼 수 있지만 형색을 지우는 것을 동반하고 있기 때문에 '형색'과 '형색 없음'이 함께하므로 어느 것만으로 '나'라고 할 수 없습니다. 마음인 듯 마음이 아니고, 마음이 아닌 듯 마음인 것과 같습니다. 이것을 허공에 비유한 것은 '형색은 아니다'라는 뜻을 강조한 것이라고 하겠습니다.

진여의 마음은 생각하는 마음만이 아니라 생각의 흔적에도 머물지 않는 마음입니다. 허공 같은 마음, 허공 같은 법신여래가 있다고 해도 집착이 되고, 없다고 해도 집착이 됩니다. 허공이 형상을 떠나 있기에 모든 형상이 그 가운데 나타날 수 있으며, 형상이 있기에 형상 없는 허공도 알 수 있습니다.

어느 한쪽만으로는 허공도 형상도 알 수가 없습니다. 허공만이 마음일 수 없으며 형상은 더더욱 아닙니다. 단지 형상에 집착하는 마음을 다스리기 위해 여래법신인 우리의 삶 그 자체를 허공과 같다고 비유한 것입니다.

연기법에서 보면 허공이라고 할 수 있는 것도 없고, 형상이라고 할 수 있는 것도 없습니다. 허공도 빈 것이며 형상도 빈 것입니다. 서로 상대함으로 어떤 것으로 있는 듯하다는 뜻이 허공의 비유입니다. 허공처럼 빈 것으로 어떤 것이 있어서 여래법신이라고 하는 것이 아닙니다. 여래법신도 빈 것이지만, 법신의 '빔〔空〕'은 빔조차 허무는 빔이 됩니다.

빈 것도 허공이고 찬 것도 허공입니다. 허공 같은 여래법신은 빈 것일 때는 빈 것으로 마음이 되고, 찰 때는 찬 것으로 마음이 됩니다. 여래법신이 마음이 되어 생명들의 삶으로 나타납니다. 삶과 죽음으로 나눌 수 없는 오롯한 삶입니다.

생명들의 삶으로 나타나는 마음은 인연의 어울림에서 그 생명의 마음처럼 그렇게 있습니다. 인연의 흐름에서 분별을 떠난 깨어 있는 마음과 형상을 짓고 있는 마음입니다. 마음은 크기를 벗어난 것이기도 하고 모든 크기에 맞기도 합니다. 이 마음은 '나'가 아닙니다. 마음에 대해 형상도 되고 형상 없음도 되고 있기도 하고 없기도 하는 등등의 수식으로 나타내 보려고 하더라도 다 나타낼 수 없습니다.

여래의 본성인 법신의 마음이 허공 같다고 하는 것도 단지 여래께서 형상에 대한 집착을 다스리고자 하는 방편에서만 쓰이는 표현일 뿐, 허공虛空이 '나' 또는 '나의 마음', 그리고 '마음' 그 자체를 이야기하는 것일 수 없습니다.

공성이야말로 모든 공덕功德이 나오는 자리

두 번째는 공空을 가지고 근본실재로서 '나'를 삼는 것입니다. 불교의 이야기는 어느 것이나 현존의 우리 생각을 넘어서게 합니다. 생각을 넘어서게 함으로써 자신의 현재를 살게 합니다. 현재를 오롯하게 사는 마음은 이미 만족한 일상을 창조하면서 사는 삶입니다.

창조하는 일상에서 만족된 삶을 살 수 있는 바탕, 곧 인연으로 생명을 창조하는 빈 자리를 '공空'이라고 합니다. 어떤 상相으로도 나타낼 수 있지만 그것만이 공의 표현이 아닙니다. 표현된 상을 다시 해체하면서 인연마다 자신의 삶을 온전히 살게 하는 바탕이 공성空性입니다. 공성이야말로 모든 공덕功德이 나오는 자리입니다.

'공空'이라는 빈 자리는 그저 빈 자리가 아닙니다. 그 자리는 모든 인연이 어울려 생명을 표현하는 자리며, 이웃과의 생명연대에 감사하는 자리며, 법계의 생명이 되는 것에 자랑스러워하는 자리입니다. 어느 것도 고집하지 않기에 어느 것에나 어울리는 마음자리입니다. 이 마음은 공성空性의 공덕功德을 나누는 실천에서 두드러지게 나타납니다.

'공空'은 비었다고 하지만 그 자리에 인연을 채우므로 빈 것이 아니며, 하나의 인연에만 머물지 않고 모든 인연에게 빈 자리를 만들어 주므로 인연마다 빈 자리가 됩니다. 공이란 빈 자리이면서 채운 자리가 되고 채운 자리가 되면서 빈 자리가 되는, 법계 인연의 교차로이면서 법계 인연 그 자체입니다.

공성空性은 아집의 대상이 될 수 없습니다. 형상에 집착하여 그것으로 아견我見을 삼는 것을 다스리는 쪽에서 공성의 '비움'을 강조하는 것입니다. 공이라고 말하는 취지를 놓치고, 공의 비움으로 아견을 삼는 것이 두 번째의 인아견이기에 공덕功德을 가득 채우고 있는 것이 공성이 된다고 하여, 공으로 인아견을 삼는 것을 다스리고 있습니다. 공성이란 텅 빈 것이면서 가득 찬 것입니다.

첫 번째와 두 번째의 인아견은 '없음〔無〕'의 이미지를 갖고서 '나'를 삼는 것입니다. 인연을 보지 못한다면 형상의 이면에 있는 무적無的 존재이며, 죽고 난 뒤에도 남는 오롯한 나는 형상을 갖는 나가 아니어야 한다는 것입니다. 형상을 갖지 않는 나여야 영원을 사는 주체로서 나일 수 있다는 것이지요. 인연에 비켜서 있는 듯한 허공이나 공성이 여기에 해당된다고 보는 것입니다.

없음의 영원성이나 있음의 영원성은 언제나 사유된 것만으로 현재입니다. 그것은 인연의 현재를 벗어나 있습니다. 없음〔無〕이 영원한 것으로서 있음〔有〕의 주체가 된다고 여기는 한 현재의 몸과 마음은 본질과 어긋나는 것이며, 윤회의 수레바퀴를 만들고 있는 것에 지나지 않겠지요.

두 발을 내딛고 서 있는 대지를 부정하고 다른 곳에서 삶을 찾는 것과 같습니다. 대지의 삶이 고단함을 안겨 준 것도 사실이지만, 대지가 주는 아픔보다는 아픔을 만들고 있는 생각의 덫에 의해서 재생된 아픔이 큽니다. 윤회의 세월은 생각의 세월과 같습니다.

삶은 두 발을 늘 대지 위에 뿌리를 내리면서 그곳에 생명을 변주하는 것. 현재를 떠난 것으로 무엇을 잡고 그것만을 삶의 본질로 여기는 것은 있다고 해도 없다고 해도 잘못된 집착에 지나지 않습니다.

'있음〔有〕'의 이미지로 나를 포장하는 것

세 번째는 늘어남도 없고 줄어듦도 없는 "감추어진 여래〔如來藏〕의 바탕에 온갖 공덕을 갖추고 있다."는 이야기를 듣고, 마음과 사물의 모든 차별이 여래의 근본 성품이라고 여기면서 차별된 자아의 실재를 그리는 것입니다.

우리네 생각의 빈약함이 늘 문제를 일으키는 것이 아닌지 모르겠습니다. 내 생각을 들여다보고 내가 아는 것이 제대로 된 앎일까라는 문제 제기에 소홀했거나, 권위 등에 갇혀서 옳다고 믿고 만 경우는 생각이 빈약한 정도가 아니라 생각조차 없다고 할 수 있지 않을까 싶습니다.

여래의 공덕이 늘어남도 없고 줄어듦도 없다면 태어난다고 하는 것이 무엇을 새롭게 갖는 것이 아닐 것이며, 죽는다고 잃을 것도 없겠지요. 그러나 인연은 늘 모든 것을 새롭게 변하게 하고야 마니 변한 데서 보면 늘 새로움을 갖는 것으로 늘어남이 되지만, 변화는 늘 갖고 있는 것을 버리는 것에서 시작하니 버리는 데서 보면 줄어들지요. 그래서 늘어나지만 줄어들지 않고 줄어들지만 늘어나지 않는다고 합니다.

늘어나고 줄어드는 것이 함께 생명을 이루는 하나의 장치가 될 때만 그렇지요. 그것이 인연의 장場이며 관계 맺음을 통해서 변주하고 있는 늘어남과 줄어듦이며, 늘어나지도 않고 줄어들지도 않는 여래의 공덕이 되니, 생사가 있을 수 없지요. 인연의 생명은.

그런데도 '나'가 무엇을 갖고 있는 것처럼 여기는 것은 앞서 '없음〔無〕'의 이미지를 갖고서 '허공과 같은 나'라고 집착하듯, 세 번째부터는 '있음〔有〕'의 이미지로 나를 포장하는 것입니다. 색깔로 보면 다른 것이지만 그 또한 인연에 비켜서 있습니다.

무상한 인연에서 보면 없는 듯하지만 홀연히 생겨나고, 있는 듯하지만 어느새 변하고 맙니다. 있음〔有〕과 없음〔無〕의 어느 쪽이든 현생의 삶을 있는 그대로 다 나타냅니다. 양쪽 모두를 품고 있으면서 하나 된 온전한 생명입니다. 온전히 살아 있고 온전히 죽어 있습니다. 온전히 무無가 될 때 '없음'이라는 곳이 도리어 모든 공덕을 나타내는 생명의 빛이 되어 '있음'이 되며, 그 '있음'이 바로 '없음'을 만들면서 새로운 '있음'이 되어 인연의 법계는 열린 생명계가 됩니다.

하나하나의 모습들이 그대로 여래의 공덕입니다. 생겨났다고 하더라도 늘어나는 것이 아니며 없어졌다고 하더라도 줄어드는 것이 아닙니다. 인연의 법계는 생각 너머에 있지만, 생각 또한 인연의 법계에서의 생각입니다. 생각이 나일 수도 없지만, 생각을 넘어선 것만이 나일 수도 없습니다.

모든 모습들이 그대로 자신의 모습을 비우고 있는 데서만 보면 '없음'에 떨어지기 쉽고, 새로운 모습으로 드러나는 데서만 보면 '있음'에 떨어지기 쉽지만, 양쪽 모두 인연의 한 축만을 보고 있는 것입니다. 그것만으로 인연이 아닙니다. 온갖 다름이 진여의 공덕인 데서 같음이 되니, 같음과 다름도 나눌 수 없습니다. 모두가 삶의 생생한 표현이며 인연입니다. 이들에서 차별만을 보고 같음과 다름을 가르는 것은 잘못 아는 것입니다.

도약의 창조성이 늘 살아 있는 순간

네 번째는 "여래장如來藏에 의지해서 생사가 있고, 모든 것[法]이 진여眞如를 벗어나지 않는다."는 설명을 듣고 생사의 번뇌를 본래부터 함장하고 있는 여래장이 '나'라고 생각하는 것입니다.

깨달은 분들께서 남긴 모든 가르침은 인연이 있는 사람들에게 삶에 대한 새로운 이해와 도약을 이끌어 낸다고 하겠습니다. 새롭다는 것이 단지 다른 인식 내용을 담는다는 데서 새롭다고 하면, 그것은 온전한 새로움일 수 없습니다. 습관대로 보고 행동하는 것이 아니고, 비판적 사유를 이끌어 내 새로운 상상을 할 수 있는 디딤돌 역할을 해야 합니다.

삶에 대한 비판적 사유의 현재성이 살아나고, 그 틈새로 새로운 지적 도약이 늘 일어나고 있는 것이면서도, 그것이 현재를 벗어난 것도 아니어야 합니다. 언제나 인연에 깨어 있어야 합니다. 도약의 창조성이 늘 살아 있는 순간이 선禪의 아름다운 창조입니다. 여래장이나 진여에 대한 설명도 마찬가지입니다. 그것을 통해 삶에 대한 새로운 이해와 도약이 있어야 합니다.

분별과 집착이 여래장에 담겨 있는 것이 아닙니다. 습관적으로 잘못 읽고 있는 생각의 상속에 있을 뿐입니다. 여래장如來藏이란 존재로서 어떤 것이 아닙니다. 인연의 총상總相에서 빛나는 별상別相들의 무한한 자기 표현이 여래장이며 여래장의 공덕입니다.

죽음이 생명 활동의 근거

다섯 번째 인아견은 "여래장如來藏에 의지하여 생사生死가 있고, 여래장에 의해 열반이 있다면, 생사의 시작이 있으니 열반의 끝자락에 다시 중생의 시작이 있지 않겠는가?"라고 생각하며, 생사의 시작과 끝에 대해 잘못 이해함으로써 생기는 집착입니다.

생각 하나 일어나고 사라지는 것도 삶과 죽음이요, 태어나 죽어 사라지는 것 같은 삶의 흔적도 삶과 죽음입니다. 어떤 생각이 일어날 때는 앞선 생각이 죽는 것이고, 그 죽은 생각이 자양분이 되어 뒷생각을 키우는 것입니다. 죽음 위에 피어나는 것이 삶이니 삶은 죽음을 가장 가까운 이웃으로 두고 있습니다.

죽음이 늘 생명 활동의 근거가 됩니다. 어느 것 하나 죽음을 바탕으로 하지 않는 것이 없습니다. 삶은 죽음을 벗하는 정도가 아니라 죽음이 있어야만 삶이 되는 것입니다. 죽음을 넘어선 삶이 없고, 삶을 벗어난 죽음도 없습니다. 죽음과 삶은 온 삶의 다른 모습입니다. 하나의 생명이 단지 하나의 생명이 아닙니다.

그러므로 태어남이 시작도 아니고 죽음이 끝일 수도 없습니다. 드러난 것으로만 삶이 있고 죽음이 있다고 하면 분명한 시작과 끝을 이야기할 수 있겠지만, 삶이 담고 있는 많은 죽음이 도리어 삶으로 다시 태어나고 있기 때문에, 삶의 시작과 죽음의 끝자리가 서로 겹쳐 있습니다.

죽음의 소멸이 없어지는 소멸이 아니라 새로운 인연으로 삶을 드러냅니다. 삶이 죽음을 종착역으로 하는 것도 아니며, 죽음이 삶을 종착역으로 하는 것도 아닙니다. 시작도 끝도 종착역인 것에서 보면 그것이 그것이니, 시작과 끝을 이야기하는 것은 삶과 죽음을 묻지 않는 일상의 이해에 비친 그림자입니다.

스스로의 삶과 죽음에 대해 깨어 있는 눈으로 아무런 선입견 없이 지켜보는 데서만이 불교佛敎, 부처님의 가르침〔佛敎〕, 깨어 있음에 대한 수행〔佛敎〕이 있습니다.

수행을 통한 삶 읽기는 삶을 있는 그대로 보는 것이며, 보는 것이 수행의 완성이 되도록 하는 것입니다. 삶에 상대하여 미래에 죽음이 있는 것도 아니고, 예측되는 죽음을 상대하여 지금의 삶을 보는 것도 아닙니다. 삶은 언제나 처음이면서 그것으로 모든 것입니다.

생사도 시작이 있고 끝이 있는 것이 아니고 열반도 시작이 있고 끝이 있는 것이 아닙니다. 생사生死란 지금을 떠나 과거와 미래의 삶을 현재로 이어가면서 사는 것, 현재를 잃고 있는 윤회입니다. '윤회輪廻'란 어디에서 어떻게 살다가 지금 이 세상에 왔고, 다시 미래의 어디로 가는 것이 아닙니다. 이와 같은 설정 자체가 마음이 만들고 있는 윤회의 구조입니다. 업식業識이 만드는 환영幻影입니다.

그렇다고 업식이 과거의 어떤 세상을 살다가 여기로 오고 다시 미래로 가는 것도 아닙니다. 지금 기억하고 있는 것이 과거의 세상을 만드는 업식이며, 앞을 그리는 것이 미래를 사는 업식입니다. 업식은 늘 기억과 추상 속에서 삼세三世를 만들고, 삼세 속에서 현재를 잃고 있는 것입니다. 과거나 미래가 있는 것이 아닙니다. 업식이 만든 삼세에 삼세의 주체로서 자아를 세우면서 허상들의 윤회가 성립됩니다.

그러므로 깨닫지 못한다고 하면 있는 듯한 삼세를 사는 것이라 윤회하는 삶이고, 깨닫는다고 하면 삼세가 현재에 녹아나는 것이라 윤회가 사라집니다. 이미 있는 이런 저런 세상을 찾아가서 사는 것이 아닙니다. 사는 세상마다 업식이 그렇게 분화됐다고 할 수 있습니다.

삶을 있는 그대로 보는 마음집중이 윤회를 떠나 온전한 인연의 각성을 사는 열반입니다. 생사의 시작과 끝이 있다는 업식의 흔적이 없어진 것입니다. '생사의 시작과 끝을 생각하는 것이 '윤회'며, 그와 같은 생각을 놓은 것이 '열반'입니다. 그러므로 열반을 성취했다는 것은 열반의 세계를 살다 죽는 것이 아닙니다. 그와 같은 삶에는 다시는 삶과 죽음의 갈림길이 없습니다. 어느 것이나 인연의 온 삶일지니 어찌 죽음이 있겠습니까.

　인연의 온 삶이 나의 삶이지만 '나'의 것이 아닙니다. 인연의 총상이 나로서 표현되고 있을 뿐입니다. 인연을 비켜서 있는 '나'가 인연의 세상을 사는 것이 아닙니다. 나의 삶이 인연이며, 인연은 드러난 삶의 궤적으로만 있는 것도 아닙니다. 그러므로 나의 삶도, 나의 삶과 죽음도, 나의 열반도 없다는 것이 다시 열반이 되며 인연이 됩니다. 인연이 된 열반의 삶을 사는 수행자를 깨달았다고 할 뿐입니다.

　그러나 깨달았다고 하여 인연의 삶이 새롭게 만들어진 것이 아니므로 모두가 인연의 깨달음 속에 있습니다. 시각始覺이 본각本覺을 드러내는 것이지요. 시각에서 보면 깨달은 삶의 시작이 있는 것 같지만, 본래 깨달음이라는 것에서 보면 시작과 끝이 사라진 자리에서 언제나 시작이며 끝인 인연의 각성을 실현하는 삶입니다. 언제나 시작이며 끝이니 어디가 시작이며 어디가 끝이겠습니까.

　삶이 이루어지고 있는 지금이 지고지순의 순간으로 생명들의 열린 소통 속에서 과거가 그대로 현재 속에 녹아나고, 그것이 다시 미래로 피어나는 현재입니다. 삼세가 언제나 한순간에 다 드러난 데서 삼세가 사라집니다. 기억대로 사는 것도 아니고 만들어진 미래의 시간 위를 걸어가는 것도 아닙니다.

　인연의 각성이란 무엇이라고 결정돼 있는 것이 아닙니다. 인연이 드러나는 데서 보면 그 사건으로 결정되지만 그것만이 인연의 모든 것이 아닙니다. 결정돼 나타난 현재가 다시 미래를 그대로 이어가는 것도 아닙니다. 언제나 삼세가 녹아나는 곳에서 지금의 모든 인연을 다 드러내고 있습니다. 그래서 깨어 있는 마음이 열반이면서 삼세를 벗어났다고 합니다. 삼세를 벗어난 마음이 언제나 지금을 있는 그대로 알아차리면서 탐심과 진심과 아집을 만들지 않는 것이 열반입니다.

42장. 오온 그 자체가 바로 열반이니
   법에도 실체가 없다

60 오음五陰 등의 법에 실체가 있다고 집착하는 법아견法我見은 수행 근기가 둔한 이승이 갖는 견해이다. 부처님께서 '개체로서 실체는 없다'는 인무아人無我만을 설명하시고, '개체를 이루는 요소로서 오음 등의 법에도 실체가 없다'는 구경究竟의 가르침인 법무아法無我를 설명하지 않으셨기 때문에, 오음에 의해 생성(生)되고 소멸(死)되는 법이 있다고 보고 생사를 두려워하고 그릇되이 열반을 집착하는 것이다.

法我見者 依二乘鈍根故 如來但爲說人無我 以說不究竟 見有五陰生滅之法 怖畏生死 妄取涅槃

이것은 어떻게 다스려야 하는가? 오음법의 자성도 실재하지 않으므로(法無我) 생성되는 것이 아니며(不生) 생성되지 않으므로 없어지는 것도 아니며(不滅), 오음 그 자체가 본래 열반(不生不滅)인 것을 밝혀서 다스려야 한다.

云何對治 以五陰法自性 不生 則無有滅 本來涅槃故

무상한 인연이 나

　잘못된 집착이 따로 있는 것이 아니라 집착하는 것은 다 잘못된 것입니다. 집착으로부터 벗어나고자 하는 것이 집착이 된 경우도 있습니다. "왜 그렇게 생각하고, 그렇게 생각하고 있는 '나'는 무엇으로 '나'를 삼는가."라고 돌아본다면 '집착하지 않는다'라는 그 '나'를 집착하고 있는 경우라고 할 수 있습니다. 무엇에 집착하는 것이 아니라 아무 것도 가지지 않는 나를 세우는 것이지요.
　"'나는 무엇인가?"라고 묻는다면 조금은 애매합니다. 몸으로 나를 삼기에는 죽음이 '나'를 없앨 것이고, 마음만으로 나를 삼는다면 자질구레한 생각에 막혀 있는 '나'가 조금은 보잘것없는 나로 보이겠지요. 그러나 그와 같은 몸과 마음을 벗어난 것으로 '나'의 존재를 세우는 것은 앞서 말씀드린 인아견人我見으로 잘못된 집착입니다. 여래如來와 진여眞如 또는 불성佛性 등으로 불리는 어떤 것이 실체로서 '참된 나〔眞我〕'라고 잘못 생각하는 것입니다.
　몸과 마음은 인연의 생명 나눔으로, 그것 자체가 바로 본래 깨달음인 인연의 각성이며, 진여 공덕이며, 드러난 공성입니다. 무상한 몸과 마음의 이면에 항상한 것이면서 주체적 자아가 있다고 생각하는 것은 잘못된 견해인 인아견人我見에 지나지 않습니다. 여래나 진여나 진아 등이 인연을 넘어선 무상하지 않는 것을 가리키는 것이 아닙니다. 무상한 인연이 나입니다.

인아견을 부정하는 것으로 인연을 이해하지만 인연을 이루고 있는 오온五蘊 등의 존재성도 부정되어야 합니다. 부정되지 않는다면 인아견을 해체하는 것은 되지만, 인아견이 해체되는 자리에 환원적 요소로서 실체가 된 법法이 자리잡고 맙니다. 그 법은 근원적 존재로서 인연의 무상성과 어긋나는 존재가 됩니다. 환원적 실재로서 법法의 존재가 긍정되고, 그렇게 긍정되는 법들의 모임이 인연이 된다고 인연을 잘못 이해하는 것입니다.

이와 같은 이해는 존재의 공성에 대한 이해가 충분하지 않은 것입니다. 이것은 오온의 주체로서 자아는 없지만, 자아를 이루는 오온은 있다는 것입니다. 생사 윤회하는 나는 실재하지 않지만 요소들이 결합하게 되면 '나'가 나타나고, 요소들이 흩어지면 '나'가 사라진다는 것입니다. 생사는 있지만, 생사의 주체로서 '나'는 본래부터 있을 수 없으니 허망한 '나'라는 것입니다.

이와 같은 생각을 갖는 수행자를 성문·연각이라고 합니다. 인연의 본질에 어두운 것에서는 인아견의 집착과 크게 다르지 않습니다. 요소로서 법法에 대한 집착이 있기 때문입니다. 요소들의 모임이 태어남[生]이며, 흩어짐이 죽음[死]이라는 것입니다. 그러므로 생사에 대한 두려움이 있습니다. 그래서 생사의 고통을 넘어선 것으로 열반을 취하려고 합니다. 이승二乘이 취하는 오온五蘊의 흩어짐과 오온이 모여 만든 나의 허구를 넘어선 자리에 궁극적인 모습으로 열반의 법이 있다고 집착하는 것입니다.

이 또한 잘못된 사유의 결과로 집착이며, 허망한 것입니다. 왜냐하면 환원적 요소가 있고, 그것이 몸과 마음을 구성하는 궁극의 실재로서 존재하여야 한다는 것은 요소의 상주론常住論이지만, 변하지 않는 요소가 없기 때문입니다.

요소의 상주론도 부처님의 연기론에 대한 잘못된 해석입니다. 만일 그와 같은 법이 실재한다면 부처님께서 "이것이 있으므로 저것이 있다…"는 연기론을 말씀하시지 않았을 것입니다. 이것과 저것이 실재한다면 이것과 저것은 아무런 인과 관계가 성립될 수 없습니다. 이것이 저것 없이도 이것일 수 있을 때 이것이 이것으로 실재하는 것이기 때문입니다.

부처님께서 "오온五蘊이 나다."라고 하였을 때 '나'란 오온의 안쪽에 있는 어떤 실재로서 '나'가 아니라 오온의 무상한 변화 그것이 온전한 '나'라는 뜻입니다. 현재의 몸과 마음이 '나'의 전부입니다. 오온도 이것과 저것으로 어울린 인연에서 오온이 됩니다. '나'라는 인연이 없을 때는 오온 등의 법들도 그 자체로 존재할 수 없다는 뜻입니다. 몸[色]이 있으므로 마음[受想行識]이 있고, 마음이 있으므로 몸이 있다는 것은 몸과 마음만으로는 없다는 것입니다. 나아가 오온의 모임이 '나'로서의 생명이 되듯, 나도 너와의 인연에서 생명의 활동을 합니다.

오온들도 인연에서만 오온이 되고, 오온인 '나'도 인연의 관계에서만 '나'일 수 있습니다. 어느 것 하나 그 자체로 존재하는 실체는 없습니다. 그것이 "이것이 있으므로 저것이 있다."는 가르침입니다.

우리의 눈에 보이고 생각하는 마음을 떠나서 '인아人我'나 '법아法我'가 있는 것이 아닙니다. 법계 전체가 인연으로 하나 된 것이 하나하나의 마음으로 나타납니다. 일어나는 생각이 나일 수 없지만, 그 생각을 버린 곳에 나가 있는 것도 아닙니다. 생각에 집착이 있을 때 중생의 삶을 만드는 것이며, 생각에 집착이 없다면 법계의 인연을 나타내는 마음이 됩니다.

일어나고 사라지는 마음 하나에서 법계의 생명이 드러납니다. 마음 밖에 다른 것이 있어 법계의 인연을 나타내는 것이 아닙니다. 그러므로 "오온이 나다."라는 가르침을 듣고 오온의 모임을 태어남으로 해체를 죽음으로 생각하면서, 태어나고 죽는 것을 두려워하고, 태어나고 죽지 않는 열반의 법을 집착한다면, 열반을 경험할 수 없으며 법에 대한 집착이 됩니다.

자성 없는 오온의 인연이 열반

본래 수행 근기가 둔한 이승을 위해 "오온이 나다."라는 것을 말씀한 것이라고 하였지만, 이 말씀이 낮은 단계의 가르침은 아닙니다. 인연을 온전히 다 드러낸 말씀입니다. 이 말씀으로 열반을 성취한 수행자를 기준으로 이야기한다면 이 법문이 최상의 법문이 되는 것이고, 법문을 듣고 그와 같은 열반을 바란다면 이 법문이 근기가 낮은 사람을 상대한 법문이 되고 말았다고 해야 합니다.

수행 근기가 높은 사람을 상대하는 법문이 따로 있는 것이 아니라, 수행자와 만나 수행자의 삶을 깨달음의 삶으로 이끈 법문만이 법문으로서의 뜻을 갖습니다. 그러므로 '오온이 나다'라고 하는 법문에서 '나는 없지만 오온은 있다'라고 알아차린다면 제대로 깨달았다고 하기 어렵습니다.

부처님께서는 이와 같은 법문만을 말씀하셨던 것이 아니고 어떤 것이든 인연 관계에서만이 '어떤 것'이라고 말씀하셨기 때문입니다. 오온의 하나하나, 곧 몸〔色〕과 감각지각〔受〕 등이 그것 자체로 있는 것이 아니라 몸과 상대할 때만이 감각지각이 있으며, 몸과 상대하지 않는다면 감각지각도 없다는 것입니다.

나아가 일상의 지각과 다른 수행 경험이 발생하는 것도 마찬가지입니다. 수행이라는 인식의 조건과 그것에 맞는 인연의 변화에 따라 다른 지각과 인식이 발생하는 것입니다. 일상의 지각과 수행의 지각 가운데 어느 하나가 더 진실한 것이 아닙니다. 깨달음이 우리네 일상의 지각과 인식을 떠나 있는 것이 아닙니다. 인식 내용에서 집착이 사라진 것일 뿐입니다.

따라서 깊은 수행에 대한 체험이 집착으로 남아 있다고 하면 잘못된 경험입니다. 수행이란 집착인 잘못을 여읜 일상입니다. 수행의 깊은 체험도 수행자에게는 일상일 뿐입니다. 집착이 없는 지각과 인식으로.

오온을 주재하고 있는 실체가 있다고 생각하거나, 오온과 다른 것으로 진아眞我가 있다고 생각하거나, 열반의 법이 따로 있다고 생각하는 것은, 모두 잘못된 인식 결과이며 집착입니다.

법아견 곧 열반에 대한 집착을 다스리는 방법은 '오온 그 자체가 바로 열반'인 것을 알게 하는 것입니다. 오온의 하나하나가 자성이 없다는 것에서 본다면 생겨나거나 없어지는 것이 아닙니다. 몸과 마음이 생겨나고 없어지는 것은 있지 않는가라고 생각할 수 있지만, '몸과 마음이란 무엇인가'라고 스스로에게 되묻다 보면 주체적 자아로서 변하지 않는 '나'가 없듯, 몸도 없고 마음도 없다는 것을 알 수 있습니다.

변하지 않는 몸과 변하지 않는 마음은 없습니다. 변한다는 것을 단지 나의 몸이 변한다고 보지 않고, 그 변화의 하나하나가 인연의 모든 것이라고 한다면, 태어나는 것도 인연의 모든 것이요 죽는 것도 인연의 모든 것입니다. 현상의 다름은 있지만 그 현상이 법계의 인연을 다 담고 있다는 것에서는 아무런 차이가 없으니, 태어나고 죽는 것이 있다고 할 수도 없고 없다고 할 수도 없습니다.

생겨나지도 않고 없어지지도 않는 인연의 생명연대는 언제나 생사를 떠나 있는 열반입니다. 오온의 변화 이면에 주체로서 자아가 없는 줄 알고, 오온조차 자성을 갖는 것(法)이 아닌 줄 알면, 그곳에서 연기의 공성으로 법계의 생명을 사는 것이며, 그것이 바로 하나의 마음으로 있는 것입니다.

생명은 마음으로 자신의 모습을 드러냅니다. 몸도 마음도 하나의 인연으로 마음입니다. 우리의 몸과 마음을 떠나 있는 것으로 하나의 마음이 아닙니다. 우리네 몸과 마음이 하나의 마음이면서, 인연 따라 변하므로, 변하는 모든 것이 그대로 하나의 마음자리가 됩니다. 오온의 하나하나도 자성이 없습니다. 자성 없는 오온의 인연이 열반이면서 마음입니다.

열반도 없고 생사도 없습니다. 자성이 없는 것이 오온이며, 오온이 열반이 되니 열반이라는 것도 있을 수 없습니다. 자성이 없는 자리에서 모든 인연의 변화가 마음으로 나타날 수 있어, 하나의 마음이 법계의 마음이 되니, 일어나고 사라지는 것이 생사가 아닙니다.

우리의 몸과 마음에 대해 '자성이 없다'라는 이해로 집착의 흔적인 미세망념의 상속을 끊는 것이 열반을 성취한 것입니다. 잘못된 집착인 인아견과 법아견이 완전히 사라진 것입니다.

43장. 허망한 집착을 완벽하게 떠난다는 것

61 허망한 집착을 완벽하게 떠난다는 것은 어떤 뜻인가? 번뇌에 오염된 법과 열반의 청정한 법이 다 상대적인 것일 뿐, 번뇌나 열반 그 자체로서 설할 것은 어느 것도 없다는 것을 아는 것이다. 그렇기 때문에 모든 법은 원래부터 형색도 아니고, 마음도 아니고, 지혜도 아니고, 분별 인식도 아니고, 있는 것도 아니고, 없는 것도 아니며, 궁극적으로 무엇이라고 말할 수 없는 것이다.

復次 究竟離妄執者 當知染法淨法皆悉相待 無有自相可說 是故 一切法 從本已來 非色非心 非智非識 非有非無 畢竟不可說相

그럼에도 불구하고 여러 가지 설명이 있는 것은 여래께서 중생을 위해 좋은 방편을 써서 임시로 설명하여 중생을 바른 법으로 인도하고자 하는 것임을 알아야 한다. 그 뜻하는 바는 모든 중생이 망념을 벗어나 진여에 들게 하고자 하는 것이다. '분별된 모든 법을 기억하는 망념'에 의해 마음이 생겨나고 없어지면서 참된 지혜를 증득하지 못하기 때문이다.

而有言說者 當知如來善巧方便 假以言說引導衆生 其旨趣者 皆
爲離念 歸於眞如 以念一切法令心生滅 不入實智故

기억에 고여 있는 시간을 사는 것

집착이란 기억에 고여 있는 시간을 사는 것이며, 흐르지 않는 물과 같은 것입니다. 시간이 고여 있을 수 없듯 집착이란 집착일 뿐, 그것은 삶의 언저리에 놓여 있는 어떤 것도 될 수 없으므로 허망한 집착〔妄執〕, 쓸데없는 집착이라 하지요.

그래서 흐름에 온전히 깨어 있는 삶이 집착을 떠난 삶이 되면서 새롭게 세계를 창조하는 삶이 됩니다. 지금 여기를 고요하게 지켜보면 물리적 사건으로는 온전히 새로운 세계를 볼 수 없겠지만, '마음 쉼'은 현재에서 늘 새로운 현재를 읽는 묘술을 보여 줍니다.

현재의 물리적 생물학적 시공간을 읽는 그곳에서 우리들이 평상시 읽지 못했던 조화로운 삶의 얽힘을 읽을 수 있는 마음이 현재를 고요히 지켜보는 마음입니다. 마음이 현재의 주인이 돼서 조화로운 인연을 만드는 것은 아니지만 마음의 지켜보는 묘술은 인연의 갖가지 현재를 하나의 사건 속에서 온전히 읽고 있습니다. 하나의 사건이 모든 사건들의 얽힘이 된 순간입니다. 마음에 남아 있는 기억의 정보들도 지켜보는 마음에서는 집착이 되는 것이 아니라, 현재를 고요하게 읽고 있는 쉰 마음과 더불어 새로운 세계를 펼쳐 보여 줍니다.

마음이 물리적 공간을 넘어선 자리에 마음만이 만드는 세계가 현실이 된 것입니다. 삼세가 하나의 마음속에 들어 있는 현재는 시간을 넘어선 현재가 되고, 현재라는 시점에서 재창조되고 있는 세계입니다.

분명하게 일어나고 있는 사건을 마음 편히 지켜보는 것이 단지 심리적 사건의 변화에 그치는 것이 아닙니다. 그와 더불어 현재의 물리적 경험마저 다르게 합니다. 일상의 경험과 지켜보는 마음에서 발생하는 경험 가운데 어느 것도 그것만으로 진실이 아닙니다. 진실이란 허망한 집착이 사라진 삶의 허허로움이라고 할 수 있을지 모르겠습니다.

'마음 빔'도 마음 빔이라는 상태로 머물러 있는 것이 아닙니다. 고여 있는 빔이 아닌 데서 가득 참으로 빔을 이루고, 차 있는 공간이 비움으로 허虛를 만들고 있기 때문에 '비어 있음'도 '차 있음'도 허허로운 것이라고 할 수 있습니다.

빈 듯하지만 가득 차 있고 가득 차 있지만 비어 있는 묘한 상황은 언어 관습과 일상의 마음이 그리는 영상 이미지로는 잘 잡히지 않습니다. 그래서 묘술이 필요한가 봅니다. 묘술이란 일어나는 마음 하나, 들이쉬는 호흡 하나, 눈에 잡히는 그림 하나 등을 지켜보기만 하는 것입니다.

그러다 보면 고여 있는 시간의 기억이 흐르는 현재가 되면서 그 사건 속에 담겨 있는 허상의 집착이 보이고, 아울러 모든 인연의 만남에서 마음으로 자기를 드러내고 있는 것을 알 수 있습니다. 그래서 그저 지켜보거나, 혹은 의도적으로 모든 것이 마음의 그림자임을 알아차린다면 허망한 집착으로부터 벗어나게 되지요.

'허망한 집착'이라는 뜻에 이미 들어 있듯 집착만 있을 뿐 집착의 대상은 이미 사라지고 없습니다. 흐름이란 늘 새롭게 자기 길을 가는 인연의 길이며, 자연의 길(道)이기 때문에 집착과 상관없이 언제나 온 세상을 드러내면서 흐르는 것이어서 그렇습니다. 집착만이 허망한 것이며, 집착할 것이 하나도 없다는 것에서 다시 허망하지 않을 수 없습니다.

집착도 허망한 것이며, 집착하지 않는 것도 허망한 것입니다. 어느 것 하나 마음에 두고 시간을 멈추게 할 수 없으며, 고여 있는 물일 수 없습니다. 참으로 허망한 것이지요. 허망하지 않다는 이미지를 가지고 허망한 흐름에 상대하는 생각들이 발붙일 공간 하나 없는 인연의 매서움이 섬뜩한 그림자처럼 우리네 삶에 드리워져 있습니다.

삶의 실상은 허망하지만 허망하기에 마음 가득 생명의 신비를 담을 수 있습니다. 허허로운 신비가 호기심 가득한 삶을 살 수 있는 바탕이며, 함께 아름다움을 실현하는 바탕입니다. 허망을 놓는 자리가 허망하지만 허망이 다시 신비로운 생명의 자리입니다. 그 자리는 집착으로 물든 것도 아니며, 집착을 떠난 자리도 아닙니다.

생생한 삶의 인연에 늘 함께하는 가르침

'집착'과 '집착을 떠나 있는 것'은 서로 상대하여 그렇게 개념 지은 것이지만, 삶의 신비는 개념만으로 드러나는 것이 아닙니다. 집착하는 그 마음에 고여 있는 시간의 기억이 기억인 줄 알 뿐만 아니라, 그 기억 속에 담고 있는 시비 등의 분별이 지금 여기의 삶에서 보니 허망한 것인 줄 알 때, 그 기억조차 현재를 새롭게 살게 하는 자양분이 됩니다.

기억과 추상이 집착으로 있을 때는 단지 집착된 허구였을 뿐이지만, 허구가 허구인 줄 알 때는 기억도 지금의 삶을 이루는 다양한 인연의 한 축이 되면서, 마음마음이 온 세계를 다 드러내는 신비로운 힘이 된다고 할 수 있지요. 그와 같은 마음에서 보면 우리네 일상의 하나하나는 마음으로도, 몸으로도, 집착으로도, 지혜로도, 있다는 것으로도, 없다는 것으로도 규정할 수 없는 미묘한 신비라고 할 수 있습니다.

마음의 앎으로 피어나는 것이 그때 인연의 신비를 다 드러냅니다. 마음으로 그리지만 그림을 넘어서며, 갖가지 언설로 표현하지만 표현을 넘어서지요. 마음 하나하나가 생명의 신비이니 무엇만으로 그리거나 표현하는 것은 그 신비를 가두는 것입니다. 마음이라고 하여도 맞지 않지요. 그래서 마음도 아니고 형상도 아니라고 하였습니다.

그런가 하면 마음의 그림으로 나타난 것 가운데 하나인 집착도 지금 스스로의 인연에서 총상이므로 고여 있지 않는 흐름을 보면 함께 조화를 이루는 아름다운 삶의 인연이 될 수 있습니다. 머물지 않는 마음이 집착을 버리는 마음이며 쉬는 마음으로 지혜智慧가 됩니다. 잡고 있을 것도 없고 버릴 것도 없습니다. 갖고 있는 이미지를 그대로 알아차리는 의식이 의식을 넘어선 미묘한 삶 보기로, 지혜가 익어가는 것입니다.

앎을 갖고 있는 것은 집착이나, 앎이 새로운 인연을 이루는 현재와 조화를 이룰 때는 지혜가 되니, 함께 아름다운 삶을 펼쳐내는 도구가 되지요. 분별하고 판단하는 작용에서는 지식知識과 지혜智慧가 같은 모습이지만, 이루어진 마음의 이미지가 무엇인지 알고 그것에 머물지 않는 판단을 한다면 지혜智慧가 되고, 이미 있는 이미지에 머문다면 지식知識이 됩니다. 그러므로 지식이 없으면 바른 판단이 어렵고, 이미 있는 지식에만 머문다면 집착이 되기 쉽습니다. 이미지를 그리지만 그린 이미지에 머물지 않는 판단이어야 합니다. 지식이면서 지혜가 되어야 하고 지혜이면서 지식이 되어야 합니다.

마음으로 그리지만 그곳에 머물지 않기에 "있는 것도 아니고〔非有〕 없는 것도 아니다〔非無〕."라고 할 수 있고, '있음'과 '없음'이 겹쳐 있다고 할 수도 있습니다. 겹쳐 있을 때는 있는 것과 없는 것이 자기의 정체성을 갖고 겹쳐 있는 것이 아니기 때문에 '무엇이라고 말할 수 없는 것〔不可說相〕'이라고 할 수밖에 없지요. 그것을 '절대 현재'라든가 '절대무絶對無'라고 말씀하시는 분들이 계시는데 이름 붙일 수 있는 한계 내에서 할 수 없이 붙이는 이름이라고 할 수 있습니다.

망념이 떠난 자리가 온갖 인연을 다 담고서 있음〔有〕으로 드러나

나, 무상한 변화는 잠시도 있음에 머물지 않고 비움[無]으로 다시 새로운 인연을 드러냅니다. 있음에도 머물지 않고 비움에도 머물지 않으면서 새로운 인연을 만들지요.

이 상태를 할 수 없이 "있는 것도 아니고 없는 것도 아니다[非有非無]."라고 표현했지만, 마음으로 그릴 수 없다고 보면 언어 표현이라고 하기도 어렵습니다. 그러니 그것에 대해서 어떻게 설명할 수 있겠습니까? 설명하는 것마다 어긋날 수밖에 없지요.

유마의 침묵이 소중한 가르침으로 남게 된 것도 이 때문입니다. 그러나 침묵도 하나의 표현이라고 한다면 침묵에 머물러 있는 순간 유마의 가르침조차 빛이 될 수 없지요. 침묵도 인연을 다 드러내는 수단으로는 부족합니다.

그래서 깨달은 분들의 말씀을 방편方便이라고 하고 근기에 맞는 처방이라고 하며, 그때의 인연에서만 뜻이 있는 가르침이라고 합니다. 하나의 만남에서는 방편으로 빛이 될 수 있지만, 다른 만남에서는 같은 색깔로 작용하지 않을 수 있다는 것입니다.

선문답禪問答에서 묻고 대답하는 즉흥성이 이와 같은 방편을 가장 극적으로 보여 줍니다. 지금 이 자리에서 보여 주는 선승의 답이 다른 자리에서는 별다른 뜻이 없을 수 있습니다. 정해진 답을 가지고 다니면서 이곳저곳에서 써먹는 것이 아니지요.

그런가 하면 오직 하나의 답만으로 모든 질문에 답하는 경우도 있습니다. 다르다고 해도 다른 것만이 아니며 같다고 해도 같은 것만이 아닙니다. 그때 만난 수행자와의 인연에서 새롭게 되새겨지는 것에서만 다른 것도 같은 것도 살아 있는 답이 됩니다. 선禪의 종장宗匠들이기에 가능하겠지요. 외우고 있는 답안지를 보이는 것은 고여 있는 시간처럼 집착의 다른 모습이 아닐 수 없습니다.

그런가 하면 합리적인 논리 전개를 가지고 애써 이해시키는 답도 있습니다. 부처님의 말씀을 듣고 새로운 눈을 뜨는 수행자들이 좋은 보기가 되겠지요. 그렇기 때문에 방편이란 것이 어떤 것으로 정해질 수도 없고, 그것만으로 모든 인연을 맞이하는 것일 수도 없습니다. 강을 건너고 나면 뗏목을 지고 다닐 필요가 없는 것처럼, 그때그때 생생한 삶의 인연에 늘 함께하는 가르침이라야 좋은 방편이 되겠지요.

이와 같은 가르침은 나의 것으로 가질 수 있는 진리가 아닙니다. 인연을 열게 하는 열쇠인 것은 분명하지만, 그것이 나의 법으로 나의 진리로 있는 것이 아니라는 뜻입니다. 나의 법 또는 나의 진리가 되는 순간 그것은 시간과 흐름을 머물게 하여 법과 진리와 멀어지고 창조적 실상을 등지게 합니다.

특히 권위 있는 이미지로 가득한 가르침으로 소개되는 경우 더욱 조심하여야 합니다. 그 가르침을 듣기도 전에 이미 자신의 삶을 잃어버릴 준비를 하고 있는 것과 같기 때문입니다. 가르침이 이해를 넓히는 것이 아니라 기억으로 남게 하는 것은 그 순간에는 어떤 영감으로 있을 수도 있지만, 결국에는 허망한 집착이 되어 속고 말 것입니다.

'좋은 방편〔善巧方便〕'은 가르침을 기억하여 남기고자 하는 것이 아닙니다. 오히려 그와 같은 기억으로부터 자유롭게 하고자 하는 마음입니다. 시간에 머물러 있는 허상을 허상인 줄 알게 해주는 것입니다. 그것으로 어떠한 보상도 필요한 것이 아니며, 존경받아야 할 이유를 갖는 것이 아닙니다. 가르침에 대한 고마움이 고마움을 넘어 교조적 존중으로 변하는 순간 교조도 교조를 받드는 자도 모두 진정한 삶의 인연을 놓치게 됩니다.

삶은 누구에게나 그 자신의 삶이 인연을 온통 드러낸 것입니다. 이와 같은 삶은 누구에 의해서 만들어진 삶이 아닙니다. 그렇기 때문에 누구나 자신을 살 수 있습니다. 부처님들께서는 그렇게 사는 방법을 말씀하신 것입니다.

살핌 없는 선의가 망념妄念을 만든다

이 대목에서 강조하고 싶은 것은 앞서 말씀드렸듯이 선의善意가 다른 사람한테 선의가 되지 못하는 경우가 허다하다는 것입니다. 내가 생각하는 것이 옳다고 여기는 것이 모든 경우에 다 옳은 것이 아닌 줄 사무치게 알아야 합니다. 자칫하면 자신을 옭아매고 다른 사람의 삶까지도 힘들게 하기 때문입니다. 특히 가까운 분들의 호의와 선의는 더욱 그렇지요.

모든 생명체들은 생명이라는 데서 보면 인연으로 하나이지만 그것이 나타내는 표현들은 모두 다릅니다. 생명이라는 정체성과 자신이라는 정체성이 겹쳐 있기 때문에 자칫하면 '나의 정체성'으로 '너'를 재단하고, 그것이 너를 위한다는 명분으로 다른 삶의 자유로움을 억압하게 됩니다. 살핌 없는 선의가 망념妄念을 만든 것입니다. 선의도 그러할진대 그렇지 않는 경우란 더더욱 조심하여야 합니다.

　방편이란 절대적 권위를 갖고 그것으로 수행자의 삶을 조정하고자 하는 것이 아닙니다. 오직 지금 여기의 삶에서 부처를 온전히 드러내 살 수 있는 방법이어야 합니다. 기억해야 할 가르침이지만 가르침을 기억하는 것이 아니라 인연처마다 살아 있는 자유가 되어야 합니다. 자신의 삶에서 언제나 깨어 있는 것이지요. 그것이 실천이며, 그렇게 됐을 때 이웃 생명과의 관계에서 생명 나눔이 진실로 이루어질 수 있습니다.

　그렇지 않고 나의 가르침이나 나의 법이 지상명령이 되고 시간과 공간의 다름에 아무런 영향도 받지 않으며, 그 시대를 사는 수행자의 인연과 상관없이 존재한다면, 이러한 가르침이나 법은 이미 머물러 있는 시간과 같은 허구입니다. 그것으로 인하여 너무나 아픈 인연들이 여기저기에서 끊임없이 일어나고 있습니다. 나의 법만이 최고이고 진리라고 주장하면서, 너도 그렇게 살아야 한다고 권위에 대한 복종을 요구하며 폭력으로 억압하는 일들입니다. 가르침을 전하는 것이 아니라 오만과 폭력을 대물림하는 것입니다. 우리 주변에서 그리고 세계의 역사에서 너무나 흔하게 볼 수 있는 허구입니다. 이웃 생명들과의 조화 속에서 아름답고 평화로운 삶을 살 수 없게 하는 독단입니다.

　분별과 차별로써 높낮이를 정하고, 이웃 생명들과의 연대에서 권위로 작용하는 지식으로는 우리의 삶을 제대로 살 수 없습니다. 지식이 중요하지만 그것이 현재의 인연에서 함께 조화로운 삶을 살 수 있는 기틀이 되어야 하며, 교조적 권위가 아니라 마음 쉼을 이끌어, 함께 살아가는 자리를 만드는 방편으로 남아야 합니다.

　그러므로 수행자는 늘 자신에게 깨어 있어야 함은 물론이거니와 선의라도 다른 사람의 삶의 내용을 결정하려고 해서는 안 됩니다. 다른 사람의 삶을 그 모습 그대로 존중하여야 하며, 그 삶으로 존중받을 수 있는 인연을 열어 주는 것으로 자신의 역할을 다하여야 합니다. 선의라도 자칫하면 서로가 서로를 힘들게 할 뿐 아니라, 그 힘든 일이 기억으로 남아 다음날의 삶까지를 어둡게 하는 경우가 종종 일어나기 때문입니다.

　잘 살펴보면 선의의 행동에서도 욕망의 집착을 담고 있는 경우가 너무나 많습니다. 자신이 그리는 세계에 대한 욕망을 다른 사람에게까지 갖게 하며, 그것이 거부되거나 이해받지 못했을 때는 선의가 대부분 분노로 바뀝니다. 선의나 호의가 욕망을 비우는 자리에서 일어나는 것이 아니고 자신의 욕망을 선의로 포장하여 실천하고 있는 경우입니다. 그렇기 때문에 "내가 이렇게까지 하였는데 네가 그럴 수 있느냐."라고 분노하겠지요.

　이것은 옳은 방편이 아닙니다. 너무나도 옳은 것 같고 또한 이웃한

테 칭찬받게 되는 행동이지만, 그것은 인정받고자 하는 욕망의 자기 표현에 지나지 않는 경우가 너무나 많습니다. 인정받고자 하는 욕망이 숨어 있는 한, 그리고 그것이 자신의 욕심이며 욕망이라고 인정하지 않는 한, 언제나 분노를 저 깊숙이 동반하고 있는 '포장된 선의'일 뿐입니다.

욕망을 남기지 않으며 분노의 감정을 불러일으키지 않는 가르침이 선지식善知識의 가르침입니다. 망념이 작용하는 생멸문生滅門에서 진여문眞如門이 열리는 가르침입니다. 오직 욕망과 분노를 불러일으킬 수 있는 마음 씀이 사라지고 나서야 바른 가르침이 살아난다고 할 수 있습니다.

부족하더라도 자신의 실천이 욕망을 추구하지 않도록 잘 살피고, 잘 이루어지지 않는다고 하더라도 분노하지 않을 수 있는 힘을 갖추어 가면서, 자신의 힘에 맞게 조화로운 삶을 실천하여야 합니다. 이것이 스스로 허망한 삶을 살지 않는 방편이며, 이웃과 평안함을 나누는 것입니다.

44장. 신심이 성취된 수행자

62 불도를 향한 발심이란 무슨 뜻인가? 불도佛道란 모든 부처님들께서 증득하신 도를 말하고, 발심發心이란 모든 보살 수행자들께서 보리심을 내서 불도를 향해 수행하는 것을 말한다.

分別發趣道相者 謂一切諸佛所證之道 一切菩薩發心修行趣向義故

63 발심發心을 간단하게 설명하자면 세 종류가 있다. 첫째는 '믿음을 성취한 발심〔信成就發心〕'이고, 둘째는 '이해하고 실천하는 발심〔解行發心〕'이고, 셋째는 '증득한 발심〔證發心〕'이다.

略說發心有三種 云何爲三 一者信成就發心 二者解行發心 三者證發心

64 '믿음을 성취한 발심〔信成就發心〕'을 해야 대승에 대한 믿음을 성취하고 대승을 향한 발심을 감당할 수 있게 된다. 이 발심을 성취해야 하는 사람은 '수행의 방향이 확실하게 정해지지 않는 중생〔不

定聚衆生〕'들이며, 그들은 다음과 같은 수행을 해야 한다.

信成就發心者 依何等人 修何等行 得信成就 堪能發心 所謂依不定聚衆生 有熏習善根力故

업의 과보를 믿고, 열 가지 착한 일을 하며, 생사를 싫어하고, '위없는 깨달음〔無上菩提〕'을 닦기를 바라며, 모든 부처님을 만나 직접 공양도 올리면서 신심을 닦아야 한다. 그들 가운데 불법에 의한 훈습력으로 수행의 양식이 되는 선근이 있는 사람이라면 일만 겁을 지나면서 믿음을 성취하게 된다.

信業果報 能起十善 厭生死苦欲求無上菩提 得値諸佛 親承供養 修行信心 經一萬劫

믿음을 성취했기 때문에 여러 부처님과 보살님들의 가르침을 받고 발심하기도 하며, 대비심이 쌓였기에 스스로 발심하기도 하고, 바른 법이 없어지려는 시대에는 바른 법을 유지 발전시키기 위해서 스스로 발심하기도 한다.

信心成就故 諸佛菩薩教令發心 或以大悲故 能自發心 或因正法欲滅 以護法因緣故 能自發心

이와 같이 하여 신심을 성취하고 발심하게 된 수행자는 수행의 성취가 담보되는 바른 길에 결정적으로 들어선 것이다. 이들이 '정정취중생正定聚衆生'이다. 이들은 결코 수행에서 퇴보되지 않고, 여래가 될 수 있는 바른 인연〔正因〕과 상응한다.

如是信心成就得發心者 入正定聚 畢竟不退 名住如來種中 正因相應

그러나 수행의 양식인 선근이 얼마 되지 않는 중생은 오랜 세월 동안 쌓인 번뇌가 깊고 두텁기 때문에, 부처님들을 만나 직접 공양하고 가르침을 받더라도 다음 세상에 사람이 될 수 있는 인연이나 천상에 태어날 수 있는 인연만을 짓거나, 성문승과 연각승의 종자를 기를 뿐이다. 설사 대승에 대한 가르침을 구할지라도 근기가 일정치 않아 대승 수행을 위해 정진을 하다 말다 한다.

若有衆生善根微少 久遠已來煩惱深厚 雖値於佛亦得供養 然起人天種子 或起二乘種子 設有求大乘者 根則不定 若進若退

혹은 여러 부처님을 만나 공양했을지라도 그 기간이 일만 겁의 세월이 지나지 않았는데도 인연을 만나 대승을 향한 발심을 한 경우, 곧 부처님의 수승한 모습을 보고 발심하는 경우, 혹은 여러 수행자를 공양한 것이 인연이 되어 발심하는 경우, 혹은 성문과 연각의 수행자들의 가르침을 받고 발심한 경우, 혹은 다른 사람들의 가르침을 통해서 발심한 경우라면 정정취正定聚에 들기 어렵다. 이와 같은 인연으로 발심한 사람들은 대승의 가르침에 대한 믿음이 확실하게 결정되지 않았으므로 수행 도중에 좋지 않는 인연을 만나 퇴보하기도 하고 성문·연각의 수행을 좇기도 한다.

或有供養諸佛 未經一萬劫 於中遇緣亦有發心 所謂見佛色相而
發其心 或因供養衆僧而發其心 或因二乘之人敎令發心 或學他
發心 如是等發心 悉皆不定 遇惡因緣 或便退失墮二乘地

삶의 길을 닦는 것

　행行을 닦는 일[修行]을 '도道를 닦는다[修道]'라고도 합니다. '행行'이란 얽히고설킨 감각지각感覺知覺과 의지각意知覺에서 보편성을 읽고, 그것으로 '삶의 길[道]'을 갈 수 있게 하는 판단의 근거를 만드는 마음작용이며, 그렇게 만들어진 판단 근거가 다음 인연을 판단하는 근거가 되기도 하므로, 행을 닦는 일이 도를 닦는 일이 됩니다.
　행은 늘 새로운 판단 근거를 만드는 것이면서 과거와 미래를 함께 잇는 가교입니다. 지금의 일에 분명히 깨어 있는 수행이 삼세에 깨어 있는 묘술이 되는 까닭입니다. 마음 하나 지켜보는 마음작용에 살아온 날들과 살아갈 날들의 길이 그 안에 들어 있어서 그렇습니다. 그래서 하나의 판단이 모든 인연을 다 담는 판단이면서도 새로운 판단이어야 행을 닦는 것이며, 도道, 곧 삶의 길을 닦는 것입니다.
　'도道'란 모든 부처님들께서 성취한 깨달음입니다. 모든 집착이 사라진 삶을 사는 것이지요. 모든 괴로움과 불만족의 근거가 집착이기에, 집착에서 벗어났을 때가 진정한 깨달음입니다. 집착은 무엇에 대한 집착 같지만 허구의 '나'를 집착하는 마음입니다. 놓으면 아무 것도 남지 않으나 잡혀 있으면 한시도 자유롭지 못한 마음 씀입니다. 집착하는 마음 이외에는 어느 것도 남지 않는 허망한 삶입니다. 삶이 허망한 삶이 아니라 집착하는 마음이 허망한 삶을 만듭니다.

　마음 지켜보기, 마음 내려놓기, 마음 쉬기는 허망한 집착에 의한 힘든 삶에서 벗어나는 방법입니다. 현재의 흐름에서 깨어 있는 마음으로, 마음으로 만든 것이거나 감각에 잡힌 것이거나 오고 가는 모든 대상을 지그시 지켜봅니다. 그리고 그것에서 욕망과 성냄이 일어나는 경우에도 그것이 단지 허구의 '나'를 집착한 것에서 발생한 줄을 사무치게 알아차립니다. 그리하여 집착으로부터 자유로운 마음으로 삶의 길을 걸림 없이 갑니다. 자유, 곧 '스스로를 말미암은 삶〔自由〕'이 되는 것이 '증득된 깨달음'입니다.

　삶의 길에 깨어 있는 것이 부처가 되어 가는 수행입니다. 부처님께서 증득한 수행 방법을 통해 스스로의 마음을 알아차리고, 그 마음조차 마음 스스로가 그렇게 만들고 있다는 것을 보면서, 집착의 흔적조차 남기지 않는 마음 길을 걷는 것입니다. 부처님의 가르침은 스스로의 마음을 보는 것에서 시작되고 끝난다고 할 수 있습니다.

　깨달음의 길이란 '집착이 없는 삶을 사는 것'을 말하고, 부처님의 가르침이란 '어떻게 하면 집착하지 않는 삶을 살 것인가'에 대한 방법론입니다.

　항상 깨어 있는 마음으로 깨달음의 길을 가기 위해서는 세 가지 '발심發心'이 있어야 합니다. 믿음을 성취한 발심〔信成就發心〕, 이해하고 실천하는 발심〔解行發心〕, 증득한 발심〔證發心〕입니다.

첫째, '믿음을 성취한 발심〔信成就發心〕'입니다.『아함경』에서는 전통이기 때문에, 권위가 있기 때문에, 이름이 났기 때문에 등등의 이유로 스승이나 가르침을 믿어서는 안 된다고 이야기합니다. 지금의 집착을 떨칠 수 있는가 없는가를 잘 헤아려 믿음에 대한 판단을 해야 한다고 하였습니다.

'믿음의 성취'란 부처님의 가르침에 대한 믿음을 요구하는 것이 아닙니다. 부처님의 말씀이라도 스스로의 삶에서 집착을 벗어나게 하는 약으로 작용할 때만이 믿을 만한 가르침이라는 것입니다. 그러므로 어떤 가르침이 평온을 일깨우는 역할을 했더라도, 그 가르침이 언제 어디서나 같은 역할을 할 수 있다고 할 수 없습니다.

가르침에 대한 믿음은 일상의 삶에서 실천으로 드러나는 곳에 있습니다. 위대한 누구의 말씀이기 때문에 믿는 것이 아닙니다. 그러므로 학습과 사유와 실천을 통해서 믿음이 성취되어야 도를 향한 마음, 곧 깨닫고자 하는 마음이 발생합니다.

믿음이 없던 사람들이 학습을 하고, 학습된 내용을 비판한 연후에 받아들인 이해를 실천 수행하는 과정에서 믿음이 성취됩니다. 믿음이란 무엇에 대한 믿음이 아니라 '나의 삶에서 허망한 집착이 사라지는 경험을 했다'라는 자기 믿음이 되어야 합니다.

중도를 잃지 않는 통찰의 힘

여기서도 자칫하면 잘못되는 수가 있습니다. 마음이 믿음을 낳으니 믿음의 내용이 자기 마음인 줄 모르면 안 된다는 것입니다. 만일 믿음의 근거가 마음 밖에서 주어진 것이라고 하면, 그렇게 믿는 마음이 허망한 집착이 될 수 있습니다.

바른 믿음이란 스스로의 몸과 마음이 고요하고 평화롭게 되어야 할 뿐만 아니라 그 기운이 가족과 이웃 그리고 주변 환경에까지 미쳐야 합니다. 학습된 내용을 비판적으로 사유한 이후의 실천을 통해 몸과 마음으로 고요함과 평화로움을 느껴 알고, 함께 사는 모두에게 자비를 실천하는 과정에서 성립된 마음의 지향이 믿음입니다.

비판적 사유란 마음 깊이 평정을 유지한 상태에서 가르침을 면밀히 살피는 것뿐만 아니라, 가르침을 주는 분의 삶이 정말 평화로운지를 잘 헤아려 보는 것입니다. 그 분이 위대하다든가 훌륭한 전통 속에 있다든가 하는 풍문과 겉으로 드러나는 모습만으로 그 가르침을 따르겠다고 결정해서는 안 되는 것입니다. 그 분의 삶이 진정 그와 같은지 아무런 선입견 없이 살펴보고 또 살펴보는 것이 비판입니다.

그런 과정을 거쳤다 하더라도 그 가르침이 자신과의 인연에서 꽃이 필 것인가는 또 다른 문제입니다. 만일 자신과의 인연이 아닌 경우에는 고마운 마음가짐은 있을 수 있겠지만 그것을 계속해서 따를 이유는 없습니다. 또한 자세히 그 분의 삶을 살펴보니 풍문과 다른 점이 너무 많아 존경심이 생기지 않는다고 하더라도 비난해서는 안 됩니다. 잘못 산 과보는 그 분 스스로가 받게 됩니다.

믿음에 대한 수행을 시작하려는 사람은 비난이 수행에 아무런 진전을 가져오지 않는다는 것을 마음 깊이 새겨야 합니다. 비난하는 마음은 자신을 힘들고 거칠게 할 뿐 아니라, 함께하는 식구와 이웃 동료, 그리고 더 많은 생명들까지도 그 기운으로 평안하지 않게 합니다. 믿음을 성취하려고 하는 수행을 장애할 뿐이며, 집착을 떠나 평화롭고 아름다운 삶을 살려는 자신의 의지를 약하게 할 뿐입니다.

비판이란 평온한 마음가짐으로 가르치는 사람이나 배우는 사람 모두가 집착을 떠나 열반을 체험하고 있느냐 없느냐를 보는 것입니다. 수행의 결과는 의식만 변하는 것이 아니라 일상의 삶에서 고스란히 드러납니다. 때문에 일상 너머에 고결한 삶이 있다고 하면 문제가 있는 가르침일 확률이 높습니다.

고요하고 평화로운 마음과 실천이 자신의 삶에서 일어나도록 돌이켜보는 것이 중요하며, 그것이 힘들이지 않고 일어난다면, 좋은 인연의 힘이 자신한테 있다고 하겠습니다. 수행의 양식이 되는 선업善業이 많은 것이지요.

수행은 자신의 몸과 마음에 평온과 자비가 깃들도록 하는 것이 먼저입니다. 이웃의 안녕과 행복을 위한 자비가 중요하지만, 스스로의 힘이 부족하게 되면 지치고 힘들게 되어 자신의 삶에서 진정한 평온과 자비가 실천되지 않습니다. 그렇게 되면 이웃에게 베푸는 일들도 겉치레가 되기 쉽고, 말만 앞세우게 될 것이니, 선행으로 시작한 일의 결과가 그렇게 바람직하지 않게 되기 쉽습니다.

비판을 통한 충분한 검토가 이루어지지 않는 결과입니다. 좋은 가르침이라고 할지라도 그것이 자신의 몸과 마음과 만나 새로운 인연으로 익어지는 시간이 필요합니다. 자신이 받아들이고 있는 가르침과 지금까지 익혀 온 생각의 틀이 무엇인지를 알아차리는 시간입니다.

마음으로 기쁨을 추구하지 않고 몸으로 쾌락을 추구하지 않는다고 하더라도, 베푸는 것을 욕망하고 있는지를 살펴야 합니다. 욕망하는 내용이 좋은 것일지라도 욕망은 지나친 결과를 불러일으킬 수밖에 없습니다. 왜냐하면 좋은 일을 하는 것과 그것을 하려는 욕망은 다르기 때문입니다. 좋은 일을 욕망하는 그 욕망을 실현하려는 것은 자신의 몸과 마음의 평온을 해치게 되고, 오히려 원망하는 마음이 자리잡게 됩니다.

그것은 '중도中道'를 잃는 마음입니다. 좋은 일이 욕망의 대상이 된 것입니다. 욕망을 제어하지 못한 경우에는 좋은 일이라는 이미지조차 단지 자신의 욕망을 합리화시키는 것에 지나지 않을 수 있습니다. 조심하여야 합니다.

욕망이 만들어 놓은 것이 생사生死입니다. 그러므로 생사에서 해탈하기 위해서는 악업惡業을 짓지 않는 것은 말할 필요도 없지만, 선업일지라도 욕망이 끼어들지 않도록 자신의 몸과 마음을 잘 지켜보는 통찰이 있어야 합니다. 선업善業은 삶의 인연을 좋게 만들어 부처님과 보살님들을 만날 수 있는 바탕이 되기도 하지만 그것만으로 부족합니다. 중도를 잃지 않는 통찰의 힘이야말로 깨달음으로 가는 자양분이 됩니다.

신심信心을 닦는 것이 자신을 섬기는 것

선업과 깨달음을 구하는 마음 그리고 통찰력이 있을 때 불보살님을 만나게 됩니다. 그때는 불보살님이 따로 있는 것이 아니라 스스로의 몸과 마음, 그리고 가족, 이웃 생명들이 불보살의 화현으로 나타난다고 할 수 있습니다. 통찰력이 불보살님을 만나는 마음도 되지만, 그 마음에 의해서 자신과 이웃 생명들이 불보살님이 되니, 평온과 고요함 속에서 자신과 이웃을 섬기는 마음이 신심을 닦는 것이 됩니다.

신심信心을 닦는 것이 자신을 섬기는 것이지만 스스로를 사랑하고 기뻐하고 그리워하는 습관을 들인 적이 없으므로 자신을 섬길 수 있게 되는 시간이 오래 걸립니다. 걸음걸음마다 사랑하는 마음을 담아 그 걸음에 푹 젖어 있는 아름다운 걷기란 쉽지 않습니다. 마음이 언제나 밖을 향해 있기 때문이지요. 그 마음을 걸음 위로 불러들이는 시간이 일만 겁이나 걸리나 봅니다. 신심을 성취하는 시간이지요.

그러나 시간도 마음이 만드는 일. 걷는 자국마다 시간을 남긴다면 어느새 일만 겁의 긴 시간도 기쁨의 한순간과 다를 바가 없습니다.

사랑하고 기뻐하고 그리워하는 그 마음에는 시간이 없지요. 그리운 그 마음이 온 세상이 되니 완성된 수행과 다를 바가 없습니다. 걸음마다 그와 같은 마음을 담아 포근함을 나눈다면 자기 섬김과 이웃 섬김이 완성됩니다. 기쁜 마음과 온화한 표정을 그리는 것이 내적 자기가 되도록 하여야 합니다.

자랑할 것이 아무 것도 없는 그것이 자랑이 되어야 합니다. 그 마음은 무엇을 가져서 기쁜 마음이 아닙니다. 갖고서 기뻐하는 마음은 슬픔과 이별을 준비하는 마음입니다. 가진 것과는 반드시 헤어지기 마련이니 그럴 수밖에 없습니다. 그래서 "사랑하는 사람도 갖지 말고 미워하는 사람도 갖지 말라."고 하였겠지요. 갖고서 기뻐하거나 잃고서 슬퍼한다면 기쁨과 슬픔으로 들뜬 마음이 그칠 날이 없습니다. 무상한 흐름이라 슬픔과 기쁨이 번갈아 가면서 마음을 들뜨게 하여서지요.

들뜨지 않고 평온함으로 가득한 마음이 시간을 넘어선 마음이며, 걸음마다 아름다운 조화를 담는 마음입니다. 이렇게 마음에 평온과 아름다운 조화가 가득해지는 기간이 일만 겁이 되는가 봅니다. 일만 겁은 물리적 시간으로 긴 시간 같지만 아름다움을 꿈꾸는 마음, 그리움으로 가득한 기다림은 어느새 일만 겁을 채우고도 남을지니 먼 시간만도 아니지요.

기다림이 즐거움이 되는 시간이여서 그렇습니다. 무엇을 기다리는 마음 같지만 꿈으로 가득한 기다림이라 기다림이 충만된 기쁨이며, 시간을 넘어선 마음이지요. 마음 섬김이 익어지는 시간이며 자신을 기쁘게 바라보는 눈이 익어지는 시간이며, 이웃 생명들이 보살과 부처님으로 보이는 시간입니다. 아득한 기다림으로 멀고 먼 훗날이 아니라 나날이 기쁨이 커지는 시간입니다.

기쁨과 고요함이 익어지는 마음이 고요함과 기쁨을 깨어내는 마음이 되고, 깨어난 기쁨과 고요한 마음은 시간을 넘어서는 마음이 되어, 어느새 일만 겁을 지나게 됩니다. 신심이 성취된 것이지요.

신심信心이란 보살이 된 마음이 스스로의 보살을 일깨우고, 깨워진 보살의 마음이 이웃 생명들을 보살로 보게 하고, 이웃 생명들이 보살로 보이는 그 마음이 다시 스스로를 보살로 만들면서, 함께 아름다운 삶을 만들어 가는 마음입니다.

스스로의 보살을 깨우는 믿음이 모든 불보살님을 깨우는 것이며, 완성된 믿음은 모두를 불보살의 화현으로 보는 것입니다. 그러므로 성취된 신심은 불보살들의 가르침[佛法]이 사그라지는 것이 너무나 아플 수밖에 없습니다.

우리네 모두가 자신의 자리에서 스스로를 잃어버린 것과 같으니, 마음이 더욱 아프겠지요. 이 아픔이 스스로의 불보살과 이웃 불보살을 살아나게 하는 마음입니다. 바른 가르침[正法]이 사그라지려 할 때 그 속에 타오르는 마지막 불빛을 놓치지 않고 다시 피게 하려는 열망이, 마음을 내밀어 법계의 인연에 눈뜨고 바른 법을 이어가게 합니다.

죽음을 연상하는 수행도 이와 같습니다. 죽음, 곧 사그라지는 불빛 너머에서 다시 피어나는 불꽃으로 생명 본연의 각성을 보는 것입니다. 죽음이 법계의 인연을 찬란한 불꽃으로 되돌려 놓는 장엄한 인연임을 아는 것입니다. 죽음을 보는 마음이 삶의 걸음마다에서 깨어 있는 마음이 되며, 불보살님의 마음이 되며, 시간을 넘어선 마음이 됩니다. 이 마음이 신심을 성취하게 하고, 인연의 각성에 대한 성찰이 더딘 세상에서 깨달음을 향해 정진하게 합니다.

그러므로 신심을 성취해 가는 과정은 스스로에게서 일어난 보리심, 곧 깨어 있는 마음과 그 마음을 나누는 보살심이 다시 보리심과 보살심을 깨워 가는 과정이라고 하겠습니다. 이와 같은 신심이 성취된 수행자는 필연코 보리심과 보살심이 익어갈 것이고, 그 마음이 온전한 생명의 활동으로서 인연의 각성과 어울려 불보살의 완성을 이룰 것입니다. 이것을 부처될 '바른 원인〔正因〕'과 손잡았다고 합니다.

여래如來란 보이는 무엇이 아니라 깨어 있는 마음과 그 마음을 나누는 방편이 가득한 것입니다. 마음이 여래를 만들어 가는 것과 같습니다. 새로운 여래를 만드는 것은 아니지만 보살심이 풍성하게 익어 가는 모습이 여래가 되어 가는 모습과 같아서 그렇습니다. 그 마음이 우리네 본래 마음입니다. 모든 인연을 담아서 보리심의 깨어 있음과 보살심의 깨달음을 나누는 방편이 되고, 그것이 다시 인연이 되는 것이 우리네 본래 마음이니까요.

선근이 적은 사람은 번뇌가 깊다

그렇지만 걸음걸음마다 온전한 자기로 걷는다는 것이 말처럼 쉬운 일이 아닙니다. 자기 섬김과 이웃 섬김 또한 그렇지요. 어느새 찾아드는 밖을 향한 마음이 현재를 잃게 하여, 걸음이 제 걸음이 아니게 합니다. 마음 밖을 향해 부처를 구하는 것을 외도外道라고 합니다. 마음 밖의 부처는 마음이 부처라고 인정하는 것일 뿐, 그것이 우리네 마음을 부처로 만들지는 못합니다. 그래서 부처님 당시에도 부처의 마음을 열 인연이 없는 수행자들에게는 부처님께서도 그들의 깨달음을 여는 외연外緣이 될 수 없었지요.

이처럼 마음이 밖을 향해 있거나, 마음에 무엇을 치장하여 갖고 있는 것으로 자기를 삼는 한, 늘 마음으로 있으면서도 허전한 일상이 되니, 부처이면서 부처를 등지고 있는 마음입니다. 이와 같은 마음을 쓰는 모든 이들을 부처가 될지 중생이 될지, 바른 길을 갈지 나쁜 길을 갈지가 '정해지지 않는 사람〔不定聚衆生〕'이라고 합니다.

밖을 향한 마음은 내적 허무를 채우려는 욕망입니다. 스스로가 부족하다고 여기는 마음입니다. 이 생각이 있는 한 자신을 있는 그대로 보고 그것에 평온해지기가 쉽지 않습니다. 더구나 이웃과 비교해서 자신을 평가한다면 더욱 깊은 자기 분노에 빠지기 쉽습니다. 이와 같은 일들이 자신을 힘들게 한다는 것을 알지만, 밖을 향한 마음의 갈구를 쉬지 않습니다. 이런 사람들을 '선근이 적은 사람'이라고 하며 '번뇌가 깊다'고 하지요.

자신의 삶을 되돌아보면 누구나 알 수 있는 자신의 현재라고 하겠습니다. 그렇게 하지 말아야지 하면서도 그렇게 되지 않는 습관이 큰 것입니다. 부족하다고 여기는 마음이 계속해서 부족한 마음을 만들고, 분노하는 마음이 계속해서 분노를 만들고 있습니다. 때때로 일어나고 있는 자기 연민과 사랑이 인연을 받아들이기에 그나마 살 수 있지요.

마음이 부리는 온갖 요술에 속지 않아야 하지만 정말 쉽지 않습니다. 그러다 보니 내적 자기 충만이 보이지 않고, 늘 부족하다고 여기는 자기 연민은 필연으로 사랑을 갈구하게 됩니다. 깊이 있는 성찰이 무엇보다 필요하고, 마음 쉼을 나누는 이들의 가르침을 학습하고 실천해야 하는 이유가 여기에 있습니다.

불보살님의 가르침을 통해 스스로 평안과 행복을 이루며, 그것을 이웃과 나누는 것이 복연福緣이 됩니다. 복연이 부처 될 근본 원인인 진여를 깨우는 훈습을 하지만, 아직은 힘이 약해 마음 쉼을 드러내기가 쉽지 않고, 드러냈다고 하더라도 걸음걸음마다 그 마음을 유지하기가 어렵지요.

그래서 부처님과 보살님을 만나 공양하더라도 그 공양에 의해서 맺혀진 결과가 크다고 할 수 없습니다. 또한 함께 사는 모든 이들과의 연대에서 해탈의 인연을 열려고 하는 마음이 생겼다고 하더라도, 그 마음이 자기의 일상에 깊숙이 뿌리를 내리는 마음이 아닌지라, 있다가 사라지고 사라졌다가 다시 생기고 할 것입니다.

아직 보살심이 가득한 수행자가 되지 못한 것입니다. 그것은 일만 겁이라는 세월을 스스로를 소중히 여기고 이웃을 아끼면서 생명 본연의 모습을 알아차리는 마음으로 보내지 못했다는 이야기입니다. 마음 깊이 인연의 공성을 깨치고, 깨친 마음이 한정된 시공간을 넘어선 것으로 보살과 부처님인 것을 보지 못한 것이지요. 여래如來의 정인正因이 되기에는 부족한 성취입니다.

부족하더라도 부처님과 보살님을 보고 마음을 다잡아 발심하기도 하고, 올곧은 수행자들에게 공양하면서 밖을 향하는 마음을 안쪽으로 향하기도 하고, 성문이나 연각 수행자의 가르침을 듣고서 발심하여 수행 정진하기도 하고, 그 밖에 여러 가지 인연을 통하여 발심하여 정진하기도 합니다.

그렇지만 대승을 받아들이고 대승 수행을 성취할 수 있는 신심과 선근이 부족하기에 계속해서 정진하지 못하고 하다 말다 하며, 대승 수행 이외의 다른 곳으로 눈을 돌리기도 하므로 잘못되어 나쁜 길로 들어설 수도 있습니다. 이들을 '부정취중생不定聚衆生'이라고 합니다. 반드시 여래가 될 수 있는 정인正因과 상응하는 '정정취중생正定聚衆生'과 상대하여, 그 인연이 아직 정해지지 않은 중생을 말합니다. 부정취중생은 인연과 발심에 따라 여래의 정인을 이룰 수 있는 가능성이 있습니다.

반면 대승을 향한 발심을 이룰 수 없는 악업중생惡業衆生도 있습니다. 이 사람들은 잘못된 길을 가는 것이 결정돼 있다는 뜻에서 '사정취중생邪正聚衆生'이라고 합니다. 의식과 행동의 지향성이 자신도 모르게 늘 나쁜 쪽을 향해 습관적으로 가고 있는 업력이 큰 사람이라는 뜻이지, 언제나 잘못된 길을 갈 수밖에 없는 원인이 있다는 뜻은 아닙니다. 삶의 고苦가 사정취중생의 인연을 바꾸게 하기 때문에 언젠가는 부처 되는 길로 들어서게 됩니다. 그래서 『법화경』에서는 모든 중생은 반드시 부처가 될 것이라고 이야기합니다.

45장. 믿음을 성취하기 위한 세 가지 마음

65-1 믿음을 성취한 발심에서 '마음을 낸다〔發心〕'는 것은 무슨 마음을 낸다는 것인가? 세 종류의 마음이 있다.

復次 信成就發心者 發何等心 略說有三種 云何爲三

첫째는 '곧은 마음〔直心〕'이다. 진여를 잊지 않는 바른 기억이다.

一者直心 正念眞如法故

둘째는 '깊은 마음〔深心〕'이다. 즐거이 모든 선행을 하는 마음이다.

二者深心 樂集一切諸善行故

셋째는 '대비심大悲心'이다. 모든 중생들의 아픔을 덜고자 하는 마음이다.

三者大悲心 欲拔一切衆生苦故

빈 마음인 진여를 잊지 않는 '곧은 마음'

나눌수록 커지는 빈 마음으로 주시하며 집중하는 마음이 믿음을 성취하기 위해서 늘 곁에 두어야 할 마음 가운데 하나입니다. 모든 형상과 이념 등이 떠나 있는 마음자리 그곳을 직접 관觀하는 마음입니다. 이 마음을 '직심直心'이라고 합니다.

직심은 마음 그 자체를 직접 주시하며, 인연의 각성을 놓치지 않는 알아차림입니다. 우리 삶의 진실한 근거인 진여법眞如法을 그 자체로 오롯하게 지켜보고 있는 '정념正念'입니다.

지켜보고 알아차리는 마음 그 자체가 연기의 각성인 본각이 드러난 것이며, 근본 마음인 법신이 나타난 것입니다. 진여眞如가 본각本覺이며 법신法身이며 알아차리는 마음이기 때문입니다. 내용이 없는 알아차림은 아니지만, 앎의 내용을 갖고 있는 것은 아닙니다. 있는 그대로를 알아차리면서 그 인연의 흐름과 함께하는 삶이, 직접 자기 마음을 보는 것이며 죽음조차 넘어선 마음입니다. 생각의 내용만이 아니라 생각조차 넘어선 곳에서 모든 생각을 담는 그릇입니다.

일어나고 사라지는 생각이 자신의 모든 것이지만 그것에서 깨어 있는 마음은 생각의 형상과 내용과는 다른 것입니다. 생각이 일어나고 사라지는 인연의 총상과 함께하면서 그것을 넘어선 것으로 생각의 내용에 함몰되지 않는 마음입니다.

그와 같은 마음 지켜보기가 깊어지면 일어나고 사라지는 생각의 내용조차 평안함으로 가득해집니다. 생각이 일어날 수 있는 나눔의

빈 공간에서 생각의 주인이 아니라 인연의 각성이 작용합니다. 직심
直心은 소유하지 않는 마음으로 진여가 되며, 삶과 죽음을 넘어선
마음이며, 생각 너머에서 생명 나눔으로 언제나 작용하고 있는 우리
의 본성인 공성空性의 마음이며, 텅 비어 아무 것도 없는 것 같으나
자기의 한정을 벗어나 이웃 생명들과 하나 돼 있는 것이 나의 생명이
라는 것을 배우지 않고도 아는 마음입니다.

이 마음은 '나'를 비우면서 인연으로 '나'를 살리며 '너'를 살리는
마음이고, 법계가 하나의 생명으로 작용하는 바탕입니다. '나'가 나
의 한정으로서는 존재하지 않지만 생명 나눔의 인연에서 '나'로 있는
것을 아는 마음입니다.

생명 나눔이 이루어질 수 있는 '깊은 마음'

이 마음을 보고 느껴 알아차리는 마음이 믿음을 성취하기 위해
챙겨야 할 두 번째 마음으로 '깊은 마음〔深心〕'입니다. 즐거운 마음으
로 가능한 선행善行을 하는 것입니다.

마음의 본성은 비어 있지만 빈 마음이라는 어떤 것이 빈 모습으
로 있는 것이 아닙니다. 자기 모습을 고집하는 마음이 없다는 것입
니다. 인연마다 마음이 되므로 마음의 형상이 고정되어 있지 않습
니다. 인연을 이루는 마음은 늘 앞의 인연을 비우고 새 인연을 이어
가면서 '나'가 되고 마음이 됩니다. 이것을 '빈 마음'이라고 하며, '나

없음〔無我〕'이라고 합니다. 나도 마음도 분명히 있지만 '나' 또는 마음이라고 형상화시키는 순간, '나' 또는 '마음'의 실상과 어긋날 수밖에 없습니다.

그러므로 착한 일이란 다른 사람에게 베푸는 것만을 말하지 않습니다. 마음 비워 나누는 일 자체가 바로 착한 일이며, 자신의 온 생명을 실천적으로 드러내는 일입니다. 빈 마음의 알아차림으로 나누는 마음이 인연의 법계를 아름답게 만들면서 자신의 삶까지 행복하게 합니다. '깊은 마음〔深心〕'을 잊지 않고 챙기는 것이 착한 일을 하는 것이며 행복한 삶을 사는 것입니다.

그러나 착한 일로 나를 치장하려 한다면 자신을 옭아맵니다. 착한 사람이 된다는 것에서 중요한 것은 착한 '나'가 없다는 것을 놓치면 안 된다는 것입니다. '착한 일을 하는 나'라는 의식은 죽음 앞에서 편치 못할 수도 있습니다. '착한 나'로 보이기 위하여 꾸미는 일들이 너무나 '나'를 아프게 하였기 때문이지요.

믿음을 성취하기 위해 챙겨야 할 첫 번째 마음으로 빈 마음인 '직심直心'을 잊고서 착한 일만 해서는 공덕이 크지 않습니다. 착한 일을 하는 '나'도 없고 '착한 일'도 없다는 것을 알아차리면서 기쁜 마음으로 필요한 일을 해야 합니다. 나의 착한 일이 되지 않도록 마음을 잘 지켜야 합니다.

이웃 생명의 아픔을 더는 '자비심'

바른 신심은 '치장하려는 나가 없는 자리에 평안함과 기쁨이 생기게 합니다. 이 마음은 필연으로 다른 사람과 생명들의 아픔을 평안한 마음으로 감싸는 데에 머물지 않고, 마음 깊이 감추어져 있는 아픔의 흔적까지를 모두 드러내 치유하는 실천입니다. 자신의 능력에 따라 힘겹지 않게 돕되 공성空性의 알아차림을 바탕으로 합니다. 믿음을 성취하기 위해 세 번째로 챙겨야 할 마음인 '대비심大悲心'입니다.

자비를 실천하는 일도 반드시 힘겹지 않도록 해야 합니다. 밖을 향한 선행善行과 대비大悲가 중요한 것은 분명하지만 그 일이 자신의 몸과 마음에도 실천되어야 합니다. 자신의 힘에 넘치는 것은 자칫 자신의 몸과 마음에 싫은 마음을 남겨 평안하지 못할 것입니다. 빈 마음의 실천이 되지 못한 것이지요. 믿음의 완성이 빈 마음의 평안함과 이 마음의 나눔으로 함께 열반의 충만한 아름다움을 사는 것에 있다는 것을 잊어서는 안 됩니다.

너무 느슨하게 자신의 몸과 마음의 평안을 추구하는 것은 쾌락을 추구하는 것과 같으며, 지나치게 자신의 몸과 마음을 지치게 하는 것은 쓸데없는 고행을 하는 것과 같습니다. 중도中道의 실천을 잃어버린 것은 열반에 장애가 될 뿐입니다. 그러므로 믿음을 성취하기 위해서는 세 가지 마음, 곧 빈 마음인 진여를 잊지 않는 직심直心과 생명 나눔이 이루어질 수 있는 깊은 마음(深心)인 선행과 이웃 생명의 아픔을 더는 자비심慈悲心을 잘 챙겨야 합니다.

46장. 번뇌의 허망한 집착을 다스리는 묘술
_ 정념과 선행

65-2 문: 앞에서는 "법계는 한 모습이고 부처의 근본은 둘이 아니다."라고 하였다. 그런데 여기서는 무슨 까닭으로 진여만을 생각 생각에 잊지 않는 수행을 해야 하는 것이 아니라 여러 가지 학습과 갖가지 선행을 해야 한다고 하는가?

問曰 上說 法界一相 佛體無二 何故不唯念眞如 復假求學諸善之行

답: 비유하자면, 크나큰 보배인 여의주의 본바탕이 밝고 깨끗하다고 해도 원광석으로 있을 때는 밝고 깨끗하지 않는 것과 같다. 비록 사람이 보배의 귀중함을 알지라도 갖가지 방법으로 잘 연마하지 않는다면 보배의 밝고 깨끗함을 드러낼 수 없을 것이다.

答曰 譬如大摩尼寶 體性明淨 而有鑛穢之垢 若人雖念寶性 不以方便種種磨治 終無得淨

마찬가지로 중생에게 있는 진여라는 법도 본바탕은 공하고 깨끗하나 헤아릴 수 없이 많은 번뇌에 의해서 물들어 있다. 그러므로 수행자가 진여를 생각생각 잊지 않는다고 해도 방편을 이용하여 대승에 대한 학습과 선행을 닦지 않는다면 자성의 청정을 회복하지 못한다. 온갖 번뇌의 허물이 모든 법에 남아 있기 때문에 갖가지 선행으로 다스려야 하는 것이다. 갖가지 선행을 실천한다면 저절로 진여법에 들어갈 것이다.

如是衆生眞如之法 體性空淨 而有無量煩惱染垢 若人雖念眞如 不以方便種種熏修 亦無得淨 以垢無量 遍一切法故 修一切善行 以爲對治 若人修行一切善法 自然歸順眞如法故

진여와 선행은 한 몸

"우주 법계는 연기법으로 하나 된 생명연대입니다. 이것을 알아차리지 못한 무명에 의해서 온갖 갈등과 번뇌의 법이 생겨났습니다. 그러므로 무명을 넘어서는 것은 인연법으로 하나임을 통달하는 것입니다. 그것은 오직 진여만을 일념으로 생각하면 될 것입니다. 또한 연기의 각성 곧 본각〔佛體〕에서 보면, 진여문과 생멸문이 다르지도 않습니다. 사실이 이와 같은데 무엇 때문에 진여만을 생각하지 않고 갖가지 선행을 해야 합니까?"라고 묻고 있습니다.

여기에 대해 먼저 "원광석을 잘 연마하여야 보배가 되는 것이지,

연마하지 않고서는 보배를 얻을 수 없는 것과 같다."는 비유를 들어 답을 하고 있습니다.

중생의 진여자성이 바탕에서 보면 청정하여 아무런 허물이 없다고 하더라도 습관이 돼버린 번뇌에 의해서 물들어 있으니 갖가지 좋은 방편으로 진여의 청정한 법을 회복해야 한다는 것입니다. 더구나 잘못된 습관이 한두 가지가 아니므로 닦아야 할 선행도 한두 가지가 아니겠지요. 선행으로 닦아야만 진여법의 청정을 회복할 수 있고 조화로운 삶을 살게 됩니다.

문답의 내용만 보면 어려운 대목은 아닙니다. 이미 진여와 무명 등에 대해서 말씀드렸고, 무명에 의해서 형성된 생멸법의 번뇌에 대해서도 살펴보았기 때문입니다. 여기서 주목할 것은 진여를 생각생각에 잊지 않고 살피는 '정념正念 수행'과 아울러 '선행善行'을 해야 한다는 것입니다. 이것은 보리심인 빈 마음의 공성에 대한 이해와 생명 나눔인 자비심의 실천이 인연으로 하나임을 아는 것이며, 앎을 실천하는 것이 수행임을 다시 일깨우고 있다고 하겠습니다.

언젠가 "왜 계율을 지켜야 됩니까?"라고 물은 적이 있습니다. 그때 "계율을 지키는 삶이 부처님의 삶입니다. 계율을 지킨다면 깨닫지 못했을지라도 이미 부처로서 산다고 할 수 있습니다."라는 대답을 들었습니다.

'깨달음'이 '청정한 삶'의 바탕이 되고, 청정한 삶이 깨달음의 표현이 되므로, 둘 가운데 어느 것이 더 소중한 것일 수 없습니다. 계율을 지키지 않으면서 깨달았다는 말을 들은 적 없고, 깨달음을 이루었으면서 허투루 살았다는 말을 들은 적 없습니다. 무명과 번뇌가 하나며 깨닫지 못함과 악행이 한 몸인 것처럼, 깨달음과 계율이 하나이며 진여와 선행도 한 몸입니다.

선행을 하는 것이 깨닫기 위한 방편이라고 하지만 선행 그 자체가 깨달음을 온전히 드러내는 행동입니다. 진여로서 하나의 생명임을 깨닫지 못한 상태에서 행하는 선행을 '알아차리지 못한 깨달음'이라고 할 수 있습니다. 선행이 깨달음을 위한 공덕이며 양식이 되는 까닭입니다.

선행이라고 해서 밖으로만 베푸는 것이어서는 안 되며, 자신의 마음 쉼을 일깨워야 합니다. 또 선행이라는 행위에 머물러 있어서도 안 됩니다. 선행을 하는 것에 집착하는 선행은 번뇌가 되어 선행을 하더라도 바른 결과를 맺기 어렵게 됩니다. 그래서 반드시 진여를 생각생각에 잊지 않는 정념의 통찰력을 바탕으로 선행을 하여야 합니다.

선행이 부처님의 행동이며, 진여의 자기 표현인 것이 분명하지만, 그것이 공성인 연기의 각성임을 알아차리지 못한다면 형식적 계율에만 집착하는 것과 다름이 없습니다. 계율이란 아집과 법집을 다스리는 데에 뜻이 있습니다. 계율 자체만 고집한다면 문제가 있겠지요. 그렇더라도 계율에 걸리지 않는 자유를 실천한다는 미명 아래 잘못된 행동을 하는 것은 계율에 걸려 있는 것보다 더 큰 번뇌를 가져 오지요. 계율에 집착하지 않는다는 집착과 계율에 어긋난 행동이라는 두

가지 허물을 함께 짓고 있어서입니다.

그러므로 '머묾 없는 선행'을 이야기합니다. '머묾 없는 것'이 집착 없는 공성의 표현이며, 그 마음으로 실천하는 선행이 진여의 인연을 드러나게 합니다. 계율이란 번뇌를 거슬러 가는 묘한 힘이 있어, 나와 나의 소유를 줄이는 역할을 하므로, 번뇌에 물든 삶을 다스리기 위해서는 의도적으로 계율의 형상을 잘 가꾸어야 합니다. 의도에 의해서 번뇌가 만들어지기도 하지만, 의도에 의해서 번뇌를 벗어나기도 합니다.

무엇을 하고자 하는 마음인 욕망에 두 가지 방향이 있습니다. 나와 나의 소유를 만들고자 하는 욕망과 나와 나의 소유로부터 벗어나고자 하는 욕망입니다. 욕망인 의도에서 보면 둘 다 업을 짓는 것이지만, 한편은 번뇌의 괴로움을 증장시키는 욕망이고, 다른 한편은 번뇌의 업장을 덜어 내는 욕망입니다.

진여의 빈 자리나 인연의 총상에서 보면 늘어나는 것도 없고 줄어드는 것도 없지만, 별상인 한 사람의 삶에서 보면 늘어남도 있고 줄어듦도 있습니다. 곧 번뇌의 습관이 증장되기도 하고 줄어들기도 하며, 선업이 증장되기도 하고 줄어들기도 합니다.

번뇌의 습관을 줄이고 선업을 늘리는 의도적인 집중이 중요합니다. 빈 자리만을 고집하는 것은 삶을 제대로 본 것이 아닙니다. 수행자들 가운데 인연의 공성에 치우쳐 함부로 사는 분들이 있었던 것도 깨달음에 대한 잘못된 이해가 가져온 결과입니다.

선행에 머물지 않지만 선행을 그치지도 않는 것

계율戒律과 선행善行이 깨달음과 진여를 실천적으로 보여 주는 수행자의 삶이면서 부처님의 모습입니다. 계율에 머물지 않지만 계율을 어기지도 않고, 선행에 머물지 않지만 선행을 그치지도 않는 것이 보리심과 보살심을 닦는 것이며, 수행 가운데서 완성을 보여 주는 것입니다. 계율은 부처님의 모습을 수행하는 가운데서 보여 주는 가장 현명한 지혜이며, 선행은 진여의 생명 나눔인 인연을 있는 그대로 보여 주는 깨달음의 발로입니다.

깨달음과 진여가 빈 모습으로 있는 것도 아니며, 빈 모습만을 고집하는 것은 더더욱 아닙니다. 깨닫고 난 뒤에 반드시 일상의 인연에서 깨달음이 실천되도록 하는 방편이 완성되어야만 온전한 깨달음이 됩니다. 인연의 만남이란 깨달음을 이루는 사건과의 만남만이 아니라 온갖 번뇌와 모순된 행동들과의 만남을 통해서 실천되는 것입니다.

그것이 없다면 깨달음이 있었다고 하더라도 온전한 깨달음이 아닙니다. 깨달음이 깨달음에 머무는 어떤 사건이 아니라 인연에서 그 인연에 맞는 방편으로 표현될 수 있어야 진여법에 수순한다고 합니다. 아무 일 없이 깨달음에 머무는 것으로 깨달음을 표현하는 것이 '일 없는 사람[無事人]'이 아닙니다. 가지가지 선행을 방편으로 하되, 그 일에도 머물지 않는 표현이 깨달음입니다.

그러므로 수행자는 진여를 잊지 않고 늘 떠올려 주시하면서 방편으로 선행을 해야 합니다. 선행은 악업을 다스려 진여의 생명을 인연으로 드러나도록 하는 습관을 익히는 것입니다. 정념과 선행이 습관이 되도록 하는 것이야말로 번뇌 악업의 습관을 거슬러 가는 것이며, 마침내 번뇌의 허망한 집착을 다스리는 묘술입니다.

47장. 진여의 삶을 살아가는 네 가지 방편

65-3 진여법에 들어가는 방편에 네 가지가 있다.

첫째는 '근본을 실천하는 방편〔行根本方便〕'이다. 모든 법의 자성이 생겨남이 없다는 것, 곧 '생겨남이 없다는 것〔無生〕'이 모든 것〔法〕의 본성〔自性〕임을 꿰뚫어 알고 잘못된 견해를 떠나 생사에 머물지 않는 것이며, 모든 법이 인연화합으로 업의 과보가 없어지지 않는다는 것을 꿰뚫어 알고 대비심을 일으켜 갖가지 복덕행을 닦아 중생을 교화하기 위하여 열반에 머무르지 않는 것이다. 이것은 법의 성품〔法性〕이 본래부터 생사와 열반에 머물지 않는 것을 따르는 방편이다.

略說方便有四種 云何爲四 一者行根本方便 謂觀一切法自性無生 離於妄見 不住生死 觀一切法因緣和合 業果不失 起於大悲 修諸福德 攝化衆生 不住涅槃 以隨順法性無住故

둘째는 '능동적으로 악업을 그치는 방편〔能止方便〕'이다. 지나온 날의 잘못에 대하여 뉘우치고 부끄러워하면서 스스로 좋지 않은 모든 일을 그쳐 다시는 악업의 과보가 늘어나지 않게 하는 것이다.

이것은 법성이 본래부터 모든 허물로부터 떠나 있는 것을 따르는 방편이다.

二者能止方便 謂慚愧悔過 能止一切惡法 不令增長 以隨順法性離諸過故

셋째는 '선근을 생기게 하고 늘리는 방편〔發起善根增長方便〕'이다. 부지런히 삼보를 공양하고 예배하며, 찬탄하고 함께 기뻐하면서, 부처님께 설법을 청하고 오랫동안 세상에 계실 것을 청하는 것이다. 삼보를 좋아하며 공경하는 순수하고 깊은 마음 때문에 신심이 늘어나고 위없는 바른 가르침을 얻으려는 의지가 발생하며, 또한 삼보의 보호를 받게 되기 때문에 업장을 소멸할 수 있어 선근이 퇴보되지 않는다. 이것은 법성이 본래부터 어리석은 장애로부터 떠나 있는 것을 따르는 방편이다.

三者發起善根增長方便 謂勤供養 禮拜三寶 讚歎隨喜 勸請諸佛 以愛敬三寶淳厚心故 信得增長 乃能志求無上之道 又因佛法僧力所護故 能消業障 善根不退 以隨順法性離癡障故

넷째는 '크나큰 원으로 모든 중생들을 평등하게 열반에 들게 하는 방편〔大願平等方便〕'이다. 미래의 세상이 다할 때까지 모든 중생을 교화하여 그들 모두가 궁극의 무여열반無餘涅槃을 성취하기를 원하는 것이다. 이것은 법성인 연기각성이 항상하는 것을 따르는 방편이다. 법성인 연기각성은 넓고 크며 중생 모두에게 갖추어져 있고, 평등하며 둘이 아니므로 이것과 저것을 차별하여 분별하지 않는 것으로 궁극의 열반이기 때문이다.

四者大願平等方便 所謂發願 盡於未來 化度一切衆生 使無有餘 皆令究竟無餘涅槃 以隨順法性無斷絶故 法性廣大 遍一切衆生 平等無二 不念彼此 究竟寂滅故

진여법眞如法에 수순하는 네 가지 방편

수행자가 계율을 지키고 선행을 실천하면서 진여법眞如法에 수순하는 방편에 네 가지가 있습니다.

첫째는 '근본을 실천하는 방편[行根本方便]'입니다. 무상無常을 이해하고 보며 실천하는 것입니다. 무상한 것이 실상인데도 항상하고자 하는 마음에 머물러 있다면, 그 생각의 크기와 깊이만큼 힘들 것입니다. 생각이 만들어 놓은 함정에 빠진 것이지요. 무상을 항상함으로 읽는 마음이 모든 것을 머물게 만들고 맙니다.

형상에 머물지 않는 몸과 마음은 의식을 넘어선 몸과 마음입니다. 의식을 넘어선 몸과 마음은 무상조차 넘어선 자리에서 우주가 됩니다. 무상을 넘어선 자리에는 무상無常도 항상恒常도 없습니다. 어느 곳에서도 머물 수 없습니다. 생사에도 열반에도 머물지 않는 것이 생사 없는 무상을 사는 것이니, 무상이야말로 무상에도 머물지 않게 하는 묘약妙藥이며 '위없는 방편[無上方便]'이 됩니다. 무상을 보는 눈이 생사에도 자성이 없는 줄 알고 생사에 머물지 않게 합니다〔觀一切法自性無生 不住生死〕.

생사가 열반이 될 때라야 생사에도 머물지 않으며 열반에도 머물지 않습니다. 그것이 변화, 무상입니다. 그러므로 늘 깨어 있는 마음으로 무상을 보는 그 눈이 바로 무상에서 무상하지 않음을 보는 것이며, 무상하지 않음이 무상으로 드러나는 것을 보는 것입니다.

늘 깨어 있는 마음으로 생사를 지켜본다는 것은 생사를 넘어선 자리조차 지키지 않는 눈입니다. 생사에서 열반을 드러내는 것이 '보리심菩提心'이 되고, 열반을 생사에서 사는 것이 '보살행菩薩行'이 되는 이유입니다.

한시도 머묾 없는 무상한 생사 속에서 자성 없는 인연을 보는 것이 보리심 곧 깨달은 마음이니, 깨달은 마음이 인연 밖에 있는 것이 아닙니다. 오히려 인연의 삶을 비로소 실천하는 자리가 마련됐다고 할 수 있습니다. 이는 인연의 원인과 과보를 잘 알고서 함께 인연을 나누는 모든 이들에게 해탈의 삶을 살게 하는 보살행의 근거가 되는 마음입니다.

해탈에 머물지 않는 것이 아니라 머물 수 있는 해탈도 없습니다. 자성 없는 공성의 자리에 머물러 있으면서 해탈의 경지에 있다고 하는 것은 공에 대한 집착으로, 인연에 어둡게 됩니다. 따라서 생사에도 머물지 않고 해탈에도 머물지 않는 것을 진여법에 수순하는 삶을 여는 첫 번째 방편으로 삼았습니다.

'자성 없다'는 것과 '인연을 이룬다'는 것은 삶의 양면으로 그 가운데 어느 것만이 삶을 나타낼 수 없습니다. 자성이 없기에 인연이 성립되고, 인연이 성립되기에 과보가 있을 수 있습니다. 생사를 넘어선 깨달음에서 보면 무아無我의 자성 없는 사유가 중요하며, 인연을 깨달은 해탈에서 보면 생사의 인연에서 복덕을 짓는 것이 중요합니다. 이것이 생사에도 머물지 않고 열반에도 머물지 않으면서 근본을 실천하는 방편입니다.

악업을 그치는 마음

두 번째는 '악업을 그치는 것〔能止方便〕'입니다. '나란 누구인가?' '나란 무엇인가?'라는 질문에서 '나가 있고 그 '나가 무엇으로 드러나는가라고 묻고 있다면 아직 질문이 철저하다고 할 수 없습니다. 죽음 앞에 덩그렇게 놓여 있는 '나를 본다면 몸을 이루는 많은 요소들을 '나의 것'이라고 자신 있게 말할 수 없겠지요.

나를 형용하는 이름으로 나를 삼는 것은 진정으로 나를 드러내는 것일 수 없습니다. 하나의 생각, 하나의 몸짓이 바로 나입니다. 이것 밖에 다른 나가 있어 생각하고 몸짓을 나타내고 있다고 여기는 것은 업에 매인 생각입니다. 인연을 등지는 생각이며, 등진 거리만큼 '나와 나의 '것'이라는 허상의 두께를 만듭니다. 그 두께만큼 아픔이 있습니다. 아픔을 이루는 두께를 녹이는 것이 참회입니다. 그러므로 업을 녹이는 참회懺悔란 몸과 이름을 세우기 위해 했던 무거운 짐을 벗어버리는 것과 같습니다. 세상에 이름난 것이 나의 것이 아닙니다. 갖고 있는 것이 죽음 앞에 섰을 때 아무런 도움이 될 수 없듯, 이름 또한 그렇지요.

이름을 좇는 것은 자신을 힘들게 하고 이웃도 힘들게 하는 경우가 많습니다. 허상으로 채워진 이름 앞에 서지 않는 것이 참회입니다. 나쁜 일은 말할 것조차 없고, 좋은 일을 한 것이 있다고 하더라도 이름을 드러내려 한다면, 공덕도 잃고 자신을 힘들게만 하며, 이름에 묻혀 사는 꼴이 됩니다. 이름에 머물지 않는 것이 참회가 실현되는 것입니다. 그것이 진여의 삶을 살아가는 두 번째 방편인 '악업惡業을 그치는 것'입니다.

진여의 삶이란 '나의 것도 없고 나의 '것'도 없습니다. 모든 것에도 '나'나 '것'의 자성이 없으니 '나'를 이름나게 하려고 하는 것도 헛된 일이며, '무엇'으로 나를 꾸미려고 하는 일도 부질없는 짓입니다. '나'와 '것' 모두가 본래부터 세울 수 있는 것이 아님을 알고 빈 마음으로 산다면 허물이 있을 수 없겠지요. 이것이야말로 진정한 참회이며, 진여가 자신의 온 삶으로 드러난 것입니다.

선근이 증장하는 방편을 실천하는 마음

세 번째는 '선근이 증장하는 방편을 실천하는 것〔發起善根增長方便〕'입니다. 깨달음을 위한 양식인 선근을 생기게 하고 늘리는 것이 수행자의 삶이며 육바라밀六波羅蜜과 팔정도八正道를 실천하는 삶으로, 번뇌에 의한 장애와 지혜를 가리는 장애를 여의게 합니다.

또한 부처님과 부처님의 가르침과 수행승들에게 공양하고 예배하라고 말하고 있습니다. 삼보三寶를 공경하는 일도 착한 일과 마찬가지로 자신의 부처를 드러내는 것이어야 합니다. 몸과 마음의 인연을 이해하고 몸과 마음이 우리가 생각하듯 한정된 존재가 아니며, 자성이 없다는 것을 잊지 않는 것입니다.

자성自性이 없다는 것을 잊지 않는 것이 인연을 보는 것이고, 인연을 보는 것이 이웃 생명과의 소통이며 생명 나눔이며 어울림이며 우주적 인연인 법신을 아는 것이며 자신의 부처를 드러내는 것이며 부처님에 대한 공양이며 예배입니다. 인연을 보고 듣는 것이지요.

인연을 듣는 귀는 부처님의 법문을 듣는 귀입니다. 부처님의 법문을 듣기를 원한다면, 귀를 비워 둬야 합니다. 비어 있는 귀로 듣는 것이 아니라 비워 둔 귀로 듣는 것입니다. '법문 듣기'는 '법문하기'가 됩니다. 빈 귀는 빈 마음으로 통하고 빈 마음이 인연을 읽을 때 그 인연들이 법문이 되지요. 법문 듣기가 법문하기가 되고 그것이 인연의 흐름을 읽는 소리가 될 때 법문에도 머물지 않습니다. 머물지 않는 마음이 법문을 듣고, 인연을 만들면서 법문을 합니다.

부처의 법문이 인연에서 들려올 때 마음은 새로운 생명처럼 빛난 눈으로 자신을 보고 이웃을 보면서 호기심 가득한 새날을 만듭니다. 인연이 들려주는 부처님의 법문 듣기를 멈추어서는 날마다 새로운 날이 되지 않습니다. 인연을 듣는 귀는 넉넉한 마음으로 자신을 돌보고 그 마음으로 자신을 읽고 자신의 아픔을 감싸안고 그렇게 가만히 있습니다.

　비난하지 않아야 합니다. 비난 속에서는 평안함이 깃들 공간이 없습니다. 지켜보는 마음, 알아차리는 마음을 놓쳐 언뜻 비난이 자리 잡았더라도 다시 그곳에 빈 마음의 자리를 만들고 비난했던 자신의 아픔을 가만히 감싸안고 어루만져야 합니다.
　자신을 껴안기가 중요합니다. 어느 누구와도 비교하지 말고 마음 하나하나를 감싸는 손이 바로 보살행을 실천하는 것이며, 그곳에서 보살의 마음이 커집니다. 삼보三寶가 저 먼 어느 곳에 있는 것이 아닙니다. 아픈 자리를 꼭 감싸안는 포근함이 자신을 살리고 이웃을 살리는 보살입니다. 이 마음이야말로 스스로를 보살이 되게 하며, 본래부터 보살임을 믿게 합니다.
　스스로 보살이 되는 마음이 삼보를 믿는 마음이며, 모두를 부처로 공경하는 마음입니다. 감싸안는 마음은 '나는 왜 이런지 모르겠어'라고 비난하지 않는 마음입니다. 나의 생각이 조금은 안돼 보일 수 있지만 그 생각까지를 안을 때 그곳에서 부처님으로 있는 '나'가 보이고 들립니다.
　포근히 감싸안는 마음이야말로 신심信心이 증장된 증거입니다. 증장된 신심에 의해서 언제나 보살행을 실천하는 것이 '위없는 깨달음'을 구하는 마음입니다. 아픈 마음을 감싸고 위로하는 마음과 이웃 생명들의 아픈 소리를 듣고 그들을 위로하는 마음이 하나 되는 것이 가장 위대한 마음을 내게 하는 지름길입니다.

그 마음은 홀로 있는 외로운 마음이 아닙니다. 어느새 아픔을 감싸안는 마음들이 모여듭니다. 처음에는 혼자였던 것 같지만 위대한 마음이 위대한 마음을 불러 서로가 서로를 보호하고 안아 줍니다. 부처님과 부처님의 법과 수행승들에 의해서 보호받는 마음입니다. 마음이 마음을 부르는 것이지요. 마음이 마음을 만들고 모든 것을 만듭니다.

아픈 마음을 감싸안는 마음이 아픈 마음을 녹이고, 비난하는 마음을 위로하는 마음이 비난을 넘어서게 합니다. 비난받을 대상이 있다고 할 수 있지만, 그 대상과 비난하는 마음은 다른 것입니다. 비난하는 마음은 언제나 자신의 마음입니다. 스스로를 아프게 하는 마음입니다. 이웃 동료가, 혹은 함께 사는 이들이 아프게 했던 것이 사실일지라도 비난은 스스로를 비난하는 것이 됩니다. 너무나 억울해도 어쩔 수 없습니다. 그러니 그 마음을 알아주고 감싸안고 위로해야 합니다. 스스로의 업장業障을 소멸시키는 것입니다.

업장이 소멸된 자리가 선근善根이 자리잡는 자리입니다. 따뜻하고 넉넉한 마음으로 지켜보는 마음이 선근이 됩니다. 그것으로 이웃과 생명의 소통이 시작되니 함께 사는 법을 저절로 터득하는 것입니다. 이 마음이 지혜智慧입니다. 착한 마음, 넉넉한 마음, 따뜻한 마음이야말로 우리들의 어리석음을 녹여 지혜로 빛나는 법신을 드러내는 마음입니다.

대비심을 기르는 마음

네 번째 방편은 모든 생명들이 언제나 충만된 기쁨과 고요한 마음으로 살기를 원하는 것을 알고 그렇게 살 수 있도록 외연이 되는 '대비심을 기르는 마음〔大願平等方便〕'입니다. 삶을 보는 마음은 우선 있는 그대로를 보는 마음입니다. 무엇과 비교해서 시비하거나 높낮이를 정하는 것이 아니라 일어나는 마음 하나하나의 인연을 고스란히 알아차리면서 그 삶에 행복해 하는 것입니다.

만남마다 다름이 인연의 다름이 되면서 나의 법신으로 우주가 되는 것도 다름 하나에 모든 인연이 다 들어 있기 때문입니다. 그것을 떠나서는 '앎'도 '봄'도 있을 수 없습니다. '평등平等'이란 이런 것입니다. 다 같은 크기로 보는 것인데도 다 다른 크기로 있는 것 말입니다. 어느 마음 하나 같은 마음이 없지만 그것이 마음이듯.

모든 삶들이 삶 그 자체로 행복하려면 어느 삶이나 행복으로 있어야 합니다. 어떤 삶의 양상만이 행복한 삶으로 정해지는 순간이 행복에서 멀어지는 순간입니다. 삶은 머묾 없이 흐르는 자신의 길을 가니, 삶의 순간마다에 완성된 행복으로 존재하지 않는다면 어느 날 행복을 말할 수 있을까요. 모든 생명들의 행복을 바라는 대비심은 마음마음이 늘 기쁨과 새로움으로 있어야 완성됩니다.

'진여를 보는 마음' '악업을 그치는 마음' '선행을 하는 마음' '대비를 실천하는 마음'으로 나누어 이야기하고 있지만 그 마음들이 따로 있는 것이 아닙니다. 마음 하나가 이 모든 것을 다 갖추고 있습니다.

대비심이 대비심이 되는 것도 그것이 선행을 바탕으로 하는 것이면서, 동시에 선행에 '머물지 않는 마음〔無住心〕'이기에, 스스로를 얽어매지 않아 진여의 공성과 상응하기 때문입니다.

대비심에 머문다면 공덕이 크기는 하겠지만 머물지 않는 마음의 본질과 상응하지 못하므로 한정된 선행이며, 깨달은 마음의 표현이 아닙니다. 마음은 어느 것에도 머물지 않는 것이 아니라, 어느 것에도 머물 수 없는 것이 본바탕입니다. 머무는 마음은 번뇌를 부르는 마음입니다. 머물 수 없는 것을 머물게 한 허물이 번뇌가 되어 스스로를 힘들게 하는 것입니다.

대비심은 머물 수 없는 마음이 자신의 삶에서 가장 극명하게 드러나는 행동입니다. 공경받고 칭찬받을 만한 행동이지만, 그것을 실천하고 있는 수행자의 처지는 자신의 삶을 있는 그대로 사는 것뿐이니, 칭찬 받는 것이 도리어 낯설 것입니다. 대비심이야말로 모든 생명들이 생명으로 살 수 있는 바탕이며 본체입니다. 대비심은 길러야 할 마음도 되지만, 보이지 않는 곳에서 이미 실현되고 있는 마음으로, 생명이 있는 곳마다 넘쳐나는 마음입니다.

이 마음은 제 색깔을 갖는 마음이 아니기에 만나는 인연을 빛나게 하는 마음입니다. 나의 마음으로 너를 이롭게 하는 것이 아닙니다. 마음은 나의 마음 너의 마음으로 있기 이전에 이미 마음으로 하나이며, 하나인 마음에는 자신의 색깔이 없기에 나의 마음도 되고 너의 마음도 됩니다. 마음마음이 다 다른 마음이지만 그 마음이 다시 마음으로 하나인 것은 마음이라고 할 수 있는 어떤 것이 없기 때문입니다.

그런데도 마음이 되니 묘한 마음이며, 고요한 마음입니다.

　나의 마음으로 기억된 것이 나의 마음 같지만, 마음이 나를 만들면서 나의 마음이 된 것입니다. 그러므로 '나를 찾을래야 찾을 수 없습니다. '나 없는 자리를 보고 나의 흔적들인 미세망념을 여의면 모든 번뇌가 다 끊긴 해탈입니다.
　'나 없는 마음이 대비심의 근본이며, 수행자가 쓰는 마음입니다. 인연으로 어울린 마음입니다. '평등심平等心'이며 '대비심大悲心'이며 '대원력大願力'입니다. 법성이 갖고 있는 공덕이며, 보살 수행자가 쓰는 마음입니다. 이 마음이 진여의 마음이며, 자신과 이웃 생명들이 깨달을 마음이며, 믿음을 성취하게 하는 마음입니다.
　믿음을 성취하게 하는 세 가지 마음과 이를 실천하는 방편인 네 가지 행동이 어우러져서 믿음이 굳건해지고, 스스로 부처님임을 믿게 되어, 마침내 깨달음을 성취합니다.

48장. 수행자의 마음에 드리운 법신의 향기
 _ 원력

66 신심을 성취한 보살 수행자는 이와 같은 마음을 내기 때문에 적게나마 법신을 볼 수 있고, 법신을 보기 때문에 원력에 따라 여덟 가지로 중생을 이롭게 하는 방편을 보일 수 있다. 여덟 가지는 도솔천에서 내려와, 어머님의 태속에 들어가서 머물다, 출생하고, 성장하여, 출가하며, 불도를 이루고, 법을 설하다, 열반에 드는 것이다.

菩薩發是心故 則得少分見於法身 以見法身故 隨其願力 能現八種利益衆生 所謂從兜率天退 入胎 住胎 出胎 出家 成道 轉法輪 入於涅槃

그렇다고 해도 이들을 법신 보살이라고 할 수 없다. 왜냐하면 과거 무량한 세월 동안 지은 번뇌, 곧 유루有漏의 업을 다 떨쳐내지 못했기에 탄생에 따른 미미한 고통이 있기 때문이다. 그렇지만 업에 매인 것은 아니다. 크나큰 원력을 자재하게 실천할 수 있는 힘에 의해서 태어나는 것이다.

然是菩薩未名法身 以其過去無量世來 有漏之業未能決斷 隨其所生 與微苦相應 亦非業繫 以有大願自在力故

그러므로 경전에서 보살 수행자가 악취에 떨어졌다고 말하는 것은 참으로 악취에 떨어진 것을 뜻하는 것이 아니다. 다만 처음으로 보살 수행을 시작했으나 아직 바른 길인 정정취의 단계에 확실하게 들어서지 못하고 게으름 피우는 수행자들에게 과보의 무서움을 보여 그들로 하여금 용맹정진하게 하고자 일부러 그렇게 말한 것이다.

如修多羅中 或說有退墮惡趣者 非其實退 但爲初學菩薩未入正位而懈怠者 恐怖令彼勇猛故

또한 보살 수행자는 한번 발심한 연후에는 약한 마음을 떨쳐 버리므로 결코 성문·연각의 경지에 떨어지는 것을 두려워하지 않으며, 한없는 세월 동안 힘들고 어려운 수행을 부지런히 해야 열반을 이룰 수 있다는 가르침을 듣더라도 약한 마음을 내지 않는다. 왜냐하면 모든 것이 원래부터 그 자체로 열반이라는 사실을 확실하게 믿기 때문이다.

又是菩薩 一發心後 遠離怯弱 畢竟不畏墮二乘地 若聞無量無邊阿僧祇劫 勤苦難行乃得涅槃 亦不怯弱 以信知一切法 從本已來自涅槃故

무상 속에서 영원을 사는 빛나는 마음

모든 중생을 편안하게 하겠다는 마음이 어찌 법신을 조금밖에 볼 수 없는 마음이겠습니까. 생명은 생명 그 모습 이외의 어떤 모습으로 치장하더라도 그 가치가 더 높아지는 것이 아닙니다. 생명의 활동은 어떤 학식으로 찬탄하더라도 더 아름다워지지 않습니다. 생명의 모습, 삶의 활발한 양상은 그 모습 그대로 최고 가치를 가지며 가장 아름다운 운율입니다. 무엇이 있어 여기 더 보탤 수 있겠습니까.

아끼고 사랑하는 마음을 이웃과 나누는 모습보다 더 사랑스러운 삶이 어디에 있을 수 있겠습니까. 사랑은 스스로를 사랑하는 마음을 나누는 것입니다. 평화롭고 행복한 기운으로 더불어 사는 모습을 사랑하는 마음이 자신을 사랑하게 합니다.

밖에서 구해서 얻어지는 어떤 것도 그것으로 있을 수 없지만, 지켜보는 마음만은 무상 속에서도 영원히 빛나는 자애심으로 충만할 수 있으며 평화롭고 행복할 수 있습니다. 드러난 모양이나 갖고 있는 어떤 것도 아닌, 지켜보는 마음의 사랑과 평화와 행복이 바로 영원한 깨달음의 빛으로 열반이 됩니다. 이 마음은 누구에게만 특별히 있는 마음이 아니며, 삶이 그 마음을 등지고 살 수도 없습니다.

보살 수행자가 모든 생명들의 행복을 바랄 수 있는 것도 보살 수행자가 그들에게 행복을 주는 것이 아니므로 가능합니다. 스스로에게 있는 충만한 아름다운 마음을 슬쩍 보여 주는 것만으로도 보살 수행자가 이웃 생명의 삶을 아름답게 만들 수 있지요. 생명마다 충만한 아름다움으로 깨어 있는 마음을 본다는 그것으로 만족한 삶, 열반이 성취됩니다.

 알아차리는 고요함에 무상한 흐름을 담고 그 흐름을 잡으려 하지 않는 마음이 무상과 하나 된 마음이며 각성覺性이며 법신法身이며 우리들의 본래 모습입니다. 보살 수행자는 그 마음에 원력을 담아 자신의 완성과 이웃 생명의 완성을 드러냅니다.

 '지켜보는 마음'은 물들 수도 없습니다. '욕망하는 것을 아는 마음'과 '욕망'이 겹쳐 있어, 욕망이 '지켜보는 마음'의 각성을 가리는 것 같기는 하지만, 욕망하는 것을 아는 것에서는 변함이 없습니다. 거울이 모든 물건을 비추면서 거울로 있는 것과 같습니다. 지켜보는 마음에 흐름이 무상한 것으로 드러나기에 마음도 무상한 것 같지만 '무상無常한 마음'이 아닙니다. 무상한 모습 밖에 무상하지 않는 마음이 따로 있는 것은 아니지만, 무상을 무상으로 알아차리면서 무상이 된 마음이라 무상하다고도 할 수 없습니다.

 그 마음으로 무상을 보아, 어느 것 하나라도 잡으려 하지 않는다면, 이미 무상 속에서 영원을 사는 빛나는 마음이 됩니다. 그 마음을 조금 본 적이 있고, 그것이 인연으로 하나 된 생명의 드러남이면서도 홀로 서 있는 것임을 알고, 머묾 없는 마음으로 넉넉한 자리를 만드는 수행이 보살 수행입니다. 법신을 언뜻언뜻 본 마음을 지켜 가는 마음입니다. 언뜻 본 것 같지만 그 마음이 모든 인연을 담는 마음이며, 모든 인연이 함께 있는 마음이며, 무상이면서 항상한 마음입니다.

모든 생명들과의 인연에서만이 '지켜보는 마음'과 '무상한 마음'과 '무상한 인연'이 있습니다. 무상에서 보면 잠시도 머묾 없는 생성과 소멸이지만 지켜보는 마음은 생성되지도 않고 소멸하지도 않습니다. 인연 따라 무상을 사는 가지가지 마음은 생성되고 소멸되는 것 같지만 무상한 인연의 내용인 알아차리는 마음이 인연마다 앎이 되므로, 곧 무상한 인연이 마음을 깨워 마음이게 하므로 마음은 생성되지도 않고 소멸하지도 않습니다.

그러므로 보살 수행자는 삶이 언제나 열반涅槃에 뿌리내리고 있는 것인 줄 믿고 알면서 열반의 자비를 실천합니다. 스스로의 삶뿐만 아니라 모든 생명들의 인연이 열반에 자리하고 있는 것을 본 것이지요. 열반에 자리한 인연이 법신입니다. 인연이 모든 삶들의 본성本性이며 본각本覺이며 여래장如來藏입니다. 나에 소속된 것, 내가 잡을 수 있는 것으로의 본성과 본각과 여래장이 아닙니다. 지켜보는 마음과 무상한 인연이 어울린 자리가 법신이며 여래장입니다.

때문에 보살 수행자는 법신 보살의 삶을 지향하는 수행을 하며 보살의 원력을 세우지요. 보살 수행의 공덕과 중생을 위한 원력으로 생사윤회를 떠나지 않고 생사 속에서 법신 보살의 삶을 실천합니다. 하루 이틀의 원력이 아닙니다. 단박에 모든 번뇌를 다 떨쳐내고 온전한 부처님이 될 수 있어도 부처되기를 마다하고 '깨달은[보리] 중생[살타]'으로 살기를 바라지요.

보살 수행자는 스스로도 법신이며 이웃 생명도 다 법신의 삶인 줄 체험한 것입니다. 모든 생명들을 부처님 등과 비교해서 더 낮다고 여기는 마음도 없고, 법신을 본 스스로의 마음이 법신을 보지 못한 분들보다 높다고 여기지도 않습니다. 부처님은 부처님대로 고맙고 이웃 인연들은 그 인연들대로 감사한 것입니다. 고맙고 감사하는 마음이 법신이 드러난 마음이며 법신을 본 마음입니다.

본 마음으로 그치는 것이 아니라 실천하는 마음으로 드러났을 때가 진실로 법신을 본 것입니다. 그러므로 생사의 삶을 겁내지도 않고 보살행을 실천하려는 마음이 약해지지도 않습니다. 이 마음은 생사에도 매이지 않고 열반에도 매이지 않습니다. 법신의 인연이 자신의 온 삶인 줄 알아차린 마음이며, 완성을 향해 가는 그 마음이 이미 완성된 마음과 같은 것인 줄 아는 마음이니, 어찌 삼 아승지겁 이후의 완성된 깨달음만이 삶의 목표가 될 수 있겠습니까.

보살 수행자는 어느 날 삶이 완성되는 것이 아니라 이미 인연으로 완성된 삶을 그때그때 살고 있는 것을 아니, 온전히 부처되지 않은 지금의 삶에 대해서 약하고 겁나는 마음이 있을 수 없습니다. 인연의 완성은 어느 날 완성되는 것으로 인연이 아닙니다. 인연이 늘 온전한 완성으로 인연이니, 생사로 사는 것 또한 마찬가지입니다. 모든 인연은 저 스스로 원력을 가진 법신이며, 그 원력이 언제나 현재로서 완성입니다. 인연 밖에 완성된 원력으로의 법신은 없습니다.

그래서 부처님의 탄생을, 만족을 아는 세계인 지족천知足天에서 이 세상에 온 것이라고 이야기합니다. 어찌 부처님뿐이겠습니까. 뭇 생명은 모두 인연의 각성으로 완성된 법신을 갖고 이 세상에 태어난 것에서 아무런 차별이 없지요. 모든 생명은 다 만족한 생명으로 태어난 것입니다.

모두가 법신의 삶을 살 수밖에 없다

금생의 수행은 그것을 자각해 가는 과정입니다. 법신이 생명들의 본래 모습이니 누구라도 마침내 법신의 삶으로 열반을 성취할 수밖에 없습니다. 원력이란 그런 뜻에서 수행자의 마음도 되고, 인연이 수행자의 마음에 드리운 법신의 향기이기도 합니다. 누구나 마침내 그 향기를 맡게 되고, 다시 법신의 향기를 이웃 인연에게 드리우면서 스스로의 삶을 살아간다고 보면, 누구나 원력을 갖고 태어난 것입니다.

원력을 갖는 보살 수행자로 있는 것은 아직 온전히 법신을 다 드러내고 사는 것은 아니지만 업력業力에 따라 사는 것도 아닙니다. 업력의 습관을 이겨내는 의지가 삶의 지침이 되어 보살의 원력으로 나타난 것입니다. 비록 중생으로의 지향성이 아직 남아 있어 그것을 거슬러 가는 데 아픔이 따르기는 하지만, 그 아픔이 법신의 원력을 바탕으로 한 수행의 힘을 막을 수는 없습니다.

믿음을 성취한 보살 수행자는 법신 보살의 지위에 오르지 못했을지라도 크나큰 원願과 그 원을 실천하는 힘이 있습니다. 그 힘으로 중생의 업을 녹이고 아픔을 거슬러 갑니다. 자신의 아픔으로 중생의 아픔을 담아내기도 하고, 중생의 아픔이 스스로의 아픔이 되기도 합니다. 보살 수행자에게 아직 남아 있는 작은 아픔은 스스로의 아픔이라기보다는, 중생의 길을 걸으면서 중생들의 아픔을 담아 가는 비심悲心 수행의 바탕이 됩니다.

과거 헤아릴 수 없는 세월의 업력을 일부러 다 없애지 않고서 중생의 아픔을 담아 가는 공덕으로 보신報身을 이루어 가는 것입니다. 자신의 삶을 능동적으로 살 수 있는 힘을 가졌으므로 '자재할 수 있는 힘을 가진 보살'이라고 합니다. 보살의 힘이 필요한 곳을 원력으로 찾아가는 힘이지요. 보살 수행에 대한 믿음과 원력의 성취에서 보면 좋지 않은 세계도 없고, 피해야 할 세상도 없습니다. 위안이 필요한 곳을 스스로 걸어 들어갑니다.

이와 같은 보살 수행자의 길은 초학 수행자로 하여금 정념正念 수행에 투철한 의지를 갖게 하는 방편이 됩니다. 스스로 나쁜 환경에 태어나는 것이 보살 수행자의 원력이며 보신의 공덕을 이루는 길이지만, 다른 수행자에겐 정진하고 또 정진하여야 하는 당위성을 실천적으로 보여 주기 때문입니다.

보살의 원력은 뭇 생명들과의 생명연대에서만이 스스로의 삶이 있는 줄을 사무치게 아는 마음에서 나옵니다. 모두가 법신의 삶을 살 수밖에 없다는 것을 본 것이지요. 그러므로 "내가 어찌 법신일 수 있겠는가?"라는 약한 마음을 갖고 겁내지 않으며, 혼자만의 해탈은 완성된 해탈이 아닌 줄 압니다.

홀로 선 자리에서 보면 성문과 연각 수행자의 길을 철저히 걷고 있으면서도, 그 안에 뭇 생명들을 위한 원력으로 성문聲門·연각緣覺을 넘어선 보살菩薩의 길을 가고 있지요. 그 길에서 만날 수 있는 어렵고 힘든 장애라고 할지라도 그것이 보신의 공덕을 이루는 자량임을 잘 알기 때문에 스스럼없이 그 길을 갑니다.

긴 세월의 수행이라고 할지라도 그 길을 걷고 있는 정념의 순간은 이미 보신의 공덕을 완성하는 한순간이 됩니다. 삼 아승지겁의 긴 세월도 보살 수행자의 걸음으로는 늘 정념正念의 한순간일 뿐입니다. 미래의 어느 날이라는 시간이 보살 수행의 목표가 아닙니다. 지금 걷고 있는 정념의 공덕이 아승지겁을 넘어서는 공덕이 됩니다.

정념正念이 열반涅槃을 성취하는 한순간이면서 아승지겁을 뛰어넘는 알아차림입니다. 정념으로 시간을 창조하니, 정념의 한순간에 모든 시간이 녹아 있습니다. 자신의 걸음 하나하나를 알아차리면서, 알아차리는 마음으로 공덕을 실천하는 보살 수행자에게는, 그 모습 이외에 다른 열반이 없습니다. 마음마다 걸음마다 열반을 공덕을 이루고 있습니다. 그것이 믿음을 성취한 보살의 수행 내용입니다.

미래를 그리는 것이 아니므로 한 걸음 한 걸음이 더딘 수행이 아닙니다. 그렇기에 아직 법신 보살의 지위에 완전히 이르지 못했다 하더라도 믿음이 성취된 보살의 발걸음은 완성된 열반을 걷고 있으므로 법신 보살의 공덕을 쌓고 있다고 할 수 있습니다.

49장. 이해하고 실천하는 발심

67 '이해하고 실천하는 발심〔解行發心〕'은 신성취발심을 이루고 나서 수행이 깊어져 이해와 실천이 더욱 뛰어나게 된 발심 단계다. 왜냐하면 해행발심의 단계에 있는 보살은 바른 믿음〔正信〕을 성취한 이래 제1 아승지겁이라는 수행 기간을 거의 다 채웠기 때문이다. 이 단계에서는 진여법에 대한 깊은 이해가 현전하고, 이와 같은 이해를 바탕으로 한 수행에 의해서 집착을 떠나게 된다.

解行發心者 當知轉勝 以是菩薩 從初正信已來 於第一阿僧祗劫 將欲滿故 於眞如法中 深解現前 所修離相

여기에 이르게 되면 법성의 바탕에는 탐욕과 인색함이 없는 것을 알기 때문에 이와 같은 법의 성품〔法性〕에 수순하여 보시바라밀을 닦고,

以知法性體無慳貪故 隨順修行檀波羅蜜

법의 본성이 번뇌에 물들지 않고 오욕의 허물을 떠난 줄을 알기

때문에 이와 같은 법의 성품에 수순하여 지계바라밀을 닦고,

以知法性無染 離五欲過故 隨順 修行尸波羅蜜

법성에는 불만족이 없고 성냄을 떠난 줄을 알기 때문에 이와 같은 법의 성품에 수순하여 인욕바라밀을 닦고,

以知法性無苦 離瞋惱故 隨順修行羼提波羅蜜

법성에는 몸과 마음의 상이 없고 게으름을 떠난 줄을 알기 때문에 이와 같은 법의 성품에 수순하여 정진바라밀을 닦고,

以知法性無身心相 離懈怠故 隨順修行毘梨耶波羅蜜

법성이 항상 고요하고 어지러움이 없는 줄을 알기 때문에 이와 같은 법의 성품에 수순하여 선정바라밀을 닦고,

以知法性常定 體無亂故 隨順修行禪波羅蜜

법성의 바탕이 밝고 무명을 떠난 줄을 알기 때문에 이와 같은 법의 성품에 수순하여 반야바라밀을 닦는다.

以知法性體明 離無明故 隨順修行般若波羅蜜

삶의 전 과정이 그대로 완성된 삶

앞서 말씀드린 '믿음에 대한 성취'로 삶의 전 과정이 그대로 완성된 삶이라는 것을 오롯하게 믿게 됩니다. 삶에 무엇을 보태거나 빼내야 삶이 완성되는 것이 아니라 걸음걸이 하나가 그대로 완성된 삶입니다. 믿음이란 마음 밖을 향한 집착으로는 결코 마음을 만족시킬 수 없다는 것을 깊이 믿는 것이며, 안으로 마음을 쉬어야 자애가 깊어짐을 믿는 것입니다. 마음을 쉬는 것이 만족한 자기로 사는 것임을 여실히 아는 것이며, 자신을 비우는 것이 쉬는 것임을 믿는 것입니다.

마음의 본성이 비우는 것이므로 그곳에 무엇을 채울 수 없습니다. 본성에 거슬러 담겨 있는 마음은 이미 마음이 아닙니다. 마음의 그림자조차 아니니 허망한 집착이라고 하였겠지요. 빈 곳에 집착을 담고 있는 그 마음조차 비어 있는 마음입니다. 집착이 마음이 아니라 집착이 담겨 있는 것이 마음입니다.

그러므로 마음을 쉬어야 부처 되는 것이 아닙니다. 본래 쉰 마음이 부처이므로 누구나 부처가 됩니다. '믿음의 성취'란 바로 마음자리가 원래 텅 비었음을 믿는 것이며, 그 '빔'이 만상萬象을 만들어 내고 있는 것을 보는 것입니다.

이와 같은 믿음이 성취된 이후 그 믿음에 따른 앎과 실천이 더욱 깊어지는 단계가 '해행발심解行發心' 단계입니다. '마음 빔'이 도道인 줄 알고 빈 마음의 실천이 도를 향해 가는 길이면서, 도道 그 자체를 현재에 드러내고 있는 것을 '밝게 아는 힘〔解〕'과 '실천〔行〕'이 함께 이루어지는 단계입니다. 마음에 담겨 있는 허망한 집착을 따라 밖으로 떠돌지 않는 것이 언제나 쉬어 있는 마음의 본성이며 가야 할 길〔道〕임을 분명하게 아는 것입니다.

앎이 익어가는 것이지요. 그 앎은 이미 가지고 있는 이미지〔相〕를 비운다고 할 수 있는 앎입니다. 앎이 모든 인연의 자리에서 그 인연으로 작용하기 위해 빈 마음이 되는 앎입니다. 알면서 앎에 걸리지 않는 앎이어야 합니다. 이것을 '무상無相의 앎'이라고 할 수 있습니다.

'분명한 앎'은 분명한 이미지와 언어 표현을 만들어 내면서도 그것이 다음 인연을 지배하는 힘으로 남지 않습니다. 이 앎은 도리어 형상과 언어를 가지고 형상과 언어를 비켜서게 합니다. 앎으로 드러난 인연을 읽고, 다시 새로운 인연이 되는 '바른 주시와 기억〔正念〕'입니다.

정념의 분명한 앎은 믿음을 믿음에 머물게 하는 것이 아니라 업식의 분별을 넘어서 새로운 언어 표현력을 다시 살려내는 작업입니다. 하나의 이미지만을 고집하지 않고 이름과 형상을 새롭게 만들어 형상에 걸리지 않는 인연 읽기가 되는 것이지요. 이와 같은 인연 읽기가 자유로운 의지이며, 바른 주시와 기억인 정념이며, 새로운 세상보기가 익어진 '앎〔解〕'입니다.

믿음을 성취한 이후의 수행은 이미 갖고 있는 모든 형상과 언어의 이미지를 해체하면서 그 형상과 언어를 다시 탄생시키는 작업입니다. 이것이 해행발심解行發心 단계에서 이루어지고 있는 '모양을 떠난 수행〔所修離相〕'입니다.

마음이 인연으로 하나 된 세계를 온통 다 드러낸 줄을 믿고, 그 믿음을 마음마음으로 집중하고 주시하는 가운데 빈 마음자리가 자신의 삶에서 체험되기에, 허상을 넘어선 자리가 보입니다. 허상 너머를 보는 마음이 '깊은 이해〔深解〕'이며, 깊은 이해를 바탕으로 형상을 떠난 삶의 실천이 익어갑니다.

마음이 인연의 자리에서 이미 있는 모든 형상을 해체하면서 새로운 인연을 여는 것을 깊게 이해한 것입니다. 마음이 일어나고 사라지는 인연의 자리에서 진여를 믿게 되고 이해하게 되면서, 집착된 허상의 생멸이 사라지는 수행을 익혀 갑니다. 상을 떠나는 수행이지만 본래부터 진여인 마음자리에는 상〔相〕이 없는 것을 알아차린 것입니다. 모든 이미지〔想〕는 집착된 허상임을 알고 그것에 속지 않으며, 허상임을 아는 마음이 허상을 떠나게 하는 마음이 됩니다.

모든 소유를 비우고 나누는 '보시'

이와 같은 앎과 실천이 익어지는 단계에서 진여법의 본성에 의거한 육바라밀 수행을 익힙니다. '보시바라밀布施波羅蜜'을 실천하는 이유는 보시라는 선행을 하기 위한 것이 아닙니다. 인연법이 만들고 있는 세계는 본래부터 집착이나 욕심이 없는 세계임을 알고, 자신이

가지고 있다고 여기는 모든 소유를 비우고 나누는 것입니다.

나의 것을 비우고 나누는 것이 아니라 비우고 나눈 것이 '나'입니다. 다 비우고 나눈 자리가 인연의 공성이 드러난 자리이며, 진여인 법의 본성이 빛나는 자리입니다. 나의 것을 비우고 '나'조차 비운 자리가 본연의 나이면서 '나라고 할 수 있는 나가 없다'는 것을 아는 것입니다.

인연이 드러난 그대로가 온통 '나'이며, 그 '나' 밖에 다른 나는 없습니다. '인연이 나'이기 때문에 삶은 수행으로 완성된 것이 아니라 언제나 '완성된 나'라는 것을 알 수 있습니다. 이것을 '돈오頓悟'라고 합니다. 인연을 보는 눈이 삶을 보는 눈을 완전히 바꾸게 한 것입니다.

계율戒律을 잘 지키는 '지계'

'계율戒律을 잘 지키는 것〔持戒波羅蜜〕' 또한 마찬가지입니다. 욕망하는 것이 이미 갖추어 있다면 욕망의 대상이 될 수 없겠지요. 갖고 싶은 것이 욕망의 대상이 될지니, 욕망하는 순간 스스로 부족한 사람이 되고 맙니다. 계율은 그와 같이 스스로를 부족한 사람으로 만드는 모든 일을 경계하게 하는 지침입니다. 계율을 통해서 무언가를 얻는다고 생각한다면 그 또한 부족한 것이지요.

마음이 다섯 가지 감각기관과 합세하여 이곳저곳으로 욕망의 대상을 찾아가는 것이야말로 채울 수 없는 욕망을 채워질 것처럼 헛되게 집착하는 모습입니다. 마음 밖을 향한 들뜬 심정을 가라앉게 하고, 이미 봄[春]이 만개해 있음을 알게 하는 것이 계율의 역할입니다. 그래서 형상에 머무는 계율을 경계합니다. 형상으로 남는 계율은 계율로 자신을 세우는 허물을 짓습니다. 그러나 봄이 이미 마음 가운데 만개한 줄을 모른다면 봄을 찾는 마음을 잘 지켜야 합니다.

삶의 완성인 법의 성품에 간탐심慳貪心이 없는 것을 알고[解] 그것과 상응하는 것[行]으로 보시바라밀이 완성되듯, 법의 성품에 오욕락五欲樂에 의한 물듦이 원래 없는 줄 알고[解], 오욕락을 좇는 바쁜 마음을 쉬는 것[行]이 계율의 완성을 향한 수행입니다.

참아 내면서 실천하고자 하는 의지 '인욕'

이미 갖고 있는 것 버리기 어렵고, 갖지 못한 것을 갖고자 하는 욕망 또한 버리기 어렵습니다. 이와 같은 어려운 일을 참아 내면서 실천하고자 하는 의지가 '인욕바라밀忍辱波羅蜜'입니다. 참고 견디는 것이지만 그냥 참고 견디는 것이 아니라 삶의 본바탕이 본래부터 만족된 것이니 무엇을 가지려고 욕망하면서 아파할 이유도 없고, 갖고 있는 것이 본래부터 가질 수 있는 것이 아님을 잘 알아, 그것이 없어진다고 성냄으로 스스로 상처받을 이유가 없음을 알고 참는 것입니다. 욕망과 성냄이 부질없는 것임을 알고[解] 인욕을 실천[行]하는 것입니다.

어렵고 힘들고 고통스러운 일을 참고 견디면서 그것이 무엇인가를 보상으로 채워 준다는 생각을 갖게 되면 보상에 따른 시비로 성낼 수밖에 없을 것입니다.

우리네 일상은 만족과 불만족을 왔다 갔다 하지요. 만족된 결과조차도 늘 만족으로만 남지 않으니 만족된 일조차 불만족을 만드는 원인이 되며, 만족하고자 하는 욕망이 있는 한 늘 이면에 불만족이 있어 만족도 온전한 만족이 될 수 없겠지요. 만족이 무엇이며, 만족하지 못한 것 또한 무엇인지를 잘 살펴야 하며, 그것이 우리네 삶의 본성에서 보면 어떤 것인가를 다시 챙겨 물어야 합니다.

삶을 꾸미는 온갖 것들은 무엇이 됐든 무상한 속성을 넘어설 수 없으니 꾸미는 일로는 만족이 있을 수 없습니다. 꾸미는 일을 놓아야 됩니다. 우리들의 삶을 꾸미는 온갖 욕망의 대상이 삶을 아름답게 하는 것 같지만, 삶의 본성에서 본다면 삶 그 자체보다 더 위대한 어떤 조건도 있을 수 없습니다. 삶이야말로 삶 그것으로 완성된 삶입니다. 그것에 다른 어떤 것을 가지고 등수 매기는 것이야말로 인간의 허망한 욕구로 꾸며진 것이며, 모든 불만족의 씨앗이 될 뿐입니다.

삶을 꾸미려 하는 마음을 쉴 때 삶이 그 모습 그대로 아름답게 보일 것입니다. 불만족이 형성될 근거가 삶에는 없습니다. 삶을 잘못 보는 허상이 삶을 불만족스럽게 만드니 만족하지 못한 마음이 삶 그 자체를 힘들게 하고 성나게 합니다. 이것이 허상임을 잘 알고, 우리네 삶은 꾸미지 않아도 만족한 것으로 부족함이 없는 것을 잘 알아[解], 갖지 못한 욕망에 대한 비난과 성내는 마음을 떠나는 것[行]이 인욕忍辱의 완성입니다. 보시布施와 지계持戒 그리고 인욕忍辱의 완성을 향한 실천은 진여법에 대한 깊은 이해로 집착해야 할 실재가 없다는 앎을 바탕으로 합니다.

흐름의 인연에 깨어 있는 알아차림을 놓치지 않는 '정진'

'정진精進' 또한 마찬가지입니다. 생각생각에 그와 같은 앎을 이어가는 것입니다. 집착하지 않는 마음으로 있는 그대로의 몸과 마음을 사랑하며, 이 마음을 이웃과 나누는 것입니다. 한시도 머묾 없는 몸이 법문이 되고, 잠시도 같지 않는 마음이 실상을 드러내는 것입니다. 몸을 멈추려 하는 것이 집착인 것은 머묾 없는 흐름을 막는 것이어서 그렇고, 마음을 한 곳에 두려는 것 또한 부질없는 힘씀입니다. 마음을 오롯이 하여 하나의 대상에 집중하고 주시하는 것으로 정진을 삼지만, 마음의 본성에서 보면 마음조차 한 곳에 머물 수 없습니다.

잠시 한 곳에 마음 두는 것은 가능할 것입니다. 그때에야 머묾 없는 모습으로 깨어 있는 활동이 마음의 본성인 줄 알겠지만, 깨어 있는 것만의 마음이라고 할 어떤 것이 없다는 데서 마음은 깨어 있는 마음이라고도 할 수 없습니다. 온갖 흐름들과 함께 흐르면서 그것에서 깨어 있는 마음일 뿐이니 마음조차 마음이 아니지요.

몸이 몸인 것이 확실하지만 언제나 같은 형상으로 머물 수 없는 몸인 것과 같습니다. 보이고 느끼는 몸만으로 몸을 형상하는 것은 몸을 안다고 할 수 없습니다. 그렇다고 이 몸을 떠나서는 깨달음을 드러내는 인연의 형상이 있을 수 없으니, 머묾 없는 몸이야말로 몸이면서 몸이 아니며, 법계의 깨달음인 진여가 현전한 것입니다.

마음이 진여의 본체가 아닐 뿐만 아니라, 그 자체로 실체를 갖는 마음일 수도 없기에, 진여가 마음이 되고 마음이 진여가 되는 것과 같습니다. 지켜보고 살펴 알아차리는 마음은 무엇을 마음의 내용으로 갖기는 하지만, 곧 마음이 갖는 그것으로 마음이 자신을 형상하는 것이긴 하지만, 마음은 만 가지 형상을 갖는 것이기에 어느 것으로도 마음을 다 드러낼 수 없습니다. 그렇기 때문에 어느 것에도 머물지 않는 마음에서 보면 어느 형상이나 마음입니다.

'몸과 마음의 머묾 없는 인연'이 지금 여기에 현전하는 진여이면서 그 가운데 과거와 미래를 다 담고 있기 때문에 '지금 여기'도 지금 여기라고 할 수 없습니다. 과거가 지금 여기가 되고 미래가 지금 여기가 되면서 '지금 여기'조차 머물지 않으니 지금 여기조차 형상할 수 없습니다. 머묾 없는 몸과 마음을 있는 그대로 지켜보고 느껴 알며, 흐름의 인연에 깨어 있는 알아차림을 놓치지 않는 것이 정진精進인 이유가 여기에 있습니다.

부처가 되기 위해서 정진하나 이 몸을 떠나서 부처가 없고, 조사를 넘어서기 위해 정진하나 마음자리 하나 넘어설 수 없는 것이 조사의 경지를 다 드러냅니다. 부처상〔佛相〕도 없고 조사상祖師相도 있을 수 없습니다. 깨어 있는 마음이 부처상이나 그 마음도 머물지 않으니 하나만의 부처상이 없습니다. 또 근본 스승인 부처조차 뛰어넘는 분을 조사라고 하지만, 지금 여기의 마음이 조사조차 새롭게 만들고 있는 조사가 되면서도 조사 자리에 머물지 않으니 하나만의 조사상도 없습니다. 몸과 마음의 머묾 없는 인연이야말로 부처와 조사를 다 뛰어넘는 현재입니다.

정진은 정진 그대로가 정진의 완성이니, '실재하지 않는 것을 아는 것'이 허망한 집착을 떠난 진여의 실상이기 때문입니다. 몸과 마음이 원래부터 인연을 다 드러내는 무상無相인 줄 알고[解], 그 마음으로 하는 깨어 있는 실천[行]이 정진입니다.

집중과 공성에 대한 통찰이 있는 마음 '선정'

이렇게 정진을 이어가면 마음이 인연의 소용돌이에서도 요동치지 않게 됩니다. 잡으려는 마음이 있을 때 인연의 무상한 변화가 마음을 아프게 하지만, 인연이 된 마음은 어느 곳에도 얽매이지 않는 마음입니다. 얻을 것도 없고 잃을 것도 없는 것을 사무치게 아는 마음이라, 인연의 흐름에 담담하고 고요한 알아차림만으로 있는 마음이 됩니다. 우리네 삶의 본바탕이 드러난 마음이라고 할 수 있지요.

알아차리는 마음도 머물지 않고, 알아차릴 대상도 머물지 않습니다. 이것을 알면서 머물지 않는 마음으로 인연에 흔들리지 않는 마음이 '선정禪定의 완성[波羅蜜]'을 향해 가는 마음입니다. 선정禪定이란 집중된 마음상태만을 뜻하는 것이 아니라 집중과 공성에 대한 통찰이 있는 마음을 뜻합니다. 『대승기신론』에서의 선정바라밀은 공성을 바탕으로 한 진여문眞如門과 본각이 없어지고 망념이 생겨나는 과정과 망념이 없어지고 시각이 생겨나는 과정을 보여 주는 생멸문生滅門이 따로 있는 것이 아니라 둘 다 '오직 마음일 뿐'이라는 사실을 생각하는[思惟], 그 마음을 흔들림 없이 지켜가는 것[修]입니다.

마음이 대상에 따라 흔들리지 않는 것이 '선정禪定'입니다. 대상을 마음 스스로가 만들었다는 것에 대해 사무치게 알아차렸다고 하면 마음이 바깥 경계에 따라 흔들릴 이유도 없고, 안으로 마음 스스로 대상을 만들면서 힘들어할 이유도 없지요. 안팎으로 고요한 것이 선정이 되고, 그 마음으로 안팎의 모든 경계가 마음임을 깊게 사유하고 지켜가는 것[修]입니다.

지켜야 할 대상이나 마음을 지키는 것이 아니라 마음이 원래부터 청정하여 대상에 흔들릴 이유가 없다는 사유를 잘 지켜가는 것입니다. 그 마음이 바로 마음의 본성인 법의 성품과 계합하는 마음입니다. 선정바라밀禪定波羅蜜을 익혀 가는 것이지요. 여기서 '익혀 간다'는 뜻은 만들어 간다는 뜻이 아니라 '머묾 없는 마음을 있는 그대로 쓰고 있다'는 뜻입니다.

마음이 원래부터 안팎으로 흔들릴 이유가 없다는 것을 잘 알고[解], 대상에 따라 흔들리지 않는 마음을 지켜보고 알아차려 가는 것[行]이 선정바라밀을 익히는 것이며, 그것이 법의 본성에 계합하는 것입니다. 정진과 흔들리지 않는 마음으로 알아차리는 힘이 커가고, 모든 것이 마음에 의해서 만들어진다는 것에 대한 이해가 깊어지게 되는 것이 삶을 제대로 아는 것입니다.

아상을 비운 앎을 실천하는 것이 '반야바라밀'

이와 같은 앎은 분별된 기억을 가지고 현재를 재구성하여 알아차리지 않는 마음입니다. 현재의 인연에 밝게 깨어 있는 마음입니다. 마음이 과거의 재해석으로부터 자유로워지면서, 미래에 대한 불안으로부터도 편안해지게 된 것입니다. 현재를 오롯하게 사는 것입니다. 그러므로 밝게 깨어 있을 수 있습니다.

과거나 미래가 현재를 가리게 된다면 이런 저런 이유로 들뜬 마음이 됩니다. 평안하지 못한 마음이지요. 무엇인가를 성취해서 얻어진 마음이 기쁨과 평안을 주기도 하겠지만, 성취를 하나의 과정으로 보며 그 과정이 언제나 새로울 때, 삶은 먼 미래의 목표에 뜻이 있는 것이 아니라 살아가는 과정에 뜻이 있게 됩니다. 과정이 삶의 꽃이 될 때 죽음조차 하나의 과정이 되어 죽음이 미래의 불안으로 남아있지 않게 됩니다.

밝게 알아차리는 마음이란 마음이 늘 평온하며 새로운 눈으로 현재를 지켜보는 마음입니다. 마음이 만들어 놓은 과거나 만들고 있는 미래조차 현재의 눈으로 읽을 때는 그것이 우리를 얽어매지 않습니다. 매이지 않는 마음 씀이 현재를 지켜보면서 밝게 알아차리는 마음이며, 법의 성품에 계합한 마음입니다. 마음이 스스로 만들어 놓은 그물에 걸리지 않게 될 때 마음은 밝게 알아차리는 것을 다시 회복합니다.

흔들리지 않는 마음으로 인연에 깨어 있는 마음이 인연을 만드는 마음이면서 '본래 깨달은 마음〔本覺心〕'입니다. 본바탕이 본각이라고 하지만 본각이 깨달음으로 작용하는 데는 본각本覺만으로 되는 것이 아니라 시각始覺의 과정을 거쳐야 한다고 말씀드렸습니다. 인연의 각성을 처음으로 알아차리는 시각을 통해서 본각도 비로소 본각이 되기 때문에 본각이었던 것이 무명이 되는 것이 아닙니다.

본래는 '깨달음'도 '깨닫지 못함'도 없었습니다. 인연의 흐름만이 있습니다. 인연에서 형성된 앎의 기억이 현재의 앎을 가리면서 현재가 어둡게 되어, '깨달음'과 '무명'이 형성됐다고 할 수 있습니다. 이미 말씀드린 대로 무명이 형성됨으로써 깨달음에 대한 이해도 생긴다는 것입니다.

수행으로 시각始覺을 지날 때 비로소 깨달음이 깨달음으로 드러날 수 있습니다. 그때 비로소 인연이 각성임을 자각합니다. 법의 본바탕이 밝다는 것을 비로소 알게 된 것이지요. 그러므로 본각이 무명화 됐다고 하기보다는 깨달음으로 인하여 본각도 무명도 이름을 갖게 됐다고 할 수 있습니다. 시각의 깨달음이 없다고 하면 무명이 무명일 수 없으며, 본각도 본각일 수 없습니다.

부처님의 깨달음이 삶을 새롭게 보는 근본적인 전환이 될 수 있는 것도 이 때문입니다. 시각의 체험으로써 법의 본바탕조차 깨달음으로 만들었다고 할 수 있으며, 그것과 상대하여 무명이 본성을 잘못 이해한 앎의 작용인 것도 드러납니다.

인연의 법계가 아상我相이 존재할 수 없다는 것을 요달了達하고, 아상이 인연의 빈 자리를 잘못 차지하고 있는 줄 알 때, 지혜인 밝고 맑은 앎이 완성됩니다. 마음 하나에 피어나는 깨달음으로 아상我相이 원래부터 인연의 각성에는 자리할 수 없다는 것, 곧 빈 마음을 아는 것입니다. 인연의 소통에 걸림 없는 밝은 길이 빈 마음임을 알고〔解〕, 아상을 비운 앎을 실천하는 것〔行〕이 법성에 계합하는 '반야바라밀般若波羅蜜' 수행입니다.

이상과 같이 육바라밀六波羅蜜 수행으로 믿음을 성취하는 과정에서 익힌 학습과 비판적 사유를 통해서 무상無相·무주無住·무념無念이 법의 성품으로, 상을 떠나 있는 것〔離相〕임을 압니다. 법의 성품에 대한 이해가 깊어지고〔解〕, 이해가 깊은 마음은 상에 매이지 않게 됩니다. 상에 매이지 않는 자유로운 마음으로 법계일상인 도道를 향해 가는 수행이 '해행발심解行發心'의 완성입니다.

50장. 증득한 발심

68 '증득한 발심〔證發心〕'은 초지인 정심지부터 보살구경지인 제10지에 이르러 증득한 발심이다. 이때 어떤 경계를 증득하는 것인가? 진여를 체득하는 것이다. 전식轉識에 의해서 경계가 펼쳐지나, 진여를 증득한 수행자는 능소能所의 분별을 떠나기에 전식에 의해서 펼쳐지는 경계가 없다. 오직 진여의 지혜 활동이 있을 뿐이다. 이를 법신이라고 한다.

證發心者 從淨心地 乃至菩薩究竟地 證何境界 所謂眞如 以依轉識 說爲境界 而此證者 無有境界 唯眞如智 名爲法身

초지 이상의 법신 보살은 한 생각에 시방十方 세계 모든 곳에 이르러 모든 부처님을 공양하고 법을 설해 주실 것을 청하는데, 오직 중생들을 깨달음으로 인도하여 이롭게 하고자 하는 것일 뿐, 문자에 의지하는 것이 아니다. 혹은 오랜 세월 수행하는 것을 두려워하는 중생을 위해서 수행 단계를 건너 뛰어 속히 정각을 이루는 것을 보이기도 하고, 게으른 중생을 위해서는 스스로 무량한 아승지겁

동안 수행하여 불도를 이루게 됐다고 이야기하기도 한다. 이와 같은 갖가지 방편과 불가사의한 일을 인연 따라 보일 수 있다.

是菩薩於一念頃 能至十方無餘世界 供養諸佛 請轉法輪 唯爲開導 利益衆生 不依文字 或示超地 速成正覺 以爲怯弱衆生故 或說我於無量阿僧祗劫 當成佛道 以爲懈怠衆生故 能示如是無數方便 不可思議

그러나 실제에서 보면 보살 수행자의 품성을 갖는 자는 근기도 같고 발심도 같으며 증득한 법 또한 같다. 이것을 넘어서는 법은 없다. 왜냐하면 모든 보살 수행자는 누구나 세 번의 아승지겁 수행 기간을 지나기 때문이다. 다만 중생 세계가 같지 않고, 보고 듣는 바가 다르며, 근기와 의지의 성향이 다르기 때문에 그에 따라 보살 수행자의 수행과 자비행에 차별이 있는 것처럼 보일 뿐이다.

而實菩薩種性根等 發心則等 所證亦等 無有超過之法 以一切菩薩 皆經三阿僧祗劫故 但隨衆生 世界不同 所見所聞 根欲性異 故示所行亦有差別

초지 이상의 보살 수행자가 증득한 발심의 모습에도 세 가지 '미세한 모습의 마음〔心微細之相〕'이 있다. 첫째는 '진심眞心'이다. 분별이 없기 때문이다. 둘째는 '방편심方便心'이다. 자연스럽게 중생의 이익을 위해서 여러 가지 방편을 실행하는 마음이기 때문이다. 셋째는 '업식심業識心'이다. 의식의 분명한 생멸과는 다르지만 업식 종자들과 보살의 원력으로 생사를 계속하는 변역생사의 미세한 생멸〔微細生滅〕이 있기 때문이다.

又是菩薩發心相者 有三種心微細之相 云何爲三 一者 眞心 無分別故 二者 方便心 自然遍行 利益衆生故 三者 業識心 微細起滅故

인연은 세상을 여는 길이며 소통이 이루어지는 길

몸과 마음으로 체득된 육바라밀에 의해서 정념의 알아차리는 힘이 망념의 분별을 온전하게 다스려 갈 수 있는 정도로 축적된 단계를 '정심지淨心地'라고 합니다. 나만의 삶이 없는 것은 아니나 나만으로 한정된 삶으로 인연을 비켜서 있는 '나가 없는 줄을 알고, 앎을 보시 등으로 표현할 수 있는 힘이 생긴 단계입니다.

삶을 인연의 생명 나눔으로 이해하고 실천하는 습관으로 바꿀 수 있는 힘을 얻은 것입니다. 나눔을 생각하고 이야기하기는 쉽지만 한 점 아까운 생각 없이 실천하기는 정말 어렵습니다. 어려운 일을 평안한 마음으로 할 수 있는 기반이 제대로 선 단계입니다. 나누는 것이야말로 생명 본연의 모습으로 인연인 줄을 알며, 꾸미는 모든 일들의 허상에 현혹되지 않는 것입니다.

진여가 드러나고 있는 생명연대의 인연은 '나'만으로 '너'만으로 살 수 있는 근거가 없습니다. 발을 딛고 있는 대지와 숨 쉬는 공기 하나도 진여의 포용과 관대함을 실현합니다. 관대함과 나눔과 포용

등등이 인간의 덕목으로 나열되지만, 그것은 인간의 덕목이 아니라 삶의 본질인 진여의 덕목입니다. 이에 대한 실천이 증득된 진여의 삶이며 깨달음입니다. 대지를 떠나 허공을 걷는 신기를 증득하는 것이 깨달음이 아닙니다.

인연 밖에 홀로 있을 수 있는 '나'로 착각하고, 인연으로 하나의 생명인 줄을 모르는 인식 내용을 갖고 있으면서, 시시때때로 그와 같은 인식 관계를 만들고 있는 전식轉識의 허구를 떠나야 합니다. 이미 경험된 인식 내용과 그것을 갖고 있는 '나'가 '너'와는 온전히 다른 하나로만 인식할 수밖에 없는 인식의 경향성인 업식이 완전히 사라지는 데까지 수행해야 합니다.

인연을 업식의 경향성으로 읽게 하는 능동적인 작용인 전식轉識과 그렇게 읽혀진 업식의 표현인 현식現識이 허상임을 꿈에서도 잊지 않아야 합니다. '나와 나의 소유'를 중심으로 하는 업식의 내용이 생명의 활동을 장애하는 무명無明이라는 것을 체득해야 합니다.

무명의 인식이 사라진 자리에 인연의 생명이 자리함을 보아야 합니다. 인연으로 생명을 나누고 있는 것이 진여이면서 진여의 작용이 되는 것을 보는 것입니다. 체득하여 보는 앎이야말로 진여인 지혜의 활동이며, 법신이 지혜로 나타난 것입니다. 마음마음이 진여가 되는 것이고, 진여가 진여를 드러내는 마음을 쓰는 것입니다. 진여를 향한 발심이 진여에 이르는 것이긴 하지만, 향하는 마음이 진여가 될 때 진여가 깨달음의 길을 만들어 갑니다. 마음이 진여眞如고, 진여가 만든 길〔道〕을 향해 가는 마음〔發心〕이 깨달은 마음입니다.

'정심지淨心地'와 '보살구경지菩薩究境地'를 비교하여 깊고 낮음이 있다고 할지라도 마음에는 깊은 마음과 낮은 마음이 없습니다. 정심지인 마음을 잊지 않고 늘 청정한 마음의 소통으로 생명연대를 실천하는 그 마음이 '구경지究竟地의 보살 마음'입니다.

보살의 마음은 구경지에서 끝나는 마음이 아니라 정심지의 마음을 구경으로 갖는 마음입니다. 인연의 소통을 열고, 열림 속에 생명의 아름다움을 나누는 인연이 구경지의 마음입니다. 보살 초지인 정심지는 마음 한 구석에 가끔씩 일어나고 사라지는 나만 아는 마음, 내가 아는 것이 옳다는 마음 등등이 있기도 하여 아직 구경이라고 하지 않을 뿐입니다. '청정한 마음'이 '나만 아는 마음'을 거슬러 가는 수고가 아직 남아 있기에 '깊지 않다'고 할 뿐입니다.

인연은 세상을 여는 길이며 소통이 이루어지는 길〔道〕이기에, 만나는 인연마다 부처님의 도〔길〕가 실현되고 있습니다. 길 밖에 있는 인연이 부처의 길을 나타내는 것이 아닙니다. 모든 길이 부처의 인연으로 마음을 드러낸 법신입니다. 만나는 곳마다 부처의 향기며 설법이니, 중생을 위한 부처의 설법을 다른 곳에서 청할 이유가 없습니다.

보살이 스스로를 부처로 섬기고 이웃을 부처로 섬기는 그 마음이 모두를 부처 되게 하는 마음이며, 중생의 부처를 깨우는 마음이기에, 한 생각에 시방十方의 모든 곳에 이르러 부처님을 청하고 법문을 설하게 합니다. 넓고 넓은 공간을 다 담아내는 한마음〔一心〕이 시방이 되고, 시방이 된 한마음이 부처를 다 드러냅니다. 이 마음을 떠나 부처의 길이 따로 없고 법문이 다시 없기에, 앉은 자리에서 시방을 넘나들면서 부처님을 뵙고 설법을 청할 수 있습니다.

함께 부처를 이루고 있는 뭇 생명의 언어가 법문이 되고, 문자를 넘어서는 침묵도 생명을 담는 언어가 됩니다. 마음이 말이 되고 글이 되어 부처를 나타내는 자리에서 마음과 말과 언어가 하나의 길이 됩니다.

마음 떠난 곳에 문자가 있다면 그것은 문자일 뿐 마음이 아니고, 마음이 아니라면 평안한 길 또한 뜻이 없습니다. 마음이 있는 곳에 우리네 삶이 있고, 삶이 있는 곳에 부처가 있어야 합니다. 삶 떠난 곳에 부처가 있다고 이야기할 수 있지만, 생멸심의 번뇌 속에서도 진여의 불꽃이 사그라지지 않으니 부처가 없는 곳이 없지요. 누구든지 공경 받아야 하는 이유입니다.

삼 아승지겁의 시간을 넘어서다

공경하지 않는 마음이 스스로의 부처를 등지고 중생의 삶을 만들어 힘들게 하는 근거입니다. 부처를 등지고 멀리하는 중생의 앎과 삶만큼이나 많은 방편이 필요하므로 보살 수행의 기간이 세 번의 아승지겁을 지나게 되나 봅니다. 어쩌면 삼 아승지겁은 누구나 부처가 되는 기간이 아닌가 생각됩니다.

부처님께서 깨달은 이후 깨달음에 대한 이해와 실천 방법이 성립

됐다고는 하지만, 생명의 시간이 부처를 만들고 있었다는 것입니다. 부처 이전의 생명연대가 부처님의 안목에서 깨어난 것이어서 그렇습니다. 그래서 모든 보살 수행자의 수행 기간은 삼 아승지겁이라는 데서 차이가 없다고 하였겠지요. 보살이 깨닫는 시간이 되기도 하지만 깨달음이 익어가는 시간도 되며, 모든 생명들로 하여금 보살이 되게 하는 시간이 되기도 합니다.

그렇지만 시간이 생명의 흐름 밖에 있는 것이 아닙니다. 흐름이 시간으로 나타날 수는 있지만, 기억의 자를 갖지 않는다면 길이가 없어지니 시간조차 없지요. 기억이 시간을 만들고, 만들어진 시간을 걸어가다가, 그것이 기억이 만들고 있는 시간인 줄 깨우치는 기간이 삼 아승지겁이나 되는가 봅니다.

시간이 시간으로 있을 수 없는 것을 알 때 시간을 넘어선 자리를 볼 수 있습니다. 삼 아승지겁을 넘어선 것입니다. 시간을 넘어선다는 것은 수행으로 쌓인 공덕조차 넘어서는 것입니다. 공덕조차 없는 자리에 들어설 때 보살의 공덕이 완성됩니다. 한 생각 돌이키면 삼 아승지겁을 뛰어넘고, 자성이 없는 공空의 자리에 올라가면 모든 삶의 자취가 공덕이 될 수 있으니 불가사의한 일이 아닐 수 없습니다.

석가모니 부처님의 깨달음으로 불교가 시작됐다고 하지만, 뭇 생명들의 생명활동이 깨달음에 근거한 것이라는 데서 보면, 생명은 시작부터 깨달음을 나타낸 생명활동이라고 할 수 있겠지요. 나아가 생명은 생명체라고 부르는 것 속에만 있는 어떤 것이 아니기에 시작도 없고 끝도 없는 깨달음의 세계가 뭇 생명의 세계라고 할 수 있습니다.

부처를 넘어서고 조사를 넘어선 자리에서만이 온전한 깨달음으로 우뚝 설 수 있는 이유도 여기에 있습니다.

모든 보살 수행자의 근기와 발심과 증득된 법이 같은 것은 아니지만, 다름 그대로가 부처님과 조사를 뛰어넘는 곳에서 법계의 생명으로 자기 부처를 드러내고 있습니다. 깨달음이라는 이름의 보편성에서 보면 다 같지만, 일상의 모든 다름이 깨달음이 된다는 데서는 이느 것 하나 같다고 할 수 없지요.

근기가 높고 낮다거나 의지가 강하고 약하다는 차이가 있을 수는 있지만, 그것은 익혀 온 습관의 차이일 뿐, 실체의 차이가 아닙니다. 차이 그대로 법계의 실상을 다 드러내므로 높다거나 낮다고 말할 수 없습니다. 모든 차이가 차이 그대로 수행 의지를 담아낼 때 삼 아승지겁을 뛰어넘는 차이가 되어 완성된 깨달음을 드러냅니다.

익혀 온 습관을 바꿔 깨달음이 습관이 되게 하는 것이 수행이지만, 차이가 그대로 깨달음임을 알아차리는 습관이므로 실상에서 보면 습관 그곳에서 습관을 뛰어넘습니다. 시공의 무자성을 철저하게 인식하는 습관이 습관의 자성조차 뛰어넘게 하고, 시간의 기억을 넘어서게 하여 삼 아승지겁의 시간을 넘어서는 것입니다. 기억된 시간 속에 다시 시간을 더하고 있어서는 시간을 넘어설 수 없습니다. '길이를 갖는 시간이란 어떤 것인가'라는 물음이 삼 아승지겁 속에서 삼 아승지겁을 뛰어넘게 합니다. 시간을 다시 묻는 그 자리에서 시간을 이해하는 습관이 바뀌고, 바뀐 이해가 시간조차 새롭게 만든다고 하겠습니다.

　습관의 차이만큼 세상읽기의 차이가 있고, 그 차이만큼 부처가 탄생됩니다. 부처는 수행자의 수행 공덕에 의해서 드러나는 실상이면서, 다른 한편 생명들의 인연이 만들어 내고 있는 법계의 실상이므로, 마음마다 부처의 마음이 되고 얼굴마다 부처의 얼굴이 됩니다.

대상이 보여 주는 대로 보는 것이 우선

　실상實相조차 없는 무상無相한 마음을 볼 때, 곧 법신法身을 보게 될 때, 보살 수행자가 체험하는 마음에 세 가지 미세한 모습이 있습니다.
　실상에서 보면 '마음'도 '미세한 마음'도 '거친 마음'도 없지만, 거친 마음의 흔들림에서는 보이지 않던 마음 그 자체의 '움직임과 고요함이 어울린 것'을 '미세한 마음'이라고 할 뿐입니다. 마음도 '마음'이라는 자성을 갖지 않기 때문입니다.
　실상도 아니고 허상도 아닌 마음을 보지 못했을 때는 마음과 마음 밖이 자성을 갖는 실체로서 뚜렷한 다름을 갖는 것 같았지만, 집중과 주시로 마음을 알아차려 그 다름을 넘어설 때는 마음과 대상의 거친 분별이 사라집니다. 이때 마음이면서 대상이며 대상이면서 마음인 인연의 각성이 마음 하나로 있는 것을 볼 수 있습니다. 이때 보이는 마음을 '미세한 마음'이라 합니다.

인연에서 마음의 움직임이 보이고, 움직임 속에서 자각하는 앎인 '움직이지 않는 마음(不動心)'이 보입니다. 이 마음이 세 가지 미세한 마음 가운데 하나인 '진여의 마음(眞心)'입니다. 진짜 마음과 가짜 마음이 아니라 진짜 마음도 가짜 마음도 벗어난 마음입니다.

진여의 마음이 일상의 마음 너머 있는 것은 아니지만, 일상의 마음이 진짜 마음을 다 드러냈다고 할 수는 없습니다. 드러난 마음도 진짜 마음이고 사라진 마음도 진짜 마음입니다. 이렇듯 마음이라고 이름할 수 있는 것이 하나가 아닙니다.

마음이 없는 듯하다가도 홀연히 드러나고, 드러난 마음도 홀연히 형색을 달리하면서 모든 형색을 마음이게 합니다. 형색마다 마음이요, 마음마다 형색입니다. 형색도 없고 마음도 없는 것 또한 마음입니다. 있는 것도 없는 것도 넘어선 것, 이것이 '진심眞心'입니다.

분별을 넘어선 마음이라고 하지만, 온갖 분별이 분별을 넘어선 마음에서 분별이 되므로, 분별하는 마음이 진심이 됩니다. 분별을 떠나 있는 것이 현재의 마음이면서, 그 현재에 온갖 분별을 되비추면서 시방삼세十方三世의 모든 인연을 분별하는 것입니다. 분별하는 마음에 분별이 없기에 모든 형색이 분별 속에서 분별을 떠나고, 분별이 없는 마음이기에 모든 분별을 드러낼 수 있어 형색마다 차별을 떠난 마음으로 하나가 됩니다.

"진여심이며 여래장이며 법신이며…"라고 하여 중생심과 다른 것처럼 보이지만, 중생심이야말로 여래가 사는 마음이며 법신이 깃들 공간입니다. 중생심에서 분별없는 것이 여래나 법신이 아니라 분별이 하나 된 생명으로 분별이므로, 분별이면서 무분별인 것이 여래며 법신입니다.

생명을 다해 드러내고 있는 인연은 그 자체로 분별 속에서 분별을 떠나 있습니다. 그러므로 '진심眞心'이 미세한 마음 가운데 하나입니다.

두 번째는 '방편심方便心'입니다. 분별없는 가운데 분별로 나타나는 마음인 진심은 어디에도 걸리지 않는 마음입니다. 그렇다고 이 마음이 일상의 마음 안쪽에 있는 마음이거나 일상을 떠나 있는 마음이 아닙니다. 날마다 쓰는 그 마음이 진심입니다. 마음의 성품이 무엇으로 정해진 것이 없기에, 그것을 분별없는 가운데 분별하는 마음이라고 할 뿐입니다. 마음에 분별이 이미 갖추어져 있다면 다시 분별할 일도 없지요.

한편으로 보면 이런 저런 사실에 얽혀 있고 매어 있는 것 같지만, 그 가운데서도 마음의 빛을 잃지 않으므로 분별없는 앎이 됩니다. 분별없는 마음이야말로 인연을 그대로 볼 수 있으며, 인연으로 나타나는 모든 분별을 긍정합니다. 긍정하면서도 그 자리에 머물지 않기에 일체를 껴안습니다. 자신의 빈 모습에 모두를 담는 것이지요. 머물지 않는 빔이 앎을 낳고 앎이 방편이 되어 함께 인연을 만들어 갑니다.

나의 앎으로 너를 가두지 않고 나의 빔으로 너를 맞이하여 그 속에서 너를 너로 비추어 주는 인연이 생명연대로 드러납니다. 그런 뜻에서 모든 중생들을 이롭게 하는 '방편의 마음'은 이미 알고 있는 것을 가르치는 마음이 아닙니다. 서로를 받아들이면서 서로를 비우고, 비운 자리가 새로운 인연을 만드는 마음입니다. 오롯한 생명의 질서가 이루어지며, 평안을 이끌어 내는 실천입니다.

이것은 보려고 하는 대로 대상을 보는 것이 아닙니다. 대상이 보여주는 대로 보는 것이 우선입니다. 인연을 소통시키는 길(道)을 여는 것이지요. 그곳에서 지혜가 빛나게 됩니다. 이미 갖고 있는 앎으로는 새로운 방편의 연緣을 다 읽어낼 수 없습니다. 방편은 모든 것을 비우고 해체하여 공화空化하는 진심眞心에서 이루어지는 소통입니다. 분별만의 앎으로는 재 볼 수 없지요.
생각하되 생각의 한계를 잘 알고 생각에만 머물지도 않고 마음을 비우되 비우는 것에만 머물지 않으면서 함께 고요하고 평화로운 삶을 열어 가는 것입니다. 상대에게만 이익 되게 하는 것일 수 없습니다. 인연의 방편은 언제나 밝은 지혜로 생각을 넘어선 자리에서 서로 생명 나눔으로 인연의 각성을 드러내는 것이므로, 함께 이익 되는 일이 자연스럽게 이루어지도록 하는 것입니다.

세 번째는 '업식심業識心'입니다. 미세한 생멸이 있는 마음입니다. 보살 수행자가 증득한 발심 가운데 가장 중요한 마음이라고 해도 지나친 말이 아닙니다. 일부러 구경의 깨달음을 성취하지 않고, 중생의 세계에 남아 보살행을 실천하기 위해 남겨둔 생멸의 힘이라고 할 수 있기 때문입니다.

이 마음은 깨달음의 완성을 중생의 깨달음에 두면서 중생의 깨달음을 위한 외연外緣이 되고자 하는 마음입니다. 업의 지향성을 꿰뚫어 아는 마음이기 때문에 망념에 매인 업식이 아니고, 보살의 방편을 위해 업식을 이용하고 있다고 하겠습니다. 언제나 뭇 생명들과 함께 살아가는 마음으로 보살의 공덕을 실천하는 기틀이 되는 마음입니다.

법신을 증득한 보살 수행자의 처지에서 보면 업식의 미세망상이 훤히 드러나 보입니다. 마음이 어떻게 일어나서 어떻게 머물다 어떻게 사라지는가에 대해 분명하게 깨어 있는 것이지요. 곧 미세한 생사의 흐름을 여실히 지켜보면서도 생사를 벗어나 열반에 들고자 하지 않고, 생사 속에서 자비심과 공덕을 쌓아가는 마음입니다.

51장. 발심 공덕의 원만한 성취

69 또한 법신 보살이 제10지에 이르러 공덕을 만족하게 이루면 색계천 가운데 최고의 하늘인 색구경처에서 모든 세간 가운데서 최고로 큰 몸을 나타내 보인다.

又是菩薩 功德成滿 於色究竟處 示一切世間最高大身

이는 '시각을 이루는 순간의 마음〔一念〕'이 연기의 각성과 상응相應하여 진여를 자각〔慧〕한 일념상응의 지혜로써 무명을 일시에 없애고 '모든 것을 통달한 지혜' 곧 일체종지一切種智를 얻으며, 자연스럽게 생각을 뛰어넘는 불가사의한 활동으로 모든 중생들의 이익을 위해 시방의 어느 곳에나 나타날 수 있다는 것을 말한다.

謂以一念相應慧 無明頓盡 名一切種智 自然而有不思議業 能現十方利益衆生

모든 세간에서 가장 큰 몸

부처가 되면 법신 보살의 공덕이 완성됩니다. 업의 청정하지 못한 업의 기운이 다 사라진 청정한 몸입니다. 부처님의 공덕을 완성한 보살 수행자는 몸과 뜻과 자신의 국토가 다 함께 청정하게 됩니다. 그와 같은 세계를 '색구경처色究竟處'라고 합니다.

세상이 바뀐 것입니다. 중생마다 자신만의 세계를 구성하면서 공업共業과 별업別業을 가지고 살고 있는 것과는 다른 새로운 세계를 살게 된다는 뜻입니다. 같은 세상을 살고 있지만 세상을 보는 눈이 완전히 바뀐 것입니다. 이것을 『금강경』에서는 육안肉眼, 천안天眼, 혜안慧眼, 법안法眼, 불안佛眼이라는 다섯 가지 눈을 성취했다고 하였습니다. 오안五眼을 성취하여 인연마다 같으면서도 새롭고, 하나이면서도 다르게 볼 수 있게 된 것입니다.

의意의 '나가 사라진 곳에서 인연의 각성이 된 '나, 곧 보살의 공덕을 완성한 '나는 '모든 세간에서 가장 큰 몸〔一切世間 最高大身〕'입니다. 인연으로 소통되는 온 삶이 나의 몸과 마음이 되고, 나의 몸과 마음이라는 한계가 사라지는 것이 인연의 소통이 되므로 '가장 큰 몸'입니다. 막힘없는 인연의 소통이 그대로 몸이 되고 마음이 된 것이지요.

이때가 되면 지혜롭지 못한 활동이 있을 수 없습니다. 의식적으로 몸과 마음의 활동을 지혜롭게 하려는 의지가 작동하여 지혜로운 생활을 하는 것이 아니라, 하는 일마다 지혜가 됩니다. 지혜가 몸과 마음이 되고 몸과 마음이 지혜의 움직임으로 습관화됐다고 하겠습니다. 깨달음이 일상이 되는 삶입니다.

불교에서는 깨달음에 대해 해오解悟와 증오證悟로 나누어 이야기하기도 합니다. '해오解悟', 곧 '깨달음에 대한 이해'란 깨달은 삶이 무엇인지를 배우고 익히는 것입니다. 모든 경전에는 깨달음에 대한 이야기가 있고, 어떻게 하면 그와 같은 삶이 익어질 것인가에 대한 수행지침이 있습니다. 깨달음의 내용은 우리네 삶이 독자적이면서도 언제나 서로 의존하여 존재한다는 연기법緣起法입니다. 연기법에 대한 확고한 이해와 믿음이 해오입니다.

그러나 상호 의존에서만이 서로의 삶이 있을 수 있다는 연기법을 이해했다고 하더라도 익혀 온 인식 패턴과 습관, 곧 업식業識을 버리기란 쉽지 않습니다. 습관화된 인식 패턴과 행위로는 인연의 본질을 보지 못하기 때문입니다. 수행은 이해된 깨달음인 연기법緣起法과 무아無我와 무상無常을 생각생각에 잊지 않음으로써 깨달음이 인식의 패턴이 되고 습관이 되도록 하여 인연의 본질을 직접 보도록 하는 것입니다. 이해되고 증득된 깨달음이 '바른 이해〔正見〕'이며, 그것을 삶 속에서 실천하는 집중된 의지는 '정념正念'입니다.

수행은 학습된 깨달음인 연기법을 비판적인 사유과정을 통해서 온전히 받아들이고, 받아들인 깨달음의 내용을 삶에서 실천해 가는 과정입니다. 그러다가 연기법에 대한 이해〔解悟〕와 실천〔修行〕이 익어져 업식을 다 떨치고 나면, 연기의 각성과 상응하는 삶〔證悟〕이 됩니다.

증득된 깨달음이란 몸과 마음의 하나하나가 모두 연기의 각성이 되어 깨달음이 습관이 된 것입니다. 대비심大悲心을 가지고 연기의 상호 의존성인 생명연대를 실천하는 삶입니다.

인연이 보살이 되어 깨달음으로 공덕을 실천하고 있다

증오證悟를 하게 되면 지혜가 모든 삶의 과정에서 등불처럼 빛나 나와 나의 것을 만들어 내는 습관적인 인식 패턴인 무명의 활동이 사라집니다. 증오를 이루는 순간 곧 시각을 이루는 순간의 일념이 연기의 각성과 상응하여 진여와 공성을 자각하게 되면, 분별된 나가 없다〔無我〕는 것을 직접 보게 되고 인연 따라 흐르는 무상을 알게 되므로, 나와 나의 것이라고 아는 무명의 인식 패턴이 일시에 사라집니다. 인연마다 드러나는 분별이 공성인 분별인 줄 알아 분별된 나와 나의 것에 집착하지 않는 판단인 지혜를 얻습니다.

분별된 인연을 아는 데서 보면 모든 것이 마음이며, 마음이 공성과 상응한 데서 보면 모든 것이 진여이며, 분별된 것에 집착하는 것이 모두 허망한 마음인 줄 압니다. 그러므로 '모든 것을 아는 지혜〔一切種智〕'를 얻었다고 합니다.

실상에서 보면 해오解悟도 모든 것을 아는 지혜입니다. 이해된 것이라 아직 이해된 만큼 삶에서 실천되지 않는다는 차이는 있습니다만 "모든 것은 연기의 관계에서 모든 것이다."라는 이해는 하나하나에서 보면 모두 무아이며 무상인 것을 아는 것이기 때문입니다.

무아無我와 무상無常의 지혜는 해오에서나 증오에서나 아무런 차이가 없습니다. 그렇기 때문에 수행자는 반드시 경론 등과 스승의 가르침을 통한 정확한 해오가 필요하며, 해오解悟에 대한 신념이 익어져야 합니다. 해오가 확실해야 불교에 대한 믿음과 실천이 있을 수 있습니다. 『대승기신론』에서 이야기하고 있는 대승에 대한 믿음의 완성도 해오를 바탕으로 합니다.

깨달음에 대한 이해와 믿음이 바탕이 될 때 육바라밀 수행이 온전할 수 있습니다. 예를 들어 보시바라밀을 실천할 때 연기법의 성품〔法性〕에는 나의 것이라고 할 수 있는 어떠한 것도 없다는 것을 알고, 다시 말하면 연기법에는 탐욕과 인색함이 들어설 자리가 없다는 것을 확실하게 알고 믿으면서, 베푼다는 생각조차 없는 보시를 실천해야 한다는 것입니다.

증득된 깨달음〔證悟〕에서는 대비의 실천을 부사의업상不思議業相이라고 합니다. 생각으로 하는 것이 아니라, 진여의 공덕과 계합한 활동이기 때문입니다. 저절로 일어나는 이러한 깨달음의 활동이 상호 의존성인 연기의 생명활동을 막힘없이 열기 때문에 모든 이웃들이 생명의 이익을 얻게 됩니다.

보살 수행자가 수행으로 공덕을 완성시켰다고 할 수 있지만 오히려 인연이 보살이 되어 깨달음으로 공덕을 실천하고 있다고 할 수 있습니다. 연기법의 몸인 법신을 증득한 것이며, 모든 생명들의 생명

활동을 이롭게 하는 지혜와 대비大悲의 방편이 저절로 실현되는 수행의 완성입니다.

52장. 모든 것을 통달한 지혜

70 문: 허공이 끝이 없기 때문에 세계도 끝이 없고, 세계가 끝이 없기 때문에 중생도 끝이 없고, 중생이 끝이 없기 때문에 마음작용 또한 끝이 없다. 경계가 한계가 없으니 알기 어렵다. 만약 무명이 끊어진다면 마음의 표상작용도 없어지거늘 한계가 없는 경계를 어찌 알 수 있기에 '모든 것을 통달한 지혜〔一切種智〕'라고 하는가?

問曰 虛空無邊故 世界無邊 世界無邊故 衆生無邊 衆生無邊故 心行差別亦復無邊 如是境界 不可分齊 難知難解 若無明斷 無有心想 云何能了 名一切種智

답: 모든 경계가 본래부터 마음 하나로, 형상과 개념으로 한계를 짓는 상념想念을 떠나 있다. 단지 중생이 허망한 상념으로 경계를 보는 까닭에 마음에 한계가 있고, 허망하게 상념을 일으키므로 법의 성품〔法性〕에 부합되지 못한다. 그러므로 제대로 알 수 없는 것이다. 모든 부처님들은 상념으로 보는 것이 없으므로 언제 어느 때나 치우침 없이 지혜로 알아차린다. 여래의 마음이 진실하기 때문이다.

答曰 一切境界本來一心 離於想念 以衆生妄見境界故 心有分齊 以妄起想念 不稱法性 故 不能決了 諸佛如來離於見想 無所不遍 心眞實故

이것이 모든 법의 본성이다. 법의 성품 자체에 허망한 모든 법을 밝게 비추어 허망함을 알 수 있게 하는 큰 지혜의 작용과 무량한 방편이 있다. 이와 같은 법성의 지혜로 중생들의 능력에 맞게 가지가지 법의 뜻을 설명할 수 있다. 그러므로 일체종지一切種智라고 한다.

卽是諸法之性 自體顯照一切妄法 有大智用無量方便 隨諸衆生 所應得解 皆能開是種種法義 是故得名一切種智

문: 만약 모든 부처님께서 자연스런 활동으로 모든 곳에 나타나 중생들에게 이익을 줄 수 있다고 한다면, 모든 중생들이 부처님의 몸을 보거나 신통변화를 목격하거나 법문을 듣고서 이익을 얻어야 하거늘 어찌 세간에서는 그와 같은 일들을 볼 수 없는가?

又問曰 若諸佛有自然業 能現一切處 利益衆生者 一切衆生 若見其身 若觀神變 若聞其說 無不得利 云何世間 多不能見

답:모든 부처님과 여래의 법신은 평등하여 모든 곳에 있으나 의도한 바가 없기 때문에 자연自然이라고 한다. 나타나고 나타나지 않는 것은 중생의 마음에 달렸다. 중생의 마음을 거울에 비유할 수

있다. 거울에 먼지가 있다면 형색이 나타나지 않는 것처럼 중생의 마음에 허물이 있다면 법신이 나타나지 않기 때문이다.

答曰 諸佛如來法身平等 遍一切處 無有作意 故說自然 但依衆生心現 衆生心者 猶如於鏡 鏡若有垢 色像不現 如是衆生心若有垢 法身不現故

인연의 공성을 알 수 없게 하는 앎

"안다는 것은 마음으로 모양을 그릴 수 있거나 생각을 말로 정리할 수 있어야 가능한 것인데, 모양을 그리지도 않고 말로 정리하지 않는다면 어찌 알 수 있겠습니까?"라고 묻고 있습니다.

모양을 그리면서 모양에 빠지고, 말로 정리하면서 말에 매이는 것을 무명無明이라고 합니다. 무명이란 무엇을 모르는 것이 아니라 그려진 그림과 정리된 말만을 통해서 아는 앎입니다. 말과 형상이 형성되는 인연의 장을 놓치고, 말할 수 있고 형상할 수 있는 분별만을 옛 경험을 토대로 형상 만들기와 말 만들기를 함으로써 인연의 공성을 알 수 없게 하는 앎입니다.

무한한 경계와 마음작용을 일목요연하게 형상과 언어로 표상하는 무명의 분별과 정리가 없다면 안다는 일이 발생할 수 없으니, 무명이 없어진다면 "모든 것을 다 안다〔一切種智〕라는 말이 성립할 수 없지 않느냐."고 묻고 있습니다.

'모든 경계를 안다'고 했을 때의 모든 경계가 마음이기 때문에 마음을 알면 모든 경계를 아는 것입니다. 마음이 만들어 놓은 경계나 언어표현의 기억이 인식의 경계라는 뜻입니다. '마음 밖에 대상이 있다'라고 생각할 수는 있지만 마음과의 인연이 닿을 때만이 경계라고 할 수 있고, 반대로 경계가 된 마음이 경계를 아는 마음을 깨운다고 할 수 있기에 경계가 있으므로 마음이 있다고 할 수도 있습니다.

이 말은 마음도 경계도 인연의 관계를 떠나서 그 자체로는 성립될 수 없다는 뜻입니다. 마음이 대상을 받아들이되 분별되어야 안다는 사건이 발생되므로, '안다는 것'은 마음과 대상이 만나 분별로서 발생하는 하나의 사건이면서, 마음과 대상을 앎 속에 다 담고 있습니다. 마음과 대상과 분별된 앎이 하나 된 인연 속에 들어 있는 다른 모습입니다. 앎이 발생했을 때 그 가운데 마음도 있고 대상도 있으므로 분별된 대상을 아는 것은 대상을 아는 것이면서 마음을 아는 것이 될 수밖에 없습니다. 대상이 마음을 일깨우지만 대상에 대한 인식은 마음이 갖고 있는 분별인 심상心想이 깨어난 것입니다.

안식眼識이 색을 분별하지 못한다면 색이 없고, 이식耳識이 소리를 분별하지 못한다면 소리가 없습니다. 색의 차이인 파장만 공간에 넘실거릴 것이라고 말할 수 있지만, 색을 분별하지 못하면 이 말도 성립할 수 없습니다. 여러 가지 색을 분별하는 것이 파장의 분별이기 때문입니다. 파장이 형색을 깨우지만, 형색은 마음이 만든 이미지이기 때문에 밖에 있는 색을 분별한다고 할 수 없지요. 소리[聲] 등도 마찬가지입니다.

마음이 스스로 대상을 만들어 아는 것이면서 대상으로 아는 것이라고 할 수 있고, 대상이 마음의 분별을 깨워 분별된 마음을 대상으로 아는 것이라고 할 수 있습니다. 앎이라는 사건 속에 마음도 대상도 앎도 함께 있기 때문입니다. 그러므로 경계를 아는 것이 경계를 아는 것이 아닙니다. 경계가 없다면 심상도 없고, 심상이 없다면 마음도 없습니다. 심상이 인연이 되고 마음과 경계가 심상 하나에 어울려 있는 것이지요. 그렇기에 외부 대상을 보고 듣듯, 생각도 생각 그 자체가 심상이 되어 앎으로 나타납니다. 아는 마음이 아는 것이 아니라 심상 속에 있는 아는 마음과 표상된 경계가 나뉘면서 심상으로 아는 것입니다. 심상의 총합인 업식이 경계를 만들기에 앎이 있고 앎이 있기에 업식이 상속됩니다.

'앎과 함〔知行〕'이 일치될 때가 '증득된 깨달음〔證悟〕'

업식에 담겨 있는 심상을 마음과 경계로 끌어내는 능력을 '전식轉識'이라고 합니다. 받아들인 경계나, 스스로 만든 경계를 마음이 알 수 있게 전환시킨다는 뜻이지요. 아는 작용이 작용을 할 수 있게 환경을 만든다는 뜻입니다. 마음과 대상의 변화를 주도하는 힘이면서 앎이 발생하도록 하는 것입니다.

여기서 문제가 되는 것은 받아들인 경계를 해석하는 것이 경계를 그대로 해석하는 것이 아니라, 경계를 마음이 아는 경계로 만들어 해석할 수밖에 없다는 것입니다. 아는 것으로밖에 해석할 수 없는 것이라고 하여 몇 개의 앎이 정해진 것은 아닙니다. 이미 알고 있는 것을 토대로 새롭게 앎을 만들어 가는 것도 있기 때문입니다.

그러나 새롭게 아는 것이라고 하더라도 그것을 그렇게밖에 알 수 없는 앎의 분별을 넘어설 수 없기 때문에 인연을 밝게 알지 못하는 앎인 무명이라고 하고, 익혀 온 습관의 경향성을 따른 앎의 활동이기에 업식이라고 합니다.

전식轉識이 무명업식이 갖고 있는 심상心想으로 경계〔現識〕를 만들어 앎이 발생할 수 있게 하지만, 그 내용이 업식의 전환이라는 데서 한계가 있다는 것입니다. 특히 경계가 마음의 대상이 되도록 해야 하기 때문에, 경계를 마음이 만든 것인 줄 모르고 경계가 마음 밖에 실재한다고 여기며, 객관인 경계를 만들면서 전식이 경계를 알아차리는 주관이 되므로 알아차리는 마음도 대상과 분리되고 맙니다. 마음과 대상이 분리된 실재로 서로 상관없는 것이라고 여길 수밖에 없게 된 것입니다.

마음과 대상이 실재한다고 여기는 허구가 생겨난 것입니다. '허망한 경계'가 생겨나면서 경계만 허망한 것이 아니라 마음조차 허망한 마음이 되고 말았습니다. 마음도 인식의 대상으로 마음 밖에 있게 되어 대상화된 마음으로 인식될 수밖에 없기 때문이며, 경계를 떠나 있는 마음이 실체를 갖는 것이 되면서 앎과는 다른 것이 되기 때문이지요. 아는 작용 그 하나가 모든 인연을 담고 있는 줄 모르게 된 것입니다.

이리하여 마음은 마음, 대상은 대상으로 나뉘고 각각의 대상들도 자신만의 실체를 갖게 됩니다. 주객 모두가 '앎의 장'을 떠나 있게 됐습니다. 알려진 내용도 앎의 장을 떠나 심상만으로 있고, 아는 마음이나 알려지는 대상도 앎의 장과 상관없이 있다고 여기기 때문에 아는 것이 제대로 아는 것일 수 없습니다. 실재할 수 없는 것을 실재하는 것처럼 분별하였기에 아는 것이 허망한 것이며, 허망한 앎이 앎을 이어가기에 앎 그 자체에 대해서 알 수 없게 되었습니다.

이것이 무명업식無明業識이 알아차리는 앎입니다. 무명업식에 쌓여 있는 마음의 이미지가 인연의 변화를 자신의 이미지대로 아는 것입니다. 인연과 계합되지 않는 앎으로 현재를 등지는 앎입니다. 앎과 현재의 차이만큼 만족하지 못하는 것이 발생할 수밖에 없게 됐지요.

잘못 알아차리는 무명업식에 의해서 인생이 괴롭게 됩니다. 인연의 현재에 계합하지 못한 앎이라 현재를 모르면서 자신의 이미지 속에서 스스로 힘들어하는 삶입니다. 무명이 무명이 되는 이유입니다.

그렇기에 삶을 제대로 이해하는 해오解悟가 중요합니다. 삶에 대한 바른 이해가 있어야 무명을 거슬러 갈 수 있습니다. 철저한 학습과 사유로 삶에 대한 바른 이해와 믿음을 성취해야 합니다. 바른 이해와 믿음으로 '앎과 함[知行]'이 일치될 때가 '증득된 깨달음[證悟]'입니다.

수행은 있는 것조차 비우는 것

앎이 인연의 총상이기 때문에 잘못 알면 인연마다 무명이 되고, 제대로 알면 인연마다 깨달음이 됩니다. 아는 현재에 모든 인연이 다 들어 있습니다. 이것이 마음으로 나타납니다. 마음이 경계를 떠날 수 없고, 경계 또한 마음을 떠날 수 없습니다. 마음과 경계라고 구분하여 말할 수는 있지만 실새하는 마음과 경계가 아님을 알아야 합니다.

마음과 경계가 하나 된 생명의 장에서 마음이고 경계인 줄 아는 앎은 분별로 세상을 보지 않으며, 자기만의 이미지에 갇히지 않습니다. 함께 어울린 앎이며, '어디서나 통하는 앎〔無所不遍〕'이며, 치우치지 않는 앎이며, 모든 생명의 활동을 온전히 드러내는 앎입니다. 이와 같은 앎을 '모든 것을 아는 앎〔一切種智〕'이라고 하며, 부처님의 앎을 가리킵니다.

부처님을 뜻하는 말 가운데 하나가 '모든 것을 아는 사람〔一切知者, 一切知, 一切智〕'인 까닭입니다. '일체지〔一切知, 一切智〕'가 부처님을 가리키기도 하고, 모든 것을 아는 부처님의 지혜를 뜻하기도 합니다. 그 밖에도 '모든 것을 아는 지혜'를 뜻하면서도, '모든 것을 아는 사람〔一切知者〕의 지혜〔智〕'라는 뜻을 분명하게 드러내는 말로는 일체지지一切智智, 또는 일체종지一切種智가 있습니다.

'모든 것을 안다'는 것은 알아차리는 현재의 앎이 삶의 전부가 되면서도 만들어진 이미지나 언어에 매이지 않아야 하며, 함께 사는 모든 생명들까지 열반의 즐거움을 얻게 하는 지혜 방편을 쓸 수 있어야 합니다. 모든 인연을 소중히 여기고 새롭게 읽을 수 있는 눈입니다.

　인연이란 결정되어 있는 것이 아니기에 인연에서 인연을 읽는 눈을 갖춘 것이지요. 그렇기에 아무것도 갖추지 않은 눈과 같습니다. 이미 아는 무엇만으로 인연을 보지 않을 뿐만 아니라 이미 아는 것조차 새롭게 되어야 인연을 알 수 있습니다.

　깨달음을 이룬다는 것은 인연이 본래부터 아무것도 갖지 않는 것을 알고, 스스로의 앎을 비운 것이라고 하겠습니다. 인연이 만든 분별을 실체를 갖는 별개라고 아는 앎을 무명업식無明業識이라고 한다면, 인연의 흐름에 깨어 있어야만 무명업식을 만들지 않는 '깨달음〔佛〕'이 됩니다.

　수행의 집중과 주시가 무명업식의 흔적을 지우면서 지혜가 되는 이유도 여기에 있지요. 수행은 있는 것조차 비우는 것입니다. 인연으로 한 생명임을 철저히 이해하고 자애를 나누는 것입니다. 이해를 실천하는 것이 수행 습관이 될 때 '이해된 깨달음〔解悟〕'이 '증득된 깨달음〔證悟〕'이 되고, 걸림 없는 지혜와 방편이 익어집니다.

　또 "모든 부처님께서 인연처에서 자연自然스럽게 깨달음을 위한 방편을 드러내 모든 중생을 이롭게 한다면, 누구라도 그와 같은 일을 보고 들어야 할 것이며 보고 듣는 이는 누구라도 이익이 있어야 될 것인데, 왜 그렇게 되지 않습니까?"라고 묻고 있습니다.

　여기에 대해 "법신으로 보면 언제나 모든 곳에서 걸림 없는 설법을 하고 있습니다. 보지 못하고 듣지 못하는 것은 중생 스스로가 무명업식을 통해서만 세상을 보기 때문입니다."라고 대답하고 있습니다.

이 질문과 대답에서 중요하게 생각해야 할 것은 부처님께서 쓰고 있는 '자연업自然業'이라는 말입니다. 자연自然은 지나온 시대의 모든 언어를 다 담고 있으면서도 언어를 무상한 인연으로 새롭게 창조하고 있는 흐름입니다. 과거가 현새에서 읽히고, 시간의 길이를 잴 수 있는 것이 그 증거가 됩니다.

과거는 이미 지나갔고 미래는 아직 오지 않는 데서 보면 늘 현재로 시간의 폭이 있을 수 없지요. 그러나 시간은 늘 현재의 자기 시간을 인연으로 읽고 있으면서 그 시간 속에 과거를 담고 미래를 그리고 있습니다. 그것이 시간의 폭이 되어, 현재는 삼세三世를 다 담는 현재가 됩니다.

언어도 시간처럼 현재에서 과거를 드러내지만 과거에만 머물지 않고 현재를 재창조하는 인연의 흐름으로 있을 때 인연의 저편에 있는 언어가 아니라 인연의 얼굴이 됩니다. 자연의 언어라고 일컬어지고 있는 수학조차도 스스로 자기 변주를 하면서 자연을 해석하고, 해석에 따른 새로운 인연의 얼굴을 수數로 표현합니다. 그 또한 인연의 얼굴입니다.

그뿐만 아니라 얼굴 표정 하나도 그냥 표정이 아니라 그 때의 모든 인연을 담아 삼세의 흐름을 모두 나타내면서 시간과 공간의 총합을 이야기하고 있습니다. 살펴보면 어느 것 하나 그것으로 절단되어 그것으로 있을 수 없지요. 그것이 인연因緣이며 자연自然입니다.

언어나 수數나 얼굴 표정에서 읽을 수 있는 그것이 인연이며 자연이니 아무런 꾸밈이 없습니다. 말을 꾸미고 언어를 조작하고 표현을 숨기고자 하는 의도는 업에 매인 얼굴입니다. 자연으로 있으면서 자연스럽지 못한 것입니다. 인연의 흐름인 무상無常을 읽지 못한 들뜬 마음으로 허망하지요.

지금 모습 그대로 법신

대지에 뿌리내리지 못한 나무처럼 쉬이 흔들리는 마음은 인연을 자신의 온 삶으로 나타내지 못합니다. 저만치 흘러간 인연을 뒤쫓고 있는 힘든 삶입니다. 부처님이 된다는 것은 다른 것이 아닐 것입니다. 무상한 인연을 좇는 것이 아니라 그저 인연이 되는 것일 것입니다. 인연이 된다는 것이 얼마나 힘든지는 살아온 날들이 증거하고 있지요. 인연의 흐름은 하나가 아니기 때문입니다. 사람이 읽고 있는 인연만큼 인연이 많습니다. 인연을 해석하는 하나의 정답이 있고 그것을 아는 것이 깨달음이 아닙니다.

인연을 무상〔無常, 無相〕이며, 공空이며 무자성無自性이라고 하지만, 이조차도 이미지〔相〕 속에서 그려지는 무상無相 등일 것입니다. 무상 등을 아는 것이란 무상한 인연을 읽는 마음만을 아는 것이지요. 생각하여 이해된 결과이며, 생각이 현재를 그렇게 만든다고 해야겠지요. 무상無相 무념無念이라는 이미지를 그리면서 실제로 이미지를 떠난 경험을 할 수 있는 것도 생각이 현재를 만들 수 있기 때문입니다. 그러나 그 또한 하나의 인연일 뿐입니다.

인연은 '없음'으로 표현할 수도 없고 '있음'으로 나타낼 수도 없습니다. 있는 듯한 때는 있는 것이 인연이며 없는 듯한 때는 없는 것이 인연입니다. 이것이 '자연의 활동〔自然業〕'입니다. 깨달은 분은 깨달은 분으로 있으면서 자연自然이 됩니다. 인연을 자연스럽게 따르면서 그 활동〔業〕에 걸리지 않습니다.

부처님을 나타내고 있는 가장 좋은 모습이 '자연自然의 모든 활동〔業〕'이라고 할 수 있습니다. 자연은 부처님의 가르침을 배우지 않고도 실현하고 있습니다. 자연의 흐름을 그대로 배우고 익혀서 부처님이 됐으니, 자연이 부처님의 스승입니다.

연기법緣起法을 실현하고 있는 자연을 법신法身이라고 합니다. 법신이 없는 곳이 없는 이유입니다. 인연마다가 자신의 의도가 되므로 자연이라고 합니다. 법신인 자연의 언어를 읽지 못하는 것은 자신의 의도만으로 세상을 보려 하는 데 있지요. 그 또한 인연인 것은 확실하지만 하나의 형상이나 언어표상에 머물러 있기 때문에 어디에도 '머물지 않는 인연〔無住〕'을 등지는 것입니다. 중생의 업業이 자연의 업이 되지 못한 이유입니다.

우리네 마음이 나의 마음인 것 같지만 나만의 마음이 아니며 마음마다 법신을 담는 자연업으로서 나의 마음이 됩니다. 그러나 '나'라는 이미지(相)에 머무르는 순간 인연에서 인연을 등지고 법신에서 법신을 잃고 맙니다. 그것을 거울에 먼지가 쌓여 색상이 제대로 나타나지 않는 것에 비유하고 있습니다.

마음마음마다 인연이며 법신이며 자연의 활동으로 머묾 없는 법계의 무상과 공성을 다 드러내고 있지만, 형상에 매이거나 형상 없음에 매이는 순간 인연의 변주를 놓치고 자연의 활동은 중생의 매인 마음만큼 겉돌게 됩니다. 그래서 언제 어디서나 작용하고 있는 법신의 자연업自然業을 알지 못하고, 그것을 언어표현으로 설명하신 부처님의 말씀도 이해하지 못하지요. 형상과 언어에 갇힌 것입니다. 형상과 언어를 넘어서야 합니다. 형상과 언어조차 삼세를 다 담아내는 법신의 자기 표현이 분명하지만 형상과 언어에 걸리지 않는 공성에서 형상과 언어가 해체되는 것을 알아야 합니다. 형상이나 언어표현만으로는 법신을 나타낼 수 없습니다.

모든 것이 법신이라는 말은 어느 것만으로는 법신이 아니라는 것입니다. 곧 '나'는 법신의 나타남이 분명하지만 '나'는 나만으로 있는 '나'가 아닙니다. '나' 아닌 것이 '나'로 드러나는 인연의 총상에서만 '나'이면서 법신이 됩니다. 법신이 된 '나'는 나이면서 나의 해체를 담고 있습니다. 해체되는 존재로서 나가 되기에 생사가 있는 듯하지만, 자성 없는 인연의 법신이 나이기에 생사를 떠난 나가 됩니다(不生不滅).

'나의 없음과 공성'에 대한 이해와 실천이 '나의 영원성'을 담보합니다. 태어나고 죽는 것 같은 '나'가 어디에 태어나서 죽는 것 같지만, 몸과 마음의 다름이 새로운 자기 세계를 창조하여 태어나고 죽는 것이기에, 무상한 세계를 끊임없이 창조한 것에서는 태어나고 죽는 것이 영원한 창조라고 할 수 있습니다.

지금의 모습 그대로 법신이면서 동시에 그 모습에 머물지 않아야 진정으로 법신의 자연스런 활동이 되어 언제나 새로운 세계를 창조하는 '나'가 되고, 그 '나'는 태어나고 죽는 가운데 태어나고 죽지 않는 것과 같으며, 태어나고 죽지 않는 것이 언제나 태어나고 죽는 것으로 활동하는 것과 같습니다.

태어나고 죽는 것에도 머물지 않고 태어나고 죽지 않는 것에도 머물지 않는 것이 열반이 되니, 열반이란 있는 것도 없는 것도 아닙니다. 언제나 열반인 법신의 자연스런 활동에서 보면 있다는 것과 없다는 것의 비교를 떠나 있습니다. 언제나 능동적으로 법신을 나타내고 있는 나와 자연의 인연은 나와 자연의 경계 지음이 없으므로 언제 어디서나 법신인 여래의 말씀을 듣고 보고, 변화무쌍한 신통을 경험합니다.

53장. 신심을 어떻게 닦을 것인가

71 해석분의 설명을 마쳤다. 다음은 신심을 닦는 것을 말하는 수행신심분修行信心分이다. 이 장에서는 아직 정정취에 들지 못한 중생을 위해서 신심을 닦는 방법을 이야기한다.

已說解釋分 次說修行信心分 是中依未入正定衆生故 說修行信心

그물에 걸리지 않는 바람처럼 걸어야 할 길

앞에서 연기법이 무엇인지 알고 연기법에 맞는 삶의 완성을 위한 마음가짐이 자리잡게 되기까지의 과정을 '믿음의 성취〔신성취발심〕' '이해와 실천〔해행발심〕' '증득〔증발심〕'으로 나누어 이야기하였습니다.

깨달음을 위해서는 '믿음'을 먼저 성취하여야 합니다. 믿음이 성취된 이후로는 깨달음은 정해진 것이나 마찬가지입니다. 깨달음에 대한 이해〔解悟〕가 중요한 것도 여기에 있습니다.

해오를 통해서 믿음의 기반이 형성되어야 합니다. 해오와 믿음은 머무는 마음을 머물지 않는 마음으로, 이미지에 갇힌 마음을 열린 마음으로 가게 하는 길입니다. 호기심을 잃지 않으면서 사물과 사건에 깨어 있는 지혜로운 마음입니다. 이런 마음이어야 사물에서 다른 면을 자유롭게 볼 수 있으면서 다른 이해에 대한 수긍이 있을 수 있습니다. 자신의 견해로 사물 보기가 굳어지면 어떤 하나에 대해서는 잘 안다고 말할 수 있을지 모르지만 그 밖의 것에 대해선 잘 안다고 하기가 어렵게 됩니다. 새로운 이해가 어려운 것이지요.

신심信心도 그렇습니다. 무엇을 믿는 것이며 어떻게 믿는 것인가에 대해 결정되지 않은 마음은 수행의 완성을 이룰 기반이 약한 것처럼 보이지만, 그렇지 않습니다. 결정되지 않는 마음 씀이 자유로운 발상과 머묾 없는 이해를 이끌어 낼 수 있습니다. 정해지지 않는 마음이 깨어 있는 마음이 될 것입니다.

정해지지 않는 마음으로 사물과 사건을 보아야 사물·사건을 제대로 볼 수 있다는 믿음이 형성되어야 합니다. 믿음이라는 뜻에서는 결정된 마음이지만 내용에서는 결정되지 않는 자유로운 마음과 홀로 선 이해입니다. 이 마음은 삶을 관통하면서 관계하는 이웃들과 함께 소통합니다. '정해지지 않는 마음'만으로 보면 방황하는 마음이 되기도 하겠지만, 정해질 수 있는 것이 있을 수 없다고 '정해지지 않는 마음'을 지지한다면 정해지지 않는 그것으로 정해진 마음이 될 것입니다. 그러므로 정해지지 않는 마음을 인연 따라 자유롭게 펼칠 수 있습니다.

믿음의 성취란 대상으로 무엇을 믿는 것이 아닙니다. 연기법 자체가 정해지지 않는 것으로 정해진 것이어서 그렇습니다. 믿음의 대상이나 믿는 마음 모두 앎이 일어나는 인연의 소통에서 대상이 되고 마음이 됩니다. 때문에 마음 씀 하나하나가 법신이며 깨달음임을 믿는 것이 믿음의 성취입니다.

믿음이라는 개념에서 보면 늘 같은 마음 씀이지만, 믿음이 나타나는 마음 하나하나에서 보면, 모든 마음이 그대로 믿음의 대상이며 믿는 마음입니다. 함께 어울린 삶을 위한 최선의 방편을 실천하는 것이 믿음의 성취일 수밖에 없습니다. 그와 같은 앎이 머묾 없는 이해로 해오이면서 그물에 걸리지 않는 바람처럼 걸어야 할 길입니다.

신심을 성취하기 위한 수행은 신심의 방향이 정해지지 않는 사람들이 해야 할 수행이지만, 신심을 닦는 수행의 내용에서 보면 '정해지지 않는 그 마음'이 마음의 본바탕이며, 홀로 걷지만 소외되지 않는 삶을 살 수 있는 근거입니다. 그래서 신심을 성취하기 위한 수행은 '정해지지 않는 그 마음'이 열반의 고요함을 살게 되도록 정해진 마음임을 알고 믿으면서 마음 쉼을 닦아가는 것이라고 하겠습니다.

54장. 닦아야 할 네 가지 신심

72 어떤 신심을 어떻게 닦는 것인가?

何等信心 云何修行

신심을 간략히 말하면 네 종류가 있다.

略說 信心有四種 云何爲四

첫째는 근본을 믿는 마음이니, 즐거이 진여법을 생각하는 것이다.

一者 信根本 所謂 樂念眞如法故

둘째는 부처님께는 무량한 공덕이 있다는 것을 믿는 마음이니, 항상 부처님을 가까이 모시고 공양을 올리며 공경하는 마음으로 선근을 드러내고〔發〕생기게 하여〔起〕일체지一切智를 구하고자 하는 것이다.

二者 信佛有無量功德 常念親近供養恭敬 發起善根 願求一切智故

셋째는 부처님의 가르침에 큰 이익이 있다는 것을 믿는 마음이니, 항상 모든 바라밀법에 대한 수행을 생각하는 것이다.

三者 信法有大利益 常念修行諸波羅蜜故

넷째는 스님들께서 바른 수행으로 자신과 다른 이를 이롭게 한다는 것을 믿는 마음이니, 늘 즐거운 마음으로 보살 수행자를 가까이 하면서 여실한 실천 수행을 구하는 것이다.

四者 信僧能正修行 自利利他 常樂親近諸菩薩衆 求學如實行故

근본根本을 믿는 마음

닦아야 할 네 가지 신심 가운데 첫 번째가 '근본根本을 믿는 마음'입니다. 근본이 되는 마음이 현상 너머에 따로 있는 것이 아닙니다. '근본을 믿는다는 것'은 우리네 삶이 가능한 것은 마음 스스로가 시공을 펼쳤기 때문에 가능하다는 것을 믿는 것입니다.

앞서 잠깐 말씀드렸듯이 마음이 과거를 기억하지 못한다고 하면 언제나 현재일 것 같지만 현재조차 바르게 알기 어려워 시간이 없는 것과 마찬가지일 것입니다. 공간도 마찬가지이겠지요. 이곳과 저곳의 관계가 성립되어 이곳과 저곳이 동시에 기억되어야 움직임이 있고 그곳에서 공간에 대한 인식이 성립이 될 것입니다. 이곳만이 보이고 기억되거나 저곳만이 보인다고 하면 관계의 장이 잡히지 않을 것이니 공간이 성립될 수 없겠지요.

무상한 인연은 변화만 있는 것이지만, 인식에서 보면 변화와 차이와 과정이 동시에 잡히기에 시공간이 성립되고 나와 너가 성립될 수 있습니다. 인식은 늘 전체의 장을 바탕에 두고 일어나고 있기 때문입니다.

관계의 변화가 인식이 되고, 인식이 시공간을 기억하며 형성하기에, 마음이면서 마음이 연기법임을 알 수 있습니다. 연기법이 연기법이란 인식을 하게 만든 것이 사실이지만, 다른 측면에서 보면 인식의 조건이 연기법으로 인식되도록 되어 있는 것에서 연기법이기에 연기법으로 인식될 수 있습니다.

마음이 우주 법계가 되고, 인연의 법계가 마음이 된다는 것은 마음이 우주 법계를 만들어 내는 주체로 독립된 실체가 된다는 것이 아니라는 뜻이면서, 모든 인연들의 다름이 마음의 표현이 된다는 뜻입니다. 마음의 알아차리는 특성이 인연의 통로가 되어 시공간을 형성하는 것이면서, 형성된 시공간이 바로 우주 법계의 인식이 됨으로써 마음이 우주 법계를 창조하는 것입니다.

이 마음이 '진심眞心'입니다. 마음이라는 자성을 갖는 마음이 따로 있는 것이 아니라, 무상한 연기의 각성이 우리네 진심이라는 뜻입니다. 진짜 마음이라는 어떤 마음이 있어, 그것이 진짜 마음이라는 것이 아닙니다. 그러므로 "즐겁게 진여법眞如法을 생각하는 그 마음이 근본을 믿는 것"이라고 하였습니다.

　진여란 공성에서 보면 자성을 갖지 않는 것이며, 그렇기에 모든 현상을 공덕으로 갖게 됩니다. 하나의 모습을 갖지 않기 때문에 자아가 있을 수 없지만, 자아가 없기에 인연마다 얽매이지 않고 살 수 있습니다. 인연의 시공을 창조하는 마음으로 사는 그 마음이 인연을 즐겁게 받아들이면서 매임 없는 기억과 주시가 진여법을 드러내는 마음이 됩니다. 진여법을 즐겁게 생각하는 마음이 바로 진여법이 될 때가 근본을 믿는 마음입니다.

　부처님께는 무량한 공덕功德이 있다는 것을 믿는 마음

　두 번째는 부처님께는 무량한 공덕功德이 있다는 것을 믿고 항상 가까이하면서 공양 올리고 공경하며, 스스로 갖추고 있는 선근을 드러내고 증장시켜, 부처님이 갖춘 '모든 것을 아는 지혜'를 얻고자 하는 마음을 잊지 않는 것입니다.

　"모든 것이 마음이다."라고 하였을 때 부처 또한 마음 밖에 있는 어떤 것일 수 없습니다. 동시에 '나'만 마음이 있다고 할 수 없으니 마음 있는 모든 생명체가 부처가 될 것이고, 마음이 마음이라는 자성으로 존재하지 않기 때문에 생명과 무생명으로 나눌 수 없는 우주의 인연이 마음이 됩니다. 부처를 믿는 것은 '나를 부처로 믿는 것이며, 너를 부처로 믿는 것이며, 함께하는 모든 인연을 부처로 믿는 것'입니다.

　모두를 부처로 믿는 자리는 부처라고 이름할 수 있는 부처가 없어지는 자리입니다. 그렇기에 참선은 마음과 몸에 들어 있는 모든 힘을 빼는 것이 요체가 됩니다. 마음의 무게가 몸의 무게가 되고 몸의 무게가 우주의 무게가 되니, 마음의 무게가 있는 한 우주의 무게를 알 수 없지요. 스스로 우주의 무게이면서도 마음이 마음 밖에 있는 것과 같아 제 무게를 알지 못합니다.

　그렇기에 머리가 희끗희끗해질 때라야 세월의 무게가 느껴집니다. 몸과 마음이 쇠해진 자리에 세월이 들어와 앉은 것이지요. 겨울 문턱에 들어선 산하가 자신의 무게를 내려놓고 겨울을 맞는 것과 같습니다. 겨울이 가을보다 덜 처연한 것도 이 때문이겠지요. 모든 무게를 덜어 내고 있는 가을 산하의 나무 하나도 겨울에 맞서 당당하게 설 수 있으며, 그 안에 봄을 잉태하고 있는 기쁨으로 당당한 겨울나무가 되는 것입니다. 모든 무게를 덜어 내는 가을의 처연함이 삶의 허무 속에서 새로운 삶을 일구어 내면서 고개를 넘어가는 것과 같습니다.

　한편에서 보면 무상하기에 허망한 것이지만, 허망하고 무상하기에 새로운 생명을 담아낼 수 있고, 새로운 생명이 법계의 한없는 공덕이 되는 것입니다. 몸과 마음의 무게를 내려놓고 있는 그대로를 모두 받아들이면서 인연의 삶을 일구어 내는 법계의 공덕이 부처의 공덕이며 너의 공덕이며 나의 공덕인 줄을 믿는 것입니다. 스스로 속에 들어 있는 법계의 생명인 선근善根을 발현하여 신심을 드러내는 것입니다.

　부처님의 지혜는 부처님의 지혜고, 나의 지혜는 나의 지혜입니다. 부처의 지혜가 따로 있고 그것을 알 때 부처가 되는 것이 아닙니다. 스스로 부처 되어 있는 법계의 생명이 만들고 있는 인연을, 내려놓는 무게만큼 느끼고 알아가는 것이 부처님의 지혜를 구하는 것이고 알아차리는 것입니다. 부처님의 지혜가 부처님의 언어 속에 그리고 실천 속에 고스란히 담겨 있는 것은 사실이겠지만, 그것을 아는 것이 부처님이 아니라 그조차 자성 없는 인연임을 아는 것이 스스로 부처 되는 지혜입니다.

　'모든 것을 아는 부처님의 지혜를 얻는다'는 것이 마음 밖에 있는 부처의 지혜를 구해 아는 것처럼 들려서는 안 됩니다. 그렇게 해서는 결코 부처의 지혜를 얻을 수 없습니다. 부처님의 지혜란 우리에게 주어지는 부처님의 선물이 아닙니다. 모든 일상이 부처의 공덕이 드러나고 있는 것임을 믿고 이해하며 깨어 있는 마음이 부처님의 지혜로 사는 것임을 이야기하는 것입니다.

　아직 삶의 무게를 다 덜어 내지 못해 무거운 짐을 짊어지고 있기에 부처님의 가르침과 삶의 과정을 이해하고 따르면서 스스로의 무게를 덜어 내는 것으로 부처를 믿지만, 믿음의 내용에서 보면 믿는 만큼 삶의 무게가 덜어져 있어야 합니다. 매이지 않는 마음은 보고 듣는 일상에서 평안함과 기쁨 그리고 고요함 속에 드러납니다. 덜어진 만큼 가볍고 가벼운 만큼 스스로 창조하는 깨달음의 법계를 삽니다. 그러면서 모든 이웃들을 공경하고 가까이하면서 깨달음을 실천합니다. 부처님을 믿는 것이란 바로 나를 믿고 너를 믿고 법계를 믿는 마음입니다.

부처님의 가르침에 큰 이익이 있음을 믿는 마음

세 번째 담아야 할 믿는 마음은 부처님께서 가르쳐 주신 육바라밀 등의 법을 닦으면 크나큰 이익이 있다는 것을 믿고, 그 가르침을 생각 생각에서 놓치지 않고 실천하는 것입니다.

하나의 생각은 생각에서 보면 하나인 것 같지만 생각이 형상으로 나타나고 말로 표현될 수 있는 것은 그 생각이 이미 스스로의 시공간을 만들어 놓고 있으며, 그렇게 만들어진 시공간에서 하나의 사유가 입체적으로 있기 때문입니다. 현재의 시간으로 읽히면서도 그 속에 과거와 미래가 함께 담겨 있는 것입니다. 시간의 길이가 현재의 시간 속에 담겨 있기에 현재라고 읽을 수 있으며, 표상된 형상 속에 형상 외부의 공간이 전제되어 있기에 형상으로 읽히면서 혼란이 없습니다.

생각은 언제나 현재의 사건이지만 현재만이 아니고 흐름을 읽으며 부피를 갖습니다. 그렇기에 시방삼세十方三世가 한 생각 속에 다 들어 있다고 합니다. 그러면서도 생각은 늘 정지해 있는 현재와 같습니다. 일정한 생각 틀로써 재단되어야만 읽힐 수 있고 그릴 수 있는 것이지요.

여기에서 보면 생각된 시공간은 언제나 정지된 시공간과 같습니다. 한편으로는 모든 시공간의 확장이 한 생각 속에 들어 있으면서도 다른 한편으로는 시공간의 상대를 떠나 있는 것과 같지요. 그것은 흐름에서 순간을 채취하여 읽을 수 있다는 것입니다. 순간이라는 시공은 정지의 시공을 읽는 것입니다. 흐름 속에서 한순간의 정지를 읽고 그 정지 속에 흐름의 시공간을 담아내지요.

생각이 흐름도 아니고 정지도 아닌 이유가 여기에 있습니다. 어디서부터 어디까지라는 시공간의 변화가 정지된 한순간에 포착되지 않는다고 하면 그것은 시간이라든가 공간이라는 생각에 잡힐 수 없고, 시공간이 생각에 잡히지 않는다면 지금의 우리로서는 생각 자체가 불가능할 것입니다.

생각은 생각이라는 특별한 사고이지만 그것이 삶의 장場인 시간의 변형으로 생각이 되기에, 형상과 언어 표현의 다름은 있을지라도 언제나 시공간을 담고 있는 생각입니다. 그렇기에 정지된 생각만으로도 또는 흐르는 생각만으로도 생각을 나타낼 수는 없습니다.

생각이 시공간을 절단하여 읽고 있는 데서는 시공간을 정지시키고 있지만, 그 속에 무상인 흐름이 담겨 있기에 한순간의 시공을 생각으로 형상할 수 있고 말로 나타낼 수 있습니다. 그렇기에 흐름의 순간 순간에 깨어 있는 의식의 집중이 시공간의 흐름을 판단하는 한순간에 이를 수 있으나, 이때가 되면 순간의 시공간에 머무는 의식이 아니라 오히려 확장된 전체의 시공간이 의식이 됩니다. 생각만에 머물러 있을 때는 흐름 밖에 있는 것과 같으나, 흐름에 충실하면 흐름이 정지가 되는 것과 같습니다.

　어느 쪽도 온 삶을 다 드러내는 것이지만, 어느 것만으로는 온 삶이 아닌 것을 경험한 것입니다. 갖가지 다름에 대한 체험은 어느 것이나 온 삶임을 드러내는 것을 직접 살아본 것이라고 할 수 있습니다. 그렇기에 '자아'를 넘어서게 될 때 어느 삶이나 완성된 삶이면서 확대된 '나'를 삽니다. 상호 의존의 하나 된 생명으로 온 삶을 산다고 이야기할 수 있겠지요. 여기에서 진정한 나눔이 이루어집니다.

　진정한 나눔을 이루는 바라밀 수행이란 언제 어느 곳에서나 확대된 나로서의 삶을 사는 것입니다. 나누는 그것이 확대된 나를 실천적으로 사는 체험이면서 수행의 완성을 이끌지요. 나와 나의 것이라는 생각에 매여 있으면 인연을 비켜서 있는 것과 같고 정지된 시공간만을 사는 것과 같지만, 나누는 수행은 정지 속에 흐름을 담는 생각 본연의 모습을 사는 것입니다.

　바라밀 수행은 마음집중을 통해 현재를 살게 하는 힘을 길러 온 삶으로 있는 인연의 순간순간을 참으로 사는 '움직이지 않는 마음〔不動心〕'을 경험하게 합니다. 한순간의 빛깔이면서도 한정된 정지에서 벗어나 온 세상의 빛으로 확대된 나가 되는 체험입니다. 이와 같은 체험으로 과거나 미래, 또는 이곳과 저곳의 비교와 한정을 떠난 인연의 흐름을 보게 됩니다.

　인연의 흐름이 온통 '나'가 되어 있는 경험이지만, 그곳에서는 '나'조차 사라집니다. 무아無我에 대한 온전한 체험이면서 인연의 각성이 '나'가 되고, 지금까지의 일상과 다른 일상을 살 수 있는 바탕을 경험한 것입니다. 언제나 '지금 여기'인 것 같지만 과거와 미래, 그리고 이곳과 저곳의 다름으로 한정된 '나'가 사라진 자리라 '지금 여기'라고도 할 수 없습니다.

뚜렷한 분별 속에 모든 비교가 끊긴 미묘한 자리에서 모든 이웃 생명을 담아내는 '나'가 됩니다. 나와 나의 것의 허망함만을 본다면 허부한 삶이겠지만 그곳에 모든 시공간으로 확대된 '너'가 담겨 있는 것이 '나'가 되기 때문에 크나큰 이익이 됩니다. 그렇기에 연기법에 대한 이해 곧 해오解悟는 깨달음에 대한 이해이면서, 이해를 넘어선 이익利益을 줍니다.

바른 수행자를 믿고 따르는 마음

네 번째로 바른 수행자를 믿고 따르는 것입니다. 바른 수행자란 스스로에게도 이롭고 다른 이에게도 이로운 삶을 사는 사람이며, 어느 것에도 집착하지 않는 삶을 실천하는 분들입니다.

진실로 보살행을 실천하는 수행자를 믿는 것이므로, 형상과 이념에 따른 믿음이 아닌 점에 주의를 기울여야 합니다. 자리이타自利利他의 보살 수행은 형상과 이념에 있는 것이 아닙니다. 오직 집착 없는 마음과 좋은 방편으로 자신과 이웃 생명들을 아끼고 돌보는 것을 수행으로 삼는 것입니다.

수행자를 믿고 따른다는 것은 스스로도 수행자의 삶을 사는 것이어야 합니다. 처음부터 그렇게 되기는 어렵겠지만 한 걸음 한 걸음 마음살핌을 놓치지 않고 알아차리면서, 몸과 마음의 집중을 경험하고, 빈 마음의 가벼움과 편안함을 통해서 새로운 기쁨과 고요함을 습관 들여 간다면, 믿음을 성취하면서 스스로 열반의 삶을 증득할 수 있는 자량을 쌓아갈 것입니다.

55장. 보시·지계·인욕·정진

73.74 신심을 수행하는 데는 보시·지계·인욕·정진·지관의 다섯 가지 수행이 있고, 이와 같은 수행으로 대승에 대한 믿음을 이룰 수 있다.

修行有五門 能成此信
云何爲五 一者施門 二者戒門 三者忍門 四者進門 五者止觀門

75 보시布施는 어떻게 닦는 것인가? 구하는 자를 볼 때마다 가지고 있는 재물을 자기의 능력에 따라 베푸는 것이다. 스스로에게는 인색함과 탐욕을 버리는 것이고 구하는 자에게는 기쁨이 생긴다. 어렵고 두렵거나 위급한 상황에 처한 사람을 보면 자신이 감당할 수 있는 능력대로 베풀어 그들에게 두려움이 없도록 해야 한다. 또한 부처님의 가르침에 대해서 묻는 사람이 있거든 자신이 아는 대로 방편을 가지고 설명해야 한다.

云何修行施門 若見一切來求索者 所有財物隨力施與 以自捨慳貪 令彼歡喜 若見厄難恐怖危逼 隨己堪任 施與無畏 若有衆生來求法者 隨己能解 方便爲說

이와 같이 보시바라밀을 닦되 이름과 이익과 공경을 바라서는 안 되고, 오직 스스로와 다른 사람에게 이익이 되는 것만을 생각하며, 그 공덕을 깨달음으로 회향해야 한다.

不應貪求名利恭敬 唯念自利利他 迴向菩提故

지계持戒는 어떻게 닦는 것인가? 살생하지 않고, 도둑질하지 않고, 음행하지 않고, 이간질하지 않고, 험한 말을 하지 않고, 잡스런 말을 하지 않고, 꾸미는 말을 하지 않고, 욕심내지 않고, 질투하지 않으며, 속이지 않고, 왜곡하지 않으며, 성내지 않고, 잘못된 견해에 집착하지 않는 것이다.

云何修行戒門 所謂不殺 不盜 不婬 不兩舌 不惡口 不妄言 不綺語 遠離貪嫉 欺詐 諂曲 瞋恚 邪見

출가 수행자라면 번뇌를 다 끊어야 하기 때문에 번잡스럽고 시끄러운 곳을 떠나 언제나 고요한 곳에 머물면서 수행이 습관이 되도록 해야 하며, 필요한 만큼만 갖는 것으로 만족할 줄 알고, 두타행 등을 닦아야 한다. 그리고 작은 허물일지라도 가벼이 여기지 않고 안팎으로 뉘우치고 부끄러워할 줄 알아야 하고 고쳐야 한다.

若出家者 爲折伏煩惱故 亦應遠離憒鬧 常處寂靜 修習少欲知足 頭陀等行 乃至小罪 心生怖畏 慙愧改悔

부처님께서 말씀하신 수행자가 지켜야 할 계율을 가벼이 여기지 말아야 한다. 그리하여 수행자라는 모습을 잘 지켜 다른 사람들로부터 비난받지 않아야 한다. 수행자라면 다른 사람들로 하여금 비난 등의 허물을 짓게 해서는 안 되기 때문이다.

不得輕於如來所制禁戒 當護譏嫌 不令衆生妄起過罪故

인욕忍辱은 어떻게 닦는 것인가? 다른 사람이 괴롭혔을지라도 앙갚음할 생각을 품지 않으며, 이익과 손해, 명예와 불명예, 칭찬과 비난, 즐거움과 괴로움 등의 여덟 가지 바람〔八風〕에 흔들리지 않고 참는 것이다.

云何修行忍門 所謂應忍他人之惱 心不懷報 亦當忍於利衰 毀譽稱譏 苦樂等法故

정진精進은 어떻게 하는 것인가? 착한 일을 부지런히 하고, 뜻을 견고히 하여 약한 마음을 내지 않으며, 과거 무수한 세월 동안 몸과 마음으로 큰 고통을 헛되이 받았으나 아무런 이익이 없었다는 것을 생각하고, 모든 공덕을 부지런히 닦아 자신과 이웃을 이롭게 하며, 갖가지 고통에서 벗어나는 것이다.

云何修行進門 所謂於諸善事 心不懈退 立志堅强 遠離怯弱 當念過去久遠已來 虛受一切身心大苦 無有利益 是故應勤修諸功德 自利利他 速離衆苦

또한 대승에 대한 믿음을 닦는다고 할지라도 과거에 지었던 무거운 허물과 좋지 않는 행동으로 말미암아 삿된 마구니와 귀신들에 의해서 번뇌롭고 혼란스러울 수도 있을 것이고, 혹은 세간의 이런저런 일에 이끌릴 수도 있을 것이며, 혹은 병 등에 의해서 괴롭게 되기도 하는 등 많은 장애가 있을 것이다.

復次 若人雖修行信心 以從先世來 多有重罪惡業障故 爲邪魔諸鬼之所惱亂 或爲世間事務種種牽纏 或爲病苦所惱 有如是等衆多障礙

이런 때일수록 더욱 용맹스럽게 정진하며, 밤낮으로 부처님들께 예배하고, 진실한 마음으로 참회하며, 부지런히 법문을 청해 듣고, 기쁜 마음으로 따라 익혀, 깨달음에 마음을 두어 쉬지 않고 공부한다면 장애를 떨치고 선근이 늘어나게 될 것이다.

是故應當勇猛精勤 晝夜六時 禮拜諸佛 誠心懺悔 勸請隨喜 迴向菩提 常不休廢 得免諸障 善根增長故

집착없는 나눔 '보시'

믿음을 성취하기 위한 수행 방법인 보시布施·지계持戒·인욕忍辱·정진精進·지관止觀 가운데 앞의 네 가지를 이야기하는 대목입니다.

시비를 가리고 선악을 논할 때, 시비와 선악에 대한 판단 근거가 같은 것일 수도 있고 다를 수도 있습니다. 스스로 믿고 이해하는 바탕에 따라 사물·사건에 대한 판단이 같거나 다르겠지요. 그러므로 스스로 갖고 있는 판단 근거를 잘 살펴보지 않고 다른 사람의 판단 근거를 무시한다면, 그것은 자신의 생각에 매여 있다고 할 수 있습니다. 수행을 성취하여 자신이 갖고 있는 판단의 근본인 업식의 부림으로부터 자유롭게 되어야 어떤 것에도 걸리지 않는 판단을 할 수 있습니다.

육바라밀 가운데 지관止觀으로 선정禪定과 지혜智慧를 함께 묶은 것은 선정의 '마음 비움'과 바른 판단인 '지혜'가 함께 실현되어야 자리이타의 보살 수행이 완성되기 때문이며, 선정에 의지한 지혜로운 판단과 지혜로운 판단에 의한 선정의 수행을 강조한 것이라고 하겠습니다.

첫 번째는 '보시布施'를 통해서 신심을 성취하는 것입니다. 보시에는 재물을 이웃과 나누는 '재보시財布施'와 이웃 생명들에게 두려움 없는 삶의 자리를 마련해 주는 '무외시無畏施'와 법문을 나누는

'법보시法布施'가 있습니다.

첫 번째, 재보시입니다. 재물을 나누는 선행은 선행에만 그치지 않고 삶의 내용까지도 밝혀줍니다. 나눔 그것이 생명의 본질이며, 나눔으로 연기의 세계가 이루어지기 때문입니다.

연기의 각성이 나눔입니다. 그러므로 나의 형상과 나의 생각에 머물지 않는 나눔이야말로, 깨달음을 깨닫지 않는 가운데 실천하는 것입니다. 재보시가 단순히 재물을 나누는 선행에 그치는 것이 아니라 마침내 깨달음을 이루어 연기의 각성에서 한 세상임을 자각하게 하는 밑받침이 되는 까닭입니다.

재물을 나누는 보시가 자신의 명예와 이익 또는 세상의 공경을 바라지 않는 데서 이루어져야 하는 당위도 여기에 있습니다. 나누면서 집착을 쉬어야 스스로에게도 이롭고 이웃에게도 이롭게 됩니다. 집착 없는 나눔으로 나와 너가 인연에서 한 생명임을 자각하는 깨달음을 위한 양식이 쌓입니다. 그렇다고 하여 자신의 삶을 온통 희생하거나 힘에 넘치게 재물을 나누는 것은 옳지 않습니다. 인색해서도 안 되지만 넘쳐서도 안 됩니다. 스스로의 삶의 안정을 해치지 않는 범위 내에서 이웃과 나눔을 실현하는 것이어야 합니다.

두 번째, 이웃 사람과 생명들에게 어려움과 두려움 없는 삶의 자리를 마련해 주는 '무외시無畏施'입니다. 어려운 일을 당하거나 위급한 일을 당한 이웃들에게 심신의 안정과 평안을 위해 가능한 일을 다 하는 것입니다.

나아가 어울려 사는 삶의 연대에서 인위적으로 사람과 생명들의 자유와 평화를 깨뜨려 두려운 일이 발생하지 않도록 노력하며, 평화를 이야기하는 것만이 아니라 평화로운 삶을 실천하는 사회적 연대와 원조를 게을리하지 않는 것입니다. 자신의 능력에 따른 실천과 지혜로운 방편으로 함께 어울려 사는 삶터를 지키고 만들어 가며, 생명의 안정과 사상의 자유를 실현하는 바탕이 되도록 함께 어울린 세상을 만들어 가는 것이지요.

세 번째, 법문을 나누는 '법시法施'입니다. 자신이 이해하고 실천하는 한에서 부처님의 삶과 사상과 실천에 대해서 이야기하는 것입니다. 여기에서도 한계를 설정하는 것이 중요합니다. 왜냐하면 부처님 법에 대한 이해가 자신의 이해이기 때문입니다. 자신의 이해만이 부처님 법문에 대한 바른 이해라고 생각해서는 안 됩니다. 그렇게 생각하는 것이야말로 부처님의 법문을 잘못 이해한 것이 아닐까 생각합니다.

앞서 '마음 비움'이 선정의 요결이라고 말씀드렸습니다만, 마음 비움이란 마음이 텅 비어 아무 생각도 나지 않는 것을 뜻하는 것이 아닙니다. 모든 생명의 인연은 생명의 수만큼 다른 인연으로 인연이 된다는 것을 인정하는 것입니다. 그리고 그와 같은 이해가 자신의 삶을 평안하고 기쁘게 하여야 하며 그 느낌과 이해를 나누는 것이어야 합니다.

이것은 모든 사람의 행복과 만족이 같을 수 없다는 너무나 분명한 사실을 인정하는 데서 출발합니다. 자신과 다른 사람을 동일 선상에

놓고 비교하면서 자신의 정체성을 잃거나, 다른 사람에 대한 판단을 자신의 판단 위에 올려놓고 본다면 서로가 서로를 힘들게 할 수밖에 없을 것입니다.

한 생명은 인연 가운데 하나의 생명이지만 그 자체로 온전한 인연을 다 드러내는 인연의 총상으로 자신의 우주를 구성하고 사는 생명입니다. 인연을 이루는 데서는 같다고 하지만 인연을 드러내는 양상은 다 다릅니다. 생각 하나도 그것이 인연을 다 드러내는 데서 보면 같다고 하지만 생각의 양상에서 보면 하나도 같은 것이 없습니다. 일상의 삶에서 만족과 평온과 행복을 느끼는 것도 다 다르다는 것입니다.

부처님의 법문은 그것을 인정하는 데서 자신의 행복과 만족을 이루고 사는 것이며, 이웃 생명을 대할 때 자신이 가지고 있는 척도를 이웃 생명에게 적용할 수 없다는 것을 알고 그 마음을 비우는 것입니다. 또한 새로운 인연과 어울릴 때는 이전의 이해만으로 새로운 인연을 판단하지 않는 것이 마음을 비우는 것입니다. 이전의 이해를 기억하고 있지만 그 기억으로만 현재를 판단하려 하지 않는다면 기억하면서도 비운 마음과 같습니다.

스스로에게도 그럴진대 이웃과의 관계에서는 말할 필요조차 없겠지요. 하나의 길이 있고 그 길을 따라가는 것으로 진리가 정해지는 것이 아닙니다. 그런 뜻에서 진리란 실천으로 드러나는 행복과 만족이라고 하겠습니다. 진리를 알아야 만족하는 것이 아니라 만족과 행복한 마음을 느껴 알고 그렇게 살면서 그 기운을 이웃과 나누는 것이 진리가 되고 법문이 됩니다.

따라서 법문을 나누는 것은 진리의 언구를 나누는 것이 아닙니다. 진리조차 사라진 곳에서 느끼는 만족과 행복, 그때 이루어지는 평화로운 말들이 법문이 됩니다. 만족과 행복을 나누는 생활의 실천입니다. 그렇게 살기 위해서 부처님의 가르침을 배워야 하고, 배운 내용을 나누어야 하지만, 중요한 것은 평온하고 행복하고 만족한 마음으로 부처님의 이야기를 나누는 것입니다.

그렇기에 자신의 이익과 명예를 바라지 않고 보시를 하고, 다른 사람의 공경을 바라지 않고 보시를 합니다. 그것을 바란다면 스스로 부족한 사람이 되고, 부족한 마음만큼 행복하지 못하겠지요. 보시한 인연의 삶 그 자체를 완성된 깨달음의 삶으로 이해하고, 그곳에서 만족과 평온과 행복을 이루기 위해 노력하는 것입니다.

청정한 삶을 살아가는 방법 '계율'

두 번째는 청정한 삶을 살아가는 방법인 '계율戒律'을 통해서 신심을 성취하는 것입니다. 계율이란 수행자가 지켜야 할 생활의 덕목이면서, 그와 같이 사는 모습이 깨달음을 완성한 부처님의 삶이라고 하였습니다. 청정한 삶을 살기 위한 노력은 부처를 이루지 못하고서도 부처님처럼 사는 것입니다. 인연의 삶을 풍요롭게 하고 만족하게 하는 일을 하는 것입니다.

계율에는 좋은 일을 하라는 것도 있고 나쁜 일을 하지 말라는 것도 있습니다. 여기서는 나쁜 일을 하지 않는 것을 이야기하고 있습니다. 살생하지 않고, 도둑질하지 않고, 음행하지 않는 것은 몸으로 지켜야 할 세 가지 계율입니다. 이간질하지 않고, 험한 말 하지 않고, 잡스런 말을 하지 않고, 꾸미는 말을 하지 않는 것은 입으로 지켜야 할 네 가지 계율입니다. 욕심내지 않고 질투하지 않으며 속이지 않고 왜곡하지 않으며〔貪心〕, 성내지 않고〔嗔心〕, 잘못된 견해에 집착하지 않는 것〔癡心〕은 마음으로 지켜야 할 세 가지 계율입니다.

필요 이상으로 가지려는 것이 '탐욕貪慾'입니다. 욕망하는 것은 마음작용의 기본 가운데 하나이므로, 욕망 자체를 부정하는 것은 아닙니다. 욕탐은 대체로 다른 사람과 비교해서 스스로 부족하다고 여기면서 필요하지도 않는 것들을 쌓아 두고 그것으로 만족을 얻으려 하는 것입니다. 그러나 생명은 비교하여 높고 낮음이 없으며, 이것저것 갖고 있는 것 또한 다른 사람보다 많이 갖고 있다는 마음으로 만족하는 것이니, 물건이 만족을 주는 것이 아니라 비교가 만족과 만족하지 못한 상황을 만든다고 하겠습니다.

비교를 통해서 만족하고자 해서는 결코 만족할 수 없는 이유도 여기에 있습니다. 비교하는 마음을 버리고 필요한 만큼으로 자신의 삶을 살면서 그 밖의 재물 등을 이웃과 나눈다고 하면 삶 그 자체로 만족할 수 있을 것입니다. 욕망을 떠난다는 것은 만족하는 마음으로 바뀐다는 것입니다. 쓸데없이 욕망하는 마음이 사라진 것이지요.

욕망으로 욕망을 만족시키는 것이 아니라 욕망하지 않는 순간 바라던 욕망이 만족됩니다. 그러면서 욕망 없는 무기력으로 있는 것이 아니라 만족된 행복을 이웃과 나누는 쪽으로 욕망의 방향이 바뀌었다고 할 수 있지요. 이렇게 나눔으로 욕망이 만족되는 것이 집착을 떠나 사는 열반의 만족입니다. 욕망의 허구를 알아차리는 것이니 어리석은 마음이 사라진 것이며, 성낼 이유가 없겠지요.

'욕탐'과 '성냄'과 '어리석은 마음'의 활동이 사라지게 되면서 몸과 입으로 짓던 나쁜 일도 저절로 하지 않게 됩니다. 몸과 입으로 짓던 나쁜 업이 어리석은 마음과 어울려 있던 습관이었는데, 의도적으로 몸과 입의 잘못된 습관을 다스리는 동안 의도하던 의식의 나쁜 경향성도 바뀌게 됩니다. 몸과 입과 마음으로 짓던 악업의 습관이 다스려지게 되면서 저절로 계율을 지키는 청정한 삶이 이루어지고, 믿음도 완성되면서 함께 어울려 사는 연기의 각성을 깨닫게 됩니다.

출가 수행자라고 한다면 다른 사람은 말할 것도 없고 자신을 속여서는 안 됩니다. 모든 사람들이 우러러 받들어도 마음 한 구석에 이름이나 재물 등을 향하는 마음이 꿈틀거린다면 번뇌를 끊지 못한 것입니다. 아무도 알 수 없다고 하더라도 자신의 모습을 자신이 알아차려야 합니다. 자신에게 속아서도 안 됩니다.

이름과 재물 등을 향한 마음을 다 내려놓아야 고요하게 살 수 있으며, 자신과 이웃을 속이지도 않고 속지도 않을 것입니다. 삶에 필요한 것은 그렇게 많지 않습니다. 꼭 필요한 만큼만 갖는 것이 출가 수행자의 모습이며, 그 모습이 습관이 된 삶이라야 수행자의 자세를 갖춘 것입니다.

수행자가 많이 갖지 않는 것은 자랑이 아닙니다. 너무나 당연한 것이며, 시비를 떠난 고요한 삶의 터전을 마련한 것입니다. 번뇌는 번잡스런 곳에 있는 것이 아니라 번잡스런 삶을 만드는 마음에 있습니다. 아무것도 가짐 없는 삶으로 가장 만족한 삶을 사는 데서 이웃에게 재물 등의 나눔을 이야기할 수 있습니다. 이와 같은 수행을 두타행頭陀行이라고 합니다.

그런 가운데서도 자기도 모르게 허물을 짓게 되는 마음의 작은 움직임 하나도 놓치지 않고 큰 눈으로 지켜보면서, 굳은 마음으로 허물 짓는 마음의 흐름이 이어지지 않도록 하여야 합니다. 작은 허물이라도 가벼이 여기지 않고 진실로 참회하여야 합니다.

허물에는 자성이 없다고 할지라도 허물 짓는 마음이 습관이 되면 자성을 갖는 것과 마찬가지입니다. 작은 허물뿐만이 아니라 허물 짓는 습관이 중생을 만드는 마음입니다. 부처님께서 말씀하신 계율이 습관이 되도록 하여 허물 짓는 마음을 다스리고, 바른 말과 행동으로 안팎이 허물없는 청정한 모습으로 하나 되도록 해야 수행자라고 할 수 있습니다.

항상 몸과 입과 마음을 잘 지켜 마음마음이 바른 견해와 바른 이해가 충만하도록 해야 하며, 청정한 삶이 몸에 밴 실천으로 나타나야 합니다. 수행자의 모습을 하고 있으면서 안팎으로 허물 짓는 삶은 자신만을 중생으로 만드는 것이 아니라, 다른 사람들로 하여금 비난하는 마음을 갖게 합니다.

의도하지 않았다고 할지라도 그 허물이 적은 것이 아닙니다. 올곧은 수행 풍토를 장애하여 깨달음을 향한 믿음을 내게 하는 데 큰 장애가 됩니다. 수행자의 삶이란 수행만으로 사는 것입니다. 수행을 돕는 이웃 분들에게 감사하는 마음이 충만하여야 하며, 진지한 수행으로 가짐 없는 삶의 만족이 함께 사는 시대 군중의 기쁨이 되어야 합니다.

경계의 바람에 흔들리지 않는 '인욕'

세 번째는 '참는 것〔忍辱〕'을 통해서 신심을 성취하는 것입니다. 살면서 맞이하게 되는 수많은 인연들은 한 사람의 의지대로 될 수 없습니다. 다만 인연을 맞이하고 보내는 마음에 의해서 고해苦海를 만드는가 열반涅槃을 사는가를 가름할 따름입니다.

인연 따라 마음이 움직이면 하루에도 수천 번 고해와 열반을 만들 것이며, 인연에 흔들리지 않는다면 열반조차 없겠지요. 인연에 담담한 마음을 열반이라 부를 수는 있겠지만 고해가 없으니 열반이라는 이름도 없습니다.

'참는 것'도 욕망하고 집착하는 마음을 쉬는 것이지만, '인연을 따르는 마음'에는 욕망에 흔들리는 마음도 없고 집착을 쉰 마음도 없습니다. 마음이 인연이 되니 잡으려 하지도 않고 보내려 하지도 않습니다. 잡을래야 잡을 수 없고 보낼래야 보낼 수 없는 것이 인연입니다.

'이익과 손해, 칭찬과 비난, 명예와 불명예, 즐거움과 괴로움〔八風〕'은 삶에서 늘 맞닥뜨리는 경계이면서, 그것이 인연의 모습입니다. 칭찬에 기뻐하는 것도 비난에 성내는 것도 다 경계에 따라 흔들리는 마음이며 집착이며 고해의 근원이지요. 명예와 불명예 등에 대한 마음작용 또한 마찬가지입니다.

경계를 떠날 수도 없고, 경계를 따르지 않을 수도 없지만 인연의 허상을 마음 깊게 새기고, 그 마음으로 경계의 바람에 흔들리지 않는 것이 '참는 것'입니다. 흔들리는 마음은 경계가 흔드는 것이 아닙니다. 자신이 갖고 있는 자아 관념과 명예 등에 대한 집착이 경계를 해석하면서 마음이 흔들리고, 흔들린 마음이 경계조차 흔드는 것입니다.

마음이 고요하면 삼계三界가 고요하고 마음이 흔들리면 시방十方이 흔들립니다. 흔들리는 마음은 삼계와 시방을 마음 밖에 세우는 것으로 인연을 등지는 마음입니다. 인연을 등지는 마음이 어리석은 마음이고, 어리석은 마음은 스스로 만들어 놓은 삼계와 시방의 경계에 따라 쉼 없이 흔들리면서 어리석은 마음의 두께를 늘려가지요.

'참는 것'은 마음이 만들어 놓은 삼독심의 경계를 깊게 이해하고, 그것의 허구를 생각생각으로 이어가면서 인연을 함께 열어가는 것입니다. 생각을 끊는 것이 아니라 생각의 허구를 알아차리는 것이고, 경계를 없애는 것이 아니라 경계에 흔들리지 않는 것입니다.

허구이지만 인연으로 실상이 되고, 실상이지만 인연이라 다시 허상이 되니, 실상도 허상도 모두 마음 벗이 됩니다. 취할 것도 없고 버릴 것도 없으며, 취하지도 않고 버리지도 않습니다. 마음이 경계를 만들고 경계가 마음을 움직이지만, 움직이는 그 마음을 여실히 알아차리고 집착이 생기지 않게 해야 참는 수행이 익어가는 것입니다. 칭찬인 줄 알지만 그것에 흔들리지 않고, 비난인 줄 알지만 그것으로 성내지 않습니다. 칭찬과 비난의 경계가 분명하지만 그것이 실상이 아닌 줄 알아야 하지, 칭찬인지 비난인지조차 모르는 것은 어리석은 마음입니다.

   칭찬에 흔들리는 마음은 탐심貪心을 키우고, 비난에 흔들리는 마음은 진심瞋心을 키우며, 칭찬인지 비난인지 모르거나 칭찬과 비난이 실상이 아닌 줄을 모르는 것은 어리석은 마음〔癡心〕을 키웁니다. 그러므로 '여덟 가지로 우리를 흔드는 바람〔八風〕'의 실상과 허상을 잘 알아차리고, 그 경계와 만나 함께 흐를지라도 경계에 깨어 있는 마음으로 삼독심이 자라지 않게 해야 합니다.

   참는 것이 욕망을 억제하고 있는 상태가 되어서는 안 됩니다. 욕망의 허구를 잘 알아차리고, 그것이 마음이 만들어 놓은 집착인 줄 사무치게 알아야 됩니다. 그렇다고 극단적인 욕망의 절제는 지나친 고행으로 수행에 아무런 도움이 되지 않습니다. 중도中道의 실천이란 수행에 필요한 것만큼만 갖추는 것으로 넘치게 갖거나 지나치게 모자라서도 안 된다는 것입니다. 이는 수행에 꼭 필요한 환경에 대해 말하는 것입니다.

   수행 환경과는 달리 이익이나 손해 등은 인연에서 보면 허구 가운데 허구일 뿐입니다. 더구나 오늘의 이익이 내일의 손해가 될 수 있고 오늘의 손해가 내일의 이익이 될 수 있으니, 이익에 대해서도 손해에 대해서도 흔들릴 이유가 없습니다. 물속의 그림자와도 같은 인연에 집착할 이유가 없다는 것을 마음으로 깊이 새기면서 깨어 있는 마음으로 인연이 만들고 있는 삶의 길을 걸어가는 것입니다.

'정진', 늘 새롭게 살기

네 번째는 정진精進을 통해서 신심을 성취하는 것입니다. 정진이란 깨달음이라는 목표를 향해서 가는 것이라고 이해할 수도 있지만, 깨달음조차 무상無常이며 그곳에 생명이 안주하지 않는다는〔無住〕데서 보면, 늘 '새롭게 살기'일 뿐입니다. 그것이 정진이면서 깨달음이 되지요. 새롭게 되기 위한 새로움이 아니라 항상하지도 않고 머물지도 않는 그것이 늘 새로운 생명의 활동입니다.

그것은 형상을 만들면서 형상을 넘어서고 언어로 표현되면서 언어에 걸리지 않는 것이지만, 무엇으로 존재하는 것은 아닙니다. 형상과 언어를 넘어서지만 형상과 언어 너머에 있는 어떤 것이 아니라 생명의 활발한 인연이 어떤 형상에도 머물지 않는다는 것이며, 언어 표현으로 생명의 '새롭게 되기'를 다 나타낼 수 없다는 뜻입니다.

어찌 보면 생명이란 끊임없이 '새롭게 되기'를 욕망하는 것과 같다고 하겠습니다. 탐욕이나 성냄이 형상과 언어에 결부된 '나의 욕망이라고 한다면, 생명의 욕망은 그와 같은 나를 벗어나 늘 새롭게 되는 '나'입니다. '무상하기' '무주하기'가 새롭게 된 나로서 무아無我입니다.

그러므로 정진이란 '무아無我 되기'이며 '무상無常·무주無住로 살기'라고 할 수 있습니다. 바꿔 말하면 '나로 살기'와 '항상 나로 있기'와 '편안히 머물러 살고자 했던 일'들이 생명의 활동에서 보면 아무런 이익이 될 수 없으며, 또한 그렇게 살 수도 없다는 것을 사무치게 알아차리는 것이라고 할 수 있겠지요. 지난 날 자신의 몸과 마음을 위해 쌓았던 모든 일들이 몸과 마음을 이롭게 하기는커녕 이런 저런 불만족과 아픔을 만들었다는 것을 깨닫고, 그와 같은 삶의 방향을 무아의 실천으로 바꾸는 것입니다.

그렇기에 '좋은 일〔善事〕'을 많이 하는 것으로 정진을 삼으라고 하였습니다. 좋은 일이란 나의 것을 만드는 일이 아니라 인연의 삶을 사는 것으로 나의 것을 비우는 것이지요. 형상으로 잡았든 생각으로 잡았든 그것이 잡힐 수 있는 것이 아니기 때문에 형상이나 생각에 머물고자 하는 것은 만족할 수 없는 삶을 만듭니다. 과거 무한한 세월 동안 반복한 일들입니다. 결코 생명의 인연에 따른 삶의 방식이 아니며, 그렇기에 갖가지 힘든 삶을 살 수밖에 없었습니다.

이것을 살펴 알고 생명의 흐름과 하나 되어 살고자 하는 뜻을 견고하게 갖고 뒤로 물러서지 않는 것이 정진精進입니다. 나와 나의 것에 머물러 있는 순간에도 생명의 인연은 무상으로 새롭게 생명의 형상과 언어를 만들어 내고 있으니, 인연에 깨어 있는 것이야말로 제대로 사는 것입니다. 그때 함께 이루고 있는 인연의 생명 나눔이 공덕의 완성이 되니, 자신과 이웃 모두에게 이익이며, 삶의 현장을 떠나지 않는 것이므로 불만족할 이유도 없겠지요.

몸과 마음의 형상과 언어에 머물지 않는 알아차림이 생각생각으로 이어지는 정진은 정진이면서 동시에 깨달음이 되며, 깨달음이면서 그것이 깨달음이라는 언어와 형상으로 잡히지 않는 것이기에 깨달음조차 넘어서는 일입니다.

우리네 삶이 어떤 목적지를 향해서 가는 것은 아니지만 늘 깨달음으로 새롭게 살아가는 무상과 무아와 무주의 인연이 새로움이 되니, 새로움을 욕망하는 것이 깨달음의 인연이 된다고 할 수 있습니다. 새롭게 되고자 하는 욕망은 바로 전 찰나의 인연이 만든 형상과 언어를 비우는 것으로만 나타날 수 있기에, 비운 데서 보면 마음 쉼이 되고, 마음 쉼이 새로움을 욕망하는 데서 보면 욕망이 새로움으로 깨달음을 연출하고 있다고 하겠지요.

그렇기에 삶의 어느 순간 깨닫고 나서 그 상태에 머물러 있는 것을 깨달음의 완성이라고 할 수 없습니다. 깨달음을 성취하는 순간이 정진의 끝이 아니라 그때부터 비로소 바른 정진이 시작됩니다.

정진하는 마음을 놓지 않고 마음마음으로 이어가다 보면 시간과 공간을 넘어선 자리에서 깨달음이 드러날 것이며, 깨달음 속에 다시 삼세를 담아낼 것입니다. 삼세를 떠난 자리에서 삼세가 새롭게 되니, 정진하는 걸음걸음마다 만족된 삶을 살게 되겠지요. 삶은 수행으로 완성되는 것이 아니라 완성된 만족이 늘 수행이 되는 자리입니다.

수행이 늘 필요한 것은 길에서 길을 잃었기 때문입니다. 잃은 데서 보면 수행이 필요하고, 길 위를 걷고 있는 데서 보면, 곧 걷고 있는 것이 길[道]이 되는 데서 보면 걷는 것이 '완성 된 도道'입니다.

도에서 도를 찾고 있는 것이 아픔이며 수행을 장애하는 마장입니다. 길 밖에 부족한 마음으로 서 있거나 걷고 있는 듯한 마음이 습관이 됐고, 그 무게가 보통이 아니라서 업장이 두텁다고 하지요. 두터운 업장인 갖가지 허물, 곧 제 삶을 놓치고 산 것이 허물이 되어 삶의 무게가 무겁게 된 것입니다. 자신의 삶을 돌아볼 계기가 없었고 사회적 공업共業 또한 개개인의 삶을 돌아보게 작용하지 않았지요.

밖을 향한 걸음걸이만이 습관이 되고, 제 걸음을 총총히 지켜보는 마음의 습관이 생기지 않아, 밖으로만 나돌게 되어 이런 저런 마구니의 장난에 현혹된 것입니다. 밖을 향한 욕망이 귀신이 되어 마음을 미혹하게 하고 이익 등의 여덟 가지 바람[八風]에 홀리게 하여 마음이 편하지 못합니다. 밖에 있는 허구가 삶을 부려먹고 있는 꼴입니다.

그러다 보니 이런 저런 병고가 몸과 마음에 생겨 편하지 못한 삶을 만들고 있습니다. 이 또한 마구니의 장난에 속은 것입니다. 그러므로 마구니와 귀신의 장난에 속지 않으려면 밖을 향한 마음이 안팎을 함께 보도록 해야 하며, 그 마음이 이익 등에 쏠리지 않도록 지켜보고 지켜가야 합니다. 걸음마다 온전히 깨어 있고 마음작용 하나라도 분명히 알아차려, 삿된 견해와 지나친 욕망으로 흐르지 않도록 노력하는 것입니다.

그렇게 되면 망념妄念의 무게가 줄어들고 청정하고 기쁜 마음을 얻게 되면서 업장이 소멸되어 갑니다. 업장이 소멸된 만큼 진여가 생멸심에 영향을 주어, 선근이 증장되므로 정진하기가 갈수록 쉬워집니다. 쉬운 만큼 힘을 얻은 정진은 선근을 더욱 증장시키고 증장된 선근은 수행을 돈독하게 하여 마침내 신심을 성취하고 열반을 증득하게 할 것입니다.

56장. 지止와 관觀은 하나의 수행문

76 지관止觀은 어떻게 닦는 것인가? 지止란 모든 경계에 대한 분별을 그치는 것으로 사마타 관법을 따라 닦는 것을 뜻하고, 관觀이란 인연 따라 생겨나고 없어지는 것을 잘 분별하는 것으로 위빠사나 관법을 따라 닦는 것을 뜻한다.

云何修行止觀門 所言止者 謂止一切境界相 隨順奢摩他觀義故
所言觀者 謂分別因緣生滅相 隨順毗鉢舍那觀義故

어떻게 하는 것이 '따라 닦는 것'인가? 사마타관과 위빠사나관을 차차로 닦고(修) 익혀서(習) 두 가지가 서로 떨어지지 않고 함께 분명하게 드러나도록 하는 것이다.

云何隨順 以此二義漸漸修習 不相捨離 雙現前故

'지관止觀'을 통해서 신심을 성취하다

다섯 번째는 '지관止觀'을 통해서 신심을 성취하는 것입니다. 지관바라밀이란 선정바라밀(止)과 반야바라밀(觀)을 합쳐 놓은 말입니다. 여기에는 상당한 뜻이 있는 것 같습니다. 자칫하면 선정禪定을 일상의 경험을 넘어선 자리에서 하나의 대상에 마음이 집중돼 있는 상태라고만 생각하기 쉽기 때문입니다. '마음이 하나의 대상에 집중된 상태(心一境性)'를 뜻하는 사마타를 '지止'라 하고, 인연 따라 생멸하는 것을 잘 분별하는 위빠사나를 '관觀'이라고 정의하고 있기 때문에 더욱 그렇겠지요.

사마타와 위빠사나는 이야기하고 있는 분들에 따라 그 정의가 조금씩 차이가 있습니다. 여기서는 마명스님의 정의로 이해해야 할 것입니다. 먼저 '그침(止)'이란 지금까지의 모든 사유의 틀을 벗어나는 것을 말합니다. 분별없이 멍한 상태로 있는 그침뿐 아니라 일상을 초월하는 의식 상태에서의 그침까지도 넘어서야 합니다.

선禪에서도 이 두 상태를 무기無記라고 합니다. 뚜렷한 현재 의식은 의식마다 시방삼세를 담고 있는 것이어야 하므로, 절대 현재라는 의식의 초월을 가지고 의식의 그침(止)을 삼아서도 안 되고, 그런 상태의 의식 통일이 사마타의 완성이 되어서도 안 된다는 것입니다.

'그침'을 "모든 경계상을 그친다(止一切境界相)."라고 해석하거나 "모든 경계를 그치는(止一切境界) 것(相)이다."라고 해석하거나 마찬가지입니다. 현재의 분별을 바탕으로 그것이 만들어 내는 언어와 형상의 분별을 가지고 실재를 보려는 의식 활동을 그쳐야 된다는 것입니다.

　분별인 일상도 자성이 없지만 초월된 상태조차도 자성이 없다고 사유해야 합니다. 무자성無自性의 사유가 일상이 된다는 뜻으로 '모든 경계상을 그친다는 것입니다. 모든 경계의 분별을 넘어선 무상無相인 무자성적인 사유가 자리잡아야 됩니다.

　무자성적 사유란 마음이 만들어 놓은 이미지에 머물지 않는 것이지요. 이것은 마음이 모든 것을 알아차리는 이미지를 만드는 공덕을 갖추고 있지만, 동시에 그 이미지를 비우는 자리에서 이미지가 만들어지고 있다는 것을 이해하는 것입니다. 마음작용의 한 면인 진여를 이해하고 진여의 공성을 바탕으로 생각을 이어가는 것입니다.

　진여眞如의 공성空性을 사유의 근간으로 한 데서 보면 하나의 마음 같지만, 진여를 바탕으로 한 마음작용이 모든 공덕을 다 갖춘다는 데서 보면 모든 인연들마다 마음이 되므로 하나의 마음이라고도 할 수 없는 줄 아는 것입니다.

　사마타 수행은 모든 경계가 하나의 마음이라는 데 초점을 맞추어, 경계마다 분별하는 마음을 쉬고 마음 그 자체에 주의를 기울여, 마음 하나로 있는 것입니다. 분별하는 마음을 쉬는 것을 강조하여 '마음 그침[止]'이라고 한다면, '모든 인연을 마음이 만들었다는 하나의 사유 주제에 머문다는 데서는 '하나의 경계에 머무르고 있는 마음[心一境性]'이라고 하겠습니다.

허망한 분별을 그치고〔止〕 분별을 그친 마음을 알아차리고 있는 것〔觀〕이 '사마타관의 뜻을 따르는 것〔隨順奢摩他觀〕'입니다. '생각을 그치고 생각이 그친 상태를 다시 보고 있다'라고 할 수 있습니다. 이미 갖고 있는 분별을 놓고〔止〕 새롭게 보는 것〔觀〕이지요.

'모든 것이 마음이다'라고 알아차리되, '마음'이라는 것조차 '마음 스스로가 마음이라는 이미지를 만들고 있다〔心想能取相〕'고 알아차리면서 '마음도 없다〔無心〕'고 생각해야 하는 것이 '지止수행'입니다. '마음〔能取相〕과 마음의 대상〔所取境〕 모두가 자성이 없다〔止〕'라고 생각〔觀〕하는 것입니다.

'위빠사나 수행〔觀修行〕'은 인연으로 나타나는 생멸을 잘 분별하는 것이며〔分別因緣生滅〕, 인연 따라 나타나는 생멸이란 잠시도 머물지 않는 것으로 꿈과 같은 줄 알아차리는 것이지요. 아울러 허망하고 청정하지 못한 것에 집착하여 쓸데없이 고통을 자초하고 있는 중생들을 힘 따라 돕는 대비심大悲心을 기르는 것도 관수행입니다. 위빠사나 수행 주제의 하나인 대비심이 지수행에 전념할 수 있는 의지를 북돋웁니다. 이런 측면에서 『대승기신론』에서의 관觀수행은 지수행을 돕는다는 뜻이 강합니다.

일어나고 사라져 가는 모든 인연이 무상하여 꿈과 같은 줄 알고, 꿈같은 인연을 붙잡고 있는 마음이 괴로움을 만든 줄 알며, 허상에 매여 괴로워하는 중생들이 열반의 삶을 살 수 있도록 힘 따라 부지런히 사유하고 실천하는 자비심을 기르는 것이 『대승기신론』에서의 위빠사나관〔觀觀〕입니다.

지와 관의 수습修習이 함께 깊어 가다

사마타관〔止觀〕과 위빠사나관〔觀觀〕의 수행으로 인연마다 마음이 만든 줄 알고〔止觀〕, 인연 따라 생기고 없어지는 것이 허깨비인 줄 알며 쓸데없는 집착으로 힘들어하는 중생에 대한 자비심을 길러〔觀觀〕, '머묾 없는 마음〔無住心〕'으로 '마음조차 없는 마음〔無心心〕'을 증득하여야 대승에 대한 신심을 성취합니다.

지관 수행으로 신심을 성취한다는 것은 인연이 마음이며, 마음이 인연을 인연 되게 하는 것임을 사유하고 관찰하여 법계가 한마음이며 한 생명이라는 믿음이 확고해진다는 것입니다. 인연이 마음이 되니 마음조차 없다는 데서 진여의 공성을 믿고, 모든 인연을 통해서 진여의 공덕이 실현되고 있다는 것을 믿는 것이지요.

그러므로 마음 그침인 '지수행'과 인연의 무상을 알아차리는 '관수행'을 같이 닦는 것이 필요합니다. 곧 모든 인연을 알아차리되〔觀〕 이미 갖고 있는 분별로 보지 않는 것이며〔止〕, 인연에 따른 분별이 무상한 것으로 허망한 것임을 알아〔止〕, 허망한 집착을 여의는 것입니다〔觀〕.

지수행이 지수행으로만 있는 것이 아니라 관수행을 이끌고, 관수행이 관수행으로만 있는 것이 아니라 지수행을 오롯하게 합니다. 지수행와 관수행을 같이 닦아야 진여공성의 무념無念과 상응하고 무념인 무분별심無分別心으로 인연을 새롭게 읽을 수 있으며, 무념으로 아상이 사라진 자리에서 상호 의존하고 있는 생명연대를 보게 되므로 인연을 이루고 이웃 생명들에 대해 대비심을 기를 수 있습니다.

'분별심分別心을 그치면서〔止〕' 인연의 흐름에 충실한 앎이 있게 되고〔觀〕, '인연의 흐름을 보는 앎〔觀〕'에 의해서 미세한 분별의 허구성까지도 알아차려 진여인 무분별심이 드러납니다〔止〕. 지관止觀과 관관觀觀이 상응하여 지와 관의 수습修習이 함께 깊어 가는 것입니다.

지止와 관觀이 함께 익어지면서 무분별심으로 생멸하는 마음의 허망성을 늘 분명하게 보고, 생멸심의 망념이 사라지는 것에서 무분별심이 대비심의 무아공관無我空觀을 실천하는 힘이 된다는 것이지요. 지와 관을 하나의 수행문으로 묶는 이유가 여기에 있습니다.

57장. 지수행止修行

77 지수행止修行을 하는 수행자는 고요한 곳에 머물면서 단정히 앉아 뜻을 바르게 해야 한다. 호흡에 의지하지도 말고, 부처님 등의 형색에 의지하지도 말고, 공空의 이치에 의지하지도 말고, 지수화풍地水火風 또는 견문각지見聞覺知에 의지하지도 말아야 한다. 그러면서 모든 경계는 생각이 만든 것일 뿐 실재하지 않는다고 알아차려 제거하되, 제거한다는 생각조차 없어야 한다. 왜냐하면 모든 것(法)은 본래부터 그 자체의 모습이 없으며, 생각들도 생겨나는 것도 없고 없어지는 것도 없기 때문이다.

若修止者 住於靜處 端坐正意 不依氣息 不依形色 不依於空 不依地水火風 乃至不依見聞覺知 一切諸相 隨念皆除 亦遣除想 以一切法本來無相 念念不生 念念不滅

또한 마음이 밖을 좇아서 마음 밖의 경계를 생각하도록 해서는 안 된다. 바깥 경계를 생각하지 않도록 해야 할 뿐만 아니라 뒤따르는 알아차리는 마음으로 바깥 경계를 따르고자 하는 마음까지도 제거해야 한다. 그렇더라도 마음이 만약 바깥 경계를 따라 이곳저곳으로 흩어진다면 곧바로 알아차려 정념에 머물도록 해야 한다.
亦不得隨心外念境界 後以心除心 心若馳散 卽當攝來住於正念

정념正念이란 오직 마음 뿐 바깥 경계가 실재하지 않는다는 것을 아는 마음이며, 마음조차 마음 스스로의 모습이 없으며 생각들도 실재하지 않으므로 얻을 수 없는 것인 줄 아는 마음이다.
자리에서 일어나 움직이거나 일을 할 때에도 마음 뿐 경계가 없다는 방편을 생각하면서 사마타의 관찰 수행을 한다. 오랫동안 하다 보면 경계를 좇지 않고 정념에 머문다. 정념에 머물고 나면 점점 용맹스럽고 치밀한 관찰로 '마음뿐'이라는 하나의 경계에 수순隨順하게 되어 진여삼매에 들어간다.

是正念者 當知唯心 無外境界 卽復此心亦無自相 念念不可得 若從坐起 去來進止 有所施作 於一切時 常念方便 隨順觀察 久習淳熟 其心得住 以心住故 漸漸猛利 隨順得入眞如三昧

이 상태에서 번뇌를 완전히 끊지는 못하더라도 번뇌의 현행을 다스리게 되어 대승에 대한 신심이 커지고 깨달음을 향한 마음에서 물러서지 않는 단계를 신속하게 성취한다. 다만 의심하고, 믿지 않으며, 비방하고, 큰 허물을 지은 업이 있거나, 아만심이 있고, 게으른 사람들은 진여삼매眞如三昧에 들어갈 수 없다.

深伏煩惱 信心增長 速成不退 唯除疑惑 不信誹謗 重罪業障 我慢懈怠 如是等人 所不能入

본래 모습인 인연의 '나'를 사는 것

먼저 '지止수행'에 대해서 자세히 이야기하고 있습니다. "수행 처소를 고요한 곳에 두고 단정히 앉아서 뜻을 바르게 하라."고 하였습니다.

단정하게 앉는다는 것에 주의를 기울여야 합니다. 전후좌우 어느 쪽으로든지 몸이 기울어서는 안 됩니다. 등뼈를 바르게 펴고 가능하면 결가부좌 자세로 온 몸에 힘을 빼고 앉아야 합니다.

그와 같은 상태에서 모든 경계가 마음이 조작한 허망한 분별임을 마음 깊이 새겨, 마음이 경계에 따라 흔들리지 않도록 하여야 합니다. 경계가 나타나면 곧바로 마음이 만든 것이라고 알아차려 경계에 흔들리지 말고, 그렇게 생각하는 마음도 마음이라는 이름에 맞는 자성을 갖지 않는다고 되돌아보는 것입니다.

특히 수행의 이유가 보리심과 해탈 그리고 자비심의 증장에 있음을 마음 깊이 새겨야 합니다. 자칫하면 특별한 마음 상태의 경험이나 신통 등을 얻고자 하는 마음가짐으로 수행에 임하는 경우가 있을 수 있기 때문입니다. 신통 등을 얻고자 하는 마음으로 수행하는 것은 이름과 이익을 얻고자 하는 것과 다름이 없습니다. 그와 같은 마음으로 수행하여 신통이 생겼다고 하더라도 그것이 해탈을 이루는 데 도움이 될 수 없습니다. 나중에는 신통에 속아 몸과 마음도 상하고 수행의 의지조차 잃게 되어 신통이 도리어 마장이 되고 맙니다.

수행 의지가 분명하고 바른 것이어야만 청정한 인연의 소통으로 지혜와 자비를 실현할 수 있습니다. 신통까지를 포함하여 모든 경계가 마음이 지어 낸 허구임을 살펴 알고 그와 같은 경계에 속지 않아야 하며, 모든 경계에 대한 자성적 분별이 사라지도록 하여야 하며, 인연에 깨어 있는 머묾 없는 마음이 되어야 합니다. 분별된 경계는 말할 것도 없고 경계를 분별하는 마음의 분별까지를 살펴 분별하는 마음조차 쉬어야 합니다.

이것을 수행의 바른 뜻으로 삼고, 고요한 곳에서 단정하게 앉아서 인연의 흐름에 깨어 있어야 합니다. 그렇기 때문에 "호흡에 의지하여 수행하지 말라."고 하였습니다. 물론 호흡과 호흡을 지켜보는 마음이 무자성임을 사무치게 알고 그 상태에서 호흡을 지켜보는 것이 수행에 도움이 되기에 『아함경』에서는 호흡을 통한 수행을 이야기하고 있습니다. 그것은 부처님께서 말씀하신 '연기법'에 대한 이해가 뒷받침되고 있기 때문이며, '호흡에 의지해서 무엇을 얻겠다는 생각이 없다'는 것을 바탕으로 하기 때문입니다.

연기법에 대한 이해 없이 호흡관찰을 통해 일상과 다른 경험을 하게 되면, 마치 수행하는 '나'가 수행을 통해서 특별한 경계를 얻었다고 착각하게 되어, 경험의 다름은 있지만 '나'와 '나의 것'이라는 집착을 떨치지 못하고, 삶을 힘들게 할 뿐입니다.

자신이 경험하지 못한 것에 대한 욕구는 자신이 갖지 못한 것을 갖고자 하는 일상의 욕구와 아무런 차이가 없습니다. 해탈을 위한 수행이 아니라 특별한 경험을 갖고자 하는 것이 수행의 목적이 되어서는 수행으로 얻어지는 경험조차 자신을 옭아매고 맙니다. 그렇기 때문에 "모든 분별은 마음이 만들고 있다."라고 알아차리라고 합니다. 불교 수행은 무엇을 얻기 위한 것이 아니라, 본래부터 '얻을 것'도 '얻는 나도 없다는 것을 체득하는 것입니다.

　호흡에 의지해서 특별한 상태의 나를 만들려고 한다면 불교 수행이 아닙니다. 불교 수행은 부처님께서 말씀하신 인연법에 대한 이해와 인연법을 몸과 마음으로 실천할 수 있는 힘을 기르는 것입니다. 인연법이란 수행으로 만들어진 법이 아니라 삶의 본래 모습입니다. 수행은 본래 모습인 인연의 '나'를 사는 것입니다.

　형색形色에 의지한 수행을 하지 말라

　그렇기 때문에 "형색形色에도 의지하지 말라."고 하였습니다. 이 또한 마찬가지입니다. 백골관 등이 좋은 보기가 될 것입니다. 처음에는 탐욕을 다스리고자 백골관 수행을 하였는데 오히려 허무한 마음이 마음 깊숙이 분별로 자리잡아 죽음을 택하는 수행자도 있었습니다. 형상의 집착을 떠난 자리에 허무가 집착으로 남은 것이지요.

　자성이 없다는 데서 무상하지만, 무상하기에 인연의 법계를 창조적으로 살 수 있으므로, 무상이 열반의 지혜를 실천하고 있는 것을 모르는 것입니다. 관상觀想 수행으로 경험한 영상들을 마음이 만드는 상이라는 것을 잊고, 실재한 상을 체험한 것처럼 여기는 것은 집착일 뿐입니다. 그렇기 때문에 형색形色에 의지한 수행을 하지 말라고 하였습니다.

나아가 "공空과 지수화풍地水火風의 사대四大와 견문각지見聞覺知의 식識에 의지해서 수행하지 말라."고 하였습니다. 이것은 인연을 이루고 있는 근본 원인으로 육계六界〔지·수·화·풍·공·식〕를 설정하고, 그것에서 세계가 벌어지고 있다고 생각하는 것이지만 전제가 틀린 것입니다.

인연이란 어떤 결정된 원인에서 결과가 발생되는 것이 아닙니다. 원인도 결정돼 있지 않고 결과 또한 마찬가지입니다. 어떤 결과가 나타날 때 그 전 찰나가 그 결과에 대한 원인이라고 할 수는 있지만 늘 같은 결과를 발생하는 것이 아니기 때문에 결정된 원인일 수 없습니다. 인과 관계가 분명하기 때문에 원인 없는 결과도 없고 결과 없는 원인도 없지만, 결정된 원인이나 결과는 없습니다. 인과의 근본 원인으로 육계가 있을 수 없습니다.

육계관六界觀이 연기를 살펴보는 하나의 인식 방법은 될 수 있지만 아직 충분한 무자성적 사유가 아니므로 부처님의 연기법을 제대로 이해한 것이 아닙니다. 연기에 대한 이해가 충분하지 못한 수행자를 위해서 육계관의 수행이 제시된다고는 하지만 그 한계에 대한 철저한 살핌이 없다면 원인인 육계가 실재하는 것이 되어, 오히려 연기법에 대한 바른 이해를 가로막을 것입니다. 그런 뜻에서 허공 등의 상에 의지해서 수행해서도 안 된다고 하였습니다.

일어나고 사라지는 모든 경계와 언어 분별이 오직 마음의 분별임을 알아차려 언어에도 속지 않고 형상에도 속지 않아야 하며, 마음조차 마음이라는 언어 표상으로 정의될 수 없고, 수행 가운데서 경험하는 특별한 마음의 경험조차 마음이 아닌 줄을 알아야 합니다. 인연이 마음인 듯 형상인 듯 나타나지만 마음이라고 하는 자성을 갖는 마음이나, 분별된 언어 표상에 맞는 실재의 형상 또한 있을 수 없다는 것을 잘 알아야 합니다.

경계를 따르지 않아야 마음이 만들어 낸 허상을 자각할 수 있고, 자각하는 마음이라야 경계를 따르는 마음을 다스릴 수 있습니다〔以心除心〕.

분별이 허상임을 아는 마음〔正念〕으로 깨어 있어야

모든 경계가 마음이 만들어 냈다는 것을 사무치게 이해해야 하는 당위가 여기에 있습니다. 이 마음이 없다면 경계에 속지 않을 수 없을 것입니다. 일상의 경계에는 속지 않았다 하더라도 수행 가운데서 경험하는 경계에 속고 마는 것도, 모든 경계가 마음이 만들어 낸 경계에 지나지 않는다는 것을 사무치게 이해하지 못했기 때문입니다.

마음이 경계를 따라 흔들릴 때마다 경계가 허상이며, 허상을 좇는 마음조차 허상이라는 생각을 하여야 합니다. 경계를 좇는 마음을 거두어 분별이 허상임을 아는 마음〔正念〕으로 깨어 있어야 합니다.

생각생각이 꿈과 같으니 아무 것도 얻을 수 없고, 인연은 그 자체가 무상이라 어떤 것도 얻을 수 없다는 것을 잊지 않는 마음입니다. '오직 마음 뿐'이라는 바른 뜻〔正意〕으로 경계도 마음도 '얻을 수 없다〔不可得〕'는 생각이 이어지는 것이 수행이 익어지는 것입니다.

수행이 익어지면 경계 따라 흔들리지 않게 됩니다. 마치 맑은 거울이 영상을 그대로 비추고 있는 것과 같습니다. '어떠한 경계에도 흔들리지 않는 마음 하나가 경계가 되었다〔心一境性〕'고 할 수 있습니다. 이것이 사마타관에 수순하는 것입니다.

정념正念으로 마음이 경계에 따라 흔들리지 않게 되면〔心住〕, 힘들지 않고 분별하는 마음을 쉴 수 있습니다. 나아가 쉰 마음이 더욱 깊어지고, 정념의 알아차림이 더욱 분명하게 되면, 연기의 각성인 공성의 변화를 따라 들어가게 됩니다. 연기의 공성에 들어가 분명하게 알아차리면서도 망념의 분별이 없는 진여삼매를 경험하는 것이지요. 바른 선정에 든 것입니다〔正定〕.

모든 분별이 인연의 각성으로 하나 된 세계이며, 그것이 우리의 마음인 것을 알게 된 것입니다. 너와 나의 실체적인 분별과 차별을 벗어나고, 생겨나고 없어지는 주체가 사라진 것을 경험한 차별 없는 '무상삼매無相三昧'에 대한 체험입니다. 마음 하나하나에서 작용하고 있는 진여의 공성과 상응한 것이며, 모든 분별상을 떠난 경험입니다. 이 상태를 '진여삼매眞如三昧'에 들었다고 합니다.

그렇다고 하여도 부처님과 같은 깨달음〔證悟〕은 아닙니다. 분별된 모든 것이 자성을 갖지 않는다는 것을 알고, 분별된 경계에 따라 흔들리는 마음이 선정의 고요한 마음으로 안정되었다고 하나, 습관으로 분별해 왔던 영향력인 미세한 망념이 아직 남아 있는 상태입니다.

이 상태에서는 미세망념에 의해 생겨나고 사라지는 마음작용까지도 밝게 알아차려 남아 있는 망념의 습관을 다스릴 수 있으므로 "번뇌를 깊이 항복시키며, 신심이 증장된다〔深伏煩惱 信心增長〕."라고 하였습니다.

경계 따라 마음이 흔들리지 않기에 미세망상을 이루는 번뇌의 흔적들이 있기는 하지만, 그 흔적들이 번뇌로서 작용하지 않게 됩니다. 번뇌가 현행하지 않는 것과 같아 깊이 번뇌를 항복시켰다고 하였으며, 마음과 경계가 번뇌를 일으키지 않으므로, 곧 마음과 경계를 있는 그대로 알아차릴 수 있으므로, 앞서 말한 근본과 삼보를 믿는 네 가지 믿음이 증장하게 됩니다. 학습과 '지止수행'을 통해서 믿음이 증장되고, 증장된 믿음이 깊은 이해를 하게 합니다. 그리하여 믿음을 빠르게 성취하고 깨달음〔證悟〕을 향한 마음이 퇴보하지 않게 됩니다〔速成不退〕.

수행을 장애하는 여섯 가지 마음

그렇다고 누구나 쉽게 진여삼매를 경험하지는 못합니다. 수행을 하는데도 삼매에 대한 경험이 없거나 수행에 대한 진전이 없으면 스스로의 마음을 잘 살펴 다음과 같은 허물이 없도록 해야 합니다.

첫째는 '의혹疑惑'입니다. 이것은 왜 수행해야 하는지, 수행이란 무엇인지, 무엇에 대한 믿음을 이야기 하는지를 수행을 시작하기 전에 충분히 배우고 익히지 못한 결과라고 하겠습니다.

수행이란 자성을 갖는다는 분별을 그치고 자성 없는 인연의 각성을 실증하는 것으로, 중생의 업을 거슬러 가는 것입니다. 출발도 쉽지 않지만 갈수록 업의 저항이 커지므로 이 길에 대한 사무친 이해와 각오가 없으면 결코 거슬러 올라가지 못합니다.

스스로 수행 의지를 잘 정립하여야 하고, 무분별의 인연으로만 삶이 있을 수 있다는 깊고 깊은 이해가 있어야 하며, 이와 같은 이해가 실천으로 드러나도록 치열한 노력을 하여야 합니다.

두 번째는 '불신不信'입니다. 믿음은 이해를 바탕으로 하며, 의혹이 없어야 믿음이 있을 수 있습니다. 믿음이 전제되어야 수행의 결과가 당장 눈앞에 보이지 않더라도 닦아 나갈 수 있지요. 그냥 믿는 것이 아니라 믿을 수밖에 없는 이해가 바탕이 되어야 합니다.

충분한 연구와 검토, 그리고 비판을 통해서 얻은 결과가 이해입니다. 이와 같은 이해를 바탕으로 "수행을 하게 되면 틀림없이 진여삼매를 체험할 것이고, 모든 번뇌의 씨앗까지를 다스려 마침내 열반을 경험할 것이다."라고 믿고 정진할 수 있습니다. 살아온 날의 습관에 의해서 정진이 순일하게 이루어지지 않을 수도 있지만, 분명한 이해와 믿음이 있기에 그와 같은 장애를 극복하고 계속 정진할 수 있는 것입니다.

세 번째는 '비방誹謗'입니다. 신심을 증장시키는 수행인 지관止觀〔사마타관〕을 비방하며, 지관 수행자를 비방하며, 나아가 불법승 삼보를 비방한다면, 사마타관인 지止수행을 할 이유가 없으니 모든 분별을 여읜 진여삼매를 증득할 수 없습니다.

분별을 떠난 법계일상인 무분별을 체험할 수 없으니, 뭇 생명들과의 생명연대가 삶의 지향점이 되는 '대승大乘'에 대한 믿음도 형성되지 않을 것입니다. 대승에 대한 믿음이 형성되지 않으니 진여삼매를 통해 한마음〔一心〕 세계를 경험할 수도 없고 살 수도 없겠지요.

네 번째는 '무거운 죄와 두터운 업의 장애〔重罪業障〕'입니다. '지수행'은 분별하는 마음을 재빨리 알아차려 분별하는 대상〔所取相〕과 분별하는 마음〔能取相〕이 허망하다고 알아차리는 것인데, 죄와 업의 장애가 두터우면 일어난 마음에 흔들리지 않고 알아차리기가 쉽지 않고, 알아차리더라도 그것의 본바탕이 허망한 줄 알기 어렵습니다.

마음으로 마음을 제어하기 어려워 수행에 대한 진전이 생기지 않게 됩니다. 수행 도중에 업의 무게만큼 이런 저런 마장으로 몸과 마음이 편안하지 못할 것입니다. 이때에는 '지수행'에 전념하기보다는 참회하는 법을 익혀 과거의 업장을 녹이면서 몸과 마음을 단정히 하고 자비심을 내어 자신과 이웃 생명들의 아픔을 보듬어 안도록 노력해야 합니다.

다섯 번째는 '아만我慢'입니다. 자신이 내린 결론과 관점이 늘 옳다고 여기는 마음이 있다면 아만심일 확률이 높습니다. 다른 사람의 의견과 관점을 받아들이지 않을 것이고, 사물을 다른 관점으로 보는 것을 시도조차 하지 않을 것이므로 '지수행'에 전념하려는 마음을 내기가 어렵지요.

무상삼매無相三昧란 이미 익힌 분별상을 내려놓고 인연마다 새로운 '보기'로 인연을 읽고 있다는 뜻인데, 자신의 관점만이 옳다는 분별상을 내려놓지 않는다면 새로운 인연 읽기는 불가능할 것입니다. 자신의 관점에 대한 성취가 없다고는 할 수 없겠지만 그와 같은 삶의 태도는 지극히 제한된 세계입니다.

모든 관점을 내려놓고 함께 어울려 창조적으로 변하고 있는 법계의 인연을 읽어 낼 수가 없을 것이며, 인연으로 하나 된 삶을 살기도 어렵겠지요. 법계일상인 분별을 떠난 무상삼매에 대한 체험이 생기지 않을 것이며, 자신의 모습을 제대로 볼 수 있는 인연이 없을 것입니다. 진여삼매를 경험하여 분별상에 매이지 않으면서도 모든 공덕을 실천하는 삶을 살기가 어렵게 된 것이지요.

여섯 번째는 '게으름〔懈怠〕'입니다. 수행이란 익혀 온 습관을 거슬러 가는 것으로 다른 것보다 강한 의지와 멈춤 없는 정진이 필요합니다. 의지도 약하고 정진을 게을리한다면 분별업을 벗어나기가 어렵습니다.

깨어 있는 마음으로 분별의 허망을 알아차리는 마음이 습관이 되도록 하는 것이 정진인데, 이 일을 하다 말다 하다 말다 한다면 습관으로 익혀질 수 없어 정진의 힘을 얻기 어렵습니다.

정진이 습관이 되지 않는다면 분별업을 거슬릴 수 없어 분별없는 진여삼매를 경험할 수 없고, 분별없는 진여삼매를 체득하지 못하니 분별없는 삼매〔無相三昧〕에서 함께 어울려 생명을 이루고 있는 대승의 인연을 볼 수 없어, 대승에 대한 믿음이 증장되지 않겠지요.

이상의 여섯 가지 마음이 수행을 장애하고 있다면 결코 진여삼매를 체득할 수 없을 것입니다. 스스로의 마음을 잘 살펴 그와 같은 마음이 생기지 않도록 해야 합니다. 부처님의 가르침에 대한 학습과 하나의 관점에 머물지 않는 비판적 사유를 통해서 수행에 대한 당위성과 의지가 분명해야 앞서 말씀드린 여섯 가지 장애를 넘어설 수 있습니다.

58장. 지수행으로 얻게 되는 진여삼매

78 진여삼매에 의해서 법계가 한 모습임을 안다. 부처님들의 법신과 중생의 몸이 평등하여 한 모습〔一相〕으로 차별상이 없어〔無相〕 둘이 아닌 것을 아는 것이다. 이를 일행삼매一行三昧라고 한다. 진여삼매가 삼매의 근본이므로 진여삼매를 수행하게 되면 점차 무량無量한 삼매를 증득할 수 있다.

復次 依是三昧故 則知法界一相 謂一切諸佛法身 與眾生身 平等無二 卽名一行三昧 當知眞如是三昧根本 若人修行 漸漸能生無量三昧

법계는 자성 없는 공성의 인연으로 하나 된 세계

앞서 말씀드린 여섯 가지 장애가 없는 수행자와 이미 장애를 넘어선 수행자라면 진여삼매眞如三昧를 체득할 것이고, 진여삼매에 대한 체험으로 법계가 자성 없는 공성의 인연으로 하나 된 세계임을 알 것입니다.

이와 같은 경험은 특별한 이념이나 형상에 귀속된 삶을 벗어난 자유로운 삶의 경험이라고 할 수 있습니다. '무엇인 삶'이나 '무엇으로의 삶'이 아니라 인연의 어울림에서 독특한 개체를 현재에서 드러내는 삶입니다. 인위적인 모든 분별이 그칠 때 살아 있는 현재가 삶의 전체가 되는 것을 체험한 것입니다. 분별된 인식 틀에 맞춘 삶이 아닙니다. 성인의 삶을 닮아가는 삶이 아닙니다. 자신의 삶을 다른 사람의 눈에 비추어진 것으로 만드는 것을 중단한 자유로운 삶이며, 스스로의 내적 이유로부터도 자유로운 삶을 뜻합니다.

모든 분별상은 단지 분별상을 만드는 데 그치는 것이 아닙니다. 부처님 시대나 마명 시대의 인도 일반인의 삶을 생각한다면 분별상이 무엇을 뜻하는지를 쉽게 알 수 있습니다. 브라만과 수드라와 같은 신분 체계는 사회질서상 편의로 분별된 것이 아닙니다. 그것이 확고부동한 실체적 진실이 되고 권력이 되어 지배와 피지배를 당연시할 뿐만 아니라 브라만의 생각에 의해서 수드라의 생각까지도 지배받는 분별인 것입니다. 자유롭게 생각하고 있는 것 같지만 이미 쌓여 있는 사회적인 분별이 시대를 이어가면서 개인의 삶을 저 밑바탕까지 조정하는 것입니다.

　이와 같은 분별은 연기법을 깨닫고 나서야 허구인 것이 확실하게 드러났습니다. 부처님 이후부터는 부처님께서 깨달은 연기법을 학습하여, 인간뿐만 아니라 모든 생명들의 신분질서를 정하는 분별상이 망상에 지나지 않는다는 것을 마음 깊이 새기는 것을 수행의 출발로 삼았다고 하겠습니다. 분별없는 연기의 어울림에서 모든 생명들은 제 모습을 바꾸지 않고도 법계의 생명임을 인식하게 됐습니다.

　이와 같이 신분차별과 같은 허구의 분별상이 본래부터 있을 수 없다는 것을 인식함으로써 차별된 업의 활동을 다스려가는 것이 '지수행'입니다. 그러므로 수행의 내용이 수행의 결과를 담보한다고 할 수 있겠지요.

　진여삼매가 습관으로 익어진다면

　깨달음이란 일상의 인식 너머에 있는 특별한 상태를 깨달았다는 뜻이 아니라, 이 모습 그대로 법신의 모습이 되고, 자유로운 생각 그대로 법신의 생각이 된다는 것을 사무치게 알아차리는 것입니다. 모든 부처님의 법신과 뭇 생명들의 몸이 평등하여 둘이 아니라는 것을 알되, 동일한 모습이 되는 것이 아니라 뭇 생명들의 모습 그 자체가 법계의 모든 인연이 담겨 있는 몸인 법신法身임을 아는 것입니다. 이 몸을 떠나서 특별한 형상을 한 법신이 없고, 특별한 형상을 닮아야 할 이유도 없습니다. 하나하나의 몸과 마음이 모두 법신의 몸이며 법신의 마음입니다.

이와 같은 삶을 '일행삼매一行三昧'라고 합니다. 하는 것마다 모두 진여법신眞如法身을 근본으로 한 삶이라는 뜻입니다. 부처님의 가르침인 연기법에 근거한 사유가 일상의 사유가 된 것이지요. 당시에는 도저히 생각조차 할 수 없었던 신분질서 등의 허구를 이제는 당연히 허구라고 생각하는 것과 같습니다. 마음마음으로 분별상이 허망하다는 것을 알고 진여법신으로 모든 생명들은 평등한 삶을 살아야 한다는 것을 사무치게 이해하여 그렇게 사는 것입니다. 깨달음에 대한 가르침을 이해하는 수준에서 머물지 않고, 그 생각이 자신의 일상이 된 것이지요.

그러나 이 단계에서도 온전한 깨달음을 성취한 것은 아닙니다. 해오가 마음에 굳건히 자리잡고 있는 상태로 지금까지 자신의 삶과 사회적 활동을 지배했던 분별상에 의해 마음이 흔들리지 않는 상태라고 할 수 있습니다. 진여법의 공성으로 연기의 하나 된 어울림에서 모든 생명들은 동등한 가치를 갖는다는 것을 생각생각에 잊지 않고 실천하고 있는 단계입니다. 진여법에 대한 사유가 정념으로 자리잡고 있는 것이지요.

정념의 힘이 커진 단계이므로 분별하는 마음이 나올 때마다 그것을 정념의 평등한 마음으로 다스릴 수 있습니다〔以心除心〕. 분별의 허망한 습관들 하나하나가 다스려지고 있지요. 그렇기에 생각과 말과 행동 모두가 진여연기의 무분별을 실천하는 수행이 되고, 수행의 힘은 다시 정념의 의지를 더욱 굳게 하여, 바른 알아차림으로 몸과 마음에 남아 있는 분별의 습관을 녹일 수 있는 것입니다.

'지수행'은 분별상이 일어날 때마다 '오직 마음이 만든 것일 뿐 분별된 것이 그 자체로 실체를 갖는 것이 아니다'라는 수행 주제를 잊지 않고 떠올려 분별심을 다스려 가는 것입니다. 이와 같은 수행 주제를 인식의 내용으로 자리잡도록 하는 정념 수행이 '지수행'의 요체라고 할 수 있습니다.

힘들이지 않고도 정념이 저절로 이루어지고 있는 상태가 되면, 이 힘에 의해서 진여삼매를 경험하게 됩니다. 법계의 흐름인 진여와 정념이 상응한 것이지요. 상응하는 힘에 의해서 법계일상法界一相인 공성에 대한 이해가 확고하게 되고, 학습된 이해〔解悟〕와 실천으로 자리잡은 이해〔得住〕에 의해서 법신과 중생의 몸이 평등하여 둘이 아님을 체험한 것입니다.

분별된 모습마다 공성으로 한 모습〔一相〕이며, 공성이기에 실체를 갖지 않는다는 것〔無相〕을 아는 진여삼매가 모든 삼매의 근본이 되니, 진여삼매가 습관으로 익어진다면〔一行三昧〕 인연마다 삼매가 되겠지요〔無量三昧〕.

59장. 지수행止修行 시 겪게 되는 마장

79 어떤 수행자는 선근의 힘이 없으므로 수행 도중에 마구니와 외도와 귀신들에 의해서 미혹될 수도 있고, 앉아 있는 동안 공포스런 형상이 나타나기도 하고, 잘생긴 남녀가 나타나 유혹하기도 할 것이다. 이때도 그 모두가 오직 마음이 만든 것인 줄 알아차리면 그런 경계는 다 없어지고 결국에는 번뇌가 되지 않을 것이다.

或有衆生無善根力 則爲諸魔外道鬼神之所惑亂 若於坐中 現形恐怖 或現端正男女等相 當念唯心 境界則滅 終不爲惱

80 어떤 때는 하늘 사람들의 모습과 보살님들의 모습이 나타나기도 하고 또는 상호를 구족한 부처님들의 모습이 나타나기도 할 것이다. 그렇게 나타나서 다라니를 설하고 육바라밀을 이야기하고 평등과 공·무상·무원삼매와 원수와 친구도 없고 인과도 없으며, 궁극적으로 공적한 것이 참된 열반이라고 설하기도 할 것이다.

或現天像 菩薩像 亦作如來像 相好具足 或說陀羅尼 或說布施 持戒 忍辱 精進 禪定 智慧 或說平等 空 無相 無願 無怨無親 無因無果 畢竟空寂 是眞涅槃

때로는 숙명통을 얻게 해 과거의 일을 알게도 하고, 천안통을 얻게 해 미래의 일을 알게도 하며, 타심통을 얻게 하기도 하고, 걸림 없는 말솜씨로 수행자들로 하여금 세간의 명예와 이익을 탐착하게 하기도 한다. 또는 금방 성내고 금방 기뻐하게도 하여 성격을 종잡을 수 없게도 한다. 어떤 때는 너무나 자애스럽게도 하고, 잠을 많이 자게도 하며, 병이 들게도 하며, 수행자의 마음을 게으르게 만들기도 한다.

或令人知宿命過去之事 亦知未來之事 得他心智 辯才無礙 能令衆生貪著世間名利之事 又令使人數瞋數喜 性無常準 或多慈愛 多睡多病 其心懈怠

혹은 갑자기 정진하다가 곧 그만두게 하고, 믿지 않게 하여 의심과 생각이 많게도 한다. 혹은 본래의 수승한 수행을 그만두고 잡된 일을 닦아 세상사에 집착하여 이런저런 일에 끄달려 얽히게 한다. 여러 가지 삼매를 약간은 비슷하게 얻게도 하는데, 이 모두는 외도가 얻는 것으로 진짜 삼매가 아니다.

혹은 하루 종일이나 이틀, 삼일씩 또는 일주일 동안 선정 가운데 머물게도 하며, 자연의 향미와 음식을 얻게 하고 신심을 쾌적하고 기쁘게 하여 배고프지도 않고 목마르지도 않게 하여 애착하게 하기도 한다. 혹은 음식에 대한 적당한 양이 없이 지나치게 많이 먹거나 적게 먹게도 하며, 안색이 좋게도 하고 나쁘게도 한다.

或卒起精進 後便休廢 生於不信 多疑多慮 或捨本勝行 更修雜業
若著世事 種種牽纏 亦能使人得諸三昧少分相似 皆是外道所得
非眞三昧 或復令人若一日 若二日 若三日 乃至七日 住於定中
得自然香美飲食 身心適悅 不飢不渴 使人愛著 或亦令人食無分
齊 乍多乍少 顏色變異

이렇기 때문에 수행자는 항상 지혜로 관찰하여 마음이 잘못된 경계에 떨어지지 않게 해야 하며, 부지런히 '마음이 만든 것일 뿐 경계가 없다'는 정념 수행을 해서 모든 경계에 대한 취착심을 없애야 한다. 그래야 위와 같은 업장에서 벗어날 수 있다.

以是義故 行者常應智慧觀察 勿令此心墮於邪網 當勤正念 不取
不著 卽能遠離 是諸業障

외도가 얻은 삼매는 아견과 애착과 아만심을 벗어나지 못하고 세간의 명예와 이익 그리고 공경 받기를 바라는 것임을 알아야 한다. 그러나 진여삼매는 아견 따위에 머물지 않고 명리 등을 얻는다는 것에도 머물지 않으며, 선정에서 나와도 게으르지 않고 아만심도 없으므로 모든 번뇌가 점점 가벼워진다.

應知外道所有三昧 皆不離見愛我慢之心 貪著世間名利恭敬故
眞如三昧者 不住見相 不住得相 乃至出定亦無懈慢 所有煩惱 漸
漸微薄

그러므로 범부가 진여삼매를 닦아 익히지 않고서도 여래가 될 수 있는 바탕을 형성할 수 있다는 것은 옳지 않다. 세간에서 닦고 있는 모든 삼매는 다분히 선정의 맛에 집착하는 것으로 아견에 의지한 것이며, 삼계에 계박된 것으로 외도가 닦는 선禪과 같다. 선지식의 보호가 없다면 외도의 견해를 갖기 때문이다.

若諸凡夫 不習此三昧法 得入如來種性 無有是處 以修世間諸禪三昧 多起味著 依於我見 繫屬三界 與外道共 若離善知識所護 則起外道見故

마장은 마음의 그림자

고요한 곳에서 몸을 단정히 하고 "모든 것은 오직 마음이 만들어낸 그림자에 지나지 않는 것으로 실재하지 않는다."라고 알아차리면서, "알아차리는 마음조차 실재하는 것이 아니다."라고 생각하는 것이 '지止수행'의 내용이라고 하였습니다. 수행이란 깨달음을 얻기 위한 방편일 뿐만 아니라 깨달음을 일상의 삶에서 실천하기 위한 의지를 굳게 하는 것이라고 할 수 있습니다. 이 의지가 얼마만큼 절실하게 실천되고 있는지가 선근善根이 있는가 없는가를 가름합니다.

선근이 있는 수행자라면 인연의 차이들이 앎으로 드러난 것이며, 앎이 인연을 결정하면서 다시 새로운 앎이 드러나도록 무상하게 변하고 있다는 것을 압니다. 어떤 것도 인연을 떠나서 실재하지 않는다는 것을 깊이 보고 아는 것이지요. 인연이라는 사실을 알지 못한 것이 어리석음이며 무명이라면, 인연을 알고 차별하는 망념의 습관까지를 완전히 끊은 것이 깨달음입니다. 수행은 마음을 고요히 하여 사물을 있는 그대로 보고 듣고 생각하는 것이면서 동시에 그것이 인연임을 잊지 않고 기억하는 것입니다. 인연을 기억하고 인연으로 알아차리는 것이 정념이며, 무상과 무아의 삶을 살 수 있는 바탕입니다.

수행은 깨달음을 얻기 위한 방편이면서 동시에 깨달음을 실천하는 것입니다. 학습된 앎을 마음으로 기억하고 몸으로 익혀 가는 것이 방편이라면, 익혀진 방편에 의해서 허망한 차별을 버린 만큼이 실천된 깨달음입니다. 학습된 수행 내용과 실천 방법을 마음 깊이 받아들이면서 실천하려는 의지가 굳다면 선근이 많은 것이며, 학습된 내용을 잊어버리고 옛 습관을 따른다거나, 알고는 있지만 실천하려는 의지가 약하다면 선근이 적거나 없는 것입니다.

선근이 많은 수행자라면 굳은 의지와 실천으로 마음 밖의 대상이나 익혀 온 마음의 습관들에 현혹되지 않을 것이며, 수행 가운데 만날 수 있는 많은 인연들에 대해서도 그것이 마음이 만든 허상인 줄을 쉽게 기억하고 알아차려, 장애가 될 수 있는 경계와 습관을 극복할 것입니다.

그러나 선근이 많지 않거나 없는 수행자라면, 수행 도중에 만나는 새로운 인연들이 마음이 만들어 낸 경계인 줄을 잊고, 그것이 수행의 결과로 나타난 것이며 수행으로 얻는 깨달음이라고 착각하게 될 것입니다. 일상과 다른 수행 경험을 가지고 깨달음의 자락을 잡는 것이라고 여기겠지만, 그것이야말로 자신의 마음에 자신이 속는 줄도 모르고 있는 것입니다.

마음 밖에 나타난 갖가지 경계도 수행이라는 조건의 다름에 따라 새롭게 펼쳐지는 인연의 장일 뿐입니다. 그와 같은 경계나 경험도 무상·무아인 점에서 일상과 다름이 없습니다. 그런데도 불구하고 일상 너머에 있는 어떤 것을 보고 들었다고 여기는 것은 불교 이외의 가르침에 따르는 것과 같습니다. 수행 경험이 오히려 수행의 장애인 마장이 되니 허깨비와 귀신에 속는 꼴이지요.

살아온 지난날들의 흔적에 따라 나타나는 대상이 다를 것입니다. 공포스런 모습이나 단정한 남녀의 모습 등이 마음의 대상으로 나타나기도 하지만, 이 모두는 지나온 욕망의 흔적들입니다. 마음이 만들어 품고 있는 의지가 수행 과정에서 대상으로 나타난 것입니다. 마음이 만들어 냈다는 것을 잊게 된다면 바로 대상에 현혹될 것입니다. 그러므로 그와 같은 대상을 보고서 마음이 만들어 냈다는 것을 잊지 않고 알아차린다면 무명의 업습業習을 다스리는 힘과 의지가 커집니다.

지난날의 삶이 선근을 많이 심지 않았다고 하더라도 '마음 뿐 경계가 없다는 가르침을 마음 깊이 새기고, 그것으로 수행 도중에 만날 수 있는 모든 경계를 다스리게 된다면, 선근도 증장되며 과거의 무명 업식無明業識의 힘도 줄어듭니다.

마장이 수행의 장애가 될 수 있지만 그 단계를 넘어선다면, 욕망이 경계를 만들고 그것에 다시 집착하는 마음가짐도 바뀌게 됩니다. 수행을 방해하는 경계가 사라지게 되어 수행이 힘들지 않게 되겠지요.

오히려 수행의 장애를 극복하면서 모든 것이 마음이 만들어 내고 있는 그림자임을 알 수 있게 되니 마장도 마장이 아닙니다. 마장에 혹하면 마장이 되나, 마장이 마음의 그림자임을 알게 되면 수행의 깊이를 더하는 경험이 됩니다.

수행 가운데 만날 수 있는 경계는 하나 둘이 아닙니다. 그러나 그 모든 것이 인연으로 자성이 없는 공空인 줄 알아야 하고, 마음이 만들어 낸 경계임을 잊어서는 안 됩니다. 마음이 만들어 낸 것인 줄 잊지 않는 것이 정념正念의 '지 수행'입니다.

모두가 인연의 무자성無自性으로 실재하지 않는 허상

어떤 경험일지라도 그것에 집착해서는 안 됩니다. 집착하는 것 자체가 무명업식을 두텁게 합니다. 수행으로 무명업식을 넘어서야 되는데 도리어 수행한다고 하면서 무명업식을 두텁게 하고 있으니 수행이 마장이 되지요. 정말 조심해야 합니다. 특별한 경험이 없으면 없다고 집착하고, 있으면 있다고 집착하는 것이어서는 수행이 마장을 만드는 것과 다르지 않습니다. 그러므로 어떠한 성상이나 다라니나 가르침 등을 보고 들었다고 하더라도 그것이 마음의 그림자에 지나지 않는다고 알아차리는 마음을 놓아서는 안 됩니다.

갖가지 삼매체험이 필요한 것은 삼매체험이 깨달음의 모습이거나 내용이어서가 아닙니다. 일상의 경험이 실재한 것이 아님을 직접적으로 체험하여 일상의 집착을 벗어날 수 있는 근본적인 계기가 되기 때문입니다. 일상의 생생한 현실조차 마음상태의 변화에 따라 실재와 다른 경험으로 다가오듯 삼매체험과 다른 일상은 삼매체험이 허상임을 알게 합니다.

일상에서 보면 삼매가 허상이며, 삼매에서 보면 일상이 허상입니다. 어느 것이 실상이 되는 것이 아니라 모두가 인연의 무자성無自性으로 실재하지 않는 허상입니다. 허상이 실상인 줄 알아야 '일행삼매一行三昧'입니다. 일행삼매는 일상과 삼매 모두가 무자성으로 마음이 짓고 있는 경계에 지나지 않는다고 보는 것이며, 이와 같은 앎으로 집착의 흔적까지를 완전히 제거했을 때가 깨달음입니다.

깨달음이란 삼매체험을 통해서 일상의 집착을 벗어난 마음이며, 삼매조차 집착하지 않는 마음입니다. 어떤 것을 경험했느냐가 중요한 요소가 될 수 있는 것은 그와 같은 체험이 집착을 벗어나는 힘으로 작용할 때입니다.

삼매체험만을 깨달음의 영역이라고 집착한다면 그것은 마장으로 번뇌를 만드는 것입니다. 적멸과 열반을 말하고 체험했다고 해서 그 상태가 깨달음이 되는 것이 아닙니다. 불보살님이 나타나 열반을 보여 주고 설명하는 것을 경험했다고 하더라도 그것이 마장인 줄 모르면 그 순간 수행이 번뇌가 됩니다.

뛰어난 상호를 하고 경계로 나타나 불법을 이야기하거나 외도설을 이야기하더라도, 그 모두를 허구라고 알아차려야 합니다. 외도의 가르침인 무인론〔無因無果論〕 등은 말할 것도 없고, 불법을 이야기했더라도 경계로 나타난 '누가 해 준 이야기로 생각하는 순간, 불법의 무자성이라는 가르침은 감추어지고 수행의 경계로 나타난 '누구'가 실재가 되어, 불법을 등지게 됩니다. 이야기의 내용이 문제가 아니라 나타난 경계가 실상이 되니 깨달음의 장애가 됩니다.

어떤 경우에는 수행자로 하여금 과거를 알게 하는 숙명통이나 미래를 예측하는 천안통 그리고 다른 사람의 마음을 읽을 수 있는 타심통 등의 능력을 갖게 하기도 하고, 걸림 없는 말솜씨를 갖게 하기도 합니다. 마구니의 장난으로, 이와 같은 신통을 갖게 됨으로써 그것을 가지고 세간에서 명예와 이익을 탐하고 집착하게 됩니다.

연기법에서 보면 변화는 있지만 어떻게 변할 것인지를 정확하게 읽을 수 없으며, 과거의 일이라 하더라도 일어났던 대로 아는 것이 아니라 기억된 대로 안다면 숙명통이나 타심통의 신통이 얼마나 허술한 것인지 알 수 있습니다. 기억된 대로의 과거도 있을 수 없으며 예측된 대로의 미래도 없습니다. 인과因果가 없다고 주장하는 가르침도 잘못이지만, 인과가 결정됐다고 주장하는 가르침도 잘못인 이유가 여기에 있습니다.

그런가 하면 수행자로 하여금 금방 성냈다가도 금방 기뻐하게 하기도 하여 성격을 종잡을 수 없게 하기도 하며, 지나칠 정도로 자기를 희생하면서 자애로운 행동을 하게 하기도 하며, 잠을 주체하지 못하게 하기도 하고 이런 저런 병에 시달리게 하기도 하여 수행할 마음이 생기지 않게 하기도 합니다.

혹은 느닷없이 정진한다고 용맹심을 내게 했다가도 얼마 지나지 않아 바로 그만두게 하면서 정진에 대해 의심하고 믿지 않게 하여 이런 저런 생각에 빠지게 하기도 합니다. 또는 이런 저런 잡스런 일에 매진하게 하기도 하며, 명리를 다투는 세상사에 끌리게 하기도 하며, 마음이 하나의 대상에 집중되거나 주객을 넘어서는 삼매체험을 하게 하기도 합니다. 그러나 그것이 모두 마음이 지은 것인 줄 모르니 올바른 삼매일 수 없습니다.

삼매에 들어 하루 내지 일 주일을 보내게 하기도 하고, 하늘이 준다고 알려진 맛과 향이 뛰어난 음식을 얻게 하기도 하며, 몸과 마음이 쾌적하고 배가 고프거나 목이 마르지 않은 것을 경험하여 애착하게 하기도 합니다. 음식을 먹는 데 일정한 양이 없이 어떤 때는 너무 많이 먹다가도 어떤 때는 아주 적게 먹기도 하여 안색이 붉으락푸르락 일정치 않게 하기도 합니다.

이와 같은 일을 당하여 그것에 마음을 빼앗기게 되면 삿된 길을 가고 있는 것입니다. 반드시 지혜로 잘 관찰하여 그와 같은 경계에 현혹돼서는 안 됩니다. 지혜로 관찰한다고 하는 것은 이 모든 경계가 마음에 의해서 만들어진 것이며, 지나온 날들의 업력이 수행이라는 인연 조건을 만나 그와 같은 경계로 나타난 줄 알아차려야 한다는 뜻입니다. 바람직한 경계라고 하더라도 그것에 탐심을 내서는 안 되며, 바람직하지 않은 경계를 만나더라도 성내지 말고, 모든 경계는 마음이 그와 같이 나타난 줄 알아야 합니다.

깨달음이 일상이 되게 하는 것이 수행

모든 경계가 마음 뿐 실재하지 않는다고 알아, 실재한다고 여기는 망념의 근거인 무명업식이 완전히 없어지는 것이 깨달음입니다. 선근의 힘이 약해 바깥 경계에 잠시 현혹됐다고 하더라도 바로 돌이켜 마음이 만든 허상에 지나지 않는다고 알아차리는 것이 지혜 수행입니다. 탐심의 경계에도 성냄의 경계에도 흔들리지 않고, 경계가 마음이 만들어 낸 허상인 줄 알아차려, 삼독심을 다스리고 선근을 증장시켜 깨달음이 일상이 되게 하는 것이 수행입니다.

수행으로 깨닫는 것이 아니라 깨달음을 수행으로 실천하며 완성하는 것입니다. 부처님과 선지식의 가르침을 배운다는 것은 깨달음을 배우고 배운 깨달음을 자신의 삶으로 완성시키는 것입니다. 배운 지혜로 수행에서 만나는 모든 경계가 지혜와 선근을 증장시키고 있는 것인지 아닌지를 분명하게 판단하는 것이 지혜智慧로 관찰觀察하는 것입니다.

정념正念의 지혜를 걸음걸음마다 생각생각마다 챙기고 익혀 어떤 경계를 만나더라도 그것에 대해 집착하지 않는다면 모든 마장과 업장의 장난으로부터 수행을 이루어 낼 것입니다. 수행자가 잊지 말아야 할 것은, 삼매에 대한 경험의 중요성 못지않게, '삼매에 대한 이해'와 일상의 마음 씀에서 '집착하는 마음이 없어져야 한다'는 것입니다.

만일 삼매체험이 수행자가 수행을 통해서 획득한 것으로 해석된다면 잘못된 이해와 집착일 뿐입니다. 나와 나의 소유를 통해서 세계를 해석하고 삼매의 체험을 소유하고 있다는 데서, 경험의 내용은 다를지 몰라도 경험을 통해서 달라진 것은 아무 것도 없습니다.

이것을 어찌 수행이라고 할 수 있겠습니까. 단지 다른 수행자가 경험하지 못한 것을 경험으로 소유하고 있다는 정도의 차이는 있을 수 있으며, 그것을 소유함으로 수행자로서 명예를 얻었다고 할지는 모르지만, 자신이 경험하지 못한 경험과 비교할 때 다시 초라해진 수행자로 남을 수밖에 없겠지요. 수행 경험을 소유하는 나와 얻어진 결과로 자신을 세우는 마음이 하나라도 있다면 불교 수행자일 수 없습니다.

그 모든 경험들은 중첩된 인연의 '나' 곧 '무아'일 수밖에 없는 '나'의 새로운 경험이면서 인연의 한 폭을 드러내는 것이므로 오히려 동일한 연속체로서 나와 나의 소유가 무엇인가를 묻게 하는 데로 나아가야 합니다. 나라고 여기는 '나'는 언어로 표상되는 '나'가 아니라, 인연의 중첩된 만남이 '나'라는 현실로 드러난 것인 줄 알아야 합니다.

일상의 견해를 넘어선 곳에 삼매의 견해가 있지만, 삼매가 일상을 넘어서고 일상이 삼매를 넘어서는 데서, 일상도 삼매도 실체를 갖지 않는다는 것을 봐야 됩니다.

모든 견해로부터 자유로운 것은 어떤 인연에도 호기심을 가지며 기쁘고 고요하고 편안할 수 있는 삶을 말하겠지요. 나의 견해에 대한 집착이 없으니, 나와 나의 것에 대한 애착이 없는 삶입니다. 수행으로 경험한 삼매가 아견我見과 아애我愛 그리고 아만심我慢心을 만들지 않을 때만이 인연의 중첩된 무아無我의 공성空性이 드러나고 인연의 장들이 '나'의 삶이 됩니다.

번뇌가 엷어지는 알아차림

바른 삼매란 어떠한 견해에도 얽매이지 않는 것이며, 체험된 선정삼매禪定三昧를 전리품처럼 소유하지 않는 것입니다. 어디에도 매임 없는 마음 씀으로 얻을 '것'도 없고 얻는 '나'도 없다는 것〔無得〕을 사무치게 알아차리는 마음이 일상에서나 삼매에서나 한결같아야 합니다. 마음이 만들어 놓은 이미지에 매여 있지 않는다면 일상도 삼매도 모두 진여삼매眞如三昧가 됩니다.

삼매란 몸과 마음이 특별한 상태를 보거나 얻는 경험을 말하는 것이 아닙니다. 마음 밖을 향한 집착과 그와 상대한 나의 존재의식으로 만들어진 번뇌가 엷어지는 알아차림입니다.

경계가 나타내는 차이들이 중첩된 '나'의 마음이며 연기緣起임을 알아차려야, 대상에도 흔들리지 않고, 대상과 다른 존재로서 '나'라는 의식도 약해집니다. 차이가 주체적 차이가 아니고 연기적 차이이면서, 그 차이조차 나를 이루는 인연의 다른 모습임을 보게 될 때, '나' 없는 자리에 인연으로 '나'가 된 일체가 자리하고 있음을 알게 됩니다. 근본적으로 '나'와 '나의 것'이 있을 수 없음을 학습하고 경험한 것이지요.

단지 수행 경험의 힘이 나와 나의 것을 만들던 업식의 힘에 비해 약하기 때문에 번뇌가 차근차근 소멸해 간다고 할 수 있습니다. 때문에 불교 수행자는 수행에 앞서서 '나'와 '나의 것'이 있을 수 없다는 것을 깊이 이해하여야 합니다. 이것이 해오解悟에 지나지 않는다고 할지라도 수행 경험으로 드러나는 증오證悟와 다를 것이 없는 지혜입니다.

해오解悟와 증오證悟가 지혜인 데서 다를 것이 없지만 삶의 실천에서 번뇌를 얼마나 다스렸는가에 따른 차이는 있습니다. 모든 번뇌가 다 사라졌다는 데서 증오證悟가 해오와는 비교할 수 없는 힘이 있기 때문입니다. 그렇지만 증오는 반드시 해오를 마음의 수행 요소로 담고 있을 때 실현될 수 있음을 잊어서는 안 됩니다.

바른 삼매란 불교라는 집단 내의 수행이 아닙니다. 아견과 아애가 사라지고 명예와 이익 등을 탐하지 않는 살림살이로, 함께 살아가는 이웃들을 중첩된 인연의 자기라고 볼 수 있는 힘과 다른 개체이면서도 하나 된 생명처럼 사는 동체대비同体大悲의 실천에 있습니다.

불교란 승단에 소속된 부처님의 가르침이라는 뜻이 아니라 무아

無我 연기緣起에 대한 이해인 '해오'와 이를 체득한 '증오', 그리고 '자비의 실천'으로 인연의 삶을 함께 살아가는 데 있습니다. 부처님의 가르침이 실천되고 있느냐 없느냐의 차이에 의해서 내도內道〔불교〕와 외도外道가 갈린다고 하겠습니다.

60장. 진여삼매의 열 가지 이익

81 진여삼매의 수행에 온 마음을 기울여 부지런히 정진하면 현세에 열 가지 이익을 얻는다.

復次 精勤專心修學此三昧者 現世當得十種利益 云何爲十

첫째, 항상 모든 부처님과 보살님들의 보호를 받는다.

一者常爲十方諸佛菩薩之所護念

둘째, 모든 마구니와 귀신들에 의해서 공포스런 일을 당하지 않는다.

二者不爲諸魔惡鬼所能恐怖

셋째, 아흔 다섯 가지 외도의 가르침에 의해서 미혹되거나 혼란스럽게 되지 않는다.

三者不爲九十五種外道鬼神之所惑亂

넷째, 진여삼매의 심오한 법을 비방하지 않게 되고 무거운 허물이 점차 가벼워진다.

四者遠離誹謗甚深之法 重罪業障漸漸微薄

다섯째, 모든 의심과 잘못된 마음 살핌이 없어진다.

五者滅一切疑諸惡覺觀

여섯째, 여래의 경계에 대한 믿음이 증장된다.

六者於如來境界 信得增長

일곱째, 근심과 걱정이 없어지고 생사 가운데서 용맹정진하며 생사에 대해서 겁내지 않는다.

七者遠離憂悔 於生死中 勇猛不怯

여덟째, 마음이 부드럽고 평온하며 교만심을 버리게 되어 다른 사람에 의해서 번민하게 되는 일이 생기지 않는다.

八者其心柔和 捨於憍慢 不爲他人所惱

아홉째, 비록 선정을 얻지 못할지라도 언제 어떤 경계에서나 번뇌를 떨치고 세간의 즐거움을 취하지 않는다.

九者雖未得定 於一切時一切境界處 則能減損煩惱 不樂世間

열째, 삼매를 얻은 경우에는 바깥에서 일어나는 소리에 의해서 놀라거나 들뜨지 않게 된다.

十者若得三昧 不爲外緣一切音聲之所驚動

부처님의 꽃이 된 우리들의 인연이 만든 삶

세상의 명예와 이익 앞에 평안해지고 마음 가득 '비움'으로 채워지는 것이 수행의 길일지니 수행으로 얻는 이익이란 이익이라고 할 수 없습니다. 일행삼매一行三昧를 오롯한 마음으로 걸음걸음 담아내고, 담아 낸 '나'라는 모습에서 피어나는 부처님의 꽃이 삶의 모든 모습으로 살아나는 것이 이익이라면 이익利益입니다. 뭇 생명을 다 담아 피어나는 중첩된 부처님의 꽃이 된 우리들의 인연이 만든 삶에서.

'어떤 것'의 삶이 아니라 '있는 그대로'의 삶이 부처님의 빛이 되고, 생명의 느낌으로 소통되는 인연마다 소리 없는 법문으로 다가올 때, 피어나는 부처님의 꽃이 주는 향기가 수행으로 얻는 이익이겠지요. 내 안에 들어 있는 중첩된 '나'들의 인연이 뭇 생명의 모습 속에 살아나는 것을 볼 때, 하나의 모습만이 부처의 모습이 아니고 하나의 말씀만이 깨달음의 법문이 아닌, 낱낱 모습 그대로 부처님의 모습이 되고 하는 말마다 인연의 소통을 여는 생명의 말씀으로 법문이 되는 것이 수행으로 느껴 아는 이익입니다.

그러므로 수행修行이란 '나 속에 들어 있는 이웃들을 보는 눈을 뜨는 것이고, 이웃이 나의 생명과 하나 된 인연임을 보는 그리움 속에 나를 담아내는 것이 아닐까 합니다.

만남마다 이익이 되다

수행으로 열 가지 이익을 얻는다고 했으나 어찌 수행의 이익을 열 가지로 한정할 수 있겠습니까. 비움으로 채워진 마음의 넉넉함이 인연마다를 이익 되게 할지니 만남마다 이익이 된다고 하여야 할 것입니다. 그래도 열 가지로 나누어 이야기하고 있으니 그 하나하나를 살펴보기로 하겠습니다.

첫 번째는 항상 시방에 계신 부처님과 보살님들에 의해서 보호받는 것입니다. 열린 삶들의 관계를 습관으로 만들어 가는 수행자는 특정한 부처님과 보살님의 보호를 받는 것이 아니라 삶 그 자체가 부처님과 보살님의 보호를 받는 것과 같습니다. 열린 마음이 부처님과 보살님의 마음이며 실천이기 때문입니다.

만나는 인연마다 불보살님의 인연이 되면서 '나'안에 중첩된 불보살님을 불러내는 것과도 같습니다. 안과 밖이 부처님 마음으로 통하면서 온갖 인연을 짓는 것이지요. 인연의 소통으로 걸림 없는 수행이 익어가는 것입니다. 마음 하나 열리면 온갖 인연들이 부처님과 보살님이 되고, 부처님과 보살님이 된 인연이 걸림 없는 세계를 이루어 간다고 하겠습니다.

그렇다 보니 두 번째 이익인 마귀와 귀신 따위에 의해서 두렵게 될 일이 없습니다. 나타난 인연이 마음이 만드는 것인 줄을 아니 마귀와 귀신이 보이는 대로 있는 것이 아닌 줄 알 뿐만 아니라, 마귀와 귀신과 같은 인연의 만남에서조차 열린 마음으로 함께 보듬어 안는 마음가짐이 귀신조차 함께 사는 인연으로 받아들이니 무서울 것이 없겠지요.

더구나 무아無我와 무상無常에 투철한 사유란 '가진 것이 없는 마음'인 일행삼매의 앎이니, 진여삼매眞如三昧를 전심으로 수행하고 있는 수행자에게는 두려움이 설 자리가 없습니다. 마구니와 귀신의 장난이 있을 수 없습니다. 세상의 명예와 이익을 탐하지 않는 것이 수행자가 가진 첫 번째 마음가짐이므로 귀신이 속일 수 있는 근거가 없기 때문입니다.

세 번째는 온갖 외도의 가르침에 현혹되지 않는 것입니다. 부처님의 가르침을 내도內道라고 하고, 그 이외의 가르침을 외도外道라고 합니다. 내도에서는 마음이 모든 인연을 다 드러내고 있으면서 하나의 마음이 되어 우리들의 삶과 앎이 이루어지고 있는 것을 사무치게 알아, 마음의 집착을 내려놓고 온갖 인연의 소통을 이루어야 한다고 이야기합니다. 특별한 상태의 경험만이 깨달음이 아니라 모든 인연들이 깨달음이 되니 밖으로 집착할 대상을 하나라도 갖지 않는 것이며, 마음조차 마음이라고 할 어떤 것이 인연 밖에 있지 않다는 것을 알아야 합니다.

마음에도 속지 않고 대상에도 속지 않는 것이 내도內道인 부처님의 가르침입니다. 뭇 생명 모두가 그대로 부처님의 인연을 이루는 근거가 되니, 이 마음과 이 세상 밖에 다른 부처님의 세계가 있을 수 없지요. 그러므로 마음 밖에서 무엇을 구하거나 특별한 마음 상태만이 귀한 마음이라고 여기는 것이 외도外道가 됩니다. 특별한 모습과 앎과 실천에 집착하는 마음에 지나지 않지요.

그러므로 마음의 다름다름들이 뭇 생명의 생명이면서 법계의 부처님으로 법신이 되어 평등한 인연에서 다름으로 있다는 것을 아는 내도의 가르침이 분명할진대 외도에 속을 일이 없습니다.

무거운 업장業障이 녹아나다

네 번째 이익은 마음에 담겨 있는 온갖 인연에서 보면 마음 하나가 하나의 마음이 아니라 깊고 깊은 마음이며 넓고 넓은 마음이 되니, 깊고 깊은 부처님의 가르침을 비방하지 않게 되는 것이며, 인연의 삶들을 소중히 여기고 마음 하나에 들어 있는 온갖 인연에 감사하는 생명의지만으로도 무거운 업장業障이 녹아나는 것입니다.

생명을 함께 이루는 깊고 넓은 인연의 소통은 무엇 하나라도 비방

할 대상일 수 없으며, 비방이 도리어 자신의 삶을 아픔으로 치닫게 하는 것을 사무치게 아는 것입니다. 수행이 익어진다는 것은 단지 인연을 알아차리는 것만이 아니라, 인연의 소통을 막히게 한 비방 등의 허물이 녹아나서 스스로의 아픔도 껴안아 녹이고, 사회의 아픔도 보듬어 함께 생명의 깊고 넓은 세계를 열어 가는 것입니다.

막힌 인연을 연다는 데서는 새로운 일이지만, 인연의 본 모습이 넓고 깊게 열려 있는 데서 보면 제 모습을 찾는다고 하겠습니다. 제 모습을 찾는 것이 업장業障을 녹이는 것입니다.

그렇기에 다섯 번째의 이익을 말하면서 의심이 없어지고 잘못된 분별이 사라진다고 하였겠지요. 의심이란 부처님의 가르침인 연기법을 믿지 않는 것입니다. 연기법이란 우리네 삶이 이루어지고 있는 바탕입니다. 조금만 깊고 넓게 생각한다면 연기법에 대해 의심할 이유가 없습니다. 단지 살아온 날들이 '나'와 '나의 것'을 이루고, 이루어진 '나'와 '나의 것'만으로 살려는 업식業識에 의해서 다른 삶의 모습을 볼 수가 없었다고 해야겠지요.

이미 분명한 앎으로 자리잡고 사회적 동의까지 얻은 '나'와 '나의 것'을 이루려는 업식의 앎과 실천이 두껍기 때문에, 업식의 앎을 거슬러서 새로운 '세상보기'를 한다는 것이 쉽지 않습니다. 인연들의 소통을 위한 앎과 실천으로 작용하지 않는 집착된 업식의 앎에 의해 경쟁과 비교가 끊이지 않기 때문에 연기적 이해에 대한 의심을 할 수밖에 없기도 합니다.

생명의 나눔에서 일어나는 연기緣起란 너무나 당연한 것으로 새삼스럽게 다시 알아차려야 할 이유도 없으며, 중요한 것은 경쟁과 비교와 다툼에서 살아남아야 한다는 것이었기에, 연기적 이해란 현재의 사회에서 보면 살아남기 어려운 인식기반일 수밖에 없을지도 모릅니다.

삶에 대한 깊이 있는 사유 분별을 바탕으로 한 진여삼매眞如三昧와 일행삼매一行三昧의 수행이 의심과 경쟁과 다툼을 불러일으키는 잘못된 분별을 제거할 수 있는 힘이 됩니다. 본래 결핍된 존재가 아닌 줄 체험할 때 마음 깊숙이 남아 있는 이웃과의 비교와 경쟁의식에서 벗어나게 되고 사회적 연대가 형성됩니다.

이웃이 생명을 함께 이루기에 경쟁 상대로서 이웃일 수 없으며, 경쟁 상대를 갖는 한 결코 충족될 수 없는 결핍이 자신의 삶을 힘들게 할 것임을 체험으로 알게 된 것이지요.

수행修行은 무엇을 얻는 것이 아니라 인연의 소통에서 하나 된 생명이므로 결핍된 것이 있을 수 없다는 것을 자각하는 것이며, 그와 같은 사유를 삶의 습관으로 만드는 것입니다. 치밀한 학습과 비판적인 사유를 통해 흔들리지 않는 수행을 하면서, 경쟁과 비교하는 마음에 의한 결핍된 것 같은 자신을 내려놓고, 생명 그 자체가 인연에서 만족돼 있다는 것을 생각생각에 잊지 않는 것이지요. 스스로에 대한 의심과 결핍이 소멸되어 아름답고 밝으며 공空한 삶을 살아가는 것이 수행의 이익입니다.

깊이 있는 통찰로 여러 층위의 '나'를 보다

다음은 여섯 번째의 이익입니다. 밝고 아름다우며 고요한 가운데 깊이 있는 통찰로 여러 층위의 '나'를 보게 됩니다. 안팎으로 넓혀진 나를 보게 되면서 유일한 '나'가 사라져 가는 경험을 하는 것이지요. 이것이 여래에 대한 경험일 것입니다. 삼매는 생각을 뛰어넘는 경험이며, 마음의 영상으로 그릴 수 없으므로 독특한 '나'에 대한 경험이라고 할 수 있기 때문입니다.

생각 하나하나가 '나'이며 마음의 그림자라고 할 수도 있고, 생각으로 이야기할 수 없고 마음으로 그릴 수 없는 것도 '나'라고 할 수 있습니다. 나로 그릴 수 있는 '나'도 있고, 나로 그릴 수 없는 '나'도 있는 것이 '나'라고 하는 하나의 이미지 속에 함축돼 있습니다.

그러면서 그 모두를 담고 있는 '나'가 따로 있는 것이 아니라 만나는 인연마다 그것으로 온전한 '나'가 되니, 모든 다름이 '나'라는 이름으로 하나가 되면서도 다름일 수밖에 없는 미묘한 '나'가 됩니다. 그러므로 '나'라는 하나의 이름이 생각과 생각 너머까지를 아우르는 것입니다. 또한 인연의 장이 뭇 생명의 장이므로 '나'의 층위가 무한한 만큼 인연의 층위도 무한하다고 할 수 있겠지요.

아울러 생명들은 생명을 갖는 어떤 생명체만으로 한정할 수 없습니다. 생명과 무생명을 뛰어넘는 생명이 되니, 나와 나 넘기 그리고 생명과 생명 넘기가 모두 하나의 생명이면서 다른 생명들의 중첩이라고 해야 합니다. 나이면서 나를 넘어서고 나를 넘어선 것이 나가

415

되므로, '나'라는 것도 '나 없음'이라는 것도 무상이라는 데서 자성 없는 공성일 수밖에 없겠지요.

그러므로 여래의 경계를 경험한다는 것은 다양한 층위의 '나'를 경험하면서 하나의 '나'에 매몰되지 않는 '나'를 경험하는 것입니다. 동시에 생명과 무생명을 뛰어넘는 무無의 장場을 경험한 것이라고 하겠습니다. 생명이 '있음[有]' 같지만 그것은 무상이니 '없음[無]'이 되고, 무생명의 세계는 생명이 '없음[無]' 같지만 그 또한 무상이라 생명이 되어 '있음[有]'으로 드러나지요.

있음과 없음의 경계 넘기가 다양한 층위의 '나'도 되고, 생명도 되고, '나 없음'도 되고, '생명 없음'도 되며, 무無의 체험도 됩니다. 그러니 어느 것 하나만이 여래의 체험일 수 없지만 다양한 체험이 없다면 인연의 층위를 경험하지 못하므로 여래를 경험하지 못했다고 하겠습니다. 또한 인연의 다양한 층위를 경험했지만 무無의 장場을 보지 못했다면 '나'를 본 것이라고 할 수 없습니다.

그런 뜻에서 여섯 번째의 이익인 여래의 경계를 보게 되고 신심이 증장된다고 하는 것은 나와 이웃들이 함께 이루고 있는 다양한 층위의 나를 보면서 확대된 인연의 '나'를 경험하는 것이며, 한 곳에 머물러 있던 집착된 '나'가 사라진 자리에 모두를 아우르는 깊고 넓은 고요가 무無의 영역처럼 경험되는 것이라고 하겠습니다.

여래의 경계를 경험했다는 것은 이미 이루어져 있는 스스로의 여래를 드러내는 것입니다. 부처님이 되어 있는 다양한 층위의 '나'와 무화無化된 '나'를 여래로서 보는 눈과 믿음이 증장된 것이지요.

일곱 번째는 근심과 후회를 떠나고, 생사 가운데서 생사를 떠나 있는 나를 보고 중생의 업식을 소멸시키므로 스스로 여래인 것에 대하여 겁내지 않게 되는 이익입니다.

일행삼매의 수행으로 만족하지 못한 마음이 잘못된 비교와 경쟁과 다툼에 의해서 이루어진 허상인 줄 알게 됐습니다. 만족하지 못한 욕망에 의해서 여래에서 여래를 등지는 것인 줄 안 것입니다. 허상인 욕망을 바로 이해하고 보면 삶과 죽음이 불만족한 삶과 죽음이 아니라 여래의 표현임을 알게 됩니다. 삶과 죽음 그대로가 여래인 것을 받아들이는 것에 대해 겁낼 이유가 없으며, 생사에 대한 두려움도 있을 수 없습니다. 결핍된 허구의 나를 넘어서 만족한 여래의 삶을 살게 되는 것이지요.

관계에서 조화로운 삶

여덟 번째는 마음이 부드럽게 되고 관계에서 조화로운 삶을 열어 교만하지 않을 뿐만 아니라 스스로 다른 사람에 의해서 괴롭게 되지 않는 삶을 살아가는 이익입니다. 부처님의 지혜가 완성된 수행자의 마음을 '원함이 없는 마음〔無願〕' '머물지 않는 마음' 곧 '얽매이지 않는 마음〔無住心〕' '얻음이 없는 마음〔無得〕'이라고도 합니다. 무엇을 가지고 자신과 다른 이를 재단하지 않는 마음이며, 재단하는 마음을 갖지 않는 마음이지요. 인연의 만남에서 어떤 것을 의도하고 그 인연을 그렇게 되도록 하는 것이 아닙니다.

머물지 않고 얻지 않는 마음이 인연의 조화에 어울리는 마음이면서 인연을 온통 다 드러내는 마음입니다. 무엇으로 인연이 된 듯하지만 인연의 장은 언제나 다시 무엇들을 변하게 하는 힘으로 하나의 인연을 넘어서므로 인연으로 그렇게 흐릅니다.

인연에 깨어 있는 마음은 조화로운 마음이며 교만할 수 없는 마음입니다. 인연을 비켜서 있는 듯한 '나'를 세울 때는 조화롭지 못하고 교만한 마음을 가질 수 있겠지만 허망한 삶일 뿐이지요. 어찌 인연을 벗어날 수 있으며 인연에 교만할 수 있겠습니까. 교만심이 있는 한 인연을 알 수 없고, 인연을 알지 못하는 한 '나'를 알지 못하지요.

무엇으로 교만할 수 있는 나를 '나'로 착각하는 것일 뿐, 언제나 인연으로 드러나 층위를 넘나들며 어떤 층위에도 머물지 않는 '나', 무화無化의 인연으로 층위를 갖지 않는 '나'는 교만한 마음으로 잡히지 않는 '나'이며, 엿볼 수조차 없는 '나'입니다.

'나'이면서 '나'일 수 없는 데서 조화로운 인연이 있고, 조화로운 인연의 삶에는 교만심이 들어설 틈이 없으며, 열린 생명 관계가 '나'인 줄 아는 마음은 인연들을 고마워하는 마음으로 '나'를 드러내니, 나와 다른 이를 힘들게 하지 않지요.

수행으로 나와 남을 넘어서는 데서 나와 남이 함께 여래의 삶을 이루어, 부드럽고 조화로우며 기뻐하는 삶을 살아가게 되므로 이익이 된다고 하는 것입니다.

세간의 욕망으로부터 자유롭다

아홉 번째의 이익은 선정삼매禪定三昧를 얻지 못할 때에도 모든 경계에 대한 집착심이 있을 수 없어 경계가 번뇌를 일으키지 않게 되고, 마음 밖의 경계에 집착하여 즐거움을 얻으려는 세간의 욕망으로부터 자유로운 것입니다.

진여삼매眞如三昧의 삼매란 일상을 넘어선 특별한 마음 상태에 머물러 있는 것만으로 삼매를 삼는 것이 아닙니다. 늘 말씀드렸듯이 진여삼매에 대한 수행은 경계의 허망성에 대한 깊이 있는 이해와 마음이 경계를 따라 미혹하지도 않지만 마음조차 특별한 것으로 자성自性을 갖지 않는다는 것을 이해하는 데서 출발하기 때문입니다. 어떤 경계를 경험하는 것이 목표가 아니라 모든 경계와 경계를 알아차리는 마음조차 무상無常과 무아無我임을 철저히 알고 출발하는 것입니다.

마음이 경계를 만들고 경계가 마음을 깨우면서 관계의 다양성이 무상으로 읽혀지는 경험이, 진여眞如에 대한 이해를 실증하는 것이며 깨달음의 습관이 익어가는 것입니다. 인연의 무자성無自性을 읽고 이해하며 실천하는 마음이 삼매일 뿐입니다.

특별한 것을 얻지 않아도, 일상을 새롭게 읽는 눈과 빛나고 고요한 지혜로 들뜨지 않는 기쁨을 얻는 것이 진여삼매眞如三昧와 일행삼매의 이익입니다.

열 번째는 밖에서 일어나는 어떤 소란에도 마음이 평안하여 놀라 허둥대지 않는 이익입니다. 처음에는 고요한 환경이 마음의 고요를 가져다주는 외연外緣의 역할을 하지만, 마침내는 '마음 쉼'에 의해서 모든 경계가 고요함으로 드러나야 하지요.

이때의 마음가짐 가운데 하나는 '원하지 않는 마음'입니다. 경계가 고요하기를 원하면서 고요한 곳에서 수행을 하면 처음에는 도움이 되지만, 고요함을 원하는 마음은 고요함에 집착하는 마음을 낳기도 하며, 고요하지 않는 환경과 경계에 대해 분노하기도 합니다. 고요한 경계를 원하는 마음이 경계를 탓하는 마음으로 바뀌었지요. 이래서는 수행이 아니지요.

일상을 넘어선 고요한 경계조차 수행의 목표가 아닐진대 고요한 경계가 수행의 목적이 돼서는 곤란합니다. 고요한 환경에서 수행한다고 할지라도 그 환경을 탐하는 마음이 생겨서는 수행한다고 하면서도 번뇌를 만드는 꼴이 되고 맙니다. 그래서 '원하는 마음'이 없어져야 합니다.

인연因緣의 마음은 원하는 마음이 아닙니다. 원하는 것이 이루어지는 것도 인연의 마음이며, 원하는 것이 이루어지지 않는 것도 인연의 마음입니다. 원하던 경계든 원하지 않던 경계든 그것의 무상성을 읽고, 마음이 쉬어야 걸음마다 삼매가 되는 일행삼매一行三昧가 익어가는 수행이라고 할 수 있습니다.

진여삼매眞如三昧는 마음의 흐름이 인연의 드러남임을 잘 알고, 인연의 무상을 고요하게 지켜보는 마음을 놓치지 않는 것입니다. 이 마음으로 일행삼매가 익어가면 경계에 의해 마음이 흔들리지 않겠지요. 언제 어디서나 조화롭고 고요하며 밝게 빛나는 마음인 일행삼매로 사는 것이 이익이 되는 것입니다.

61장. 자비심을 기르는 관수행觀修行

82 지止수행만을 한다면 마음이 침울해지거나 게을러지고 좋은 일을 하지 않게 되어 대비심이 일어나지 않을 수 있다. 그러므로 관觀수행을 해야 된다.

復次 若人唯修於止 卽心沈沒 或起懈怠 不樂衆善 遠離大悲 是故 修觀

관觀수행은 어떻게 하는 것인가? 세간에서 일어나는 모든 인연법을 보면 잠시도 머물지 않고 잠깐 사이에 변하여 없어지며 모든 마음작용 또한 쉬지 않고 일어나고 사라지기 때문에 만족스럽지 않다고 관상觀想하는 것이다.

修習觀者 當觀一切世間有爲之法 無得久停 須臾變壞 一切心行 念念生滅 以是故苦

또한 과거의 기억들도 어렴풋한 것이 꿈과 같고 현재의 모든 생각들도 번개와 같고 미래의 모든 생각 역시 구름이 홀연히 일어나는 것과 같다고 관상하는 것이다. 나아가 세간의 육신은 깨끗하지 못한 번뇌의 오염 덩어리로 하나도 좋아할 것이 없다고 관상해야 한다.

應觀過去所念諸法 恍惚如夢 應觀現在所念諸法 猶如電光 應觀未來所念諸法 猶如於雲 忽爾而起 應觀世間一切有身 悉皆不淨 種種穢汙 無一可樂

그리고 모든 중생들이 원래부터 인연의 진여공성을 자각하지 못한 무명의 훈습 때문에 마음이 번뇌에 들떠 생멸하게 되면서 몸과 마음으로 큰 고통을 받았으며, 지금도 무량한 핍박을 받고 있고, 미래에 받을 고통도 한이 없어 참으로 고통으로부터 벗어나기 어려운데도, 그것을 제대로 알지 못하고 있는 상황에 대해 참으로 안타까운 마음을 내야 한다.

如是當念 一切眾生 從無始世來 皆因無明所熏習故 令心生滅 已受一切身心大苦 現在卽有無量逼迫 未來所苦亦無分齊 難捨難離 而不覺知 眾生如是 甚爲可愍

이 마음을 굳건히 하여 용맹정진하고 큰 서원誓願을 세워야 한다. 스스로의 마음에서 모든 분별심이 사라지고 언제 어느 곳에서든지 온갖 착한 일을 닦되 금생에 한하지 않고 미래 세상에서도 닦기를 원하며, 한없는 방편으로 고통 받고 있는 모든 중생들을 고통에서 벗어나게 하여 열반의 으뜸가는 즐거움을 얻게 해 주겠다는 원願을 세우는 것이다.

作此思惟 卽應勇猛立大誓願 願令我心離分別故 遍於十方 修行一切諸善功德 盡其未來 以無量方便 救拔一切苦惱衆生 令得涅槃第一義樂

이와 같은 소원을 가졌기에 언제 어느 곳에서든지 착한 일을 자신의 힘 따라 실천하고 수행을 멈추지 않으며 게으른 마음을 먹지 않는다.

以起如是願故 於一切時一切處 所有衆善 隨己堪能 不捨修學 心無懈怠

좌선 수행할 때는 오직 지止수행에만 전념하고, 그 밖의 다른 시간에는 해야 할 일과 하지 않아야 할 일을 잘 관찰하여 관觀수행을 닦아야 한다.

唯除坐時專念於止 若餘一切 悉當觀察應作不應作

마음이라는 이미지조차 벗어나야

　마음이란 있는 것도 아니며 없는 것도 아닙니다. 마음은 주관이라고 할 수 있는 것도 아니며 객관을 반영하기만 하는 거울도 아닙니다. 무상한 관계의 변화가 앎으로 나타날 때 마음처럼 그렇게 있습니다. 객관도 마음 밖에 객관만으로 실재한다고 할 수 없습니다. 마음으로 나타난 변화에 대한 앎이 없다고 한다면 주관이니 객관이니 하는 말조차 무슨 뜻이 있겠습니까.

　그런 뜻에서 마음으로 발현하는 앎이 인연의 총상이 되며 마음 하나가 창조된 세계의 모든 것이 됩니다. 세계가 마음 밖에 따로 있고 그것을 마음이 아는 것이 아닙니다. 무상한 인연을 아는 것이 바로 현재를 다 아는 것이며 창조라고 할 수 있지요.

　그래서 '무상하다'는 사실은 이해하는 것이 아니라 무상無常한 인연을 사는 것이어야 합니다. 무상이라는 언어 이미지를 갖는 이해가 깨달음이 아니라, 걸림 없는 무상한 인연처럼 어느 것에도 얽매이지 않는 자유가 깨달음입니다. 깨달음과 실천이 하나 된 증오證悟가 어려운 이유입니다.

　이미 갖고 있는 언어 이미지를 재현하면서 안다고 하는데, 이미지만으로는 변화를 담아내기가 어렵습니다. 이미지만의 앎은 공간을 점유하고 있는 순간의 형상에 머물러 있는 것이거나, 시간의 흐름을 읽는 변화라고 하여도 변화라는 이미지에만 머물러 있기 때문입니다. 변하면서도 정체성을 갖고, 정체성을 가지면서도 변하는 인연의 무상은 재현된 이미지만으로 알 수 없습니다. 마음이라는 이미지조차 벗어나야 합니다.

'오직 아는 것이며 마음뿐[唯識, 唯心]'이라는 뜻은 이미지를 재현하고 재구성하는 기억의 재생산만을 뜻하는 것이 아닙니다. 이미지에 집착하는 마음은 재구성된 마음으로 허망한 마음이며 생멸하는 마음입니다. 무상한 인연이 마음 하나로 드러나는 마음은 이미지를 만들되 이미지에 머물지 않는 마음으로 진여의 마음입니다.

자비가 곧 수행의 완성

그러므로 '지止수행'에서 '오직 마음뿐이요, 경계가 없다'라고 알아차리는 것이 단지 그와 같은 생각 속에 머문다는 뜻이 되어서는 안 됩니다. 끊임없이 변하는 무상한 일상의 마음이 인연을 다 드러내는 것으로 그것 밖에 다른 마음이나 세계가 없다고 알아차려야 합니다. 인식과 상관없이 대상이 있다는 생각이 망념이므로, 지수행은 망념의 갇힌 생각을 떨쳐버리고 하나의 생각 속에도 머물지 않는 인연의 알아차림, 곧 현재에 온전히 깨어 있는 마음입니다.

'마음뿐이다'라는 생각을 주제로 하여 망념을 넘어서는 습관을 익히는 것이며, 경계만을 마음이 만드는 것이 아니고 마음조차 마음이 만들어 마음처럼 있는 줄 잊지 않는 것입니다. 경계에도 흔들리지 않고 마음에도 머물지 않습니다. 그렇다고 지나친 의욕은 몸과 마음에 힘이 들어가 지치거나 잠에 빠지게 되므로 몸과 마음에 있는 힘을 모두 빼고, 흐름에 깨어 있는 상태에서 '모든 것이 마음이다'라는 주제를 잊지 않고 가볍게 떠올리는 상태가 되어야 합니다.

그렇다고 하더라도 수행을 해야 하는 당위성에 대한 뚜렷한 이해가 없고 수행에서 재미가 생기지 않는다면, 잠을 자거나 이런 저런 생각을 하면서 시간을 보내고 말 것입니다. 이것은 수행을 게을리하는 것만이 아니라 창조적인 현재를 살지 못한 무기력한 일상이 되어 함께 어울린 삶조차 창조적으로 만들지 못합니다. 기쁜 마음으로 인연을 창조하는 빈 마음을 나누지 못하는 것이지요.

그럴 때는 자비심을 기르는 '관수행觀修行'을 해야 합니다. 자비심이란 수행의 결과에 의해서 얻어지는 마음이 아닙니다. 자비가 곧 수행의 완성입니다. 자비 수행은 포근하게 자신과 이웃을 감싸안은 마음입니다. 나의 견해나 나의 사랑으로 이웃을 장식하는 빛이 아니라 제 빛으로 빛나게 하는 포근한 감싸안음입니다. 이웃들의 다름을 기꺼이 품어주는 너그러움입니다. 상대를 제도한다거나 구원하는 일이 아닙니다. 내가 가진 견해에 비친 너가 되도록 하지 않는 것입니다. 모든 다름들이 나와 너의 만남에서 '나'가 되고 '너'가 되지만, 너가 나가 돼서도 안 되며 될 수도 없지요.

평등이란 부처님의 다른 이름입니다. 같은 것으로 평등이 아니라 나의 몫으로 온 삶이 되고 너의 몫으로 온 삶이 되어 서로가 서로에게 부서진 조각이 되지 않는 법계일상의 평등입니다. 나무도 나무를 버리지 않고 나무로서 법계일상을 살고, 새도 새를 버리지 않고 법계일상이 되어 온 삶으로 소통되는 것에서 평등이라는 뜻입니다.

그러므로 자비慈悲는 높은 데 있는 누군가가 낮은 데 있는 누구에게, 또는 많이 갖고 있는 누군가가 그렇지 않은 누구에게 베푸는 것일 수 없습니다. 나와 나의 것을 나누는 것이 아니라 나누는 일이 생명의 온전한 표현으로 인연이면서 머물지 않는 생명 본연의 흐름입니다. 생명은 생명이라고 하는 무엇이 흐르는 역사가 아닙니다. 매순간 헤아릴 수 없는 많은 인연들이 만나 잠시도 머물지 않는 무상한 변화가 생명의 활동이므로, 자비의 나눔이 생명 본연의 인연을 현재의 삶에서 나타내는 활동이 됩니다.

그렇기 때문에 관觀을 수행할 때 모든 유위법有爲法, 곧 마음과 몸 그리고 모든 경계들이 꿈과 같고 구름과 같이 무상한 줄 살펴 알아야 합니다. 유위법에 집착하는 것은 쓸데없이 괴로움을 만드는 것이며, 집착은 인연의 흐름을 가로막아 몸과 마음을 오염시킬 뿐입니다. 하나도 즐거운 것이 없습니다. 무상을 보고 집착된 '나'가 없어진 자리에 자비심이 자란다고 하겠습니다.

무상한 인연 속에 살고 있으면서 받지 않아도 될 아픔을 겪고 있는 뭇 생명들에 대한 연민심으로 자비 수행을 하는 것입니다. 힘닿는 데까지 뭇 생명의 아픔을 껴안고 치유하고자 하는 마음입니다. 이 마음으로 잠과 망상과 게으름을 다스릴 수 있습니다.

뭇 생명의 아픔을 힘닿는 데까지 껴안겠다는 각오가 이익과 명예 등에 흔들리지 않는 자기 성찰의 완성을 이루고 대승 보살의 자비행을 실천하게 합니다. 생명에 대한 깊이 있는 통찰〔智慧〕과 나눔에 대한 실천〔慈悲〕입니다.

지혜智慧와 자비慈悲가 공성인 인연의 모습이며 '다름' 속에 '같음'을 담아내는 그릇이 됩니다. 그렇기에 수행자는 게으르지도 않지만 서두르지도 않으면서 지혜와 자비의 실천을 한 발 한 발 걷는 것입니다. 해야 할 일과 해서는 안 될 일을 잘 알아차리면서 한 발 한 발 그렇게 걷는 것입니다. 수행이 익어지는 것이 수행자의 바람이겠지만, 익어진 상태만을 바란다면 수행을 하면서도 만족하지 못한 욕망의 지배를 받게 되니, 조심하여 살펴야 합니다.

좌선 수행을 할 때는 '지수행'에 전념하고, 그 밖의 생활에서는 '관수행'을 통해 만나는 현상마다 무상과 무아임을 관찰하고 자비심을 길러야 합니다. 곧 좌선 수행을 할 때 잠이나 망상 등 때문에 '마음뿐〔唯心〕'이라는 정념正念에 전념하기 어려우면 제행무상諸行無常의 무상관과 제법무아諸法無我의 무아관, 일체개고一切皆苦의 고관, 관신부정觀身不淨의 부정관, 십이인연의 연기관緣起觀 등을 하거나, 일어나 행선行禪 등을 하면서 보살행으로서 해야 할 일과 해서는 안 될 일을 알아차리는 것입니다.

62장. 지止와 관觀을 함께 닦아야 함

83 지止수행에 전념하는 좌선할 때를 제외하고는 언제나 지止와 관觀을 함께 닦아야 한다. 곧 "모든 것[法]은 자성에서 보면 생겨남이 없으나[止]" "인연화합으로 인하여 착한 일과 나쁜 일을 하게 되고 괴롭거나 즐거운 과보를 받게 되니 인因과 과果가 없어지지 않는다[觀]."라고 생각하며, "인연과 선악의 업에 대해서 생각할지라도[觀]" "그것들의 자성은 있을 수 없다[止]."라고 생각하는 것이다.

若行若住 若臥若起 皆應止觀俱行 所謂雖念諸法 自性不生 而復卽念 因緣和合 善惡之業 苦樂等報 不失不壞 雖念因緣善惡業報 而亦卽念性不可得

대승에 대한 믿음을 닦는 수행자는 지止수행을 통해서 세간에 대해 탐착하는 범부의 마음을 다스리고 '보살 수행을 할 수 없다'고 생각하는 성문·연각의 약한 마음을 버리게 되며, 관觀수행을 통해서 대비심을 일으키지 않는 성문·연각 수행자들의 협소한 마음을 다스리며 선근을 닦지 않는 범부들의 마음을 버릴 수 있게 된다.

若修止者 對治凡夫 住著世間 能捨二乘 怯弱之見 若修觀者 對治二乘 不起大悲 狹劣心過 遠離凡夫 不修善根

이와 같은 뜻이 있기 때문에 지止수행과 관觀수행은 서로를 돕는 것으로 따로 떨어질 수 없다. 그러므로 지止와 관觀을 갖추지 못하면 깨달음의 길에 들어갈 수 없다.

以此義故 是止觀二門 其相助成 不相捨離 若止觀不具 卽無能入菩提之道

'마음 그침'과 '마음 나눔'

생각하지만 늘 같은 식으로 생각한다면 그것을 생각이라고 할 수 있을지 모르겠습니다. 습관에 지나지 않는다고 해야겠지요. 습관을 거슬러 가는 습관을 익혀, 습관을 따르되 습관에 머물지 않는 알아차림이라야 '생각한다'라고 할 수 있습니다.

이해할 수 없는 예기치 않는 만남에서 호기심어린 마음으로 그 사건을 주시하고 명료하게 이해하려는 마음의 흐름이 생각의 본래 모습이 아닌가 합니다. 이렇게 생각하는 것이 '머물지 않는 마음〔無住心〕'이며 깨어 있는 마음입니다. 날마다 새로운 날을 볼 수 있는 마음이지요.

지止수행할 때 '오직 마음뿐이다' '마음조차 없다'라고 생각하는 마음이 '마음을 닦는〔修行〕' 일이 될 수 있는 것도 이미 갖추어진 마음으로 세상보기를 그치는 것〔止〕이면서 그침에서 창조된 새로운 마음이 생각으로 일어난 것〔觀〕이기 때문입니다.

생각을 그치는 것이야말로 늘 생각하는 마음이 되며 창조적인 일상으로 깨달음을 실천하는 자리가 될 수 있습니다. 이때 일어나는 마음은 하나의 마음이지만 일방적인 마음이 아니라 온갖 마음이 되는 마음이면서도 하나의 마음〔一心〕입니다. '마음 그침'에서 온갖 마음을 보고, 온갖 다른 얼굴을 하는 마음자리가 생각을 깨우면서 무상을 드러내고, 무상한 생각이 인연을 실천하는 현재가 되니, 마음 그침이 자비를 실천하는 관觀수행의 바탕이 됩니다.

앉아 있을 때는 오직 지수행만을 하고 그 밖에 일상에서는 관수행을 해야 한다고 하지만, 수행 내용에서 보면 지수행이 관수행의 바탕이 되며, 관수행은 지수행의 실천을 드러내므로 지止와 관觀을 함께 닦아야 합니다.

모든 것의 자성自性이 생겨나지도 않고 끊어지지도 않는다는 것을 알아차리는 지止가 깊어질수록, 인연의 화합으로 모든 것이 생겨나며 선악의 업에 따라 괴롭고 즐거운 따위의 과보를 반드시 받게 된다는 것을 잊지 않는 관觀도 깊어져야 합니다. 또한 인연과 선악과 과보가 있다고 볼지라도〔觀〕 그들 모두가 자성이 없다는 것을 잊어서는 안 됩니다〔止〕.

이와 같이 지와 관을 겸해야 이웃과의 생명연대 속에서 지止와 관觀의 실천이 커지고, 지와 관의 실천이 커지는 가운데 업식의 습관적인 생각이 녹아나 안팎으로 열린 생명의 조화가 이루어집니다.

생명의 조화로운 창조를 머물지 않는 생각으로 나타내는 무상의 실천은 이웃 생명과의 연대를 담아내는 데서 드러납니다. 어린이를 만나면 어린이가 되는 마음, 나무를 만나면 나무가 되는 마음, 습관에 막혀 있는 마음을 보면 소통으로 마음을 열어 함께 되는 마음, 혼자 있으면서도 그것이 우주가 되는 마음 등으로 하나의 마음이면서 온갖 다름으로 생각을 여는 실천이 지와 관 수행입니다.

그러므로 다른 얼굴이 절대적 타자로서의 이웃이 아니라 그 얼굴 속에 나를 담아내는 이웃이 됩니다. '나만의 무엇으로 존재하지 않는다는 것을 아는 마음이 지수행이 익어가는 마음입니다. 무엇이든 그 자체만으로는 살 수 없다는 것을 아는 마음이면서 다른 모습으로 모든 인연을 담고 있는 얼굴이 된다는 것을 아는 것입니다. 분별된 무엇만으로 '나'는 없다는 것이 '마음 그침'인 지止를 뜻한다면, 하나의 얼굴에 모든 것을 담고 있다는 것은 '마음 나눔'인 관觀을 뜻합니다.

습관적인 생각을 넘어서는 머묾 없는 마음이 열반의 아름다운 삶을 이끄는 힘이 됩니다. 생멸인연을 보고 무상·고·무아를 알아차리면서 뭇 생명에게 자비를 실천하고자 하는 관觀의 수행이 망념에 흔들리지 않는 지止의 완성을 돕고, 흔들리지 않는 마음은 생멸인연을 있는 그대로 보게 함으로써 관수행을 돕습니다. 지止와 관觀이 수행방법에서 보면 다른 방법인 것 같지만, 망념 없는 근본지根本智와 자비실천의 후득지後得智를 증득하게 한다는 면에서 항상 쌍으로 이루어지는 수행입니다.

'생명'과 '자비 실천'은 하나

지止수행을 통해서 범부들은 세상에 대한 집착을 끊고 성문·연각 수행자들은 생사를 두려워하고 열반을 취하려고 하는 마음을 넘어섭니다. 세상에 대한 집착도 마음이 만든 허상이며, 열반을 취하려고 하는 것 또한 마음이 만들어 낸 허물입니다. 생사를 떠나서 열반이 없고 열반을 떠난 생사도 없으니, 생사의 세상을 떠날 이유도 없고 열반을 희망으로 가질 까닭도 없습니다.

무상한 세상 그대로가 본래 열반의 정토이며 머묾 없는 무상이 부처님의 지혜를 드러내는 현존現存이니 머물 것도 없고 갈 곳도 없지요. 머물려 하거나 가려고 하는 것이 정토와 열반과 지혜를 가로막습니다.

마음을 바꾸어 지혜가 된다고 하지만 본래 바꿀 마음이 없는 것을 알아차린 것이 바뀐 마음이며, 생사를 떠나 열반이 있다고 하지만 본래 생사가 없다는 것을 아는 것이 열반의 세계입니다.

중생을 바꿔 부처가 되는 것이 아니라 중생도 없고 부처도 없는 것을 아는 법계의 마음이 중생과 부처를 넘어서는 마음이 되니, 중생 그대로 부처이면서 중생이며, 부처도 중생이면서 부처이므로, 중생과 부처가 둘이 아니지요.

지止수행으로 세상에 집착할 것도 없고 생사를 두려워하여 열반만을 희구할 일도 아니라는 것을 알며, 관觀수행으로 이웃과 손잡고 함께 자애를 나누는 선근과 대비심을 일으켜야 대승에 대한 신심을 성취할 수 있고 구경의 깨달음을 이룰 수 있다는 것을 압니다.

하나하나에서 보면 너무나 작은 '나' 같지만 이웃 생명들과 함께 인연을 이루고, 이루어진 인연의 장에서만이 '나'라고 할 수 있으므로 작은 나도 큰 나도 없습니다. 나만으로 '나'가 없기에 생사를 두려워하고 열반을 취하려고 하는 수행은 부질없는 욕망이 됩니다.

무상한 나이면서 그 자체로 진여법신의 온 생명을 다 드러내므로 생사生死가 곧 열반涅槃이 됩니다. 무상無常 속에서 함께 열반을 드러내는 고요한 생명 나눔이 '나'가 되므로 자비로 열반을 실천하는 '관觀수행'이 스스로의 진면목인 대승의 삶을 드러냅니다. 생명들의 자비 실천이 생명이 되는 것이니 '생명'과 '자비 실천'은 하나입니다.

그렇기에 범부가 집착심을 내려놓는 마음과 실천이 수행의 자량이 되면서 수행의 완성을 드러내 보이는 것이기도 합니다. 선근善根을 닦는 것이 집착된 나를 내려놓는 것이면서, 집착을 내려놓은 만큼 보이게 되는 이웃이 나의 크기이지요.

분별된 나가 사라진 자리[止心]에 한없이 커진 생명들의 인연을 나로 삼는 실천 의지[觀心]가 지관止觀을 함께 닦는 수행입니다. 분별심이 사라진 만큼 익어진 지수행이 '관수행'의 바탕이 되며, 자비의 실천인 관수행은 나의 분별을 넘어서게 하여 '지수행'을 돈독하게 합니다.

'마음 비움〔止〕'과 '마음 나눔〔觀〕'은 수행의 두 바퀴로 어느 것도 소홀히 할 수 없습니다. 서로가 서로를 살리는 것이니 언제나 함께 익어가면서 수행을 완성시킵니다. 어느 것이 더 중요한 것일 수 없습니다. 언제나 함께 이루어지고 있는 삶의 본바탕이 지止인 '마음 비움'과 관觀인 '마음 나눔'입니다. 서로 떨어질 수 없는 한 모습의 두 가지 실천입니다.

그렇기에 이 가운데 어느 하나라도 갖추어지지 않는다고 하면 깨달음의 길에 온전히 들어섰다고 할 수 없습니다. 깨달음은 분별심의 '나'를 넘어서는 곳에서 이웃과의 생명 나눔인 무분별의 '나'가 실천되고 있는 인연입니다. '마음 비움'과 '마음 나눔'으로 한 발 한 발 걷고 있는 그 길이 바로 깨달음의 길이며, 깨달음을 이루어 가는 길입니다.

깨달음에서 보면 크고 작음이 있을 수 없겠지만 분별하는 마음을 비우고 자비의 마음 나눔이 익어지고 있는 것에서 보면 깨달음의 길이 분명하게 드러나며 커진다고 할 수 있겠지요. 이와 같은 마음 씀 하나하나가 깨달음에 대한 습관을 키우므로 깨달음을 증장시킨다고 하겠습니다.

중요한 것은 나의 판단이 습관적인 인식인 줄을 이해해야 하는 것입니다. 그래야 현재의 판단이 과거의 판단을 그대로 답습한 인식의 대물림이 되지 않지요. 대물림된 인식이라고 하더라도 그것조차 인연의 장에서 새로운 관계를 구성하면서 다시 새로운 인식이 되어야 합니다.

대물림되고 있는 망념으로 이루어진 아상을 중심으로 하는 인식 습관을 그치는 것이 '지수행'이며, 뭇 생명 모두가 대승 곧 큰수레를 함께 타고 있는 연기적 자아라고 보고 자비를 실천하는 것은 '관수행'입니다. 이러한 마음 그침[止]과 마음 나눔[觀]으로 인연을 창조하는 현재를 제대로 알아차리는 것이 깨달음을 습관화하는 것이며, '깨달은 마음[菩提心]'을 증장시켜 가는 것입니다.

깨달음을 습관화한다는 뜻은 '습관화하지 않기'를 습관화하는 것입니다. 그러므로 깨달음의 길이란 언제나 새롭게 있는 길이며 새롭게 가는 길입니다. 새로움 속에 삼세三世를 담고서 삼세를 넘어서는 것이 지止와 관觀을 함께 닦아가는 걸음걸이입니다.

63장. 부처가 되는 '그리움'이 염불하는 마음

84 어떤 사람들은 대승법을 처음으로 배워 대승에 대한 바른 신심을 구하고자 하나, 겁이 많고 나약해 앞서의 다섯 가지 수행을 감당하지 못한다. 왜냐하면 그들은 사바세계에 살기 때문에 언제든지 부처님께 직접 공양을 올리지 못하고 가르침도 배우지 못해 윤회할 것이라고 두려워하기 때문이다.

復次 衆生初學是法 欲求正信 其心怯弱 以住於此娑婆世界 自畏不能常值諸佛 親承供養

이와 같이 신심을 이루기란 참으로 어렵다고 두려워하면서, 대승에 대한 신심을 닦으려는 의욕이 퇴보한 수행자는 여래께서 대승에 대한 신심이 퇴보하지 않도록 포용하고 보호하는 수승한 방편을 설해 놓은 줄을 알아야 한다.

懼謂信心 難可成就 意欲退者 當知 如來有勝方便 攝護信心

그것은 오로지 염불念佛만을 하는 것이다. 염불하는 인연으로 원력에 따라 서방 아미타불 국토에 태어나 항상 부처님을 뵈옵고, 악도에는 결단코 떨어지지 않는다.

謂以專意念佛因緣 隨願得生他方佛土 常見於佛 永離惡道

이것은 경전에서 "만약 수행자가 오로지 서방 극락세계에 계시는 아미타부처님만을 생각하고, 닦아온 선근을 회향하여 극락세계에 태어나고자 원한다면 반드시 그곳에 태어난다."라고 한 것과 같다. 그렇게 되면 항상 부처님을 뵐 것이므로 결단코 퇴보하지 않을 것이다. 아미타부처님의 진여법신을 관觀하는 염불念佛을 부지런히 수행 정진한다면 반드시 서방 극락세계에 태어나 정정취正定聚에 머물 것이기 때문이다.

如修多羅說 若人專念 西方極樂世界阿彌陀佛 所修善根廻向 願求生彼世界 卽得往生 常見佛故 終無有退 若觀彼佛眞如法身 常勤修習 畢竟得生住正定故

부처가 된 '그리워하는 마음'

염불念佛 수행은 부처님을 그리워하는 것이 아닙니다. '그리워하는 마음'이 부처가 되니, 부처가 되는 '그리움'이 염불念佛하는 마음입니다.

서방정토의 먼 곳 어딘가에 계신 아미타부처님을 그리워하는 것으로 염불을 시작하지만 그리워하는 마음을 채우려는 것으로 부처를 그리워해서는 결코 부처를 만날 수 없습니다. 그리워하는 마음이 '부처가 된 그리워하는 마음'이어야 합니다. 마음 하나하나가 그리운 고향이며 부처의 모습임을 아는 것이지요. 이 마음을 떠나 다시 그리워할 부처가 없습니다. 그리워하는 그 마음이 바로 부처의 마음씀이지만, 그리워하고만 있다면 부처를 그리면서 도리어 부처를 잃을지 모릅니다.

그렇기는 해도 언제나 그릴 수 있는 고향으로 남겨진 부처님 또한 부처님입니다. 마음이 꿈꾸는 먼 곳 그곳이 그리움으로 남겨지고, 남겨진 마음에 담겨 있는 꿈이 다시 부처님의 빛을 담고 있으니, 그리운 그곳이 부처님의 세상이 되어 서방정토가 되지요. 한편으로 그리워하는 마음이 부처님이 되고 서방정토가 되며, 다른 한편으로 그리움으로 남겨진 그곳을 늘 그리워하는 꿈이 서방정토가 됩니다. 그리워하는 마음이 '염불念佛'이 되는 까닭입니다.

부처님의 이름을 부르면서 스스로 부처님의 이름을 갖고, 부처님의 모습을 그리면서 스스로 부처의 모습이 되고, 부처님의 세계를 만들면서 스스로 부처님의 세계가 되는 것입니다. 그리는 마음 밖에 정토가 있다고 하면 염불이 아닙니다. 그와 같은 염불은 아미타부처님도 잃고 마음도 잃어 들뜬 삶이 되고 맙니다.

마음이 마음이라는 어떤 것으로 있는 것이 아니라 늘 그리운 이름과 모습으로 변해 가면서 스스로 정토를 꾸미므로 마음이 부처님의 세계가 됩니다. 부처님의 세계가 어디에 어떤 것으로 그렇게 있는 것이 아니기에 마음이 그리는 그것이 부처의 세계가 되어, 그리는 마음마다 정토를 장엄하는 빛이 되지요.

그리워하는 마음이 부처가 되듯 이웃 생명을 부처로 보는 그 마음은 이웃만을 부처로 보는 마음이 아닙니다. 스스로를 부처로 보는 그 마음으로 이웃을 부처로 여기고 아끼며 함께 손잡는 마음이 극락정토를 이루는 마음이며, 아미타부처님이 된 마음입니다. 그러므로 사바세계를 사는 것 같지만 그곳에서 부처 세계를 이루고, 머묾 없이 변해 가는 마음마다 부처님의 법문을 드러냅니다.

이것을 받아들이지 못하는 마음이 부처님을 만나지 못하고 부처님께 공양 올리지 못하는 마음입니다. 언제나 저곳에 있을 것 같은 부처님만을 그리는 것으로는 스스로를 부처로 드러내지 못하니 부처님을 만나 공양할 수 없고, 나와 별반 다를 것 없는 이웃이 부처로 보일 리 없으니 만나는 이웃마다 그저 스쳐가는 인연일 뿐이겠지요. 그래서 두려운 것입니다. 이 몸 이 마음으로 어찌 부처가 될 수 있으며 언제 부처를 만날 수 있을 것인가를 생각하니 아득한 마음만이 삶에 짙게 드리워진 어두움이 되니 두렵지 않을 수 없겠지요. 두려워하는 마음은 단지 두려워하는 것만이 아니라 스스로의 삶이 부처와 더욱 멀어지게 하는 힘으로 작용하여 수행 의지를 퇴보하게 합니다.

그러나 두려워하는 그 마음이 도리어 다른 곳에 한눈 팔지 않고 전념으로 부처를 그리게 하는 마음의 바탕이 되기도 합니다. 머묾 없는 마음의 흐름이 두려움에도 머물지 않게 하기 때문입니다. 여래가 되는 머물지 않는 마음이 수승한 방편이 되어 스스로의 마음을 보호하고 아끼는 것입니다. 부족하고 두려운 마음을 다 거두어 감싸안으면서 포근한 마음으로 변해 가는 여래의 마음이 두려움 속에서 빛나는 보석이 되어 부처님의 세계를 믿게 하지요.

그렇기에 스스로를 믿는 마음이 쉴 곳임을 알게 되고, 전념으로 쉰 마음을 그리는 것이 염불念佛이 되어, 마음마다 정토의 인연을 열어 가니, 마침내 부처님이 됩니다. 마음마다 부처를 보는 마음이 되어 두려움을 여읜 것이지요.

두려운 마음과 약한 마음에서 보면 부처님의 세계가 저 먼 곳에 있는 타방 세계 같지만 스스로를 감싸안은 그 마음이 부처 세계가 되고 쉴 곳이 되면 언제나 이곳이 부처님의 세계입니다. 극락세계가 서방에 있는 것이 아니라 뜻을 오로지하여 스스로와 이웃의 아픔과 두려움을 감싸안은 그 마음에서 피어나는 세계니 어느새 저곳이 이곳이 됩니다.

염불하는 마음 하나에 드러나는 시방극락정토

　뜻을 오로지하여 부처님을 그리고 생각하는 마음이 한결같아 흩어지지 않아야 제대로 된 염불 수행이 되므로 결코 쉬운 일은 아닙니다. 중요한 것은 집중하는 마음입니다. 이 마음이 서방정토를 만드는 마음입니다. 정토를 가는 것처럼 보이지만 부처님을 그리는 그곳에서 부처님의 세계가 펼쳐지므로 서방극락정토가 염불하는 마음 하나에 다 드러납니다.
　마음이 중생 세계를 만들고 부처 세계를 만드는 것이면서 그 세계가 다시 마음이 되니, 주체인 마음이 대상을 만드는 것이 아닙니다. 하나하나 다른 모습 그대로가 온전히 마음이 되어 주관도 객관도 따로 있을 수 없기에 마음이라고도 할 수 없습니다. 그렇기에 마음이 온갖 세계가 될 수 있으며 온갖 세계가 마음이 됩니다.
　세계를 보는 것이 마음이 아니라 보이는 그 세계가 마음이면서 보는 마음과 보인 마음으로 나뉜 것이지요. 뜻을 오로지하여 경계에 흔들려 어지럽던 마음이 사라지면, 마음마다 부처님의 세계가 열리고 서방극락세계가 펼쳐집니다. 마음 씀 하나가 중생 세계와 부처 세계를 넘나드는 길이 되니 마음이야말로 경전의 으뜸이 됩니다. 그래서 언어 문자로 표현된 경전을 강을 건너는 뗏목이라고 했겠지요.

　염불 수행을 권하는 경전에서는 뜻을 오로지하여 극락세계 아미타불을 그리고, 그리워하는 마음과 선근을 회향하여 극락세계에 태어나고자 한다면 반드시 극락세계에 태어난다고 하였습니다. 극락세계를 그리는 마음으로 하나 된 그 마음이 극락이 되는 마음이니 극락세계에 태어나는 것은 의심할 여지가 없지요.

부처님을 그리는 마음이 부처님과 부처님의 세계를 만드는 습관이 되고, 습관의 힘이 익어져 가는 과정에서 이웃 생명들을 부처로 보게 되다, 마침내 모두가 부처로만 있는 세계인 극락세계를 이루니, 한 생명도 빠짐없이 부처가 됩니다. 그렇기에 스스로와 이웃 생명들이 부처님으로 보이는 그 마음이 익어진다면 반드시 극락세계에 태어나서 부처가 될 것이라고 하였겠지요〔若觀彼佛眞如法身 常勤修習 畢竟得生住正定故〕.

염불 수행의 방법으로는 부처님의 명호를 일심一心으로 부르는 '칭명염불稱名念佛', 부처님의 상호를 그리는 '상호염불〔念佛相好〕', 부처님의 공덕과 대비심을 그리는 '공덕염불〔念佛功德〕', 부처님의 실상인 진여법신을 그리는 '실상염불〔念佛實相〕' 등이 있습니다.

64장. 수행으로 얻게 되는 이익
_ 소중하고 귀한 삶

85 '수행신심분'을 해설해 마쳤다. 다음은 수행의 이익을 이야기하여 수행하기를 권하는 부분인 '권수이익분勸修利益分'이다. 여기까지 부처님들의 알려지지 않은 귀한 가르침인 대승에 대한 이야기를 모두 마쳤다.

已說修行信心分 次說勸修利益分 如是摩訶衍諸佛祕藏 我已總說

86 만약 이 이야기를 듣고서 여래의 깊고 깊은 경계에 대하여 바른 믿음이 생기고, 비방을 하지 않으며, 대승의 가르침에 들어가고자 하는 사람이 있다면, 마땅히 이 논을 가지고 잘 생각하며 닦고 익혀야 하리라. 그러면 마침내 위없는 부처님의 도道에 이를 것이다. 또한 이 법을 듣고서도 겁내거나 약한 생각이 들지 않는 사람이라면, 결정코 부처될 종자를 이어갈 사람이리니, 반드시 부처님들께서 미래에 부처가 될 것이라고 예언할 것이다.

若有眾生 欲於如來 甚深境界 得生正信 遠離誹謗 入大乘道 當持
此論 思量修習 究竟 能至無上之道 若人聞是法已 不生怯弱 當知
此人定紹佛種 必爲諸佛之所授記

서로가 서로에게 귀한 사람

수행은 함께 사는 이웃들을 소중히 여기는 마음을 나누는 것입니다. 소중한 마음을 나눈 이웃은 서로가 서로에게 귀한 사람이 되지요. 어느 누가 더 소중하고 귀한 것이 아닙니다. 함께 어울려 귀한 마음 나누기를 실천하는 것이 대승大乘의 가르침입니다.

어느 경전에서나 부처님의 가르침은 마찬가지입니다. 손 안에 무언가를 감추어 두고 특별한 수행자에게 비밀스럽게 전해준 가르침은 없습니다. 열반의 삶을 살아가는 데 필요한 당신의 가르침을 하나도 숨긴 적이 없습니다. 그러므로 대승의 가르침이라고 합니다. 다만 서로를 소중히 여기고 귀하게 대하는 마음을 잃어버리자 그와 같은 가르침이 감추어진 가르침이 된 것처럼 있다가 시대의 요구에 의해서 다시 훤히 드러나게 됐다고는 할 수 있습니다.

마명 스님께서 말씀하신 '믿음'은 스스로와 이웃 생명들을 서로서로 소중히 여기고 귀하게 대하는 마음을 실천하는 것이 삶의 본래 모습이라는 것을 믿는 것입니다. 특별히 그와 같은 세계를 만들기 위한 믿음이 아니라 우리 모두의 삶이 귀하고 소중한 삶이라는 뜻입니다.

　마명 스님의 시대보다 오늘날 더욱 절실히 요구되는 믿음이며 실천이 아닌가 생각됩니다. 그 모습 그대로 소중한 삶들이 이웃과의 경쟁으로 지쳐 자신이 귀한 사람이라고 생각하기 어렵게 됐기 때문이지요. 치장되고 꾸며진 것으로 소중한 자신이 된 듯하지만 그것은 언제나 겉돌 뿐 자신일 수 없습니다. 생명은 꾸밈에 의해서 소중한 것이 아니라 함께 생명의 세상을 만들어가기에 소중합니다. 마명 스님께서 수행자들에게 하고 싶은 이야기였겠지요.

　하나도 남김없이 모두 이야기했으니 소중하고 귀한 삶을 실천하고자 하거든 대승의 가르침을 비방해서는 안 된다고 하였습니다. 대승의 가르침에 대한 비방은 스스로 소중하지 못한 삶을 사는 것이 될 뿐입니다.

　비록 살아온 지난날을 돌이켜볼 때 스스로를 귀하게 여기지도 못했고, 덩달아 이웃을 소중하게 대하지 못한 일이 많이 있었을지라도, 다시 마음을 다잡아 대승의 신심을 수행한다면, 소중하고 귀한 삶의 길에 들어설 것입니다. 자신과 이웃을 귀하고 소중하게 여기는 마음이 대승이기 때문입니다.

　그렇기에 마명 스님의 가르침을 마음 깊이 새기고 새겨 늘 돌이켜 생각하게 된다면 어느 날 문득 대승의 마음이 익을 것이며 마침내 모든 번뇌를 떠나 열반의 삶을 살게 될 것입니다. 수행의 이익利益을 성취한 것입니다.

스스로를 부처로 드러내다

　삶에는 소중한 삶과 소중하지 않는 삶이 따로 없으며, 높은 삶과 낮은 삶도 따로 없지요. 언제나 제 모습의 빛으로 한없이 소중한 부처님의 마음을 나누는 것이기에 '위없는 가르침'이라고 할 뿐입니다.
　수행은 우리의 귀한 삶을 돌이켜 알게 하고 나아가 이웃 생명들의 소중함을 깨달아 함께 대승의 삶을 살게 하는 것입니다. 그것을 수행의 이익이라고 하며, 수행하기를 권하는 이유기도 합니다. 이와 같은 가르침을 듣고 겁내지 않고 나는 아니라는 약한 마음을 내지 않는다면 반드시 부처님이 될 것입니다.
　마음 하나하나가 진여 법성의 온전한 표현이며, 행동 하나하나가 법신의 자비입니다. 그렇기에 함께 생명을 열어 가는 모두가 소중하며 귀한 것입니다. 이렇게 생각하는 마음에 의해서 스스로의 부처를 깨우게 되기에, 마명 스님의 가르침을 듣고 겁내고 약한 마음을 내지 않는다면 깨달음을 성취할 수 있는 믿음을 얻게 되겠지요.
　이와 같은 마음을 갖는 수행자는 부처님들에 의해서 '너는 반드시 부처가 될 것이다'라는 말을 듣기도 하지만, 자신의 마음이며 법계의 작용인 자비慈悲에 의해서 스스로를 부처로 드러내게 된다고 할 수 있습니다.

65장. 대승을 믿는 마음

87 설사 삼천대천세계에 있는 모든 중생을 교화하여 그들로 하여금 열 가지 좋은 일을 하게 했을지라도 밥 한 끼 먹을 짧은 시간 동안이라도 이 법을 바르게 생각한 공덕에는 미치지 못하며, 비유할 수도 없다.

假使有人能化三千大千世界滿中衆生 令行十善 不如有人 於一食頃正思此法 過前功德 不可爲喩

하루 밤낮일지라도 이 논을 수지하여 관찰하고 수행한다면 그 공덕은 무량무변하여 다 이야기할 수 없다. 설령 시방에 계신 모든 부처님 한 분 한 분께서 무량아승지겁 동안 이 공덕을 찬탄하더라도 다 할 수 없다. 왜냐하면 법성의 공덕이 끝이 없듯 이 논을 수행하는 사람의 공덕 또한 법성과 같아 한계가 없기 때문이다.

復次 若人 受持此論 觀察修行 若一日一夜 所有功德 無量無邊 不可得說 假令十方一切諸佛 各於無量無邊阿僧祇法 歎其功德 亦不能盡 何以故 謂法性功德 無有盡故 此人功德 亦復如是 無有邊際

수행하는 마음이 법계의 무한한 공덕을 이룬다

뭇 생명들을 위해 가르침을 펼치고 열 가지 좋은 일을 한다고 할지라도, 자신과 이웃이 소중하고 귀한 존재라고 믿으며 이웃과 함께 법계의 부처를 이룬다는 가르침을 받아들이는 것이 더 큰 공덕功德이라고 말하고 있습니다.

대승을 믿는 마음은 생명 그대로의 모습을 공경하는 마음입니다. 이 마음에 의해서 부처님도 되고 이웃을 부처님으로 볼 수 있습니다. 상대가 무엇을 가졌기에 공경하는 것이 아니라 함께 부처를 이룰 이웃으로 공경합니다.

이와 같은 가르침을 듣고 배워〔受持〕하루라도 배운 바대로 실천한다면 헤아릴 수 없이 많은 공덕이 될 것이라는 말씀도, 이 가르침이 부처님이 되는 가르침이기 때문입니다. 단 하루의 수행일지라도, 수행은 스스로 부처를 드러내게 하며, 우리네 삶의 본 모습을 그 자체로 찬탄하고 공경하는 마음을 갖게 하며, 이웃 생명들과의 연대 자체가 생명이라는 것을 알게 합니다. 그래서 모든 부처님께서 아승지겁의 오랜 세월 동안 그 공덕을 찬탄하여도 다 찬탄할 수 없다고 하였습니다.

이와 같은 알아차림은 진여 법성의 공덕과 계합하는 것입니다. 알아차리는 마음이 진여 법성이 되는 것이지요. 수행으로 공덕을 얻는 것이 아닙니다. 수행하는 마음이 법계의 무한한 공덕을 이루며, 이미 이루어진 공덕을 드러냅니다. 그렇기에 한이 없는 공덕을 얻는다고 합니다.

　마음 하나하나가 법계의 마음이 되고, 법계가 된 마음이기에 쓰는 마음마다 법계의 공덕을 드러냅니다. 무엇을 갖는 것으로 나를 세우려는 마음을 비우지만, 비워진 마음자리에 법계의 생명활동인 온갖 공덕들이 하나하나 채워집니다. 이 마음은 비울수록 커지며 아무리 쓰더라도 줄어들지 않습니다. 법계의 본성이 그렇습니다. 진여공성의 공덕이 모든 생명들의 마음에 담겨 있습니다.

　법계의 공성에서 나타나는 공덕은 법계의 인연이며, 생명의 장이며, 생명들의 차이입니다. 밖으로 드러난 생명활동에서 보면 제 스스로 살아가는 것 같지만, 인식되지 않는 인연으로 법계와 함께 각각 생명을 이루는 것에서 보면 아는 것보다 알 수 없는 것이 더 크다고 할 수 있지요. 한 줌의 흙 속에 들어 있는 수억의 미생물들은 나무가 내려다 주는 햇빛의 에너지를 받아 생존하면서 흙을 살지게 하여 나무를 튼튼하게 만들듯, 법계는 하나하나에서 보면 단지 하나인 것 같지만 결코 하나만으로 존립할 수 없습니다.

　자신의 생명을 위해 사는 것이면서도 그것이 이웃 생명들의 존립기반이 되어야만 법계의 공덕이 실현되는 진실한 삶의 모습이라고 할 수 있습니다. 수행은 바로 잃어버린 인식인 법계의 공덕을 다시 알아차리는 것입니다. 그렇기에 하루 밤낮만의 수행으로도 그 어느 것과도 비교할 수 없는 공덕을 성취할 수 있다고 이야기합니다.

　'마음 비움'으로 기억과 추상에서 자유롭게 되고, '마음 나눔'으로 새로운 인연을 창조하는 것입니다. 머묾 없는 자유로운 알아차림이 수행자의 마음이면서 법계의 인연에 부합되는 마음이며, 보살과 부처가 되는 마음입니다.

66장. 부처 되는 길을 잃다

88 만약 이 논에 대해서 훼방하거나 믿지 않는다면 그 허물의 과보로 무량한 세월 동안 큰 괴로움을 받게 되리라. 이런 까닭에 중생들은 받들어 믿고 비방해서는 안 된다. 비방한다면 스스로를 해칠 뿐 아니라 다른 사람까지 해치게 되며 모든 삼보의 종자를 끊는다.

其有衆生 於此論中 毀謗不信 所獲罪報 經無量劫 受大苦惱 是故衆生 但應仰信 不應誹謗 以深自害 亦害他人 斷絶一切三寶之種

왜냐하면 모든 부처님께서도 이 법에 의지해서 열반을 얻었으며, 모든 보살들께서도 이 법을 수행하여 부처님의 지혜에 들어가기 때문이다.

以一切如來 皆依此法 得涅槃故 一切菩薩因之修行入佛智故

'이미 이루어진 부처〔本覺〕'와 '지금 이룬 부처〔始覺〕'가 만나다

법계이면서 보살과 부처 되는 마음을 부정한다면, 그 마음에 의해서 스스로 부처 되는 길을 잃게 됩니다. 대승의 가르침을 비방하고 믿지 않는 것은 스스로를 믿지 않는 것과 같습니다.

우리 모두가 법성의 공덕으로 인연을 창조하며, 창조된 인연의 다름들이 깨달음으로 드러납니다. 이렇게 드러난 깨달음을 자각해야 하는 수행은 필요하지만 근본에서 보면 뭇 생명 모두는 부처일 수밖에 없습니다.

깨달음이 드러나는 것이 마음이니 마음 하나하나가 부처님의 마음인 줄 사무치게 자각하여 망념의 자취를 따르지 않는다고 하면 '이미 이루어진 부처〔本覺〕'와 '지금 이룬 부처〔始覺〕'가 만나 온전한 부처님의 세계가 열립니다. 시각을 통해서 본각인 줄 알고, 본각이 있기에 그것을 처음으로 알아차린다는 데서 시각이라고 할 뿐, 본각과 시각은 다른 것이 아닙니다. 본각 상태를 자각하는 것이 시각이며 시각으로 본각도 본각이 될 수 있지만, 본각이 없다면 시각이 있을 수 없고 시각이 없다면 본각도 없는 것과 같기 때문입니다.

대승의 가르침을 믿지 않고 비방한다고 하면 스스로를 믿지 못하고 스스로의 마음을 믿지 못하는 것과 같으니 어느 날 깨달음이 있을 수 있겠습니까. 마음 밖에서 마음을 찾는 것과 같으니 찾을 날이 없겠지요. 그렇기에 믿지 않는 허물이 크고 그에 따른 고통이 한이 없다고 합니다. 아프다고 하면서 아픈 자리를 돌아보지 않고 엉뚱한 곳을 찾는 것과 같지요. 아픈 마음이 언제나 마음 밖의 조건에 의해 아프다고 생각하는 한 자재한 마음, 자유로운 마음, 걸림 없는 마음, 머묾 없는 마음을 의지적으로 쓸 수가 없습니다.

밖의 대상에 의해서 마음이 요동을 치게 되니 어느 날인들 고요하겠습니까. 잠시 고요한 듯하다가도 다시 일어나는 욕망으로 편한 날이 드물겠지요. 채워질 수 없는 갈증으로 끝이 없는 목마름입니다. 마음 가득 법성의 공덕이 빛나고 있다는 것을 받아들이지 않는 삶이지요.

삼보의 종자는 끊길 수 없다

마음마다 법성의 공덕이 빛나는 알아차림으로 나타난 것인 줄 믿는 그 마음이야말로 부처를 다 드러낸 마음입니다. '마음 비움'과 '마음 나눔'이 공덕인 줄 사무치게 아는 마음이 대승의 가르침에 대한 믿음이며 자신에 대한 믿음이며 이웃에 대한 감사함이며 함께 소중하고 귀한 삶을 사는 바탕이 됩니다. 이와 같은 가르침을 소중히 간직하여 받아들이고 비방하지 말아야 합니다. 믿지 않고 비방한다는 것은 스스로를 해칠 뿐만 아니라 이웃까지를 해치게 됩니다.

믿지 못하는 것은 자기 동일성의 독립된 실재가 이웃 없이도 존립할 수 있는 것처럼 사유되는 업식의 허위가 시대를 넘어 전달된 것이라고 하겠습니다. 차이를 드러내게 하는 이웃들에 의해서 '나도 설 수 있고, 나의 내적인 차이에 의해서 생명활동과 인식이 이루어지고 있으므로 자기 동일성이라고 할지라도 늘 같은 것일 수 없습니다.

'나'라는 인식을 중심으로 하는 자기 업식과 사회적 공통 분별인 사회 업식에 의해서 본각인 진여공성을 깨닫기 어렵게 되고, 본각을 깨닫지 못하는 한 본각이 본각일 수 없는 데서 무지무명無知無明만이 인식의 중심이 되므로 깨달음을 기약하기가 어렵게 됐습니다.

삼보〔불·법·승〕의 종자가 싹틀 수 있는 기반이 메말라 있는 것입니다. 중생의 삶에서 부처의 삶이 시작된다고 보면 삼보가 새로 생겨난 것과 같으나, 인연의 각성이 삼보를 구성한다고 보면 '본래 깨달음〔本覺〕'이 삼보의 종자이면서 열매가 되기도 하므로 새로 생겨난 것이 아닙니다.

또한 삼보의 종자가 싹틀 기반이 사라진 것에서 보면 부처의 삶이 끝난 것 같지만 우리네 삶이 인연의 각성을 벗어나서 존재할 수 없다는 것에서 보면 삼보의 종자가 끊길 수 없습니다. 대승의 가르침을 이해하고 받아들여 실천하는 수행자는 언젠가는 깨닫게 되기 때문에 삼보의 종자는 누구에게나 있습니다.

믿음을 성취하는 수행으로 수행의 바탕을 닦고, 물러나지 않는 의지로 정진한다면, 깨달음을 위한 수행이 깨달은 삶과 같아 삼보의 대를 이어갑니다. 깨달음이란 스스로가 스스로를 깨닫는 것이며, 마음이 마음을 아는 것이기에, 마음 하나 알아차리는 것이 삼보가 되어 삼보를 잇게 되는 것입니다. 앎이면서 마음이면서 대상이면서 함께 어울려 있는 연기의 각성이 한순간에 드러나는 것이므로, 마음 하나 아는 것이 깨달음도 되고 부처도 되지요. 마음 하나에 대승의 내용이 다 드러나기 때문입니다.

　열반을 성취하신 여래뿐만 아니라 모든 보살 수행자들께서도 '대승의 마음법〔大乘心法〕'을 의지해서 부처님이 됐듯, 수행자는 누구나 대승의 마음인 스스로의 마음을 알아차리면서 깨달음의 길을 걸어야 합니다.

67장. 대승에 대한 신심을 배우고 닦기를

89 과거의 보살들도 이 법에 의해서 청정한 믿음을 성취하였으며, 현재의 보살들도 이 법에 의지하여 청정한 신심을 성취하며, 미래의 보살들도 이 법에 의지하여 청정한 믿음을 성취할 것이다. 이것을 잘 알아야 한다.

當知 過去菩薩已依此法 得成淨信 現在菩薩 今依此法 得成淨信 未來菩薩 當依此法 得成淨信

90 이런 까닭에 중생들에게 이 법을 닦고 배울 것을 권하는 것이다.

是故 衆生 應勤修學

알아차리면서 걷는 걸음걸이 하나만으로도

과거의 모든 보살들께서도 대승심법大乘心法에 의지해서 청정한 믿음을 성취하여 깨달음을 향한 의지를 흔들림 없이 이어가셨으며, 현재 보살 수행자들께서도 마찬가지이며, 미래의 보살 수행자들께서도 그러할 것입니다. 대승심법을 배워 익힌 수행자라면 스스로의 실천과 아울러, 이웃에게도 그와 같은 수행심법을 배우고 익힐 것을 권해야 하는 이유입니다.

권하는 수행자의 삶에서 수행의 내용이 충분히 녹아 있어야 한다는 것은 말할 필요조차 없습니다. 스스로 그렇게 살지도 않으면서 이웃에게 그렇게 사는 것이 바른 길이라고 하는 것은 옳지 않겠지요.

충분한 학습과 깊이 있는 생각과 알아차림을 실천하는 삶에서 풍겨나는 고요함으로 권해야 합니다. 알아차리면서 걷는 걸음걸이 하나만으로도 부처님의 수행에 동참하게 했었던 『아함경』의 이야기는 어떻게 수행을 권해야 하는지를 보여 주고 있습니다.

68장. 공덕을 회향하며

91 모든 부처님께서 말씀하신 깊고 광대한 뜻을
제가 지금 능력 따라 요약하여 설했습니다.

이로 인해 얻게 되는 공덕 있다면
제가 이제 그 공덕을 회향하노니
법성이 중생계를 이롭게 하듯
널리 모든 중생계가 이로웁기를.

諸佛甚深廣大義　我今隨分總持說
廻此功德如法性　普利一切衆生界.

법성이 중생계를 이롭게 하는 회향에 동참하다

회향게에서 "법성과 같이〔如法性〕"라는 말에 주목하고 싶습니다. 그 이유는 마명 스님께서도 『대승기신론』을 써서 얻게 되는 공덕이 있다면 "우주 법계의 진여공성이 온갖 생명들을 위하여 아무런 바람 없이 베풀고 있는 것과 같이〔如法性〕" 회향廻向하고 싶다는 뜻이기 때문입니다.

나의 '이룸'이면서도 그것이 법계의 '이룸'일 수밖에 없고, 이룸 또한 언제나 무상한 것이라 이루면서 비우게 하지요. 비운 나의 '이룸'을 법계의 '이룸'으로 바꾸는 것이 법성과 같은 이룸입니다. 법성이 중생계를 이롭게 하는 회향에 동참하는 것입니다.

덕德이라는 뜻이 '마음을 얻음〔得心〕'이듯, 법계의 모두는 서로가 서로에게 비운 마음으로 맑고 따뜻한 기운을 나누면서 서로의 마음을 얻는 공덕으로 살 수 있습니다. 아무런 바람 없이 주는 마음 나눔이 회향廻向입니다.

마명 스님의 '마음 나눔'은 부처님의 말씀을 잘 요약하여 설명하는 것입니다. 나의 것이 되는 이익과 명예를 바라는 것이 아니라 『대승기신론』을 학습한 연유로 수행자가 대승 수행에 대한 확고한 믿음과 실천을 얻었으면 하는 바람입니다.

스스로의 마음을 얻고 이웃의 마음을 얻는 그 마음이 본래부터 법성에서 이루어지고 있는 생명 나눔이며 마음 나눔인 것을 알기에, 수행자의 성취가 수행자 한 사람의 성취를 넘어 법계의 회향과 동참하는 성취여야 진실한 회향廻向임을 보이는 것입니다.

　마명 스님께서는 부처님의 깊은 가르침에 대한 이해가 스스로에 대한 이해가 되고, 나아가 진여 법성의 공덕 나눔이 연기법의 본래 모습임을 알아차려, 대승심법에 대한 믿음이 확실하게 자리잡고, 수행에 대한 마음이 자리잡는 단계〔發心住〕에 이르기를 바라는 마음에서 이 책을 쓰셨을 것입니다. 그래서 책 이름을 '대승에 대한 신심을 일으키게 하는 책'이라고 하였겠지요.

　집착과 오만을 가만히 내려놓고

　그러므로 마명 스님의 가르침을 학습한 수행자는 광대한 부처님의 가르침이 마음 씀씀이 하나하나에 다 들어 있으며 드러나고 있다는 것을 깊이 믿고, 스스로의 마음을 잘 살펴 알아차리면서 마음 나눔을 실천해야 할 것입니다.

　이와 같은 수행이 마음을 얻는 진여 법성의 공덕과 상응하는 실천이며 자비의 실천이 되겠지요. 소중한 삶이지만 집착으로 넘어가지 않아야 소중한 삶을 살 수 있고, 귀한 삶이지만 오만으로 넘어서지 않아야 삶이 귀하게 되지요.

　마음 살핌이 이 경계를 넘어서지 않게 합니다. 살핌과 알아차림이 분명하지 못하거나 충분한 통찰로 무엇이 소중하고 귀한가를 이해하지 못하고 헛된 것으로 귀하고 소중한 삶을 치장하느라 마음이 바빠지면 귀하고 소중한 자신의 삶을 돌아보지 못하며, 돌아보더라도 경계를 넘어선 곳에서 초라한 삶이 되어버린 자신을 받아들이기 어려울 것입니다.

　허상의 영역으로 넘어서는 것이 자신으로부터 멀어지는 것이며, 멀어진 만큼 집착과 오만이 커집니다. 집착과 오만은 자신으로부터 벗어나지 않으려는 몸부림과 같은 것이라 더욱 집착하고 오만하게 되기 쉽습니다. 자유롭고 귀하고 소중한 삶을 살기 위해서는 집착과 오만을 가만히 내려놓고, 그것으로 인해 아파하는 자신을 소중히 껴안고 마음 깊이 울어줘야 합니다.

　허상에 속아 아파했던 스스로를 부정하는 것이 아닙니다. 그 전체를 온전히 껴안고 그리고 가만히 느끼는 가슴으로 있는 것입니다. 행복했던 기억, 슬퍼했던 기억들을 떠오른 대로 그대로 보내면서 그렇게 한동안 가만히 지켜보는 것이지요. 그리고 그것들이 떠나간 자리에서 법계의 공덕과 늘 함께 했던 포근함을 느끼고 그 느낌을 키우는 일이 수행이 됩니다. 오만이 빠져나가고 소중하고 귀한 삶의 자리로 돌아갑니다. 돌아간다고 이야기하고 있지만 어디에서 어디로 돌아가는 것이 아니라 집착을 놓은 그 자리가 이미 있던 자리이면서 돌아와 있는 자리가 되지요.

　마명 스님께서 마음자리 하나에 법성의 공덕이 충만해 있음을 짧은 글 속에 다 담아낼 수 있었던 것도 이 때문일 것입니다. 마음으로 만들지 않더라도 '이미 그렇게 있는 것', 그것이 마명 스님께서 이야기하고자 했던 뜻일 아닐까 합니다. 바른 믿음을 성취하여 깨달음을 이루고, 깨달음을 이웃과 나누는 실천으로 법성의 공덕과 자비가 수행자 한 사람 한 사람의 알아차리는 발걸음에 녹아나기를 바라는 간절한 마음이 이 논을 쓰게 했다고 생각됩니다.

　마명 스님과 인연이 되는 모든 분들께서도 스님의 마음과 상응하여 스님께서 회향하신 법성의 공덕으로 열반의 세계를 살기 바랍니다.

찾아보기

【ㄱ】

가까운 연[近緣] · 72
같음[同相] · 45
게으름[懈怠] · 383
견문각지見聞覺知 · 72
견번뇌見煩惱 · 56
견혹見惑 · 61
견훈습見熏習 · 12
경계에 대한 집착으로부터 멀리 떨어지는 법을 닦는 것[修遠離法] · 39
계율戒律 · 251, 353
곧은 마음[直心] · 243
공덕염불[念佛功德] · 445
관觀 · 365, 426
관觀수행 · 422, 428, 430, 432, 434, 436
구경지究竟地 · 164
권수이익분勸修利益分 · 447
근본지根本智 · 63
근본업식根本業識 · 31
근본을 실천하는 방편[行根本方便] · 257, 259
근본훈습根本熏習 · 32
『금강경』· 310
깊은 마음[深心] · 243, 245
깨닫게 되는 삶의 흐름[始覺] · 179
깨닫지 못한 삶의 흐름[不覺] · 179

【ㄴ】

나 없음[無我] · 245
나와 나의 것을 중심으로 사물과 사건을 해석하여 아는 분별[分別事識熏習] · 28
낱낱으로 나의 생명[別相] · 44
내도內道 · 412
능동적으로 악업을 그치는 방편[能止方便] · 257

【ㄷ】

다름[異相] · 45
대비심大悲心 · 243, 247
대비심을 기르는 마음[大願平等方便] · 266
대승大乘 · 106
도를 보는 단계[見道位] · 78
돈오頓悟 · 284
동사섭同事攝 · 84, 86
동체대비同体大悲 · 404
동체지력同體智力 · 90
두타행頭陀行 · 356

【ㅁ】

망념에 물든 인식[染法]・99
망념을 증장시키는 훈습[增長念熏習]・12
망심훈습妄心熏習・23
머묾 없는 모습[無住相]・17
먼 연[遠緣]・72
모든 것을 다 아는 지혜[一切種智]・64
모양을 떠난 수행[所修離相]・283
무거운 죄와 두터운 업의 장애[重罪業障]・381
무기無記・366
무루법無漏法・51
무명의 훈습[無明熏習]・12
무명혹無明惑・61
무상無常・129
무상삼매無相三昧・378, 382
무아無我・127, 361
무외시無畏施・349, 350
믿음을 성취한 발심[信成就發心]・225, 230

【ㅂ】

바른 원인[正因]・237
반야바라밀般若波羅蜜・280, 293
발심發心・225
법계일상法界一相・87
법무아法無我・205
법보시法布施・350
법시法施・351
법신法身 보살・94
법신法身・131, 146, 167, 326
법아견法我見・185, 190, 205
『법화경』・74, 241
벽지불・30
변역생사變易生死・50, 129
보리심菩提心・260
보살지菩薩地・150
보살행菩薩行・260
보시바라밀布施波羅蜜・283
보시布施・77, 345, 349
보신報身・135, 139, 146, 162, 175
보신이 사는 국토[報土]・136
본각本覺・102, 202, 244, 273, 292, 456
부사의업상不思議業相・313
부정취중생不定聚衆・240
분단생사分段生死・50
분별사식分別事識・45, 135
분별사식에 스며드는 훈습[分別事識熏習]・43
분별사식을 증장하는 훈습[增長分別事識熏習]・12
분별이 없는 것도 없다[無無分別]・45
분별이 없다[無分別]・45
불도佛道・225
불신不信・380
비방誹謗・381

비유비무非有非無 · 219

【ㅅ】

사랑스런 말하기[愛語] · 79
사마타 · 366
사마타관[止觀] · 365, 369
사상四相 · 128
사섭법四攝法 · 77
사정취중생邪正聚衆生 · 240
사혹思惑 · 61
삼독심 · 359
삼신三身 · 146
상대相大 · 114
상락아정常樂我淨 · 105
상번뇌上煩惱 · 56, 58
상호염불[念佛相好] · 445
색계초선色界初禪 · 141
색구경처色究竟處 · 310
샘이 없는 공덕[無漏功德] · 144
생각을 넘어서는 활동[不思議業] · 126
생멸심生滅心 · 180
선근을 생기게 하고 늘리는 방편[發起善根
增長方便] · 258, 262
선정바라밀禪定波羅蜜 · 280, 290
선정禪定 · 289
선행善行 · 254
성자의 삶을 시작하는 수행자[初地] · 41
수도연受道緣 · 72

수도위修道位 · 61
수번뇌隨煩惱 · 58
수자상壽者相 · 128
수행신심분修行信心分 · 329
숙명통 · 392
시각始覺 · 202, 290, 292, 312, 456
실상염불[念佛實相] · 445
심연상心緣相 · 118
심일경성心一境性 · 378

【ㅇ】

아견我見 · 185
아라한 · 30
아만我慢 · 382
아상我相 · 128
아직 상응하지 않는 훈습[未相應] · 91
『아함경』 · 374, 462
악업을 그치는 것[能止方便] · 261
악업중생惡業衆生 · 240
애번뇌愛煩惱 · 56
애어섭愛語攝 · 80
애어愛語 · 79
언설상言說相 · 118
업식業識 · 17, 25
업식을 이루고 있는 근본적인 불만족한
인식[業識根本熏習] · 29
여래법신如來法身 · 106, 191
여래如來 · 237

473

여래장如來藏・106, 114
연기법緣起法・311, 335
염법・11
염불念佛・439, 441
염념・21
오안五眼・310
오온五蘊・180, 208
외도外道・238, 411
외연外緣・66
용훈습用熏習・51, 52, 71, 74
움직이지 않는 마음[不動心]・178
위빠사나・366
위빠사나관[觀觀]・365, 369
유위법有爲法・429
육바라밀六波羅蜜・293
육상六相・45
윤회輪廻・201
응신應身・135, 137, 146, 149, 154
의식意識・171
의혹疑惑・380
의훈습意熏習・49
이미 상응한 훈습[已相應]・91
이해하고 실천하는 발심[解行發心]・225, 279
이행利行・81
인상人相・128
『인생수업』・84
인아견人我見・185, 190
인욕바라밀忍辱波羅蜜・280, 285
인욕忍辱・347

일체종지一切種智・316
일체지一切知,・322
일행삼매一行三昧・385, 388, 398

【ㅈ】

자비慈悲・127
자체상훈습自體相熏習 51, 52
자취를 남기지 않는 나눔[無住相布施]・77
재보시財布施・349
전식轉識・319
정심지淨心地・150, 161
정정취중생正定聚衆生・226, 240
정진바라밀・280
정진精進・287, 347, 360
정해지지 않는 사람[不定聚衆生]・238
제바달다・74
제일의제第一義諦・134
좋은 방편[善巧方便]・221
중생상衆生相・128
증득한 발심[證發心]・225, 295, 296, 297, 299, 304, 305, 306, 330
증오證悟・312, 404
증장행연增長行緣・72, 78
지계바라밀持戒波羅蜜・280, 284
지계持戒・346
지관止觀・349, 365, 366
지성智性・171
지止・365

지수행止修行・371, 385, 391, 369
지혜의 몸[智身]・167, 173
지혜의 힘[智力]・89
직심直心・244
진심眞心・335
진여문眞如門・177, 182
진여삼매眞如三昧・379, 407
진여의 체體・94
진여훈습眞如熏習・51
집착을 증장시키는 훈습[增長取熏習]・12

【ㅊ・ㅋ】

차별연・71
참는 것[忍辱]・357
천안통・392
체대體大・107
초발의보살初發意菩薩・149
총상으로의 우주 생명[總相]・44
칭명염불稱名念佛・445
크나큰 원으로 모든 중생들을 평등하게 열반에 들게 하는 방편[大願平等方便]・258

【ㅌ・ㅍ】

타심통・392
탐욕·분노 어리석음[三毒心]・29
평등연平等緣・71, 72, 88

【ㅎ】

하나의 경계에 머무르고 있는 마음[心一境性]・367
한 모습[法界一相]・56
한마음[一心]・151
해오解悟・311, 404
해인삼매海印三昧・88, 111
해행발심解行發心・281, 293
허망한 경계[妄界]・20
허망한 경계의 훈습[妄境界熏習]・12
허망한 기억[妄念]・20
허망한 마음[妄心]・20, 26
허망한 마음의 훈습[妄心熏習]・12
허물어짐[壞相]・45
화엄삼매・88
환희지歡喜地・162
회향廻向・464
후득지後得智・63
훈습・11, 33, 43, 51

대승기신론·2권
왜 믿지 못할까. 모두가 다 부처인 것을!

초판 발행 | 2009년 5월 14일
3쇄 발행 | 2015년 9월 10일
펴낸이 | 열린마음
편집 | 유진영
풀어쓴 이 | 정화

펴낸곳 | 도서출판 법공양
등록 | 1999년 2월 2일·제1-a2441
주소 | 13150 서울시 종로구 삼봉로 81
두산위브파빌리온 836호
전화 | 02-734-9428
팩스 | 02-6008-7024
이메일 | dharmabooks@chol.com

ⓒ 정화, 2015
ISBN 978-89-89602-46-0
ISBN 978-89-89602-44-0(전2권)

값 22,000원

부처님의 가르침을 올바르게 드러내는_도서출판 법공양